● 완역 제갈량문집

와룡의 눈으로 세상을 읽다

● 완역 제갈량문집

와룡의 눈으로 세상을 읽다

초판 1쇄 발행	2006년 3월 15일
초판 4쇄 발행	2014년 5월 30일
지은이	제갈량
엮은이	장 주
옮긴이	조희천
펴낸이	신원영
펴낸곳	(주)신원문화사
주 소	서울시 영등포구 당산동 121-245 신원빌딩 3층
전 화	3664-2131~4
팩 스	3664-2130
출판등록	1976년 9월 16일 제5-68호

* 이 책은 한국 내에서 보호를 받는 저작물이므로 무단전재와 무단복제를 금합니다.
* 유통 중에 파손된 책은 바꾸어 드립니다.

ISBN 89-359-1338-3 03820

● 완역 제갈량문집

와룡의 눈으로 세상을 읽다

— 제갈량 지음 · 장주 엮음 · 조희천 옮김 —

좋은 책 좋은 독자를 만드는
㈜신원문화사

이 책을 읽기 전에

　제갈량諸葛亮은 중국뿐 아니라 한국에도 널리 알려져 있는 역사적 인물로, 제갈공명 하면 '삼고초려'나 '적벽대전'을 떠올리게 된다.
　중국 삼국시대 촉한蜀漢의 승상이었던 제갈량은 1천7백여 년이 지나도록 지혜의 화신, 정의의 대표로 칭송받고 있다. 봉건 통치자들은 그의 '충성심과 성실함', '몸을 돌보지 않고 죽을 때까지 최선을 다한다'는 점을 높이 샀고, 백성들은 현명함과 지략, 청렴함과 공정함을 좋아했다.
　그러므로 오늘날 제갈량의 글을 읽으면서 그의 정치, 군사, 외교, 민족 등에 대한 사상 및 인품과 덕성, 업적을 이해하며 그 안에서 교훈을 얻는 것은 유익한 일일 것이다.

제갈량(181~234) 촉한의 정치가. 솔선수범하고 공명정대하여 백성의 존경과 사랑을 받았던 보기 드문 관리였다.

　　제갈량(181~234)은 자가 공명孔明이며, 서주徐州 낭야군琅琊郡 양도현陽都縣(산동성 기남현) 사람이다. 일찍이 어머니를 여의고 일곱 살 때 아버지마저 잃게 되자 숙부 제갈현諸葛玄을 따라 양양襄陽으로 갔다. 열일곱 살 때 숙부마저 병으로 사망하자 양양의 서쪽 교외에 있는 융중隆中에서 은거하면서 농사를 짓고 책을 읽었다.

　　정치적 암흑기인 후한後漢 말기에 극심한 재난에 시달리던 백성들은 결국 184년에 황건적黃巾賊의 난을 일으켰다. 이 난은 오래지 않아 진압되었지만, 후한 내부의 외척과 환관 간의 다툼은 날이 갈수록 심해졌으며, 호족들은 황건적의 난을 진압하는 과정에서 군사적으로 더욱 강력해졌다. 그리하여 동탁董卓, 원소袁紹, 조조曹操, 공손찬公孫瓚, 유비劉備, 여포呂布, 원술袁術, 유표劉表, 유언劉焉, 손책孫策, 마등馬騰 등이 각자 한 지방씩 차지하는 국면이 형성되었다.

　　이 같은 국면에서 지리적으로 요충지에 해당하는 형주荊州의 양양에 살고 있던 제갈량은 각지에서 몰려든 사람들을 벗으로 삼고 천하대사를 논했으며, 나라를 다스리고 백성을 구할 방도를 찾았다.

한편 유비는 큰 뜻을 품은 한실 종친이었으나 반평생이 지나도록 그 뜻을 이루지 못하고 있었다. 그래서 모사의 협조를 받아 대업을 이룰 수 있기를 간절하게 원하고 있었다.

그러던 중에 사마휘司馬徽, 서서徐庶의 권고를 받은 유비는 건안建安 12년(207년)에 융중의 초려를 세 번이나 찾아가 제갈량에게 가르침을 청했다. 제갈량은 그 시기의 형세를 깊이 분석한 후 천하를 통일할 방법을 내놓았으며, 지우知遇에 보답하기 위해 이때부터 유비를 좇아 정치 인생을 걷기 시작했다.

위대한 정치가인 제갈량은 머리가 명석했고 원대한 식견이 있었으며 학식이 뛰어났다. '융중대隆中對'를 지을 때 겨우 스물일곱 살에 불과했지만 지배계급들간의 모순 투쟁 형세를 통찰했으며 천하 통일의 전략을 세울 능력이 있었다. 그는 우선 형주와 익주益州를 차지한 다음 손권孫權과 연합하고 융이戎夷와 화목하게 지내며 역량을 축적한 다음에 천하를 통일할 수 있다고 생각했다.

정치적인 면에서, 제갈량은 유씨의 촉한에 '충성'하고 '성실'했으며, '몸을 돌보지 않고 죽을 때까지 최선'을 다했다. 모든 권력이 그에게 주어져 있었지만 '주상을 의심하거나 핍박하지 않았고 부하들을 시기하거나 편애하지 않았으며' 자신을 엄격히 단속했다. 솔선수범하여 모든 일을 몸소 직접 행했고, 직언을 허심탄회하게 받아들였으며 부하들에게 '부지런히 나의 결함을 치라'고 명령했다. 평생토록 청렴하고 소박하게 생활했으며 개인의 부를 쌓는 데 관심이 없었다. 백성들은 그런 그를 보고 감복했으며 군주와 대신들은 그를 존경했다. 이처럼 아래위가 모두 화목했으며 국가 대사는 공명정대하게 처리되었다.

제갈량이 사람들과 함께 제정한 한과漢科는 나라의 법도였다. 그는 지위가 아무리 높은 자라 해도 법을 엄하게 집행했으며, 사사로운 정에 얽매이지 않았다. 처벌에는 근거가 있었고, 형량에는 기준이 있었으며, 죄를 뉘우치면 용서해주었고, 자신이 잘못을 저지르면 이를 인정하고 스스로를 책망했다. 그래서 관리들은 감히 악한 일을 저지를 엄두를 내지 못했으며 사람마다 자신을 단속하고 선한 것을 지향하게 되었다.

또한 능력에 따라 사람을 임용했으며 자격과 경력, 문벌에 구애받지 않았다. 부유한 귀족이든 천민이든, 유장劉璋의 친인척이든 조조의 부하이든지간에 상관하지 않고 능력에 따라 임용하고 일을 맡겼다. 또한 수하 사람들이 인재를 천거하도록 고무하여 '한 시대의 인재들을 모두 다 썼으며' 평가를 엄격히 하여 '재능 있고 우수한 자는 승진시키고 탐욕스럽고 나약한 자는 물리쳤다.' 그리하여 관리들은 직책에 충실하고 청렴했으며 백성들을 수탈하지 못했다.

경제적인 면에서는 '농사에 힘써 양곡을 많이 생산하도록 하고' '농번기를 놓치지 않게 하고 부세를 줄이는' 정책을 실시했으며 언관堰官을 두어 언제를 쌓고 관개사업을 주관하게 했다. 사금중랑장司金中郎將이라는 부서를 두어 농기구와 병기 제작을 주관하게 했으며, 사염교위司鹽校尉를 두어 소금 생산을 관리하게 했다. 또한 양잠과 비단 짜기를 권장하여 재정 수입을 늘렸고 화폐를 주조하여 물가를 안정시켰다.

그리하여 촉한은 '밭 면적이 늘어나고 창고가 가득 차며 무기가 정예하고 비축이 풍부한' 번영을 이루게 되었다.

군사적인 면에서는 법으로 군사를 다스려 군사 규율을 엄히 했다. 평상시에도 군사 훈련이 잘되어 있었고 무예가 숙련되어 있었으며 대오가 정연했다. 또한 오기吳起와 손무孫武의 병법을 발전시켜 '편안할 때에도 위험을 생각한다(거안사위居安思危)', '준비가 있으면 후환이 없다(유비무환有備無患)', '적을 알고 나를 알면 백 번 싸워도 위태롭지 않다(지피지기知彼知己 백전불태百戰不殆)', '기계奇計와 정공법은 조화를 이룬다(기정상생奇正相生)', '상대의 허를 찔러 공격하고 불의에 공격한다(공기불비攻其不備 출기불의出其不意)' 등의 전략과 전술을 강조했다. 또한 팔진도八陳圖를 만들어 행군하거나 주둔할 때 수시로 공격과 방어를 할 수 있게 했다. 둔전屯田을 실시하고 원융元戎(연발식 노)을 개조했으며 목우木牛와 유마流馬를 발명하여 물자 수송의 어려움을 해결했다. 이처럼 군사상에서 뛰어난 업적을 쌓았던 까닭에 당대의 사마의司馬懿는 그를 '천하의 기재奇才'라고 높이 평가했다.

외교적인 면에서, 오吳나라와 연합하여 조씨曹氏의 위魏나라와 맞섰으며, 시상柴桑에서 동맹을 체결하고 적벽을 불살라서 유비를 위험한 상태에서 벗어나 안전하게 만들어주었으며 이후 삼국 정립을 위한 토대를 마련했다. 그는 등지鄧芝를 세 번이나 오나라로 보내어 우호를 다졌으며 형주와 이릉彝陵의 패전에서 원기가 꺾였던 촉한의 형세를 안정시키고 변방을 굳게 지켜 백성을 편안하게 살게 했으며 남중南中의 난을 평정했다. 또한 비위費禕를 여러 차례 오나라로 보내어 손권과 연합하여 조조와 맞서게 함으로써 북벌을 감행할 수 있었다.

민족의 문제에서는, 남중 상류층의 반란을 평정한 후에 '화친하고 안무하는' 수단을 썼다. 소수민족의 상류층 중에서 촉한에 귀순하려는 자들을 지방관리로 등용했으며 민족의 관습을 존중하고 도움을 주어 '소수민족과 촉한이 서로 평안하게 지내게' 함으로써 그 지방의 사람과 물자를 나라와 군대에서 쓸 수 있게 했다.

하지만 사람인 이상 그 누가 잘못이 없을 수 있겠는가? 제갈량도 예외는 아니었다. 일을 잘못 처리한 적도 있었고 싸움에서 패한 적도 있었으며 사람을 잘못 쓴 적도 있었다. 그러나 그는 이 모든 일을 자신의 잘못으로 받아들이고 스스로를 책망했으며 그 가운데서 교훈을 얻었다.

촉한은 삼국 중에서 경제·군사적 수준이 가장 뒤떨어지는 나라였다. 순식간에 형주를 잃고 이릉에서 패전하여 기력이 쇠했으며, 여섯 차례의 북벌에서는 적은 군사로 많은 군사를 쳤고 방어보다 어려운 공격을 감행했다. 지쳐 있는 병사들로 쉬면서 기다리고 있는 적을 쳤으니 승리하기가 어려울 것은 당연한 일이었다. 그러므로 중국의 역사학자 범문란范文瀾은 『중국통사간편中國通史簡編』에서 "그에게 남은 것은 다만 주관적 노력의 한 방면뿐이었다. 이 방면에서 그의 노력은 그 이상 할 수 없는 경지에 이르렀다."라고 했다.

위나라를 멸망시키려던 그의 계획은 비록 실현되지 못했지만 위대한 정치가이자 병법가, 외교가로서의 공적은 부정할 수가 없는 것이다.

그런 그를 이해하고 연구하는 데 가장 중요한 자료가 그의 글이라는 것은 너무나 당연한 사실일 것이다. 그가 죽은 지 40여 년이 지난 후인 274년(진晉 무제武帝 태시泰始 10년) 2월에 중서감 순욱, 중서령 화교의 주청으로 저작랑著作郎 진수陳壽는 『제갈량집』 24편, 총 10만 4천1백12자를 집록했다. 그리고 이후 『수서隋書』 「경적지經籍志」에 "촉승상 『제갈량집』 25권"이 실렸는데 이는 위작이 섞여 있을 가능성이 크다.

『구당서舊唐書』 「경적지」와 『신당서新唐書』 「예문지藝文志」에도 『제갈량집』 24권이 기록되어 있고 『송사宋史』 「예문지」에는 『제갈량집』 14권이 기록되어 있는데 진수의 집록본보다 적어진 것이 확연히 눈에 보인다. 명나라 때에 와서는 시간이 많이 흐른 탓도 있고 전란으로 인하여 『제갈량집』이 유실되고 말았다.

지금 우리가 볼 수 있는 여러 가지 판본의 제갈량문집은 명·청대의 사람들이 관련 서적이나 문서에서 집록한 것인데 그 중에서도 청대 사람인 장주張澍의 『제갈충무후문집諸葛忠武侯文集』이 가장 훌륭하다.

이 책은 『제갈충무후문집』을 원본으로 하였으며, 장주의 『제갈충무후문집』 중의 문집 4권에 대해 『삼국지三國志』, 『태평어람太平御覽』, 『예문유취藝文類聚』, 『북당서초北堂書鈔』, 『수경주水經注』, 『자치통감資治通鑑』, 『전상고진한삼국육조문全上古秦漢三國六朝文』, 『통전通典』, 『후한서後漢書』 등과 기타 판본의 제갈량문집을 근거로 교열을 했다.

또한 '해제'와 '주석'을 실었으며, 앞에서 말한 관련 서적 및 문서들에서 일문逸文(알려지지 않은 글이나 흩어져서 전해지지 않은 글)

을 모아 수록했다. 『제갈충무후문집』 중의 연문衍文(불필요한 글귀)과 오류에 대해서는 '해제'를 통해 설명했으며 삭제하거나 고치지 않았다.

방가상

차 례

이 책을 읽기 전에 • 4

문집 권1

초려대 • 18 / 선제를 대신해 후제에게 남긴 유조 • 25 / 또 한 편의 조서 • 28 / 후제를 대신해 쓴 위나라 정벌의 조서 • 29 / 남정 조서 • 38 / 대행황제의 유조를 선포할 것을 청하는 표문 • 40 / 전출사표 • 42 / 후출사표 • 50 / 여개를 천거하는 표문 • 63 / 이엄을 탄핵하는 표문 • 66 / 이평을 탄핵하는 표문 • 78 / 요립을 탄핵하는 표문 • 72 / 요립을 탄핵하는 또 다른 표문 • 74 / 상서대에 올리는 공문 • 77 / 감부인을 소열황후로 추존할 것을 아뢰는 글 • 86 / 일을 상주하는 표문 • 91 / 기산 표문 • 93 / 탐문산 표문 • 95 / 장완을 천거하는 비밀 표문 • 96 / 임종시에 남긴 표문 • 98 / 강등을 청하는 가정에서의 상소문 • 101 / 정의 • 104 / 절맹호의 • 111 / 선제께 올린 서한 • 115 / 법정에 관해 답하는 글 • 117 / 법정에

게 답하는 글 • 119 / 관우에게 답하는 글 • 121 / 두미에게 보내는 글 • 124 / 두미에게 답하는 글 • 127 / 이회에게 답하는 글 • 129 / 유파에게 보내는 글 • 131 / 유파에게 보내는 장비에 대한 글 • 133 / 이엄에게 답하는 글 • 135 이엄에게 재차 답하는 글 • 138 / 장로에게 보내는 글 • 140 / 장예에게 보내는 글 • 141 / 장예와 장완에게 보내는 글 • 144 / 장예와 장완에게 재차 보내는 글 • 146 / 장예와 장완에게 재차 보내는 글 • 148 / 장완과 동윤에게 보내는 글 • 150 / 맹달에게 보내는 이엄에 대한 글 • 152 / 맹달에게 보내는 글 • 154 / 보즐에게 보내는 글 • 157 / 육손에게 보내는 글 • 159 / 손권에게 보내는 글 • 162 / 손권에게 재차 보내는 글 • 164 / 사마의에게 답하는 글 • 165 / 형 제갈근에게 백제군에 대해 알리는 글 • 167 / 형 제갈근에게 조운이 적애의 잔도를 불태운 일에 대해 알리는 글 • 169 / 형 제갈근에게 홍수로 인한 잔도의 파괴에 대해 알리는 글 • 171 / 형 제갈근에게 수양곡 길에 대해 알리는 글 • 173 / 형 제갈근에게 진진에 대해 알리는 글 • 175 / 형 제갈근에게 손송에 대해 말한 글 • 176 / 형 제갈근에게 은례에 대해 알리는 글 • 177 / 형 제갈근에게 아들 교에 대해 알리는 글 • 179 / 형 제갈근에게 아들 첨에 대해 알리는 글 • 181 / 아들을 훈계하는 글 • 183 / 아들을 재차 훈계하는 글 • 185 / 외조카를 훈계하는 글 • 186

문집 권2

장완에게 답하는 교 • 190 / 이풍에게 보내는 교 • 192 / 장예에게 보내는 교 • 195 / 내민을 폐하는 교 • 197 / 요주를 칭찬한 교 • 200

/ 속관들에게 내린 교 • 202 / 속관들에게 내린 또 하나의 교 • 204 / 참군연속에게 내린 교 • 206 / 장병들에게 자신의 과실을 지적할 것을 권면한 교 • 208 / 지난날 손숙오의 일을 빌어 내린 교 • 210 / 백성이 가난하고 국력이 약한 것에 관한 교 • 212 / 운송에 관한 교 • 213 / 남정교 • 214 / 도끼 제작에 대한 교 • 215 / 비수 제작에 대한 교 • 217 / 철갑 제작에 대한 교 • 218 / 적 기병을 공격하는 것에 대한 교 • 219 / 군령 10조 • 220 / 병법 • 233 / 병법비결 • 236 / 병요 9조 • 238 / 목우와 유마를 만드는 방법 • 248 / 팔진도법 • 254 / 아침에 남정을 떠나면서 쓴 전 • 256 / 사도원섭첩 • 257 / 한가의 금에 관한 글 • 259 / 교우에 대해 논함 • 260 / 광무제를 논함 • 261 / 제자를 논함 • 273 / 선양과 찬탈에 대해 논함 • 277 / 선제에게 황충을 논하여 보내는 글 • 281 / 선제에게 유파를 논하여 보내는 글 • 283 / 마속의 참수에 대해 논함 • 285 / 내민을 논함 • 288 / 허정을 칭찬함 • 289 / 방통과 요립을 칭찬함 • 291 / 장완을 칭찬함 • 293 / 장완을 재차 칭찬함 • 294 / 동궐을 칭찬함 • 296 / 은례를 칭찬함 • 297 / 사면에 인색하다는 의견에 답함 • 299 / 강유에게 답하는 글 • 302 / 병사 교대에 대해 지시함 • 304 / 간언에 대해 답함 • 306 / 축하에 대해 답함 • 308 / 사마계주의 묘비명 • 310 / 황릉묘기 • 312 / 양보음 • 317 / 잡언 • 321 / 28수분야 • 322 / 음부경주 • 342

문집 권3

치국 제1 • 349 / 군신 제2 • 352 / 시청 제3 • 355 / 납언 제4 • 358

/ 찰의 제5 • 361 / 치인 제6 • 366 / 거조 제7 • 371 / 고출 제8 • 375 / 치군 제9 • 378 / 상벌 제10 • 391 / 희노 제11 • 395 / 치란 제12 • 398 / 교령 제13 • 401 / 참단 제14 • 406 / 사례 제15 • 411 / 음찰 제16 • 415

문집 권4

병권 • 422 / 축악 • 424 / 지인성 • 426 / 장재 • 428 / 장기 • 430 / 장폐 • 432 / 장지 • 434 / 장선 • 435 / 장강 • 436 / 장교린 • 437 / 장강 • 439 / 출사 • 441 / 택재 • 444 / 지용 • 446 / 부진 • 448 / 장계 • 451 / 계비 • 454 / 습련 • 456 / 군두 • 458 / 복심 • 460 / 근후 • 462 / 기형 • 464 / 중형 • 466 / 선장 • 468 / 심인 • 470 / 병세 • 472 / 승패 • 474 / 가권 • 475 / 애사 • 478 / 삼빈 • 480 / 후응 • 482 / 편리 • 484 / 응기 • 486 / 췌능 • 488 / 경전 • 490 / 지세 • 492 / 정세 • 494 / 격세 • 496 / 정사 • 498 / 여사 • 500 / 자면 • 501 / 전도 • 503 / 화인 • 505 / 찰정 • 506 / 장정 • 508 / 위령 • 510 / 동이 • 512 / 남만 • 513 / 서웅 • 515 / 북적 • 516

문집 일문 • 519

제갈량 연보 및 삼국 연대표 • 532

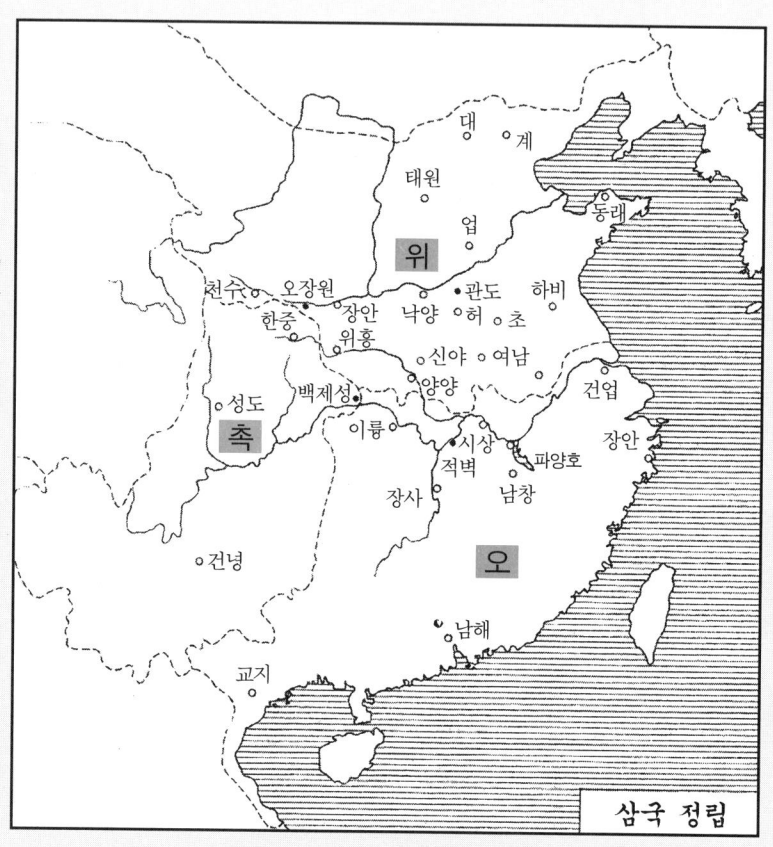

● 완역 제갈량문집

문집 권1

초려대

 유비는 군사를 일으킨 후로 20여 년 동안 실패를 거듭하면서 공손찬, 도겸陶謙, 조조, 원소, 유표 등에게 의탁했으며 발붙일 곳조차 변변치 않았다. 이러한 곤경에서 벗어나기 위해 유비는 다방면에 재능이 있을 뿐만 아니라 덕을 겸비한 인재를 구했다. 그러던 중 유비는 207년 서서의 천거를 받아 융중(호북성 양번시 서쪽)에 있는 제갈량의 초려를 세 번이나 찾아갔다. 당시 스물일곱 살에 불과했던 제갈량은 형주와 익주를 차지하여 기반으로 삼은 다음 '밖으로는 손권과 연합하고 안으로는 정치를 잘 다스리며' 기다리다가 천하의 형세가 변하는 것을 보아 도모한다면 패업을 이룩하고 한나라 왕실을 부흥할 수 있다고 권고했다. 이 계책은 유비의 찬사를 받았으며 훗날 천하를 통일하기 위한 총체적 책략이 되기까지 했다.

'대對'는 '물음에 답한다'는 뜻이다. '초려대草廬對'는 제갈량이 자신의 거처인 초려에서 군사와 정치에 관한 유비의 물음에 답한 것을 말한다. 그의 거처가 융중에 있었던 까닭에 '융중대'라고도 한다.

삼고초려도 207년 유비는 제갈량이 은거하고 있던 초막으로 세 번씩이나 찾아가 자신을 도와 달라고 청했다.

이 글은 『삼국지』 「촉서蜀書」 '제갈량전' 권35에서 발췌했다.

自董卓已來, 豪杰幷起, 跨州連郡者不可勝數. 曹操比于袁紹, 則名微而衆寡, 然操遂能克紹, 以弱爲强者, 非惟天時, 抑亦人謀也. 今操已擁百萬之衆, 挾天子而令諸侯, 此誠不可與爭鋒. 孫權据有江東, 已曆三世, 國險而民附, 賢能爲之用, 此可以爲援而不可圖也. 荊州北据漢, 沔, 利盡南海, 東連吳會, 西通巴, 蜀, 此用武之國, 而其主不能守, 此殆天所以資將軍, 將軍豈有意乎? 益州險塞, 沃野千里, 天府之土, 高祖因之以成帝業. 劉璋闇弱, 張魯在北, 民殷國富而不知存恤, 智能之士思得明君. 將軍旣帝室之胃, 信義著于四海, 總攬英雄, 思賢如渴, 若跨有荊,益, 保其岩阻, 西和諸戎, 南撫夷越, 外結好孫權, 內修政理, 天下有變, 則命一上將將荊州之軍以向宛, 洛, 將軍身率益州之衆出于秦川, 百姓孰敢不簞食壺漿以迎將軍者乎? 誠如是, 則霸業可成, 漢室可興矣.

동탁[1]이 나라를 어지럽힌 뒤로 호걸들이 일제히 일어나니 주와 군[2]을 넘고 이은 자들이 헤아릴 수 없이 많았습니다. 조조[3]가 원소[4]에 비해 명성과 군사가 적음에도 불구하고 원소를 물리치고 약자에서 강자가 될 수 있었던 것은 천시[5]뿐만이 아니라 인간의 모략 때문이었습니다. 지금 조조는 이미 백만 군사로 천자[6]를 끼고 제후들을 호령하고 있으니 그와는 다툴 수 없는 상황입니다. 손권[7]은 강동을 점령한 지 벌써 삼대[8]가 지났으며, 나라의 지세가 험하고 백성들은 잘 따르며 현명한 자들을 임용하고 있으니, 그를 밖에서 원조할 수는 있을지언정 도모할 수는 없습니다. 형주는 북쪽으로 한수와 면수[9]가 있어 이득이 남해에까지 이르고, 동쪽으로는 오회[10]에 잇닿아 있고, 서쪽으로는 파촉[11]과 통해 있으니 이는 반드시 차지해야 할 땅이지만 그 주인[12]은 지킬 수가 없습니다. 이는 하늘이 장군[13]을 돕는 것이니 장군께서는 취할 뜻이 있으십니까? 익주[14]는 험요한 요새이자 옥토가 천 리나 되는 천부의 땅[15]으로, 고조[16]께서는 이곳에 의지하여 제업을 이룩하셨습니다. 그곳의 주인인 유장[17]은 어리석고 유약하며 또한 장로[18]가 북쪽에 있는데도 그 많은 백성과 부를 돌보고 아낄 줄 모르니 지혜와 재능이 있는 인사들은 모두 현명한 군주를 바라고 있습니다. 장군께서는 황실의 후예이며, 신의가 사해四海에 알려져 있고, 영웅들

조조(155~220) 한나라 말기의 정치가이자 군사 전략가. 그가 죽은 후 아들 조비가 한나라 제위를 찬탈하여 위나라를 세웠으며, 그를 무제로 추존했다.

을 널리 사귀며, 목마른 사람처럼 어진 이를 찾고 계십니다. 만약 이 험요한 고장을 지켜내어 서쪽으로 여러 융족[19]들과 화목하게 지내고, 남쪽으로는 이월[20]을 어루만지며, 밖으로는 손권과 동맹을 맺고, 안으로는 정사를 잘 다스려 천하에 변화가 생긴다면 훌륭한 장수에게 명해 형주의 군사를 완락[21]으로 진군하게 하고, 장군께서는 몸소 익주의 군사를 통솔하여 진천[22]으로 나아가신다면 백성들이 어찌 단사호장[23]으로 장군을 기꺼이 맞이하지 않겠습니까? 진실로 이렇게 된다면 패업은 이루어질 것이며 한나라 왕실은 부흥할 것입니다.

1 **동탁董卓(?~192)** : 자는 중영仲穎이고 후한 농서隴西 임조臨洮(감숙성 민현) 사람이다. 본래 양주涼州의 호족으로, 후한의 영제靈帝 때 병주목을 지냈다. 소녕昭寧 원년(189년)에 군사를 거느리고 낙양洛陽에 쳐들어가서 어린 황제를 폐하고 헌제獻帝를 옹립한 뒤 정사를 독단했다. 조조와 원소 등이 반기를 들자 헌제를 협박하여 장안長安으로 천도하였으며 태사太師를 자칭했다. 사람됨이 잔학하고 독단하기 좋아했으며 낙양 주위의 수백 리를 불태워버렸다. 이후 왕윤王允과 여포呂布에게 살해당했다.

2 **주와 군** : 후한 말기의 행정 구역이다. 전국을 13개 주로 나누고 주州 아래

에 군郡을 두었다.

3 **조조曹操(155~220)** : 위魏 무제武帝. 자는 맹덕孟德이며 패국沛國 초(안휘성 박현) 사람이다. 후한 말기에 황건적의 난을 진압하는 과정에서 군사적 역량을 확충했다. 건안 원년(196년)에 헌제를 맞이하여 허창許昌(하남성 허창)으로 천도하였으며 천자를 끼고 여포, 원소 등 호강세력을 소멸하고 중국 북방을 통일했다. 건안 13년(208년)에 관직을 높여 승상이 되었고 위왕魏王으로 책봉되었다. 후에 아들 조비曹丕가 황제로 자칭하고 무제로 추존했다. 살아생전에 북방의 군사들에게 둔전을 하게 했으며 수리 사업을 일으키고 군량을 해결했으며 농업 생산을 일정 정도 회복시켰다. 또한 문벌세족 관념을 타파하고 재능에 따라 인재를 등용했으며 호강세력을 억제하여 관할구역의 사회, 경제를 발전시켰다. 병법에 정통했으며 『손자약해孫子略解』, 『병법접요兵法接要』 등을 지었다. 시 짓기를 즐겼는데 시는 웅대하고 비장하며 산문은 맑고 날카롭다. 남긴 저작으로는 『위무제집魏武帝集』이 있었으나 유실되었으며, 현재 정리하여 인쇄된 단행본으로는 『조조집曹操集』이 있다.

4 **원소袁紹(?~202)** : 자는 본초本初이며 후한 말기의 여남汝南 여양汝陽(하남성 상수현 서남쪽) 사람이다. 사세삼공四世三公 가문 출신으로서 처음에는 사예교위司隸校尉를 지냈다. 동탁이 환관을 모두 죽이고 전권을 휘두르자 기주冀州(하북 중남부)로 도망쳐 군사를 일으켜 동탁을 칠 것을 호소했다. 후에 지방세력들과의 혼전 중에 기주, 청주靑州(산동성 동북부), 유주幽州(하북성 북부), 병주並州(산서성) 등의 네 주를 차지하여 넓은 땅과 많은 군사를 가진 호강세력이 되었다. 건안 5년(200년)에 관도官渡(하남성 중모현 동북부)에서 조조에게 대패한 뒤 오래지 않아 죽었다.

5 **천시天時** : 천명天命이다.

6 **천자天子** : 제왕을 가리킨다. 고대에는 군권君權은 신이 준 것이고, 제왕은 하늘의 위임을 받아 대신 천하를 다스린다고 해서 '천자'라고 불렀다.

7 **손권孫權(182~252)** : 오吳 대제大帝. 자는 중모仲謀이고 부춘富春(절강성 부양현) 사람이다. 후한 말기에 형 손책孫策의 뒤를 이어 강동의 여섯 군을 다스렸다. 건안 13년(208년)에 유비와 연합하여 적벽赤壁에서 조조를 대패시키고 후에 이릉에서 유비를 대패시켰다. 황룡黃龍 2년(229년)에 무창武昌(호북성 악성현)에서 황제가 되었으며 국호를 오라고 했다. 도읍을 건업建業(강소성 남경시)으로 옮겨 229~252년까지 재위했다. 일찍이 이주夷

州(대만)로 사람들을 보내어 연계를 강화했으며 농관農官을 두어 둔전제를 실시했다. 산월山越 지역(지금의 강소·절강·안휘·강서·복건·광동성의 부분적 산간지역을 한나라 말기부터 당나라 초기까지 지칭하던 말)에 군, 현을 설치하여 강남의 토지 개발을 추진했다. 그러나 부세와 요역이 잦고 형벌이 잔혹했으므로 백성들의 반발을 불러일으켰다. **강동** : 손권이 차지하고 있던 장강의 무호蕪湖 이하, 강남의 여섯 군을 가리킨다.

8 **삼대** : 손견孫堅과 아들들인 손책, 손권을 가리킨다.

9 **형주荊州** : 한 무제 때 설치한 13자사부十三刺史部 중의 하나이다. 관할구역은 대략 지금의 호북·호남성과 하남·귀주·광동·광서성의 부분적 지역에 해당된다. **한수와 면수** : 이 강들은 실상 하나의 강인데 서쪽과 북쪽에 각각 발원지가 있다. 서쪽 발원지는 지금의 섬서 영강寧强 북부에 있는데 한수漢水라 하고, 북쪽의 발원지는 섬서 유패 서부에 있는데 면수沔水라고 한다. 두 곳에서 발원한 강은 합류된 후에 한수 또는 면수라고 했다.

10 **오회** : 후한시대에 회계군會稽郡을 회계군과 오군으로 나누었는데 두 군을 합쳐서 '오회吳會'라고 한다.

11 **파촉巴蜀** : 파군과 촉군. 파군은 전국시대에 진秦나라에서 설치했는데 군 소재지는 강주江州(중경시 북부의 가릉강 북쪽 기슭)에 있었다. 촉군은 전국시대에 진나라에서 설치했는데 군 소재지는 지금의 성도成都에 있었다. 여기서는 대체로 익주 지역을 가리킨다.

12 **주인** : 춘추전국시대에는 대부大夫를 주主라고 했으며, 여기서 그 주인이란 형주목 유표를 가리킨다.

13 **장군** : 건안 3년(198년)에 조조가 유비를 좌장군左將軍으로 임명했으므로 제갈량이 유비를 장군이라고 부른 것이다.

14 **익주** : 한 무제 때 설치한 13자사부 중 하나이다. 관할지역은 지금의 사천성 절다산折多山과 운남성의 노산怒山, 애뇌산哀牢山의 동부, 감숙성의 무도현武都縣, 양당현兩當縣과 섬서성 진령秦嶺의 남부, 호북성의 운현鄖縣과 보강현保康縣의 서북부, 귀주성의 동부를 제외한 지역이다. 주 소재지는 후한 말기의 성도에 있었다.

15 **천부의 땅** : 자연조건이 뛰어나고 물자가 풍부한 지역.

16 **고조高祖** : 한 고조 유방劉邦을 가리킨다.

17 **유장劉璋(?~219)** : 자는 계옥季玉이고 삼국시대의 강하江夏 경릉竟陵(호북

성 잠강현 서북부) 사람이다. 아버지의 뒤를 이어 익주목이 되었으며 지금의 사천성 지역을 차지하고 있었다. 건안 16년(211년)에 유비를 촉나라로 맞아들여 장로를 치게 했는데, 후에 유비가 군사를 돌려 성도를 치자 항복했다. 건안 24년(219년)에 손권이 형주를 얻자 다시 익주목으로 임명되었으나 얼마 못 가서 죽었다.

18 장로張魯 : 자는 공기公棋이고 패국 풍현 사람이다. 후한 말기의 천사도天師道 교주였다. 초평初平 2년(191년)에 익주목 유언의 독의사마督義司馬로 있었는데 그 신도들을 거느리고 한중을 점령하고 스스로 사군師君이라 했다. 자신의 관할지에다 '의사義舍', '의미義米', '의육義肉'을 차려 놓고 오고가는 사람들이 마음대로 먹고 자게 했으며 형벌을 가볍게 했다. 그가 건립한 정권은 대략 30년 동안 지속되었는데 후한 말기의 비교적 안정된 지역이었다. 건안 20년(215년)에 조조가 한중을 치자 파중巴中(사천성 파중 지역)으로 물러났다가 얼마 후에 조조에게 투항하여 진남장군으로 임명되었고, 낭중후에 봉해졌다.

19 융족戎族 : 고대 중국의 서부에 살고 있던 민족들을 통칭하던 말이다.

20 이월 : 이夷는 한나라 때 서남 지역의 여러 민족들을 통칭하던 말이며 월越은 고대 중국에서 남부와 동남부의 여러 민족들을 통칭하던 말이다.

21 완락 : 완宛은 완현으로 옛날의 현 이름이다. 진秦 소양왕昭襄王이 설치한 현으로 현 소재지는 하남성 남양시이다. 낙洛은 낙양인데 후한의 황성이었다. 낙양의 '낙' 자는 본래 '雒'을 썼으나 삼국시대의 위나라에서 '洛'으로 고쳤다.

22 진천秦川 : 지금의 섬서, 감숙의 진령 이북의 평원지대를 가리킨다. 춘추전국시대에 진秦나라에 속해 있었기 때문에 이렇게 불렸다. '천川' 이란 평원이란 뜻이다.

23 단사호장 : '단사簞食' 란 '참대로 만든 그릇에 담은 밥' 이란 뜻이고 '호장壺漿' 이란 '항아리에 담은 음료' 란 뜻으로 술을 가리킨다.

선제를 대신해
후제에게 남긴 유조

 장무章武 3년(223년) 4월, 유비는 병이 위중해지자 제갈량을 불러 뒷일을 부탁했고, 제갈량이 그 유조遺詔를 대필했다. 그러므로 이 글은 제갈량이 쓴 것이 아니며 장주가 잘못 집록한 것이다.

이 조서詔書는 배송지裴松之가 『삼국지』「촉서」 '후주전後主傳' 권33에 주를 달며 인용한 『제갈량집』에서 발췌했다. 조서란 황제가 신하들에게 보내는 통지문서인데 진秦나라 때부터 시작되어 역대로 계속 사용되었다.

朕初疾但下痢耳, 後轉雜他病, 殆不自濟. 人五十不稱夭, 年已六十有餘, 何所復恨, 不復自傷, 但以卿兄弟爲念. 射君到, 說丞相嘆卿智量甚大, 增修過于所望. 審能如此, 吾復何憂! 勉之, 勉之! 勿以惡小而爲之, 勿以善小而不爲. 惟賢惟德, 能服于人. 汝父德薄, 勿效之. 可讀『漢書』, 『禮記』, 閑暇曆觀諸子及『六韜』, 『商君書』, 益人意智. 聞丞相爲寫『申』, 『韓』, 『管子』, 『六韜』一通已畢, 未送, 道亡, 可自更求聞達.

유비(161~223) 촉한의 창건자. 47세가 되도록 뜻을 이루지 못하고 있던 유비는 제갈량을 얻은 것을 물을 만난 물고기에 비유했다.

짐이 처음에 병이 났을 때는 이질일 따름이었는데 후에 다른 병으로 옮겨가니 나아질 것 같지 않다. 사람의 나이 오십이면 요절했다고 할 수 없는데 내 나이가 이미 예순이 넘었으니 이제 무슨 한이 더 있고 애통해할 것이 뭐가 있겠는가. 다만 경의 형제[1]가 염려될 뿐이다. 사수[2]가 와서 말하기를, 승상이 경이 총명하고 품은 뜻이 크며 자기 수신에 힘쓰는 것이 사람들이 바라는 바를 초월한다고 하니 진실로 그러하다면 내가 무슨 근심이 있겠는가! 분발하고 분발하라! 악한 일은 작더라도 하지 말며 선한 일은 작더라도 하라. 오로지 어질고 덕이 있어야 남을 감복시킬 수 있다. 네 아비는 덕이 없으니 본받지 마라. 『한서』[3], 『예기』[4]를 읽고 한가할 때에 제자백가[5]와 『육도』[6], 『상군서』[7]를 읽어서 지혜와 생각을 키워라. 듣자하니 승상이 너를 위해 『신자』⁸, 『한비자』⁹, 『관자』¹⁰, 『육도』를 모아 하나로 베꼈으나 보내지 못하는 도중에 없어졌다고 하니 네 스스로 통달할 것을 구하라.

1 **경의 형제:** 유선劉禪과 두 동생 노왕魯王 유영劉永, 양왕梁王 유리劉理이다.
2 **사수:** 자는 문웅文雄이고 부풍扶風 사람이다. 관직은 종사중랑從事中郎, 군의 중랑장軍議中郎將에 이르렀다.
3 **『한서漢書』:** 후한 때 반고班固가 편찬한 책이다. 총 100편인데 120권으로 나뉘어 있다. 중국 최초의 기전체 단대사斷代史이다.
4 **『예기禮記』:** 『소대기小戴記』 또는 『소대예기小戴禮記』라고도 한다. 유가의 경전으로 진秦, 한漢 이전의 예에 대해 논한 책들을 선집한 것이다. 전하는 바에 따르면 전한前漢의 대성戴聖이 편찬했다고 하며 총 49편이 들어 있다. 고대 중국 사회와 유학 및 문물제도를 연구하는 데 참고가 되는 책이다.
5 **제자백가諸子百家:** 여기서는 선진先秦으로부터 전한 초기에 이르는 여러 학파들의 저작을 가리킨다.
6 **『육도六韜』:** 고대 중국의 병서이다. 전하는 바에 따르면 주周나라의 강태공이 지은 것이라 하나, 후세의 연구에 의하면 전국시대의 작품이라고 한다. 지금 6권이 남아 있다.
7 **『상군서商君書』:** 『상군商君』 또는 『상자商子』라고도 하며, 전국시대의 상앙商鞅과 후학자들의 저작을 모아서 편집한 것이다. 24편이 남아 있으며, 상앙 변법에 대한 일련의 주장들이 서술되어 있다.
8 **『신자申子』:** 전국시대의 신불해申不害가 지었다고 한다. 책 내용은 대부분 형벌의 이름과 권모술수에 관한 것이다.
9 **『한비자韓非子』:** 전국시대의 한비韓非가 쓴 것으로, 20권 55편으로 되어 있다. 법法, 술術, 세勢가 서로 결합된 일련의 정치 주장을 펼쳐 후세에 매우 큰 영향을 주었다.
10 **『관자管子』:** 춘추시대 제齊나라의 관중管仲이 지었다고 전해지지만 사실은 후세 사람들이 쓴 것이다. 원래는 86편이었으나 지금은 76편이 남아 있다. 도가道家, 명가名家, 법가法家 등 여러 학파의 사상과 천문, 역수歷數, 지리, 경제, 농업 등의 지식이 망라되어 있다.

또 한 편의 조서

유비가 임종시에 서자인 노왕 유영에게 남긴 유조이다. 제갈량이 대필만 한 것이므로 그의 저작은 아니다. 장주가 잘못 집록한 것이다.

이 조서는 『삼국지』「촉서」'선주전先主傳' 권32에 있는 배송지의 주에서 발췌했다.

吾亡之後, 汝兄弟父事丞相, 令卿與丞相共事而已.

내가 죽은 다음에 너희 형제들은 승상을 아버지처럼 섬겨야 한다. 나는 네가 승상과 함께 국사를 다스릴 것을 명한다.

후제를 대신해 쓴
위나라 정벌의 조서

촉한 건흥建興 4년(226년) 5월, 위나라에서는 문제文帝 조비가 죽고 명제明帝 조예曹叡가 즉위했다. 이듬해 봄에 제갈량은 위나라에서 대상大喪을 치르자마자 20만 대군으로 공격하기 위해 출사표를 올렸다. 이에 후제 유선은 이 위나라 정벌의 조서를 내려 '검을 휘두르며 파죽지세로 쳐들어가 역적을 토벌'하라고 명했다.

이 조서는 제갈량이 후제를 대신해서 쓴 것으로서, 배송지가 『삼국지』「촉서」'후주전' 권33에 주를 달며 인용한 『제갈량집』에서 발췌했다.

朕聞天地之道, 福仁而禍淫; 善積者昌, 惡積者喪, 古今常數也. 是以湯, 武修德而王, 桀, 紂極暴而亡. 曩者漢祚中微, 網漏凶慝, 董卓造難, 震蕩京畿. 曹操階禍, 竊執天衡, 殘剝海內, 懷無君之心. 子丕孤竪, 敢尋亂階, 盜据神器, 更姓改物, 世濟其凶. 當此之時, 皇極幽昧, 天下無主, 則我帝命隕越于下.

昭烈皇帝體明睿之德, 光演文, 武, 應乾坤之運, 出身平難, 經營四方, 人鬼同謀, 百姓與能, 兆民欣戴. 奉順符讖, 建位易號, 丕承天序, 補弊興衰, 存復祖業, 誕膺皇綱, 不墜于地. 萬國未定, 早世遐殂.

朕以幼衝, 繼統鴻基, 未習保傅之訓, 而嬰祖宗之重. 六合壅否, 社稷不建, 永惟所以, 念在匡救, 光載前緒, 未有攸濟, 朕甚懼焉. 是以夙興夜寐, 不敢自逸, 每從菲薄以蓋國用, 勸分務穡以阜民財, 授方任能以參其聽, 斷私降意以養將士. 欲奮劍長驅, 指討凶逆, 朱旗未舉, 而丕復隕喪, 斯所謂不燃我薪而自焚也. 殘類余丑, 又支天禍, 恣睢河, 洛, 阻兵未弭. 諸葛丞相弘毅忠壯, 忘身憂國, 先帝托以天下, 以勖朕躬. 今授之以旄鉞之重, 付之以專命之權, 統領步騎二十萬衆, 董督元戎, 龔行天罰, 除患寧亂, 克復舊都, 在此行也.

昔項籍總一強衆, 跨州兼土, 所務者大, 然卒敗垓下, 死于東城, 宗族焚如, 爲笑千載, 皆不以義, 陵上虐下故也. 今賊效尤, 天人所怨, 奉時宜速, 庶憑炎精, 祖宗威靈相助之福, 所向必克.

吳王孫權同恤災患, 潛軍合謀, 掎角其後. 涼州諸國王各遣月支, 康居胡侯支富, 康植等二十余人詣受節度. 大軍北出, 便欲率將兵馬, 奮戈先驅. 天命旣集, 人事又至, 師貞勢幷, 必無敵矣.

夫王者之兵, 有征無戰, 尊而且義, 莫敢抗也. 故鳴條之役, 軍不血刃; 牧野之師, 商人倒戈. 今旌麾首路, 其所經至, 亦不欲窮兵極武. 有能棄邪從正, 簞食壺漿以迎王師者, 國有常典, 封寵大小, 各有品限. 及魏之宗室, 支葉, 中外, 有能規利害, 審逆順之數, 來詣降者, 皆原除之. 昔輔果絶親于智氏, 而蒙全宗之福; 微子去殷, 項伯歸漢, 皆受茅土之慶. 此

탕왕(좌) 상나라의 창건자. 백성에게 선정을 베풀어 성왕 중의 하나로 칭송받고 있으며, 하나라의 폭군 걸왕을 멸망시켰다.

무왕(우) 주나라의 창건자. 현군으로 평가받고 있으며 여덟 국가와 연합하여 은나라의 마지막 황제이자 폭군인 주왕을 몰아냈다.

前世之明驗也. 若其迷沈不返, 將助亂人, 不式王命, 戮其妻孥, 罔有攸赦. 廣宣恩威, 貸其元師, 吊其殘民. 他如詔書律令, 丞相其露布天下, 使稱朕意焉.

짐이 듣건대 천지의 도리는 인덕仁德 있는 자에게 복을 내리고 사악한 자에게는 화를 내리므로, 선행을 많이 한 자는 번성하고 악행을 많이 한 자는 망하는 것이 고금의 당연한 이치이다. 그런 연고로 탕왕과 무왕[1]은 덕을 닦아서 왕이 되었고, 걸왕과 주왕[2]은 잔학해서 멸망하고 말았다. 지난날 한나라 왕실이 쇠하니 간흉들이 법을 어기고 동탁이 난을 일으켜 경기 일대[3]를 어지럽혔다. 조조는 이 난을 틈타서 조정의 대권을 사사로이 틀어쥐고 나라를 해쳤으며 임금을 유명무실하게 만들었다. 그 아들 조비[4]도 제위를 찬탈했으며 제왕의 성씨를 바꾸고 문물제도를 고쳐 대대로 죄를 지었다. 그때

온 나라가 암흑천지였고 천하에 주인이 없었으며 우리 한실漢室은 멸망할 처지에 놓이게 되었다.

소열황제[5]께서는 영명하고 원대한 식견을 지니셨으며 문왕과 무왕[6]의 사업을 빛내셨다. 천지의 운행 법칙에 순응하여 난을 평정하고 사방을 다스리시니, 귀신들마저 함께하였으며 인재들이 발벗고 나서서 돕고 백성들이 추대를 하였다. 하늘의 뜻에 따라 황위에 올라 연호를 고치고[7] 하늘의 질서를 따라 피폐해지고 쇠미해진 것을 다시 일으켜 선조들의 대업을 회복시키셨으며 나라의 정통을 이어 땅에 떨어지지 않게 하셨다. 그러나 애석하게도 천하가 아직 통일되기 전에 일찍 세상을 떠나셨다.

짐은 어린 나이에 나라의 대업을 다스리게 되었으며 아직 보부[8]의 가르침을 깊이 깨우치지 못한 채 중임을 맡게 되었다. 지금 천하는 각지가 막혀 통하지 못하고 사직이 탄탄하지 못하니, 짐은 그 원인을 헤아리고 바로잡아 선조의 업적을 계속하여 발전시키려고 하나 아직 이룩한 바가 없으니 심히 두려울 뿐이다. 그리하여 이른 아침에 일어나고 늦은 밤에 잠자리에 들며, 자신의 안일을 바라지 않고 근검절약하여 나라에 도움을 주고, 농사를 장려하여 백성들의 재물이 늘어나기를 바랐으며, 유능한 인재들의 의견에 귀를 기울이고 사사로운 마음을 갖지 않고 장수들을 길렀다. 이제 막 검을 휘두르며 파죽지세로 쳐들어가 역적을 토벌하려고 하였으나, 미처 진군의 깃발을 들기도 전에 조비가 죽고 말았으니 불을 지펴 태우기 전에 제 스스로 타버린 것이나 다름없다. 하지만 악의 잔당인 조예는

항우(기원전 232~202) 진나라 말기의 장수. 반란을 일으켜 진나라를 멸망시켰으며, 한왕 유방과의 4년여에 걸친 '초한 전쟁'으로 유명하다. 결국 유방에게 패하여 도망가던 도중에 목숨을 끊었다.

또 계속해서 재난과 변란을 빚어내며 중원에서 제멋대로 나쁜 짓을 해서 난이 그치질 않는다.

제갈 승상은 강한 신념과 충성심으로 인해 자신의 몸을 잊고 나라의 일을 근심하니 이는 선제께서 천하를 부탁하시고 나를 보필하라고 하신 것 때문일 것이다. 지금 나는 그에게 작전 지휘의 중임과 독단적으로 가부를 결정할 대권을 부여하며, 보병과 기병 20만을 통솔하고 주장을 맡아 역적을 징벌할 것을 명한다. 이번의 출정으로 인해 화근을 제거하고 난국을 평정하며 옛 도읍을 되찾게 될 것이다.

옛적에 항우[9]는 강대한 군사를 거느리고 주현州縣을 점령하여 큰 포부를 품었으나 결국 해하垓下에서 패하고 동성東城에서 죽어 종족을 멸망시키고 천년의 웃음거리가 되었다. 이는 모두 그가 의롭지 못하고 주군을 업신여기며 백성을 못살게 굴었기 때문이다. 지금은 조위가 그의 죄악을 본받고 있어 하늘이 노하고 사람들이 원망하고 있다. 마땅히 이 기회를 틈타 신속히 움직여서 불의 덕[10]과 선조 영령들의 보살핌과 도우심에 의거한다면 전진하여 승리하지 못할 것이 없을 것이다.

오나라의 손권도 같은 생각으로 군사를 몰래 파견해 적의 후방을 견제할 것이다. 양주[11] 각국의 국왕들도 월지, 강거의 수령인 지부, 강식 등 이십여 명을 파견하여 우리의 절제節制와 지시를 받을 것이다. 우리의 대군은 북상하여 병마를 거느리고 창검을 휘두르며 선봉을 다툴 것이다. 천명이 내렸고 인력으로 하는 일도 다 마련되었으니 군사의 굳은 의지로 합세하여 나아간다면 당해낼 자가 없을 것이다.

왕도王道를 행하는 군사는 정벌에 있어 싸우지 않고도 승리한다. 정정당당하고 의로운 군사 앞에서는 맞설 자가 없기 때문이다. 그런 연고로 명조 전투[12]에서 탕왕의 군사는 병기에 피를 묻히지 않았으며, 목야 전투[13]에서 주왕은 창을 거두었던 것이다. 지금 우리의 군사가 지나가는 곳마다 전력을 다해 병기를 쓸 일은 없을 것이며, 죄악을 고치고 바른 길로 들어서고자 단사호장을 들고 와 의로운 군사를 맞는 이들에게는 나라의 제도에 따라 등급에 맞게 대우를 해줄 것이다. 위나라 종실과 내외 종친들도 그 이해득실을 따지고 순역順逆의 도리를 알고 항복한다면 모두 용서해주고 관직을 줄 것이다. 옛적에 보과[14]는 지씨智氏와 관계를 끊고 온 종친이 보호를 받았으며, 미자[15]는 상나라를 떠나고 항백[16]은 한나라로 돌아옴으로써 모두 제후로 봉해졌다. 이런 것들이 지난 시대의 뚜렷한 실례인 것이다. 만약 완미하여 잘못을 깨닫지 못하고 역적을 돕고 천명을 따르지 않는다면 자기 자신은 물론 처자식들도 참수를 당하고 사면을 받지 못할 것이다. 은덕을 널리 알리기 위해 귀순한 장수는 너그럽게 용서해줄 것이며, 괴롭힘을 받은 백성들은 위로해줄 것이다. 기타의 조서와 율령은 제갈 승상이 천하에 공포하여 짐의 마음을 헤아려줄 것이다.

1 **탕왕** : 상나라의 개국 군주이다. **무왕** : 주 무왕武王 희발姬發로, 주나라의 개국 군주이다.
2 **걸왕桀王** : 이름은 이계履癸이며, 하나라의 마지막 군주로서 잔인하고 부도덕한 것으로 유명하다. **주왕紂王** : 상나라의 마지막 군주로서 잔혹한 폭군이었다.
3 **경기 일대京畿一帶** : 나라 도읍지 주변의 넓은 지역을 말한다.
4 **조비曹丕(187~226)** : 위 문제. 자는 자환子桓이며 초(안휘성 박현) 사람이다. 조조의 둘째 아들로, 조조가 죽자 왕위를 계승했다. 후한 연강延康 원년(220년) 10월에 한 헌제 유협劉協을 폐하고 위나라를 건립했으며 낙양을 도읍으로 삼았다. 문학을 좋아했으며 창작과 이론 모두에 밝았다. 저작으로는 『위문제집魏文帝集』이 있다.
5 **소열황제昭烈皇帝** : 유비(161~223)를 말한다. 자는 현덕玄德이며 탁군涿郡 탁현涿縣(하북성 탁현) 사람으로, 후한의 방계 황족이다. 삼국시대에 촉한을 건립했으며 221~223년에 재위했다. 집안이 가난하여 짚신과 멍석을 내다 팔아 생계를 이었다. 후한 말기에 군사를 일으켜 군벌 혼전에 참여했고 황건적의 난을 진압했다. 후에 손권과 연합하여 조조에게 맞서야 한다는 제갈량의 주장을 채택하여 건안 13년(208년)에 손권과 함께 적벽에서 조조를 대패시켰으며 형주를 점령했다. 이후 익주를 점령하고 한중을 평정했다. 221년에 황제가 되어 국호를 한이라 했으며 성도를 도읍으로 삼았다. 이듬해에 이릉대전에서 참패한 후 오래지 않아 죽었다.

6 **문왕** : 이름은 희창姬昌이다. 상나라 말기에 주족周族의 수령이었으며 주왕 紂王 때 서백西伯에 책봉되었다. 통치기에 국세가 강성했으며 우虞, 예芮 등 의 분쟁을 해결하여 두 나라가 귀의하게 했다. 여黎(산서성 장치시 서남쪽), 우邘(하남성 심양현 서북쪽), 숭崇(하남성 숭현 북쪽) 등을 멸망시켰을 뿐만 아니 라 풍읍豐邑(섬서성 서안시 서남쪽의 예수 서쪽 기슭)을 건설하여 도읍으로 삼았 다. 아들 희발이 주나라를 세우자 문왕으로 추존했다. **무왕** : 아버지의 유 지를 계승하여 용庸, 촉蜀, 강羌, 무髳, 미微, 노盧, 팽彭, 복濮 등과 연합하여 동쪽으로 나가 상나라를 쳤다. 목야(하남성 급현 북쪽) 전투에서 크게 승리하 여 상나라를 멸망시키고 서주西周 왕조를 건립했으며 호鎬(섬서성 서안시 서 남쪽 예수 동쪽)를 도읍으로 삼았다.

7 **연호를 고치고** : 221년에 유비가 성도에서 황제로 칭하고 연호를 장무章武 로 고친 것을 가리킨다.

8 **보부**保傅 : 보는 태보太保로서 임금을 보필하는 관리이며 태부 다음이다. 여 기서는 태자의 태보를 가리키는데 태자의 교육을 맡아보는 관직이다. 부傅 는 태부太傅로서 임금을 보필하는 관리이며 태사 다음이다. 여기서는 태자 의 태부를 가리키는데 태자의 교육을 맡아보는 관리이다. 고대에는 제왕을 보필하는 관리를 통칭하여 보부라 했다. 여기서는 태자의 교육을 맡아보는 관리로서 스승을 가리킨다.

9 **항우**項羽**(기원전 232~202)** : 하상下相(강소성 숙천현 서남) 사람으로 초楚나 라의 귀족 출신이다. 진이세秦二世 원년(기원전 209년)에 숙부 항량項梁을 따 라 오吳(강소성 소주시)에서 봉기했으며, 거록巨鹿 전투에서 진나라 주력 부대 를 격파했다. 진나라가 멸망한 후 스스로 서초패왕西楚覇王이 되어 대대적으 로 제후왕들을 분봉했다. 초한 전쟁에서 유방에게 패한 뒤 자살했다.

10 **불의 덕** : 오행설에 따르면 한나라는 화火에 속하므로 한나라를 '염한炎 漢'이라 했으며 그 정신을 '염정炎情'이라고 했다.

11 **양주**涼州 : 후한시대의 관할지역은 지금의 감숙, 영하와 청해의 황수湟水 유 역, 섬서의 정변定邊, 오기吳旗, 봉현鳳縣, 약양略陽 등에 달했다. **월지**月支 : 고대 민족의 이름으로 진·한시대에 돈황敦煌, 기련祁連 사이에서 유목생활 을 했다. 전한의 문제 때 흉노의 공격을 받아 대부분 서쪽으로 이주하여 싸이중지구塞種地區(신강 일리하 유역 및 그 서쪽 일대)로 갔는데 이를 대월지大 月氏라고 했으며, 일부가 남산南山(기련산)에 들어가서 강인羌人들과 섞여 살 았는데 이를 소월지라 했다. **강거**康居 : 고대 서역의 나라 이름이다. **지부**支

富, 강식康植: 사람 이름이며 누구인지는 알 수 없다.
12 **명조 전투**: 상나라 탕왕이 명조鳴條(산서성 운성현 안읍진 북쪽)의 들판에서 하나라 걸왕을 물리친 전투이다.
13 **목야 전투**: 주나라 무왕이 목야(하남성 기현 서남쪽)에서 상나라 주왕을 대패시킨 전투이다.
14 **보과輔果**: 지과智果를 말한다. 춘추시대의 진晉나라 대부로, 지선자智宣子가 아들 지요智瑤를 후계자로 삼으려 하자 서자 지소智宵를 세우는 것이 합당하며 그렇지 않으면 지씨가 멸망할 것이라고 했다. 지선자가 말을 듣지 않자 성을 보輔로 고쳤다. 후에 지씨가 멸족당한 뒤에도 보과의 일족은 살아남게 되었다.
15 **미자微子**: 성은 자子이고 이름은 계啓이다. 상나라 주왕의 이복형제로 미微(산동성 양산현 서북부)를 봉지로 받았다. 상나라가 멸망할 것을 알고 여러 차례 주왕에게 간언을 했으나 받아들여지지 않자 도망쳤다. 상나라가 멸망하자 주周나라에 항복하여 송宋(하남성 동부와 산동·강소·안휘성의 인접지역)을 봉지로 받았으며 상구商丘(하남성 상구현 남쪽)에 도읍을 세웠다.
16 **항백項伯(?~기원전 192)**: 이름은 전纏이고 자는 백伯이다. 하상下相 사람으로 항우의 숙부이다. 기원전 206년에 항우가 홍문鴻門의 연회를 베풀어 유방을 죽이려 할 때 유방의 모사이자 친구인 장량張良에게 이 사실을 알려주었다. 다음날 연회 석상에서 항장項莊이 칼춤을 추면서 유방을 죽이려 하자 춤판에 끼어들어 유방을 보호했다. 전한이 건립되자 유씨劉氏 성이 주어지고 사양후射陽侯에 봉해졌다.

남정 조서

건흥 3년(225년) 봄, 제갈량은 군대를 거느리고 남쪽의 익주, 영창永昌, 장가牂柯, 월수 등 네 군을 정벌했다. 후주 유선은 이번 정벌의 중대함을 알리기 위해 그에게 절대적인 지휘권을 부여했으며 부월, 곡개 등을 특별히 내려주어 깊은 신임을 표했다. 이 일이 제갈량과 관련이 있기는 하지만 이 글은 그와 관련이 없다. 그러므로 장주가 잘못 집록한 것이다.

이 글은 배송지가 『삼국지』「촉서」 '제갈량전' 권33에 주를 달며 인용한 『제갈량집』에서 발췌했다.

賜丞相亮金鈇鉞一具, 曲蓋一, 前後羽葆鼓吹各一部, 虎賁六十人.

승상에게 부월[1] 하나와 곡개[2] 하나, 전후 우보[3]와 취고수[4] 각기 한 부部, 호분[5] 60명을 내린다.

1 **부월**鈇鉞 : 부월斧鉞을 말한다. 고대에 군법軍法에 따라 처형할 때 쓰던 도끼이다.
2 **곡개**曲蓋 : 의장용으로 쓰던 자루가 굽은 일산日傘이다.
3 **우보**羽葆 : 제왕의 의장 중 새의 깃털로 장식한 화개華蓋이다.
4 **취고수**吹鼓手 : 북을 치고 태평소를 불며 연주하는 악대이다.
5 **호분**虎賁 : 용사에 대한 칭호이다. 날랜 호랑이처럼 용맹하다는 뜻에서 용사를 찬양하던 말이다.

대행황제의 유조를
선포할 것을 청하는 표문

촉한 장무 3년 4월 24일(223년 6월 10일), 유비가 영안궁永安宮(사천성 봉절현)에서 병사하자, 제갈량은 신속히 상사喪事를 처리하여 내부의 안정을 도모하고 외부의 침범을 막기 위해 후주 유선에게 이 표문을 올렸다.

이 글은 『삼국지』「촉서」'선주전先主傳' 권32에서 발췌했다.

伏惟大行皇帝邁仁樹德, 覆燾無疆. 昊天不弔, 寢疾彌留, 今月二十四日奄忽昇遐, 臣妾號咷, 若喪考妣, 乃顧遺詔, 事惟大宗, 動容損益; 百寮發哀, 滿三日除服, 到葬期復如禮; 其郡國太守, 相, 都尉, 縣令長, 三日便除服. 臣亮親受勅戒, 震畏神靈, 不敢有違. 臣請宣下奉行.

엎드려 생각하건대, 대행황제[1]께서는 인을 행하시고 덕을 세우셨으며 끝없이 널리 혜택을 펼치셨습니다. 창천蒼天은 애석해하지 않고 오래 병석에 누워 계시게 하였고 이번 달[2] 24일에 갑자기 승하하시게 하였습니다. 모든 신하와 백성들은 부모를 잃은 것처럼 목 놓아 울고 슬퍼했습니다. 유조를 돌이켜보건대 대종의 경우를 따르라 하셨으니 문무백관들은 애도를 드리되 사흘이 지나면 상복을 벗고, 매장하는 날에 다시 상례喪禮를 따라야 할 것입니다. 각 군국의 태수, 상, 도위, 현령과 현장³도 사흘 후에 상복을 벗도록 했습니다. 신 제갈량은 대행황제의 칙명을 받은 몸으로서, 선제의 신령이 두려워 감히 어긋나게 행동할 수 없었습니다. 삼가 청하옵건대 유조를 봉행奉行하도록 선포해주시기 바랍니다.

1 **대행황제**大行皇帝 : 황제가 죽은 후 시호를 올리기 전의 칭호로, 황제가 큰 덕이 있고 가서 돌아오지 않는다는 뜻에서 이렇게 부른다.
2 **이번 달** : 촉한 장무 3년 4월이다.
3 **군국**郡國**의 태수…현장** : 군국은 군郡과 왕국을 가리키며, 당시에는 지방의 고급 행정구였다. 군은 중앙에 직접 예속되어 있었고 왕국은 분봉을 받은 제후가 통치했다. 태수太守는 군의 최고 행정장관이었다. 상相은 왕국의 재상을 가리키는데 중앙정부에서 직접 임명했으며 왕후王侯를 보좌하고 감독하는 역할을 했다. 도위都尉는 태수를 보좌했고 전 군郡의 군사를 장악했다. 후한 때에는 변방의 군에 국도위國都尉를 두었는데 직권은 태수와 같았다. 현령縣令과 현장縣長은 현의 최고 행정장관으로, 큰 현의 경우에는 현령이라 했고 작은 현의 경우에는 현장이라 했다.

전출사표

 건흥 5년(227년) 3월, 제갈량은 '한실을 부흥시키고 옛 도읍으로 돌아가기' 위해 20만 군사를 거느리고 북벌을 감행했다. 떠나기 직전에 그는 후주 유선에게 출사표를 올려, 출정의 목적을 설명했고 촉한에 대한 무한한 충성심과 북벌을 통해 중원을 평정하려는 각오를 표했다. 그와 동시에 아직 나이가 어린 유선에게 나라를 다스리는 바른 길과 인재 등용에 대해 아뢰었다. 이 출사표는 국궁진력(죽을 때까지 최선을 다한다)의 뜻을 남김없이 보여주고 있으며, 유협劉勰은 『문심조룡文心雕龍』에서 뛰어난 표문 중의 하나라고 격찬했다.

이 글은 『삼국지』「촉서」'제갈량전' 권35에서 발췌했다.

先帝創業未半而中道崩殂, 今天下三分, 益州疲敝, 此誠危急存亡之秋也. 然侍衛之臣不懈于內, 忠志之士忘身于外者, 蓋追先帝之殊遇, 欲報之于陛下也. 誠宜開張聖聽, 以光先帝遺德, 恢弘志士之氣, 不宜妄自菲

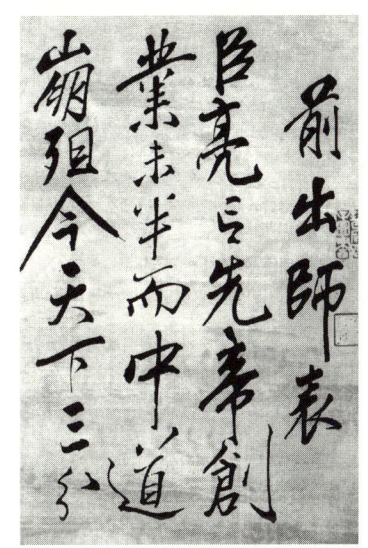

전출사표 송나라의 영웅 악비가 제갈량의 사당인 무후사에서 눈물을 흘리며 썼다는 출사표이다. 예로부터 "제갈량의 출사표를 읽고 눈물을 흘리지 않으면 충신이 아니다."란 말이 전해져 내려온다.

薄, 引喩失義, 以塞忠諫之路也.

宮中府中俱爲一體, 陟罰臧否, 不宜異同. 若有作奸犯科及爲忠善者, 宜付有司論其刑賞, 以昭陛下平明之理, 不宜偏私, 使內外異法也.

侍中, 侍郞郭攸之, 費禕, 董允等, 此皆良實, 志慮忠純, 是以先帝簡拔以遺陛下. 愚以爲宮中之事, 事無大小, 悉以咨之, 然後施行, 必能裨補闕漏, 有所廣益. 將軍向寵, 性行淑均, 曉暢軍事, 試用于昔日, 先帝稱之曰能, 是以衆議擧寵爲督. 愚以爲營中之事, 悉以咨之, 必能使行陳和睦, 優劣得所.

親賢臣, 遠小人, 此先漢所以興隆也 ; 親小人, 遠賢臣, 此後漢所以傾頹也. 先帝在時, 每與臣論此事, 未嘗不嘆息痛恨于桓, 靈也. 侍中, 尙書, 長史, 參軍, 此悉貞亮死節之臣, 願陛下親之信之, 則漢室之隆, 可計日而待也.

臣本布衣, 躬耕于南陽, 苟全性命于亂世, 不求聞達于諸侯. 先帝不以臣卑鄙, 猥自枉屈, 三顧臣于草廬之中, 咨臣以當世之事, 由是感激, 遂許先帝以驅馳. 後值傾覆, 受任于敗軍之際, 奉命于危難之間, 爾來二十有一年矣. 先帝知臣謹愼, 故臨崩寄臣以大事也.

受命以來, 夙夜憂嘆, 恐付托不效, 以傷先帝之明, 故五月渡瀘, 深入不毛. 今南方已定, 兵甲已足, 當獎率三軍, 北定中原, 庶竭駑鈍, 攘除奸凶, 興復漢室, 還于舊都. 此臣所以報先帝, 而忠陛下之職分也. 至于斟酌損益, 進盡忠言, 則攸之, 褘, 允之任也. 願陛下托臣以討賊興復之效; 不效, 則治臣之罪, 以告先帝之靈, 若無興德之言, 則責攸之, 褘, 允等之慢, 以彰其咎.

陛下亦宜自謀, 以咨諏善道, 察納雅言, 深追先帝遺詔, 臣不勝受恩感激.

今當遠離, 臨表涕零, 不知所言.

선제께서 창업하신 후 대업을 반도 이루기 전에 붕어하셨습니다. 지금 천하는 셋으로 나뉘어져 있고 익주는 피폐하오니, 실로 존망이 걸린 위급한 시기입니다.

그러나 안으로 황상을 받들어 모시고 호위하는 대신들이 게으르지 않고, 밖으로 충절을 지키는 장수들이 자기 한 몸을 잊고 싸우고 있으니 이는 선제의 후은을 잊지 못해 보답하려는 것일 것입니다. 폐하께서는 마땅히 성총의 길을 넓게 여시어 선제께서 남기신 덕을 빛내시고 뜻 있는 인사의 기개를 떨치셔야 합니다. 공연히 자신을 낮추거나 대의에 어긋난 말로 충심의 간언을 막아서는 안 될 것입니다. 궁정과 관부官府는 한 몸이어야 하니 벌을 주고 상을 줌에 있어 다름이 있어서는 안 됩니다. 만약 간악하고 죄를 범한 자와 충성스럽고 선한 자가 있다면 관가에 넘겨 그들의 상벌을 논하게 하여 공평함과 엄명함을 보여주어야 하지, 두둔하거나 사사로운 정을 두어서 궁정과 관부의 법도가 달라지게 하여서는 안 될 것입니다.

시중[1], 시랑[2]인 곽유지[3], 비위[4], 동윤[5] 등은 모두 선량하고 성실하며 뜻과 헤아림이 충성스럽고 깨끗한 사람들입니다. 그러하므로 선제께서는 그들을 뽑아 쓰시고 폐하께 남기신 것입니다. 생각하옵건대 궁중의 일은 그 일이 크든지 작든지간에 모두 이들의 의견을 들으신 후에 시행하시면 필연코 과실과 빈틈이 생기는 것을 보완할 수 있을 것이며 좋은 점이 많을 것입니다. 장군 상총[6]은 본성이 선량하고 처사가 공평하며 군사에 정통했으므로 선제께서 예전에 써보시고 유능하다고 말씀하셨기에 여러 사람이 상의하여 중부독[7]으로 삼은 것입니다. 생각하옵건대 군영의 일은 그의 의견을 들으시면 틀림없이 군사가 화목하고 능력에 따라 사람을 배치할 것입니다.

현명한 신하를 가까이하고 소인을 멀리한 것이 전한이 흥성한 원인이며, 소인을 가까이하고 현명한 신하를 멀리한 것이 후한이 무너진 연고입니다. 선제께서는 생전에 신과 이 일을 논하실 때마다 환제와 영제[8]에 대해 통탄의 한숨을 짓지 않으신 적이 없으셨습니다. 시중, 상서[9], 장사[10], 참군[11]들은 모두 충성스럽고 믿음직하며 죽음으로 절개를 지킬 신하들입니다. 바라옵건대 폐하께서 그들을 가까이하고 믿으신다면 한실의 부흥은 날을 헤아려 기다릴 수 있으리라 믿습니다.

신은 본래 남양[12]에서 밭을 갈던 평민으로서 난세에 그럭저럭 목숨이나 부지하려고 했을 뿐 제후들에게 빌붙어 현달하려 하지는 않았습니다. 뜻밖에 선제께서는 신의 비천함을 꺼리지 않으시고 몸소 귀하신 지체를 낮추시고 세 번이나 신의 초려에 왕림하셔서 오늘의 천하 대사를 물으셨습니다. 신은 이에 감격하여 선제께 힘을 다하여 노력할 것을 약속드렸습니다. 그후 장판교에서 참패를 당했을 때에 실로 중임을 맡았고[13], 그때로부터 위급하고 재난이 많은 와중에 벌써 스무한 해[14]가 지났습니다. 선제께서는 신이 신중하다고 생각하시어 붕어하시기 직전에 국가의 대사를 신에게 부탁하셨습니다.

명을 받은 이래로 밤낮으로 근심하고 탄식하면서 맡기신 일을 처리하지 못하여 선제의 성명聖明을 손상할까 봐 두려웠습니다. 그리하여 5월에 노수[15]를 건너 불모의 땅에 깊이 들어간 것입니다. 이제 남쪽은 평정되었고[16] 병장기와 갑옷도 충분히 마련되었으니 마땅히 삼군[17]을 거느리고 북벌하여 중원을 평정해야 할 것입니다. 신은 용렬한 재간이나마 힘을 다해 간흉을 물리치고 한실을 부흥시켜 옛 도읍[18]으로 돌아가려고 합니다. 이것이 선제께 보답하고 폐하께 충성하는 신의 본분이기 때문입니다. 정황과 도리를 짐작하여 충언을 드리는 것은 곽유지, 비위, 동윤의 책임입니다. 바라옵건대 신에게 조적曹賊을 토벌하고 한실을 부흥시키는 성과를 거두게 하여주십시오. 만약 성과를 거두지 못하면 신의 죄를 다스려 선제의 영전에 아뢰어주십시오. 만약 성덕聖德을 흥성시키는 충언이 없으면 곽유지, 비위, 동윤 등을 처벌해 태만함을 밝히십시오.

폐하께서도 스스로 깊이 생각하시고 치국의 좋은 방도를 신하들에게 물으시며 좋은 말을 살펴서 받아들이시고 선제의 유조를 잊지 않고 깊이 되새기신다면 신은 황은에 감읍하여 마지않겠습니다.

이제 곧 먼 길을 떠나며 표문을 올리니 눈물이 앞을 가려 무슨 말을 더 해야 할지 알 수가 없습니다.

1 **시중侍中** : 관직명. 진秦나라에서 최초로 설치했고 전한·후한시대에도 계속 설치했는데 열후列侯로부터 아래로 낭중郎中에 이르기까지 일러주는 관리로, 인원의 제한이 없었다. 황제의 시중을 들고 궁정을 드나들면서 여러 가지 잡일을 했다. 후한시대에 좌우의 시중드는 일을 장악하고 황제의 하문에 답하면서부터 점차 지위가 중요해졌다.

2 **시랑侍郎** : 관직명. 즉, 황문시랑黃門侍郎인데 궁정의 근시近侍로서 황제의 명을 전달했다.

3 **곽유지郭攸之** : 자는 연장演長이고 남양군南陽郡(하남성 남양시) 사람이다. 성품이 온화했으며 재능과 학문으로 이름이 높았다. 촉나라의 시중, 시랑을 지냈다.

4 **비위費褘(?~253)** : 자는 문위文偉이고 강하江夏 맹현䣡縣(하남성 신양시 동북부) 사람이다. 처음에 황문시랑을 맡았다가 후에 장완蔣琬의 뒤를 이어 집정하면서 대장군大將軍, 녹상서사錄尙書事를 맡았다.

5 **동윤董允(?~246)** : 자는 휴소休昭이고 남군南郡 지강枝江(호북성 지강 동북쪽) 사람이다. 태자의 사인舍人, 세마洗馬였다가 승진하여 황문시랑이 되었다. 늘 후주의 과실을 간했고 환관 황호黃皓의 전횡을 억제했다. 후에 시중수상서령侍中守尙書令을 맡고 대장군 비위의 조수로 있었다. 출사표가 쓰여질 당

시에 곽유지, 비위는 시중이었고 동윤은 시랑이었다.

6 상총向寵(?~240) : 양양 의성宜城(호북성 의성현 남쪽) 사람이다. 처음에는 아문장牙門將, 나중에는 중부독, 전숙위병典宿衛兵을 지냈다. 군사를 거느리고 한가군漢嘉郡(사천성 아안현 북쪽)을 칠 때 전사했다.

7 중부독 : 어전시위御前侍衛이다.

8 환제 : 한나라 환제 유지劉志(132~167)를 가리킨다. 146~167년에 재위했는데 환관을 가까이하여 나라가 부패했다. **영제** : 한나라 영제 유굉劉宏(156~189)을 가리킨다. 168~189년에 재위했는데 환관을 믿고 총애하여 나라가 부패했다.

9 상서 : 후한 때 황제를 도와 사무를 처리하던 관리였다. 여기서는 진진陳震을 가리킨다. 진진(?~235)은 자가 효기孝起이며 남양군 사람이다. 외교 사무를 잘 처리했고, 관직이 상서령尚書令에 이르렀으며 성양정후城陽亭侯에 봉해졌다.

10 장사長史 : 후한 때의 삼공부三公府 고급관리이다. 여기서는 사성교위射聲校尉이자 유부장사留付長史였던 장예를 가리킨다. 장예張裔(?~230)는 자가 군사君嗣이며 촉군 성도 사람이다. 서사書史에 정통했고 관리 능력이 특출했으며 의리를 중히 여겼다. 태수를 역임했으며, 제갈량이 북벌할 때는 유부장사 겸 보한장군輔漢將軍이었다.

11 참군參軍 : 장군부의 중요한 막료로, 군무를 참모했다. 여기서는 장완을 가리킨다. 장완蔣琬(?~246)은 자가 공염公琰이며 영릉군零陵郡 상향湘鄉(호남성 상향현) 사람이다. 나라를 다스릴 재능을 가지고 있어 제갈량의 신임을 받았으며 상서령, 대장군, 녹상서사 등을 지냈다. 안양정후安陽亭侯에 봉해졌고 겸하여 대사마大司馬가 되었다.

12 남양 : 군 이름. 후한시대의 관할구역은 지금의 하남성 웅이산熊耳山 이남의 엽현葉縣, 내향현內鄉縣과 호북성의 대홍산大洪山 이북의 응산현應山縣, 운현 사이의 지역에 달했다. 제갈량은 융중산(호북성 양번시 서쪽)에서 밭을 갈며 글을 읽었는데 융중산은 남양군에 속해 있었다.

13 장판교에서…맡았고 : 한 헌제 건안 13년(208년)에 유비가 장판長坂(호북성 당양현 동북부)에서 조조한테 패하고 하구夏口(호북성 무한시 한구)로 도망간 후 제갈량을 시상柴桑(강서성 구강시 서남쪽)으로 보내어 손권에게 원조를 청한 일을 말한다.

14 스무한 해 : 한 헌제 건안 12년(207년)에 유비가 초려를 세 번 방문한 때로

부터 촉 후주 건흥 5년(227년)에 제갈량이 북벌의 출사표를 올릴 때까지가 스무한 해이다.
15 **노수**濾水 : 노수의 남쪽을 말한다. 지금의 사천성 안녕하安寧河와 아롱강雅礱江이 합쳐져 금사강金沙江으로 흘러드는 동쪽 구간이다. 5월에 노수를 건넜다는 것은 촉 후주 건흥 3년(225년) 3월에 제갈량이 군사를 거느리고 남정하여 지금의 안녕하를 따라 남행한 일을 가리킨다. 제갈량은 5월의 무더위를 무릅쓰고 노수 남쪽을 따라 도하하여 운남 변경의 소수민족지구에 들어가 맹획孟獲을 격파했다.
16 **남쪽은 평정되었고** : 건흥 3년 가을에 제갈량이 군사를 거느리고 남방의 익주, 영창, 장가, 월수 등 네 군의 반란을 평정한 일을 가리킨다.
17 **삼군** : 춘추시대에 큰 나라에서는 좌, 중, 우의 삼군三軍을 건립했다. 여기서는 전군을 가리킨다.
18 **옛 도읍** : 전한 · 후한의 도성인 장안과 낙양을 가리킨다.

후출사표

 건흥 6년(228년) 가을, 동오의 육손陸遜이 석정石亭(안휘성 안경시 부근)에서 조휴曹休를 대패시키자, 제갈량은 관중이 약하므로 위나라를 공격할 호기라고 생각했다. 그러나 그 해 봄에 마속馬謖이 가정街亭에서 패함으로써 촉나라는 군사상에서 중대한 손실을 입었으며, 조정에서는 반년 만에 다시 대규모적인 군사 행동을 하는 것에 대해 회의를 품는 이들이 생겨났다. 이에 제갈량은 이 표문을 올려 지금 위나라를 정벌해야 할 이유와 절박함을 진술했으며 '화和'와 '전戰', '안전'과 '위험'의 관계를 분석하여 위나라를 공격하는 것에 대한 후주 유선의 믿음을 굳게 했다. 이 글은 논리적이고 감정이 비장하며 문장이 적절하여 감화력이 크다. '출사표'와 함께 역대로 전해져 내려온 명작이다.

이 글은 배송지가 『삼국지』 「촉서」 '제갈량전' 권35에 주를 달며 인용한 진晉나라 습착치習鑿齒의 『한진춘추漢晉春秋』에서 발췌했다. 배송지는 주에서 "이 표문은 『양집亮集』에 없다. 장엄張儼의 『묵기默記』에 있다."고 했는데, 이 글이 『삼국지』와 『제갈량집』에 없기 때문에 진위 여부에 대한 논란이 많았다. 혹자는 앞서 말한 두 책에서 언급되지 않았고, 글에 나오는 이복李服이란 사람이 역사상 인물이 아니며, 조운趙雲의 사망 연도가 『삼국지』 「촉서」 '관장마황조전關張馬黃趙傳'의 기록과 다르다는 점, 그리고 이 글이 출사표치고는 격조가 저침하고 신심이 부족하며 '출사표'와 다르다는 점 때문에 위작이며 장엄이 지었을 것이라고 보고 있다. 그러나 혹자는 장엄은 동오의 대홍려大鴻臚로서 조정의 중요 대신인데 '손책이 앉아서 강동 땅을 차지하게 하였다'라는 말을 쓸 수 없었을 것이므로 위작이 아니라고 주장하기도 한다. 누가 옳고 그른가 하는 것은 사학자들이 평가하고 결론을 내릴 때까지 유보할 수밖에 없다.

先帝慮漢, 賊不兩立, 王業不偏安, 故托臣以討賊也. 以先帝之明, 量臣之才, 故知臣伐賊才弱敵强也；然不伐賊, 王業亦亡, 惟坐待亡, 孰與伐之! 是故托臣而弗疑也.
臣受命之日, 寢不安席, 食不甘味, 思惟北征, 宜先入南, 故五月渡瀘, 深入不毛, 幷日而食. 臣非不自惜也, 顧王業不得偏全于蜀都, 故冒危難以奉先帝之遺意也, 而議者謂爲非計. 今賊适疲于西, 又務於東, 兵法乘勞, 此進趨之時也. 謹陳其事如左：
高帝明幷日月, 謀臣淵深, 然涉險被創, 危然後安. 今陛下未及高帝, 謀臣不如良, 平, 而欲以長計取勝, 坐定天下, 此臣之未解一也.
劉繇, 王朗各据州郡, 論安言計, 動引聖人, 群疑滿腹, 衆難塞胸, 今歲不戰, 明年不征, 使孫策坐大, 遂幷江東, 此臣之未解二也.

曹操智計殊絶于人, 其用兵也, 倣佛孫, 吳, 然困于南陽, 險于烏巢, 危于祁連, 逼于黎陽, 幾敗北山, 殆死潼關, 然後僞定一時耳, 況臣才弱, 而欲以不危而定之, 此臣之未解三也.

曹操五攻昌霸不下, 四越巢湖不成, 任用李服而李服圖之, 委夏侯而夏侯敗亡, 先帝每稱操爲能, 猶有此失, 況臣駑下, 何能必勝? 此臣之未解四也.

自臣到漢中, 中間期年耳, 然喪趙雲, 陽群, 馬玉, 閻芝, 丁立, 白壽, 劉郃, 鄧銅等及曲長屯將七十余人, 突將無前; 賨, 叟, 靑羌散騎, 武騎一千余人, 此皆數十年之內所糾合四方之精銳, 非一州之所有, 若復數年, 則損三分之二也, 當何以圖敵? 此臣之未解五也.

今民窮兵疲, 而事不可息, 事不可息, 則住與行勞費正等, 而不及今圖之, 欲以一州之地與賊持久, 此臣之未解六也.

夫難平者, 事也. 昔先帝敗軍于楚, 當此時, 曹操拊手, 謂天下以定. 然後先帝東連吳, 越, 西取巴, 蜀, 擧兵北征, 夏侯授首, 此操之失計而漢事將成也. 然後吳更違盟, 關羽毀敗, 秭歸蹉跌, 曹丕稱帝. 凡事如是, 難可逆見. 臣鞠躬盡力, 死而後已, 至于成敗利鈍, 非臣之明所能逆睹也.

선제께서는 한나라와 조적은 양립할 수 없고 왕업[1]은 구석진 지방에 안거하는 것으로 그칠 수 없다고 여기시어 신에게 조적을 정벌할 책임을 맡기셨습니다. 선제의 현명함은 신의 재능을 가늠해 보시어 조적을 칠 능력이 약하고 조적이 강함을 알고 계셨습니다.

그러나 조적을 치지 않으면 도리어 왕업이 망할 것이니 앉아서 망하기를 기다리는 것이 어찌 적을 정벌하는 것과 비길 수 있겠습니까? 이런 연고로 조적을 정벌할 책임을 신에게 맡기셨습니다.

  신은 명을 받은 날부터 잠자리에 누워도 편안하지 않았으며 음식을 먹어도 맛을 알 수가 없었습니다. 북벌을 하려면 먼저 남쪽[2]을 평정해야겠다고 생각하여 5월에 노수를 건넜고, 불모의 땅에 깊이 들어가서 하루 식량으로 이틀을 지냈습니다. 신도 제 몸을 아낄 줄 모르는 바가 아니지만 다만 왕업을 실현하려면 촉도蜀都에 안거하여서는 안 된다고 여겨 위험과 고난을 무릅쓰고 선제의 유지를 따르려고 하는 것입니다. 하지만 따지기 좋아하는 사람들[3]은 이것이 상책이 아니라고 하고 있습니다. 지금 조적은 마침 서쪽에서는 숨 돌릴 새 없이 바삐 돌고 있으며[4] 동쪽에서는 싸우느라 바쁩니다.[5] 병법에서는 적이 피로한 틈을 타서 공격하라고 했으니 지금이 바로 크게 공격할 때입니다. 신이 삼가 거기에 관해 아뢰면 다음과 같습니다.

  고제[6]께서는 영명하심이 일월과 같으셨고 그 모신謀臣들은 지식이 넓고 깊으며 사려가 심원深遠했으나 온갖 고난과 위험을 다 겪으시고 몸에 상처까지 입으셨으며[7] 위험한 상태에서 벗어나서야 안전하게 되셨습니다. 그런데 지금 폐하께서는 고제에 미치지 못하시고 모신도 장량과 진평[8]보다 못하다고 하시면서 긴 계책으로 이기고자 하시고 편히 앉아서 천하를 평정하려고 하십니다. 이것이 신이 해득하지 못하는 첫 번째입니다.

유요와 왕랑은 각기 주와 군을 차지하고 안위와 계책을 논할 때 걸핏하면 성현의 말을 인용하니[9] 사람들은 근심했고 그런 말들은 가슴만 답답하게 했습니다. 금년에도 싸우지 않고 다음해에도 싸우러 가지 않아 결국 손책[10]이 앉아서 강동 땅을 차지하게 하였습니다. 이것이 신이 해득하지 못하는 두 번째입니다.

조조는 지혜와 모략이 유달리 뛰어났고 용병에서는 손빈과 오기[11] 같으면서도 남양에서 곤궁에 빠졌고[12] 오소에서 험난을 겪었으며[13] 기련에서 위험에 빠졌고[14] 여양에서 곤경에 빠졌으며[15] 북산에서 거의 패했고[16] 동관에서는 하마터면 목숨을 잃을 뻔했습니다.[17] 그리고 나서야 겨우 한때의 국호를 사칭했사온데 하물며 재능이 없는 신으로서 위험과 곤란을 겪지 않고 어찌 천하를 평정할 것을 바라겠습니까? 이것이 신이 해득하지 못하는 세 번째입니다.

조조는 다섯 번이나 창패를 공격하였으나[18] 떨어뜨리지 못했고 네 번이나 소호를 건넜으나 성공하지 못했으며[19] 이복[20]을 임용했으나 도리어 해를 입었고 하후연[21]에게 맡겼으나 하후연은 패하고 전사했습니다. 선제께서는 조조가 재능이 있다고 하셨는데도 이 같은 실패가 있었습니다. 하물며 신같이 재능이 낮은 자가 어찌 매번 이길 수만 있겠습니까? 이것이 신이 해득하지 못하는 네 번째입니다.

신이 한중에 온 지 일 년도 채 안 되어 조운[22], 양군, 마옥[23], 염지, 정립, 백수, 유합, 등동[24], 그리고 곡장[25]과 둔장[26] 70여 명을 잃었사온데 이들은 모두가 적진에 용감히 돌진하고 당할 자가 없는 무적의 용장들이었습니다. 그리고 종[27], 수[28], 청강[29] 등 민족의 산기와

장량(?~기원전 186) 전한 초기의 정치가. 진나라 말기의 농민전쟁 때 유방에게 의탁하여 참모가 되었으며, 한나라를 창업하는 데 일등공신의 역할을 했다.

무기[30] 1천여 명을 잃었사온데 이들은 모두 수십 년 동안 각 지방에서 모아온 정예군으로서 어느 한 고을에서 얻을 수 있는 바가 아닙니다. 만약 몇 년이 더 지난다면 그들 셋 중에서 둘은 잃을 것이니 그때 가서 어떻게 적을 치겠습니까? 이것이 신이 해득하지 못하는 다섯 번째입니다.

지금 백성들은 곤궁하고 군사들은 지쳐 있습니다. 그러나 할 일을 중도에 그만둘 수는 없습니다. 중도에 그만둘 수 없다면 군사를 주둔시키든, 출정시키든 그 노력과 비용이 거의 같사온데 제때에 적을 도모하지 않고 일개 주를 가지고서 조적과 오래도록 맞서려 하는 것은 신이 해득하지 못하는 여섯 번째입니다.

무릇 판단하기 어려운 것이 세상일입니다. 지난날 선제께서 초땅에서 패하셨을 때[31] 조조는 천하가 평정되었다며 손뼉을 치고 좋아했습니다. 하지만 선제께서는 동으로는 손오孫吳와 연합하고[32] 서로는 파촉을 취했으며[33] 군사를 일으켜 북벌하여[34] 하후연의 목을 베셨으니, 이는 조조의 실책으로 한나라를 흥하게 해준 것이라 할 수 있습니다. 그후 선제를 배신한 손오가 결맹을 저버리고[35] 관우[36]가 싸움에서 패하여 목숨을 잃었으며 선제께서 자귀에서 일을 그르치셔서[37] 조비가 황제로[38] 칭할 수 있었습니다. 무릇 세상일이란 이처럼 예측하기 어려운 것입니다. 다만 신은 나라를 위하여 모든 힘을 다 바치며 죽을 때까지 멈추지 않을 뿐입니다. 신은 일이 성공할 것인지 실패할 것인지, 순조로울지 어려울지를 예견하는 데는 밝지가 못합니다.

1 **왕업**王業 : 제왕帝王의 사업. 여기서는 한나라 왕실의 부흥과 천하 통일을 가리킨다.
2 **남쪽** : 촉한 남쪽의 익주, 영창, 장가, 월수를 가리킨다.
3 **따지기…사람들** : 촉한 조정의 정사를 의논하는 관리들을 가리킨다.
4 **조적은…있으며** : 건흥 6년(228년) 봄에 제갈량이 군사를 거느리고 기산祁山(감숙성 예현 동북부)을 공격하자 위나라 서부의 남안南安, 천수天水, 안정安定 등 세 군(감숙성 동부)이 위나라를 배반하고 촉나라에 투항했다.
5 **동쪽에서는…바쁩니다** : 건흥 6년 8월에 위나라 조휴가 군사를 거느리고 위나라 동쪽의 석정에 침입했다가 오나라 육손에게 격파되자 위나라에서는 원군을 파견했다.
6 **고제** : 한 고조 유방. 유방(기원전 256~195, 일설에는 기원전 247~195)의 자는 계季이며 패현沛縣(강소성 패현) 사람이다. 사수정泗水亭 정장이었는데, 진 이세 원년(기원전 209년)에 진승陳勝의 반란이 일어나자 군사를 일으켰으며 패공이라 칭했다. 기원전 206년에 군사를 거느리고 함양咸陽을 함락하고

진나라 왕조를 뒤엎었다. 얼마 후 항우와 5년여에 걸쳐 전쟁을 벌였으며 기원전 202년 마침내 항우를 물리치고 황제가 되어 한나라를 세웠다. 기원전 202년~195년까지 재위했다. 재위기간에 진나라 제도를 계승하고 『한률漢律』9장九章을 제정하여 중앙집권을 튼튼히 하였으며, 상업을 억제하고 농업을 발전시킴으로써 사회 경제를 회복시켰다.

7 **온갖…입으셨으며** : 초한 전쟁 때 유방이 항우의 군사들에게 수 차례나 포위되고 부상까지 입었던 일을 가리킨다. 예를 들어 기원전 203년 광무廣武(하남성 형양현 부근)에서 초나라 매복병들의 사격을 받아 부상당했으며, 기원전 200년에는 흉노의 군사들에게 평성平城(산서성 대동시 동북부의 백등산白登山)에서 포위되었으며, 기원전 195년에는 영포英布를 토벌하다가 화살을 맞았다.

8 **장량과 진평** : 유방의 중요한 모사謀士들이었다. 장량張良(?~기원전 186)의 자는 자방子房인데 전하는 바에 따르면 성부城父(안휘성 박현 동남쪽) 사람으로 한韓 소후昭侯의 후예라고 한다. 진나라 말기의 농민전쟁 때 군사들을 모아 유방에게 귀의하여 모사가 되었다. 초한 전쟁 때 6국의 후대들을 제후왕으로 세우지 않고 영포, 팽월彭越과 연합하며, 한신韓信을 중용하는 등의 책략을 내놓았다. 또한 항우를 추격하고 초나라 군사를 섬멸할 것을 주장했는데 유방에게 모두 받아들여졌다. 한나라가 건립된 뒤 유후留侯에 봉해졌다. 진평陳平(?~기원전 178)은 한나라 초기의 양무陽武(하남성 원양현 동남쪽) 사람으로, 어렸을 때 가정 형편이 어려웠으며 도술道術을 좋아했다. 유방에게 귀의한 후 중요한 모사가 되어 반간계反間計를 써서 항우가 모사 범증范增을 버리게 하고, 작위로 한신을 농락할 것을 건의했는데 모든 건의가 유방에게 받아들여졌다. 한나라가 건립되자 곡역후曲逆侯에 봉해졌다. 혜제惠帝, 여후呂后 때에는 승상을 지냈는데, 여씨가 정권을 독단하자 정사를 보지 않다가 여후가 죽자 주발周勃과 함께 계책을 세워 여산呂産, 여록呂祿 등을 죽이고 문제를 옹립했으며 승상이 되었다.

9 **유요와…인용하니** : 유요劉繇의 자는 정례正禮이며 동래군東萊郡 모평현牟平縣(산동성 복산현 동북부) 사람이다. 후한 말기에 양주자사(주 소재지는 지금의 강소성 단양현)를 맡았으나 원술袁術의 위협이 겁나서 부임하러 합비合肥에 가지 못하고 곡아曲阿(강소성 단양현)에 가 있었다. 후에 손책孫策에게 격패되자 단도丹徒(강소성 단도현)로 도망쳤다가 팽택彭澤(강서성 호구현 동부)으로 옮겨가 있었는데 착융과 싸우다가 얼마 후 죽었다. 왕랑王郞(?~기원전 228)의

자는 경흥景興으로 동해東海 군담郡郯(산동성 담성현 북부) 사람이다. 후한 말기에 회계태수로 임명되었는데 손책에게 패하자 투항했다. 왕랑은 재능 있고 지식이 연박하였으며, 성품이 기개가 있고 공손하며 근검절약하고 은혜 베풀기를 잘하는 것으로 유명했기 때문에 후에 조曹씨에게 중용되어 관직이 삼공三公에까지 이르렀고 난릉후蘭陵侯로 봉해졌다.

10 손책(175~200) : 자는 백부伯符이고 오군吳郡 부춘富春(절강성 부양현) 사람으로, 손견孫堅의 큰아들이다. 손견이 죽자 원술에게 청해 아버지의 병사를 이끌고 강동의 할거세력들을 평정하였으며 오군, 회계군 등 5개 군을 점령했다. 그후에 노강군廬江郡을 빼앗고 강동에 손씨 정권을 세웠다. 조조로부터 토역장군討逆將軍으로 임명되고 오후吳侯로 봉해졌다. 건안 5년(200년)에 사냥을 나갔다가 자객에게 암살당했다.

11 손빈과 오기 : 손빈孫臏은 전국시대의 병법가이다. 제齊나라 아阿(산동성 양곡 동북쪽) 사람으로, 손무의 후예이다. 제나라 위왕威王의 참모였으며 계책을 써서 위나라군을 계릉桂陵(하남성 장원현 서북부), 마릉馬陵(산동성 범현 서남부)에서 대패시켰다. 저작으로 『손빈병법』이 전해져 내려오고 있다. 오기吳起(?~기원전 381)는 전국시대의 병법가로서 위衛나라 좌씨左氏(산동성 정도현 서쪽) 사람이다. 노魯나라의 장군이었다가 나중에는 위나라의 장군이 되어 수 차례 전공을 세웠다. 위魏 문후文侯가 죽은 뒤 모함을 받자 초나라로 도망쳐서 영윤令尹이 되었으며, 초 도왕悼王을 도와 변법을 실시하여 귀족들의 원한을 샀다. 북쪽으로는 위나라를 쳐서 이겼고 남쪽으로는 양월揚越을 평정하고 창오蒼梧를 얻었다. 도왕이 죽자 귀족들에게 살해당했다. 저작으로는 『오기』 48편이 있으나 유실되었으며, 현재 남아 있는 『오자吳子』 6편은 후세 사람들이 쓴 것이다.

12 남양에서…빠졌고 : 후한 건안 2년(197년)에 조조는 장수張繡의 계책에 빠져 남양 완현(하남성 남양시)에서 패하였으며, 날아오는 화살을 맞고 큰아들 조앙 등이 전사했다.

13 오소에서…겪었으며 : 후한 건안 5년(200년)에 원소와 조조가 관도官渡(하남성 중모현 동북부)에서 대치하고 있을 때 조조군은 식량이 부족하여 위태로운 상황에 처해 있었다. 이때 마침 항복해온 허유許攸의 계책으로 원소가 식량을 비축해둔 오소烏巢(하남성 연율현 동남부)를 기습하여 위험에서 벗어날 수 있었다.

14 기련에서…빠졌고 : 후한 건안 9년(204년)에 조조는 기련에서 원상을 포

위 공격하다가 하마터면 원상袁尙의 부장 심배審配가 깔아둔 복병의 화살에 맞을 뻔했다.

15 **여양에서…빠졌으며** : 후한 건안 7년(202년) 5월에 원소가 병으로 죽자 그의 아들 원담袁譚, 원상袁尙은 여양黎陽(하남성 준현 동부)에 군사를 주둔시켰다. 9월에 조조는 그 기회를 타서 공격했으나 원담과 원상이 굳게 지키는 바람에 반년 동안이나 대치하면서 승리를 거두지 못했다.

16 **북산에서…패했고** : 후한 건안 24년(219년) 3월에 조조는 남정을 위해 장안을 떠났고 야곡斜谷을 지나 한중(섬서성 한중시)에 이르렀다. 그러나 식량을 운반하면서 양평陽平(섬서성 면현 동부)의 북산北山 아래에서 촉나라 조운과 싸우다가 대패했으며, 유비와 한달 동안 대치해 있는 사이에 도망가는 군사가 너무 많아 하는 수 없이 장안으로 돌아가고 말았다.

17 **동관에서…뻔했습니다** : 후한 건안 16년(211년) 7월에 조조는 서정하여 마초馬超, 한수韓遂를 칠 때 동관潼關(섬서성 동관현 경내)에서 황하를 건너려 했다. 이때 조조와 용사 1백 명이 강의 남쪽 기슭에 남아서 뒤를 엄호했는데 마초가 보병, 기병 1만을 거느리고 오자 조조는 황급히 배에 올랐으나 빗발치듯 쏟아지는 화살 속에서 하마터면 죽을 뻔했다.

18 **조조는…공격하였으나** : 후한 건안 4년(199년)에 동해의 창패가 조조를 배반하고 유비에게 의지하자 조조는 군사를 보내 수 차례 쳤으나 이기지 못했다. 후에 우금于禁과 하후연을 보내어 공격했을 때 창패가 항복하자 참해버렸다.

19 **네 번이나…못했으며** : 소호巢湖는 위나라 동남부의 중요한 진鎭인 합비현(안휘성 합비시 서북부)의 동남쪽에 있었고 동오와의 접경지대에 있었다. 후한 건안 13년~22년(208년~217년)에 손권은 여러 차례에 걸쳐 합비의 조조군을 포위 공격했고, 조조도 여러 차례에 걸쳐 손권을 공격했다. 하지만 조조는 끝내 소호를 건너는 데 성공하지 못했다.

20 **이복李服** : 『삼국지』에 기록이 없다. 『삼국지집해』「촉서」'제갈량' 권35에서 호삼성胡三省은 "이복은 아마 왕복王服일 것이다."라는 주를 달았다. 왕복은 『삼국지』「촉서」'선주전'에 '왕자복王子服'으로 나와 있다. 후한 건안 4년(199년)에 헌제의 장인 거기장군車騎將軍 동승董承이 비밀 조서를 받고 장수교위長水校尉 종집種輯, 장군 오자란吳子蘭, 왕자복, 유비 등과 함께 조조를 죽이려 했는데 이듬해 정월에 일이 탄로가 나자 유비를 제외하고 모두 다 살해되었다.

21 **하후연**夏侯淵(?~219) : 자는 묘재妙才이고 패국沛國 초현譙縣 사람이다. 조조를 따라 군사를 일으켰는데 후한 건안 21년(216년)에 위나라의 정서장군征西將軍으로 임명되어 한중을 지켰다. 24년 정월에 유비가 양평관陽平關(섬서성 면현 동부) 남쪽으로부터 면수를 건너 한중을 차지할 때 황충黃忠과 정군산定軍山에서 싸우다가 전사했다.

22 **조운**(?~229) : 자는 자룡子龍이며 상산군常山郡 진정현鎭定縣(하북성 정현) 사람이다. 처음에 공손찬을 따르다가 나중에 유비에게 의탁했다. 싸움을 잘하여 호위장군虎威將軍이라 불렸다. 유비가 익주를 평정하자 익군장군翊軍將軍이 되었으며, 후주 때에는 영창후永昌侯로 봉해지고 진동장군鎭東將軍이 되었다. 『삼국지』 「촉서」 '관장마황조전'에는 "건흥 7년에 죽었다."라고 되어 있으므로 제갈량이 '후출사표'를 올릴 때인 건흥 6년 가을에는 당연히 살아 있어야 했을 것이다. 때문에 혹자는 조운의 사망 연도에 근거하여 '후출사표'를 위작으로 보고 있다. 건흥 6년 겨울 12월에 제갈량은 군사를 거느리고 산관散關(섬서성 보계시 서남쪽 대산령 위쪽)을 나가서 진창陳倉(섬서성 보계시 동쪽)을 포위했는데 이것이 산관 전투이다. 『삼국지집해』 「촉서」 '제갈량' 권35의 하작何焯 주해에서는 "그가 살아 있었다면 산관 전투에서 1만 명의 군사를 거느릴 책임을 졌으련만 그가 다시 나오는 것을 볼 수 없으니 그 해 겨울 전에 죽은 것이다."라고 보고 있다.

23 **양군**陽群, **마옥**馬玉 : 알려진 바가 없다.

24 **염지**閻芝 : 유비 때 파서태수(군 소재지는 낭중현으로 지금의 사천성 낭중시)로 있었다. **정립**丁立, **백수**白壽, **유합**劉郃, **등동**鄧銅 : 알려진 바가 없다.

25 **곡장**曲長 : 곡은 고대의 군사 편제 단위이다. 『속한서續漢書』 「백관지百官志」에는 "장군이 군사를 거느리면 모두 부곡部曲을 두었는데 대장군영 5부에는 부교위部校尉가 있다. 부 아래에는 곡이 있는데 곡에는 군후軍侯가 있다."라고 기록되어 있다. 곡장은 곡의 장관이다.

26 **둔장**屯將 : 주둔해 있는 군사의 장령이다.

27 **종빈**賓 : 종은 '판순만板楯蠻'이라고도 하는데 파인巴人의 한 갈래이다. 진·한시대에 주로 지금의 사천성 가릉강嘉陵江, 거강渠江 및 천동강川東江 유역에 거주했다. 한나라 말기 이후에 일부는 관중, 감숙, 섬서 남부, 심지어는 강한 유역으로 옮겨가기까지 했다. 『화양국지華陽國志』 「파지巴志」 권1에는 "종민들은 대부분 강의 양쪽에서 살고 천성이 용맹하다. 처음에 한나라의 선봉이 되어 적진으로 돌격했고 기세가 날카로웠으며 춤추기를 즐겼다."

라고 기록되어 있다.

28 **수叟** : 강족의 한 갈래로, 주로 감숙성 남부, 사천성 및 인근의 운귀 지역에 거주했다. 오늘의 이족은 부분적으로 '수인'들로부터 발전되었다.

29 **청강青羌** : 강족의 한 갈래로, 푸른색을 숭상해서 청강이라 했다. 용감하고 싸움을 잘하여 판순만과 함께 이름이 높았다. 『화양국지』 「남중지南中志」 권4에는 "남중으로 옮겨온 강한 청강 군사 1만여 명은 촉나라에 속하여 5부가 되었는데 싸움에서 당할 자가 없어 비군飛軍이라 불렀다."라고 기록되어 있다.

30 **산기와 무기** : 기병 부대의 명칭이다. 『삼국지』 「촉서」 '제갈량전' 권35에 있는 호삼성의 주에는 "산기散騎와 무기武騎는 기병의 갈래 부의 명칭이어야 한다."라고 기록되어 있다.

31 **선제께서…패하셨을 때** : 후한 건안 13년(208년)에 유비는 조조군의 추격을 받고 당양현(호북성 형문시 남쪽) 장판에서 대패해 처자식을 잃어버렸으며 제갈량, 장비, 조운 등 수십 명만을 데리고 도망쳤다. 당양은 옛날에 초나라에 속했다.

32 **손오와 연합하고** : 후한 건안 13년 겨울에 유비는 손권과 연합하여 적벽赤壁(호북성 무창현 서쪽 적기산)에서 조조의 군사를 대패시켰다.

33 **파촉을 취했으며** : 후한 건안 16년(211년)에 유비는 형주로부터 군사를 거느리고 서쪽으로 나아가 익주로 들어갔다. 후한 건안 19년(214년) 여름에 성도를 포위하고 공격하자 익주목 유장은 항복했다. 파, 촉은 옛날에 익주에 속했다.

34 **군사를…북벌하여** : 후한 건안 23년(218년)에 유비는 군사를 거느리고 북벌하여 조조와 한중을 쟁탈했다.

35 **손오가…저버리고** : 후한 건안 24년(219년)에 관우가 번성樊城(호북성 양번시 북쪽)에서 위나라의 대장 조인曹仁과 싸우느라고 형주가 텅 빈 틈을 타서 동오의 손권이 여몽呂蒙의 계책을 받아들여 관우의 후방을 습격하고 형주를 빼앗았으며 관우 부자를 죽여 오, 촉의 동맹을 깨뜨렸다.

36 **관우關羽(?~219)** : 자는 운장雲長이며 본래의 자는 장생長生이다. 후한 말기의 하동군河東郡 해현解縣(산서성 임기현 서남쪽) 사람으로 촉나라의 명장이다. 유비를 따라 군사를 일으켰고 유비, 장비와 함께 "한 침상에서 자며 정이 형제와 같았다." 각지를 돌아다니며 많은 전투를 치렀고 어려움과 위험을 피하지 않았다. 건안 5년(200년)에 조조의 포로가 되었으며 후한 대우

를 받았다. 그 은혜를 갚기 위해 원소의 대장 안량顔良의 목을 베었고 한수 정후漢壽亭侯로 봉해졌으나 후에 유비에게로 돌아왔다. 건안 16년(211년)에 유비는 군사를 거느리고 익주로 들어가면서 남아서 형주를 지키라고 명했다. 건안 24년(219년) 가을에 유비가 한중왕漢中王이 되자 전장군前將軍이 되었고 절부節符와 부월을 받았다. 겨울에 조인을 포위했을 때 우금을 항복시키고 방덕龐德의 목을 베어 천하에 위세를 떨쳤다. 12월에 손권이 동맹을 깨뜨리고 후방을 습격하자 맥성麥城(호북성 당양현 동남쪽)에서 살해되었다.

37 자귀에서…그르치셔서 : 자귀는 지금의 호북성 자귀현에 있다. 유비는 관우의 원수를 갚으려고 촉한 장무 원년(221년) 7월에 군사를 일으켜 동오를 정벌했다. 이듬해 6월에 군사를 거느리고 이도夷道 효정猇亭(호북성 의도현 북쪽)에 진을 치고 있었는데 오나라 대장 육손이 놓은 불에 군영이 불타자 패하여 자귀에서 물러났다.

38 조비가 황제로 : 후한 연강 원년(220년) 10월에 한 헌제가 퇴위하고 조비가 황제가 되어 위나라를 세웠다.

여개를 천거하는 표문

촉한 장무 3년(223년) 4월, 유비가 병으로 죽자 익주군의 권세가 옹개雍闓는, 촉나라가 오나라에 패해 군사 역량이 약해지고 나라의 원기가 크게 상한 것을 보고 월수 이왕夷王 고정高定, 장가 군승郡承 주포朱褒와 결탁하여 촉나라에 반기를 들었으며 태수 정앙正昂을 살해하고 후임 태수 장예를 사로잡아 동오 손권에게 보냈다. 손권은 멀리서 옹개를 영창태수(군 소재지는 지금의 운남성 보산현 동북부)로 임명하고 이 기회에 촉한의 남쪽을 얻으려 했다. 그런데 아직 새로운 태수가 없는 사이에 공조功曹 여개呂凱, 부승府丞 왕항王伉은 극히 어려운 조건에서 관리들과 백성들을 이끌고 영창으로 들어오려는 옹개에게 저항하면서 원군이 오기를 기다렸고 한편으로는 그에게 촉한에 귀순하라고 권유했다. 이 일에 감동한 제갈량은 반란을 평정하자 유선에게 표문을 올려 그들을 천거했다.

이 글은 『삼국지』「촉서」 '황이여마왕장전黃李呂馬王張傳' 권43에서 발췌했다.

永昌郡吏呂凱, 府丞王伉等, 執忠絶域, 十有余年, 雍闓, 高定逼其東北, 而凱等守義不與交通. 臣不意永昌風俗敦直乃爾! 以凱爲雲南太守, 封陽遷亭侯.

영창군 관리 여개¹, 부승² 왕항 등은 충절을 다하여 머나먼 변경에서 십여 년을 일했고 옹개³, 고정⁴ 등이 동북부에서 위협하고 핍박했으나 의리를 지키면서 그들과 내왕하지 않았습니다. 신은 영창의 풍속이 이같이 돈후敦厚하고 정직할 줄은 생각지도 못했습니다! 여개를 운남태수로 제수하고 양천정후陽遷亭侯로 봉할 것을 천거합니다.⁵

1 **여개**: 자는 계평季平이고 영창군 불위현不韋縣(운남성 보산현 동북부) 사람이다. 일찍이 영창군 오관연공조(군 소속 관리로서 인사를 관리함)를 지냈다. 옹개의 반란을 막은 공로로 운남태수(군 소재지는 지금의 운남성 요안현 북부)로 임명되었고 양천정후로 봉해졌다.
2 **부승**: 태수의 보좌관이다. 왕항은 촉군蜀郡(사천성 성도시) 사람으로, 영창군 부승을 지냈다. 옹개의 반란을 막은 공로로 영창태수로 임명되고 정후亭侯로 봉해졌다.
3 **옹개**: 촉한의 익주에서 일정한 세력을 가지고 있었는데 유비가 죽자 월수 이왕 고정, 장가 군승 주포 등과 결탁하여 촉나라를 배반했다. 태수 정앙을 살해하고 그 후임인 장예를 사로잡아 동오로 보냈으며, 손권으로부터 영창태수로 제수되었다. 그러나 여개와 왕항이 강하게 저항했으므로 성공하지 못했고 후에 고정의 부하에게 살해당했다.
4 **고정**高定: 『화양국지』「촉지」'월수군'에는 '고정원高定元'으로 되어 있다. 월수군(사천성 서창시 동남쪽)의 소수민족 수령으로, 촉한 장무 3년(223년)에 군의 장군 초황焦璜을 죽이고 왕을 자칭했으며 촉나라를 배반했다. 남정한 제갈량에게 죽임을 당했다.

5 **여개를…천거합니다** : 이 마지막 구절은 『삼국지』「촉서」에 속하는 글인데 장주가 잘못 집록한 것이다.

이엄을 탄핵하는 표문

 이 표문은 대부분 유실되었으며 몇 구절만이 남아 있다. 하지만 이를 통해서도 이엄의 인품을 쉽게 짐작할 수 있다.

嚴少爲郡職吏, 用情深刻, 苟利其身. 鄉里爲嚴諺曰 : "難可狎, 李鱗甲."

이엄[1]은 젊어서 구실아치로 있었는데 사람을 대함에 있어 너무나 각박하고 제 이득만 챙겨서 동향 사람들이 "이엄의 뱃속에는 인갑이 있어 친할 수 없다."고 했다.[2]

1 **이엄** : 자는 정방正方이고 남양군(하남성 남양시) 사람이다. 젊었을 때부터 재능이 있는 것으로 유명했다. 일찍이 유표의 수하에서 자귀 현령을 지냈고 유장의 수하에서 성도 현령을 지냈다. 유장이 호군護軍으로 삼아 서쪽으로 들어오는 유비를 막게 하자 군사를 거느리고 유비에게 항복했다. 누차 전공을 세웠고 정무政務 관리에 능했으므로 상서령에 임명되었다. 유비의 임종 때 제갈량과 함께 유선의 보좌를 부탁받았다. 중도호中都護로 임명되어 내외의 군사 일을 관리했으며 도향후都鄉侯에 봉해졌다. 건흥 9년(231년)

에 제갈량이 한중으로 군사를 출동시킬 때 군량과 마초의 운송 감독을 맡겼으나, 이듬해 여름과 가을에 큰비가 내려 운송이 지체되자 제갈량에게 퇴군하기를 요구하면서 양면술책을 부렸다. 이 일로 재동군梓潼郡(사천성 재동현)에 유배되었다. 제갈량이 죽자 다시는 임용되지 못할 것을 알고 울분에 차 있다가 죽었다.

2 **동향 사람들이…했다 :** 『삼국지』 「촉서」 '동유마진동여전董劉馬陳董呂傳'에 따르면 제갈량이 장사 장완, 시중 동윤董允에게 보내는 글에서 "효기(진진의 자)가 오나라로 가기 전에 나에게 정방(이엄의 자)의 뱃속에는 인갑(간사한 술책)이 있어 동향 사람들도 가까이하지 않는다고 말했다."라고 했다고 한다. 이를 통해 제갈량에게 이 사실을 알려준 사람이 진진임을 알 수 있다.

이평을 탄핵하는 표문

 건흥 9년(231년) 봄, 제갈량은 한중에서 군사를 출동하면서 이평李平(이엄은 230년에 이평으로 이름을 고쳤다)에게 군량과 마초 운송을 감독하게 했다. 그런데 이평은 여름에서 가을로 들어서는 시기에 한 달이 넘도록 줄곧 비가 내려 정해진 운송 날짜를 지킬 수 없게 되자 제갈량에게 사람을 보내서 퇴군을 청했다. 제갈량이 퇴군하자 "군량과 마초가 충분한데 왜 퇴군하십니까?"라고 했지만 뒤로는 "군사를 거짓 퇴군시켜 적을 유인하기 위해서입니다."라고 공문을 올려 후주를 속이고 자기의 죄를 묻어버리려 했다. 이평은 이같이 국가 대사를 그르쳐놓고도 양면술책을 부렸다. 제갈량은 그의 거짓을 밝혀냈으며 군사의 기풍을 바로잡고 법을 엄숙히 하기 위해 후주에게 이 표문을 올려 이평을 탄핵할 것을 청했다.

이 글은 『삼국지』 「촉서」 '유팽요이유위양전劉彭廖李劉魏楊傳' 권40에서 발췌했다.

自先帝崩後, 平所在治家, 尙爲小惠, 安身求名, 無憂國之事. 臣當北出, 欲得平兵以鎭漢中, 平窮難縱橫, 無有來意, 而求以五郡爲巴州刺史. 去年臣欲西征, 欲令平主督漢中, 平說司馬懿等開府辟召. 臣知平鄙情, 欲因行之際逼臣取利也, 是以表平子豐督主江州, 隆崇其遇, 以取一時之務. 平至之日, 都委諸事, 群臣上下皆怪臣待平之厚也. 正以大事未定, 漢室傾危, 伐平之短, 莫若褒之. 然謂平情在于榮利而已, 不意平心顚倒乃爾. 若事稽留, 將致禍敗, 是臣不敏, 言多增咎.

선제께서 붕어하신 뒤로 이평은 자기 집안만을 생각하며 작은 은혜를 베풀기를 좋아했고 자신의 명예와 안일만을 추구하였으며 나라의 일은 근심하지 않았습니다. 신이 북벌할 때 그의 군사가 한중을 지켜주기를 바랐지만 그는 온갖 어려움을 들어 한중에 오지 않았으며 도리어 다섯 개 군[2]을 차지하는 파주자사를 시켜 달라고 요구했습니다. 작년에 신이 서정[3]할 때 이평에게 한중의 사무를 주관하게 했으나 이평은 사마의 등이 관부를 설치하여 관리를 임명한다고 말했습니다.[4] 이평은 천성이 비열하여 신이 출정할 때마다 신을 다그쳐 이득을 보려 했습니다. 그리하여 신은 평의 아들 이풍이 강주[5]를 주관하도록 천거했고 그를 후하게 대우하여 그때의 군무軍務를 완수하게 했습니다. 이평이 한중에 온 날에 신이 모든 사무를 위임하자 상하의 군신들은 이평을 너무 후대한다고 나무랐습니다. 바야흐로 대사大事의 성패가 결정되지 않았고 한실이 쇠미해진 형편에서 이평의 잘못을 질책하는 것보다는 차라리 그를 칭찬하는 것이

나은 줄로만 알았습니다. 이같이 신은 이평의 속셈이 다만 명예와 이득을 추구할 따름인 줄로 여겼사온데 이평이 이처럼 본말을 전도할 줄은 진정 생각 밖이었습니다. 만약 이 일을 제때에 처리하지 않고 내버려둔다면 화를 빚어낼 것입니다. 이것은 모두가 신이 불민한 탓이오니 더 말씀을 올린다면 신의 잘못만 더 많아질 것입니다.

1 **북벌** : 230년 위나라에서 조진曹眞, 사마의, 장합을 파견하여 군사를 세 갈래로 나누어 한중을 치자 제갈량은 동북쪽으로 성고城固(섬서성 성고현 동쪽), 적판赤阪(섬서성 양현)에서 이를 막았으며 이평에게 강주의 군사 2만으로 한중을 지키도록 했다.

2 **다섯 개 군** : 『화양국지』「파지」'파군巴郡'에는 이엄이 "다섯 개 군에다 파주巴州를 더 두자고 요구했으나 승상 제갈량이 허락하지 않았다."고 기록되어 있으며 유림劉琳의 주에는 "다섯 개 군은 파巴, 파동巴東, 파서巴西, 탕거宕渠, 부릉涪陵인데 촉나라에 속해 있다."라고 되어 있다. 그 당시의 자사는 주州의 최고장관으로 군정권을 장악했다.

3 **서정** : 『화양국지』「유후주지劉後主志」에는 건흥 8년에 "승상 양량이 주장하여 서정했다."라고 기록되어 있다. 유림의 주에는 "한중으로부터 떠나 양주를 정벌한 것을 서정이라 한다."고 되어 있다.

4 **사마의…말했습니다** : 사마의司馬懿(179~251)는 자가 중달仲達이고 하내河內 온현溫縣(하남성 온현 서쪽) 사람이며 사족士族 출신이다. 조조의 주부主簿를 지냈는데 계책이 많고 임기응변에 능했다. 이후 태자의 중서자中庶子가 되었으며 조비에게 중용되었다. 위나라 명제 때 대장군에 임명되어 여러 차례에 걸쳐 군사를 거느리고 제갈량을 막았다. 유조를 받고 조상曹爽과 함께 제왕齊王 조방曹芳을 보좌했는데, 위魏 가평嘉平 원년(249년)에 조방을 죽여버리고 정사를 독단했다. 죽은 후에는 아들 사마사司馬師, 사마소司馬昭가 정사를 독단했으며 손자 사마염司馬炎이 황제가 되어 진晉을 세운 후 선제宣帝로 추존했다. 한나라 때에는 삼공, 대장군, 장군만이 관부를 설치할 수 있었는데 진晉 이후로는 관부를 설치할 수 있는 사람이 점차 많아졌다. 그래서 '개부의동삼사開府儀同三司(관청을 개설하고 삼공과 같게 대우한다)'는 말이 생

사마의(179~251) 위나라의 권신. 조비가 위나라를 세운 후 명제와 제왕을 보필했으며 오장원에서 제갈량을 저지했다. 손자 사마염이 진나라를 세운 후 선제로 추존했다.

겨나게 되었다.
5 **강주江州** : 지금의 사천성 중경시에 있었다.

요립을 탄핵하는 표문

 촉한 건흥 3년(225년) 봄, 제갈량은 남쪽의 네 군을 정벌하려 했다. 그래서 승상연丞相掾 이소李邵와 장완을 보내어 장수교위(부대장에 해당함) 요립廖立과 일을 상의하게 했다. 그런데 요립은 자신의 재기를 믿고 교만을 부렸으며, 자신의 재능이 제갈량에 버금가는데 한직에 있으며 게다가 이평의 수하에 있다고 불만을 가득 품고 있었다. 또한 제갈량의 남정에 부정적인 태도를 보였으며 유비의 전략상 실책을 비난하고 관우는 용맹하기만 할 뿐 전략은 모른다고 비웃었다. 향랑向朗, 문공文恭, 곽연장郭演長 등은 범부에 불과한데 오히려 이런 자들이 중용된다고 공격하기도 했다. 제갈량은 요립이 안하무인으로 선제를 비방하고 대신들을 헐뜯었으며 조정을 공격하고 군심軍心을 동요시켰다고 여겨 이 표문을 올려 탄핵할 것을 청했다. 이후 요립은 관직을 박탈당하고 문산군汶山郡(사천성 문천현 면사진)에 유배되었다.

이 글은『삼국지』「촉서」'유팽요이유위양전' 권40에서 발췌했다.

長水校尉廖立, 坐自貴大, 臧否群士, 公言國家不任賢達而任俗吏, 又言萬人率者皆小子也. 誹謗先帝, 疵毀衆臣. 人有言國家兵衆簡練, 部伍分明者, 立擧頭視屋, 憤咤作色曰 : "何足言!" 凡如是者不可勝數. 羊之亂群, 猶能爲害, 況立托在大位, 中人以下識眞僞耶?

장수교위 요립[1]은 오만하게도 문무 관리들을 비난했고, 나라에서 인재를 임용하지 않는다고 공공연히 말했습니다. 대군을 통솔하는 이들을 소인이라고 했으며 선제와 여러 대신들을 헐뜯었습니다. 어떤 사람이 병사들이 정예하고 대오가 정연하다고 하자 요립은 머리를 들고 집 천장을 보면서 안색이 변해서 말하길 "말할 가치도 없다!"라고 했습니다. 이러한 일들은 이루 다 말할 수 없을 정도로 많습니다. 양의 무리를 흐트러지게 하는 양도 해를 끼치는 것인데, 하물며 높은 직위에 있는 요립임에야 일반 사람들이 어찌 그 진위를 가려낼 수 있겠습니까?

1 **요립廖立** : 자는 공연公淵이고 무릉군武陵郡 임원현臨沅縣(호남성 상덕시) 사람이다. 제갈량은 요립과 방통龐統이 "초땅의 훌륭한 인재로서 마땅히 세업世業을 도와서 흥기시켜야 한다."고 여겼다. 장사태수, 파군태수, 시중, 장수교위 등을 지냈으며, 망령된 말을 한 탓에 관직을 빼앗기고 평민으로 강등되었으며 문산에 유배되었다.

요립을 탄핵하는 또 다른 표문

 이 글은 『삼국지』 「촉서」 '유팽요이유위양전' 권40에 배송지가 주를 달며 인용한 『제갈량집』에서 발췌했다. 이 글에 대하여 양옥문梁玉文 등은 『제갈량문역주諸葛亮文譯注』에서 다음과 같이 설명했다.

"그 당시 상황에서 제갈량은 유선에게 표문을 한 번 올리는 것만으로도 목적을 달성할 수 있었을 것이다. 표문이 두 개나 되는 이유는 진수가 '요립'을 지을 때 표문을 일부 삭제하고 배송지가 주를 달 때 다시 『제갈량집』에서 발췌해서 집록했기 때문일 것이다."

비록 추론이기는 하지만 일리가 있는 해석이다.

立奉先帝無忠孝之心, 守長沙則開門就敵, 領巴郡則有闇昧闟茸其事, 隨大將軍則誹謗譏呵, 侍梓宮則挾刃斷人頭于梓宮之側. 陛下卽位之後, 普增職號, 立隨比爲將軍, 面語臣曰:"我何宜在諸將軍中! 不表我爲卿, 上當在五校!" 臣答:"將軍者, 隨大比耳. 至于卿者, 正方亦未爲卿也. 且宜處五校." 自是之後, 怏怏懷恨.

요립은 선제를 받들어 모심에 있어 충효의 마음이 없었고, 장사태수일 때는 적의 공격을 받고 성문을 열어 적을 들여놓았으며[1], 파군[2]의 사무를 주관할 때에는 그 일을 우매하고 재능 없는 사람들이나 하는 것이라고 여겼습니다. 대장군을 따라 전투를 하면서도 비방을 그치지 않았으며, 선제의 재궁[3]을 지키면서 칼로 사람의 목을 베었습니다. 폐하께서 즉위하신 후에 일률적으로 관직을 높여주셨는데 요립은 장군이 되었으나 신의 면전에서 말하길 "저는 어째서 여러 장군들 속에만 있어야 한단 말입니까? 왜 나를 경[4]으로 천거하는 표문을 올리지 않고 오교[5]에만 머물러 있게 하는 겁니까?"라고 했습니다. 신은 답하기를 "장군의 자리는 대비[6]를 거쳐야 하오. 정방[7]조차도 아직 경이 되지 않았으니 그대는 마땅히 오교에 있어야 하오."라고 했습니다. 그후부터 그는 불만에 가득 차 가슴속에 원한을 품고 있었습니다.

1 **장사태수일…들여놓았으며** : 후한 헌제 건안 20년(215년)에 손권은 유비가 파촉으로 들어간 기회를 틈타 부장 여몽을 보내어 형주의 세 군을 기습했다. 그러자 장사태수 요립은 저항도 하지 않고 성을 버리고 달아났다. 장사는 장사군長沙郡인데 지금의 호남성 장사시이다.
2 **파군** : 지금의 사천성 중경시이다. 요립이 성을 버리고 도망간 후에 유비는 깊이 따지지 않고 그를 파군태수로 임명했다.
3 **재궁梓宮** : 황제의 시신이 든 관이다.
4 **경卿** : 작위명으로 삼공 바로 아래의 최고위직이다.
5 **오교五校** : 보병교위步兵校尉, 둔기교위屯騎校尉, 월기교위越騎校尉, 장수교위長水校尉, 사성교위射聲校尉를 가리킨다. 도성을 지키는 북군北軍의 각 부대를 통솔했다.

6 **대비**大比 : 정기적으로 3년에 한 번씩 관리를 심사하는 것을 말한다.
7 **정방**正方 : 이엄의 자이다. 이엄은 이때 중도위中都尉란 직무를 맡고 내외의 군사를 총괄하고 있었다.

상서대에 올리는 공문

 촉한 건흥 9년(231년) 8월, 제갈량은 이평의 탄핵에 대한 공문을 올렸다. 그런데 이평은 선제의 탁고중신托孤重臣이었으므로 그의 거류去留와 처리에 대해서는 신중해야만 했다. 그리하여 제갈량은 중요 문무대신들을 소집하여 상의했을 뿐만 아니라 그 결과를 공문으로 작성하여 상서¹대에 올려 처벌할 것을 청했다.

이 글은 『삼국지』「촉서」'유팽요이유위양전' 권40에 있는 배송지의 주에서 발췌했다.

平爲大臣, 受恩過量, 不思忠報, 橫造無端, 危恥不辦, 迷罔上下, 論獄棄科, 導人爲奸, 情狹志狂, 若無天地. 自度奸露, 嫌心遂生, 聞軍臨至, 西向托疾還沮, 潭, 軍臨至沮, 復還江陽, 平參軍狐忠勸諫乃止.
今篡賊未滅, 社稷多難, 國事惟和, 可以克捷, 不可苞含, 以危大業. 輒與行中軍師車騎將軍都鄕侯劉琰, 使持節前軍師征西大將軍領涼州刺史南鄭侯臣魏延, 前將軍者亭侯臣袁綝, 左將軍領荊州刺史高陽鄕侯臣吳壹, 督前部右將軍玄鄕侯臣高翔, 督後部後將軍安樂亭侯臣吳班, 領長史綏軍將軍臣楊儀, 督左部行中臨軍揚武將軍臣鄧芝, 行前臨軍征南將軍臣劉巴, 行中護軍偏將軍臣費禕, 行前護軍偏將軍漢成亭侯臣許允, 行左護軍篤信中郎將臣丁咸, 行右護軍偏將軍臣劉敏, 行護軍征南將軍當陽亭侯臣姜維, 行中典軍討虜將軍臣上官雍, 行中參軍昭武中郎將臣胡濟, 行參軍建義將軍臣閻晏, 行參軍偏將軍臣爨習, 行參軍裨將軍臣杜義, 行參軍武略中郎將臣杜祺, 行參軍綏戎都尉臣盛勃, 領從事中郎武略中郎將臣樊岐等議, 輒解平任, 免官祿, 節傳, 印綬, 符策, 削其爵土.

이평은 대신으로서 과분한 은총을 받고도 충성을 다해 보답할 생각은 하지 않고 터무니없는 날조로 사단을 일으키고, 자기에게 위험하고 불리한 일은 하지 않고 윗사람을 기만하고 아랫사람을 속였습니다. 송사를 처리할 때도 법을 따르지 않고 간사한 자들을 부추겼으며 흉금이 좁고 야심이 커서 천지도 없는 듯이 행사했습니다. 자신의 간악한 짓이 드러날 줄로 알고 대군이 곧 이르게 된다는 말을 듣고는 병을 핑계로 서쪽의 저현, 장현[2]으로 옮겨갔다가 또 강양[3]으로 가려 했으나 참군 호충[4]이 거듭 말리고서야 겨우 행동을 멈추었습니다.

나라를 찬탈한 조적이 아직 소멸되지 않았고 사직에 재난이 많은 이때에 국가 대사에서 오직 단합해야만 승리를 거둘 수 있으니 절대로 그냥 두어 대업을 위태롭게 해서는 안 됩니다. 이에 행중군사

거기장군도향후行中軍師車騎將軍都鄉侯 유염⁵, 사지절전군사정서대장군使持節前軍師征西大將軍 겸 양주자사남정후涼州刺史南鄭侯 위연⁶, 전장군도정후前將軍都亭侯 원림⁷, 좌장군 겸 형주자사고양향후荊洲刺史高陽鄉侯 오일⁸, 독전부우장군현향후督前部右將軍玄鄉侯 고상⁹, 독후부후장군안락정후督後部後將軍安樂亭侯 오반¹⁰, 영장사수군장군領長史綏軍將軍 양의¹¹, 독좌부행중감군양무장군督左部行中監軍楊武將軍 등지¹², 행전감군정남장군行前監軍征南將軍 유파¹³, 행중호군편장군行中護軍偏將軍 비위¹⁴, 행전호군편장군한성정후行前護軍偏將軍漢成亭侯 허윤¹⁵, 행좌호군독신중랑장行左護軍篤信中郎將 정함¹⁶, 행우호군편장군行右護軍偏將軍 유민¹⁷, 행호군정남장군당양정후行護軍征南將軍當陽亭侯 강유¹⁸, 행중전군토로장군行中典軍討虜將軍 상관옹¹⁹, 행중참군소무중랑장行中參軍昭武中郎將 호제²⁰, 행참군건의장군行參軍建義將軍 염안²¹, 행참군편장군行參軍偏將軍 찬습²², 행참군비장군行參軍裨將軍 두의²³, 행참군무략중랑장行參軍武略中郎將 두기²⁴, 행참군수융도위行參軍綏戎都尉 성발²⁵, 영종사중랑무략중랑장領從事中郎武略中郎將 번기²⁶ 등과 상의하여, 지체 없이 이평을 해임하고 관록, 절전, 인수, 부책을 박탈하며 작위와 봉지를 취소할 것을 청하옵니다.²⁷

1   **상서**尙書: 고대의 관직명이다. '상尙'은 장악한다는 뜻이며 장서掌書라고도 한다. 후한 때에 상서대尙書臺를 설치하여 황제를 도와 정무를 처리하게 했는데 조정의 실질적인 중추 기관이었다. 상서령이 주관하고 상서복야尙書僕射가 보조했으며 그 아래에 삼공조상서三公曹尙書(연말에 각 주, 군의 관리들을 평가하는 일을 주관함), 이부조상서吏部曹尙書(적당한 사람을 뽑아서 종묘의 제사를 받들게 하는 일을 주관함), 민조상서民曹尙書(옷을 짓고 소금, 못, 원림 등을 만드는 일을 주관함), 객조상서客曹尙書(강족羌族 등 소수민족 사신들을 접대하는 일

을 주관함), 이천석조상서二千石曹尙書(송사를 주관함), 중랑관조상서中郎官曹尙書 (수재, 화재, 도난 관련 일을 주관함) 등을 두어 일을 처리했다. 『진서晉書』 「직관지織官志」를 참조하라.

2 **저현, 장현** : 저현詛縣은 지금의 섬서성 약양현 동남쪽에 있었다. 장현漳縣 은 지금의 감숙성 장현의 서남쪽에 있었다.

3 **강양江陽** : 지금의 사천성 노주시에 있었다. 노필盧弼의 『삼국지집해』 「촉서」 '이엄'에는 "강양은 강주江州로 되어야 할 것이 아닌가 의심된다."라고 되어 있다. 제갈량이 남쪽의 네 군을 정벌할 때 중도호 이엄에게 강주에서 독군督軍을 하게 했기 때문이다.

4 **호충狐忠(?~249)** : 본명은 마충馬忠이고 자는 덕신德信으로 파서군 낭중현 (사천성 낭중현) 사람이다. 어렸을 때 외가에서 자랐으므로 이름을 호독狐篤 이라 했다. 후에 원래 성을 되찾고 이름을 충忠이라고 고쳤다. 촉한의 장가태수, 승상참군, 내강도독을 지냈고 진남장군鎭南將軍으로 임명되었으며 팽향정후彭鄕亭侯로 봉해졌다.

5 **행중군사…유염** : 행行은 대리 관직이다. 군사軍師는 관직명으로 군무 감찰을 주관했다. 전, 후, 좌, 우, 중 각 군에는 모두 군사 관직이 설치되어 있었다. 장군이란 명칭은 춘추시대 때부터 시작되었는데 상, 중, 하 중에서 하나의 군을 통솔하는 자를 장군이라 했다. 대부분 경卿이 맡았다. 한나라 때에는 황제 좌우의 대신을 대장군(지위는 삼공보다 위였다), 표기장군, 거기장군, 위장군(지위는 모두 삼공 아래였다), 전·후·좌·우장군(지위는 상경의 아래였다)이라 불렀는데 명예 칭호였고 군사를 거느리지는 않았다. 하나의 군을 통솔하는 최고 무관도 장군이라 칭했고 장군이란 이름 앞에 4정(동·서·남·북), 4진鎭(동·서·남·북), 4평平(동·서·남·북) 및 전·후·좌·우의 칭호를 덧붙였다. 후한 말기와 삼국시대에 전쟁이 빈번하게 되자 필요에 따라 장군이란 말 앞에다 양무楊武, 수군綏軍, 독신篤信, 토로討虜, 소무昭武, 건의建義, 무략武略, 수융綏戎 등을 덧붙이기도 했다. 후侯는 한나라 때에 왕과 후侯 두 급에만 설치되었던 봉작封爵이다. 후에는 열후列侯, 관내후關內侯가 있었다. 후한 때에는 공훈이 큰 자에게 식읍食邑으로 현을 주고 현후라 했고, 공훈이 작은 자에게는 향鄕이나 정亭을 식읍으로 주고 향후, 정후라고 불렀다. 도향후는 지위가 열후 다음, 관내후의 위였고 봉지와 식호食戶가 있었다. 유염劉琰(?~234)의 자는 위석威碩이고 노국魯國(산동성 곡부시) 사람이다. 말솜씨가 뛰어났고 유비와 같은 종성宗姓이었던 까닭에 후한 대우

를 받았다. 선주 때에 고릉태수(군 소재지는 지금의 사천성 봉절현)로 있었고, 후주 때에는 중군사거기장군으로 있었으며 도향후로 봉해졌다. 나라의 정사에 참여하지 않고 근근히 군사 1천 명만 거느리고 제갈량을 따랐다. 위연과 불화했고 터무니없는 말을 했던 까닭에 추방되어 성도로 돌아갔다. 후에 자신의 아내가 후주와 사통하고 있다고 의심하여 아내를 때리고 집에서 쫓아내어 사형에 처해졌다.

6 **사지절…위연 :** 사지절使持節이란 삼국시대부터 남북조시대에 이르기까지 지방의 군사와 정사를 통솔하던 관리에게 준 것으로, 중급 이하의 관리를 참할 수 있는 권한이었다. 그 다음 등급은 지절持節이라고 불렀는데 관직이 없는 사람을 참할 수 있었다. 그 다음 등급은 가절假節이라고 불렀는데 군령을 범한 자를 참할 수 있었다. 양주의 주 소재지는 지금의 감숙성 무위현에 있었다. **자사 :** 자刺는 불법 행위를 검거한다는 뜻이고, 사史는 황제의 부림을 받는다는 뜻이다. 자사는 황제가 각 군에 파견한 감독관원이다. 후한 말기에 자사를 주목州牧으로 고치고 한 주의 군정권을 장악하게 했는데 그 지위가 태수보다 높았다. 삼국시대부터 남북조시대에 이르기까지 각 주에는 대부분 자사가 있었으며 도독都督(군사장관 혹은 군사를 거느린 통수)이 겸임했는데 권력이 더욱 컸다. 당시 양주는 조조에게 속해 있었는데 촉한 건흥 7년(229년) 4월에 손권이 황제로 칭하자 촉, 오는 결맹을 맺고 앞으로 천하를 같이 나누기로 약조하고, 위나라의 연兗, 기冀, 병幷, 양凉 등 네 주를 촉한에 돌리기로 했으므로 양주자사를 두어 멀리서 관할하게 했다. 남정후의 봉지는 지금의 섬서성 남정현이었다. 위연魏延(?~234)의 자는 문장文長이고 의양義陽(하남성 신양시 서북쪽) 사람이다. 남달리 용맹했고 병사를 잘 길렀으며 수차 전공을 세워 선주 때 발탁되어 독한중진원장군督漢中鎭遠將軍이 되었고 한중태수를 겸했다. 후주 때에 전군사정서대장군前軍師征西大將軍 겸 승상사마丞相司馬, 양주자사가 되었으며 가절을 받고 정남후로 봉해졌다. 성격이 거만했던 까닭에 양의楊義와 불화했는데 제갈량이 세상을 뜬 후에 양의와 권력 다툼을 하다가 살해되었으며 삼족이 멸족되었다.

7 **전장군도정후 원림 :** 도정都亭이란 군, 현 소재지 성안의 전사傳舍를 말한다. 『찰박札朴』「도정도문도가都亭都門都街」에 "한나라 전직典織에 의하면 낙양은 20가街이고 1가에는 1정亭이 있으며, 12성문城門이 있고 1문에 1정亭이다."라는 기록이 있다. 도정후는 봉호만 있고 봉지와 식호는 없다. 원림袁綝의 생애는 미상이다.

8 **오일**吳壹(?~237) : 자는 자원子遠이고 진류陳留(하남성 개봉시 동남쪽) 사람이다. 유장을 따르다가 후에 유비에게 항복했다. 누이가 유비의 부인이 되자 호군토역장군護軍討逆將軍에 임명되었다. 후주 때에 관중도독, 좌장군으로 있었으며 고양향후高陽鄕侯로 봉해졌다. 제갈량이 세상을 뜨자 한중을 감독했고 거기장군이 되었다. 또한 가절을 받고 옹주자사(주 소재지는 지금의 섬서성 서안시 서북쪽)가 되었으며 낙양후로 봉해졌다.

9 **독전부…고상** : 독전부란 전부前部 병마를 통솔한다는 뜻이다. 고상高翔은 건흥 9년(231년) 5월에 위연, 오반과 함께 사마의를 대패시켰다.

10 **오반**吳班 : 자는 원웅元雄이며 오일의 집안 동생으로, 호방하고 의협심이 강하기로 이름이 높았다. 선주 때에는 영군領軍, 후주 때에는 표기장군이 되었으며, 가절을 받고 면죽후綿竹侯(봉지는 지금의 사천성 면죽현 동남부)로 봉해졌다.

11 **장사**長史 : 후한 때에 태위太尉, 사도司徒, 사공司空 아래에 각각 장사 한 사람씩을 두어 각 조曹의 사무를 관할하게 했는데 그 직무가 비교적 중요했다. 삼공의 보좌관이었다. **양의**楊儀 : 자는 위공威公이고 양양(호북성 양번시) 사람이다. 선주 때 상서였으며 나중에 제갈량 승상부의 참군, 장사가 되었고 수군장군綏軍將軍을 겸했다. 제갈량이 세상을 뜨자 위연을 죽인 공로가 있으므로 제갈량 대신 정사를 맡아보아야 한다고 떠들었는데 겨우 중군사로 제수되자 불만을 품었다. 후에 말을 함부로 하여 평민으로 강등되었으며 한가군漢嘉郡(사천성 명산현 북부)에 유배되었다. 그후에 또 글을 올려 비방했다가 체포되자 자살했다.

12 **독좌부…등지** : 감군監軍이란 감군사자의 약칭이다. 군무 감찰은 본래 군사軍師의 소임인데 전쟁 때에는 필요에 의해 임시로 전, 중, 후 감군을 설치하여 행독군行督軍이라고 하기도 했다. 지위는 군사의 아래였다. 등지鄧芝(?~251)는 자가 백묘伯苗인데 남양군 신야新野(하남성 신야현) 사람이다. 선주 때에 광한태수(군 소재지는 지금의 사천성 광한현)였는데 내직으로 들어와 상서로 있었다. 후한 건흥 원년(223년)에 동오의 손권을 설득하여 위나라와 관계를 끊고 촉나라와 연맹을 맺도록 했다. 후주 때에는 중감군, 양무장군으로 있었다. 제갈량이 세상을 뜨자 전군사전장군前軍師前將軍을 맡고 연주자사직을 맡아보았으며 양무정후陽武亭侯로 봉해졌다. 후에 거기장군으로 자리를 옮겨 가절을 받았다. 촉한 건흥 11년(233년)에는 부릉(사천성 팽수현)의 반란을 평정했다. 장군으로 있은 20여 년 동안 상벌이 분명했고

병사들의 처지를 잘 알아주었으며 재물을 모으지 않아 죽은 후에 남은 재물이 없었다.

13 **유파劉巴** : 선주 때의 상서령이었던 그 유파가 아니다. 생애는 미상이다.
14 **행중호군…비위** : 한나라, 삼국시대에는 전·후·좌·우·중호군 혹은 행호군을 설치하여, 무관을 천거하고 출정시에 장령간의 관계를 조절하게 했다. 편장군은 장군의 부직副職이다. 비위는 '전출사표'의 주석을 참조하라.
15 **허윤** : 위나라의 진북장군 허윤許允이 아니다. 생애는 미상이다.
16 **행좌호군…정함** : 중랑장은 한나라 때 설치한 관직으로 황제의 좌우에서 따르는 시위侍衛를 통솔했다. 후한 말기와 삼국시대에 전쟁이 빈번해짐에 따라 중랑장도 군사를 거느리고 나가 싸웠을 뿐만 아니라 전쟁 사무의 수요에 따라 그 앞에다 각종 명칭을 덧붙이기도 했다. 예를 들면 독신篤信, 소무昭武, 무략武略 등을 덧붙였다. 지위는 장군의 다음이었다. 정함丁咸의 생애는 미상이다.
17 **유민劉敏** : 천릉泉陵(호남성 영릉현) 사람이다. 한때 좌호군양무장군으로 있었으며 진북鎭北대장군 왕평王平과 함께 한중을 지킨 적도 있었다. 흥세興勢(섬서성 양현 북부) 방어에 공로가 있었으므로 운정후雲亭侯로 봉해졌다.
18 **행호군…강유** : 『삼국지』의 기록에 따르면 강유姜維는 정남장군을 맡은 적이 없다. 정서장군의 오자인 듯하다. 강유(202~264)의 자는 백약伯約이고 천수군天水郡 기현冀縣(감숙성 감곡현 동쪽) 사람이다. 처음에는 위나라를 섬기다가 위나라 군사가 핍박하자 촉한에 투항했다. 제갈량은 "충성스럽고 시무時務에 부지런하며 생각이 빈틈없다." 하여 봉의장군奉義將軍을 겸하게 했으며 당양정후當陽亭侯로 봉했다. 제갈량은 또한 "군무에 민첩하고 담략과 의기가 있으며 병사들의 마음을 깊이 알아준다." 하여 중감군, 정서장군으로 승진시켰다. 제갈량이 세상을 뜬 후에 우감군보한장군으로 임명되어 여러 갈래의 군사를 통솔했으며 평양후(평양은 지금의 감숙성 통위현 서쪽)로 봉해졌다. 후에 진서대장군, 위장군, 대장군으로 제수되었으며 여러 차례 군사를 거느리고 위나라를 쳤다. 촉한 염흥炎興 원년(263년) 후주는 위나라에 항복하면서 병장기를 놓고 갑옷을 벗으라고 명했으나, 이듬해에 종회鍾會를 따라 위나라에 반기를 들었다가 피살되었다.
19 **행중전군…상관옹** : 전군典軍은 한나라 때 설치했으며 군무를 관리하는 관직이었다. 촉한 때에는 그 지위가 호군 다음이고 참군 위였다. 상관옹上

官雍의 생애는 미상이다.

20 **호제**胡濟 : 자는 위도偉度이고 의양 사람이다. 제갈량의 주부主簿(명목상으로는 문서를 관리한다고 했지만 실제로는 막료장幕僚長이었음)로 있으면서 직무에 충성을 다했다. 제갈량이 세상을 뜬 뒤 중전군中典軍이 되어 여러 갈래 군사를 통솔했고 성양정후로 봉해졌다. 후에 중감군전장군으로 자리를 옮겨 한중을 감독했고 멀리서 연주자사 일을 맡아보았으며 관직이 우표기장군에 이르렀다.

21 **염안**閻晏 : 생애는 미상이다.

22 **찬습**爨習 : 건녕군建寧郡 동락현同樂縣(운남성 육량현 동북부)의 명문세가에서 태어났다. 유장 때에 건녕현(운남성 진녕현) 현령을 맡았다. 제갈량이 남쪽의 네 군을 정벌할 때 받아들여 임용했는데 후에 관직이 영군領軍에 이르렀다.

23 **두의**杜義 : 생애는 미상이다.

24 **두기**杜祺 : 남양군(하남성 남양시) 사람으로 전조도위典曹都尉로 있었다. 촉한 연희延熙 7년(244년)에 유민과 함께 흥세興勢를 굳게 지켜 공을 세웠다. 후에 관직이 군수, 감군監軍, 대장군사마大將軍司馬에 이르렀다.

25 **행참군…성발** : 도위都尉는 '대행황제의 유조를 선포할 것을 청하는 표문' 의 주석을 참조하라. 성발盛勃의 생애는 미상이다.

26 **영종사…번기** : 종사중랑은 삼국시대에 설치했는데 승상부에 소속된 관직으로서 일상 사무를 주관했다. 번기樊岐의 생애는 미상이다.

27 **관록…청하옵니다** : 절節은 고대 사신의 신분을 증명하는 신물信物이었다. 『주례周禮』 「추관秋官」 '소행인小行人'에 "천하에 이르는 6절에는 산국山國에서 쓰는 호절虎節, 토국土國에서 쓰는 인절人節, 택국澤國에서 쓰는 용절龍節이 있는데 모두 쇠로 만들었으며 도로에서 쓰는 정절旌節, 문관門關에서 쓰는 부절符節, 도비都鄙에서 쓰는 관절管節은 모두 참대로 만들었다."라는 기록이 있다. 전傳은 화물 통행 증명서인데 지금의 화물 통행증과 비슷했다. 최표崔豹의 『고금주古今注』 「문답석의問答釋義」에 "무릇 전은 모두 나무로 만드는데 길이가 5치이고 그 위에다 신표로 글을 쓰고 하나의 판자로 그것을 봉한다. 봉한 곳에는 어사의 인장을 찍어서 신표로 삼는다. 지금의 과소過所(행인의 통과에 필요한 증명서)와 같다."라는 기록이 있다. 부符는 조정에서 명령을 전달하고 군사와 장령을 조동시킬 때 쓰던 증명서 같은 것이었다. 구리나 참대로 만들었는데 그 위에다 글자를 쓴 뒤 둘로 쪼개서

호부 군사를 조동시킬 때 사용하는 것으로, 두 조각으로 나누어진다. 하나는 황제가 보관하고, 다른 하나는 군 통솔자가 보관한다.

각기 하나씩 가졌다가 쓸 때에 맞춰보았다. 『사기史記』「효문본기孝文本紀」에 "처음에는 군국수상郡國守相에게 동호부銅虎符와 죽사부竹使符를 주었다."라는 기록이 있다. 그리고 배인의 『사기집해』에는 "동호부의 첫째부터 다섯째까지는 나라에서 군사를 조동시킬 때 사자를 군에 파견하여 부절을 맞춰보아 서로 맞으면 비로소 지시를 듣는다. 죽사부는 모두 참대 화살 다섯 개로 만들었다. 길이는 5치이고 거기에 전문篆文 글자를 새기는데 첫째부터 다섯째까지이다."라는 기록이 있다. 사마정司馬貞은 『사기색은史記索隱』에서 "한구의漢舊儀에 '동호부는 군사를 조동시키는 데 쓰는데 길이가 6치이고 죽사부는 징벽하고 출발하는 것을 출입시킨다.' 라는 기록이 있다."라고 했다. 책策은 책서策書인데 관직에 임명하고 작위를 수여할 때 부신符信으로 썼다. 오늘의 임명서와 비슷했다.

감부인을 소열황후로
추존할 것을 아뢰는 글

 감부인¹은 유비의 첩이자 후주 유선의 생모였는데, 일찍 죽어 남군南郡(호북성 강릉현)에 묻혔다. 유비는 황위에 오른 이듬해인 장무 2년(222년), 감부인에게 황사부인皇思夫人이란 시호를 추증하고 성도로 이장하기로 했다. 그런데 영구가 도착하기 전에 유비가 먼저 세상을 떠났다. 장무 3년(223년) 5월이 되자 유비의 시호가 소열황제로 정해지고 8월에 감부인과 함께 혜릉惠陵에 합장되었다. 제갈량은 감부인을 유비와 합장하기 위해 소열황후라는 시호를 추증하는 것에 관한 표문을 올렸다.

이 글은 『삼국지』 「촉서」 '이주비자전二主妃子傳' 권34에서 발췌했다.

皇思夫人履行修仁, 淑愼其身. 大行皇帝昔在上將, 嬪妃作合, 載育聖躬. 大命不融. 大行皇帝存時, 篤義垂恩, 念皇思夫人神柩在遠飄飄, 特遣使者奉迎. 會大行皇帝崩, 今皇思夫人神柩以到, 又梓宮在道, 園陵將成, 安厝有期. 臣輒與太常臣賴恭等議:『禮記』曰;"立愛自親始, 敎民孝也；立敬自長始, 教民順也." 不忘其親, 所由生也.『春秋』之義, 母以子貴. 昔高皇帝追尊太上昭靈夫人爲昭靈皇后；孝和皇帝改葬其母梁貴人, 尊號曰恭懷皇后；孝愍皇帝亦改葬其母王夫人, 尊號曰靈懷皇后. 今皇思夫人宜有尊號, 以慰寒泉之思, 輒與恭等案謚法, 宜曰昭烈皇后. 『詩』曰："谷則異室, 死則同穴." 故昭烈皇后宜與大行皇帝合葬, 臣請太尉告宗廟, 布露天下, 具禮儀別奏.

황사부인은 덕행을 갖추셨고 인애를 지키셨으며 한평생 맑고 조심스러우셨습니다. 대행황제께서 예전에 상장上將으로 계실 때 황사부인은 비빈이 되어 결합하시고[2] 성체를 생산하셨는데[3] 애석하게도 수명이 길지 못하셨습니다. 대행황제께서는 생전에 정의情義를 돈독히 하셨고 은총을 내리셨으므로 황사부인의 영구가 먼 외지에서 떠돌고 있는 것을 염려하셔서 사자를 파견하여 맞아오셨는데 마침 대행황제께서 붕어하셨습니다.[4] 지금 황사부인의 영구가 이미 이르렀고 대행황제의 영구는 길에 있사오며 능원도 곧 완성될 것이고 안장 기일도 정해져 있습니다. 신은 이에 태상 뇌공[5] 등과 상의했습니다. 『예기』에서는 "인애를 세우는 것은 양친으로부터 시작해야만 백성들에게 효를 가르칠 수 있으며, 공경을 세우는 것은 연장자로부터 시작해야만 백성들에게 순종을 가르칠 수 있다."고 했습니다. 부모를 잊을 수 없는 것은 자신을 낳아주셨기 때문입니다. 『춘추』[6]의 의리義理에 의하면 어머니는 아들로 인하여 존귀하게 된다고 합니다. 지난날 고황제께서는 모친 소령부인을 소령황후로 추존했고[7] 효화황제께서는 모친 양귀인을 다시 안장하고 존호를 공회황후라 했으며[8] 효민황제께서도 모친 왕부인을 다시 안장하고 존호를 영회황후라 했습니다.[9] 이제 황사부인께도 마땅히 존호를 올려 황천에 계시는 모친의 사념을 위로해주셔야 합니다. 이에 신은 뇌공 등과 시호법[10]을 검토했고 소열[11]황후로 해야 마땅하다고 생각합니다. 『시경』[12]에서는 "살아 있을 때 딴 방이었어도 죽으면 한 묘혈墓穴이어야 한다."고 했습니다. 그러하오니 마땅히 소열황후를 대행황제와 합장하셔야 합니다. 신은 폐하께서 조명詔命을 내리시어 태위[13]가 종묘에 알리는 제를 지내게 하시고, 천하에 선포하시기를 청하옵니다. 예의 절차에 대해서는 따로 상주하겠습니다.

1 **감부인甘夫人** : 패현(강소성 패현) 사람인데 미천한 가문의 태생으로 미모가 빼어났다. 유비의 첩으로 유선을 낳았으며 일찍 죽어 남군南郡에 묻혔다. 후에 소열황후라는 시호를 추증받고 성도에 유비와 함께 합장되었다.
2 **대행황제께서…결합하시고** : 후한 흥평興平 원년(194년)에 도겸이 유비를 예주자사로 삼아 소패小沛(패현)에 주둔시켰는데 그때 감부인을 첩으로 삼았다.
3 **성체를 생산하셨는데** : 후한 건흥 12년(207년)에 감부인은 형주에서 유선을 낳았다.
4 **대행황제께서 붕어하셨습니다** : 촉한 장무 3년(223년) 4월에 유비는 병으로 영안궁(사천성 봉절현 서쪽)에서 죽었고 5월에 영구를 성도로 운반해왔다.
5 **태상 뇌공** : 태상太常은 관직명으로 후한 때 구경九卿 중 하나였다. 종묘의 제사, 조정의 예의, 박사 시험 등을 관리했다. 뇌공賴恭은 영릉군零陵郡(호남성 영릉현) 형초荊楚의 명망 있는 선비로서 일찍이 유표 수하에서 교주자사(소재지는 광동성 광주시)를 지냈다. 유비를 따른 뒤에는 진원장군鎭遠將軍과 태상으로 임명되었다.

6 『춘추春秋』: 편년체 역사서로, 전하는 바에 따르면 공자가 노사魯史에 근거하여 수정 편수했다고 한다. 노 은공隱公 원년(기원전 722년)부터 애공哀公 14년(기원전 481년)까지 열두 공公이 다스리던 242년 동안의 주요 사건들이 기록돼 있다.

7 고황제께서는…추존했고 : 고황제는 유방을 말한다. 유방이 군사를 일으킬 때 어머니는 이미 사망한 상태였으며 고조 5년(기원전 202년)에 소령부인이란 시호를 추증했다. 고후(여후) 7년(기원전 181년) 12월에 소령황후라는 시호를 추증했다.

8 효화황제께서는…했으며 : 효화황제孝和皇帝는 한나라 화제和帝 유조劉肇(79~105)로 88~105년에 재위했다. 양귀인梁貴人은 양송의 딸이며 한 장제章帝의 귀인(황후 다음)으로 유조를 낳았다. 자식이 없었던 두황후竇皇后가 질투심에 아버지 양송을 무고하게 죽이자 애통해하다 죽었다. 화제 영원永元 9년(97년) 9월에 공회황후恭懷皇后로 시호를 추증받고 10월에 서릉에 개장改葬되었다.

9 효민황제께서도…했습니다 : 효민황제孝愍皇帝는 한 헌제 유협(181~234)으로 190~220년에 재위했다. 유비는 헌제 연강 원년(220년)에 조비가 헌제의 황위를 찬탈하고, 촉한에서 헌제가 살해되었다는 소식을 듣고 효민황제로 추존했다. 그러나 사실 유협은 위 명제 청룡青龍 2년(234년) 3월에 죽었으며 4월에 시호를 한효헌황제로 추증했다. 왕부인은 유협의 생모이다. 『후한서』「효헌제기」에서는 '왕미인'이라고 했는데 하황후何皇后에게 살해되었다. 한 헌제 흥평 원년(194년) 2월에 영회황후라는 시호를 추증받고 문소릉文昭陵에 개장되었다.

10 시호법 : 제왕, 귀족, 대신, 사대부가 죽은 뒤에 살아생전의 사적에 근거하여 칭호를 달아주는 것이다. 주周나라 초기에 처음으로 시행되었으며 진나라 때 폐지됐다가 한나라 지청至淸 때 다시 시행되었다.

11 소열 : 『시호법』에 "공로가 있어 덕이 빛나면 소昭라 하고 백성을 안정시켜 공로가 있으면 열烈이라 한다."라는 기록이 있다.

12 『시경』 : 중국 최초의 시가 총집으로, 주나라 초기부터 춘추시대 중기까지의 시가 305편이 수록되어 있다. 본래는 『시』라고 했는데 유가의 경전으로 열거되었기에 『시경』이라 하게 되었다.

13 태위太尉 : 한나라의 삼공 중 하나로, 군사에 관한 일을 주관했다. 후한 때에 와서 삼공은 허명만 남았으며, 삼국시대에는 더욱 그러했으므로 실제

직무를 맡지 않고 조정의 정사에도 참여하지 않았으며 흔히 대신들에게 덧붙여주는 관직이 되었다.

일을 상주하는 표문

 촉한 건흥 12년(234년) 2월, 제갈량은 10만 대군을 거느리고 야곡을 나와 무공武功, 오장원五丈原(섬서성 미현 서쪽)을 쳐서 점령하고 위수渭水 이남에서 위나라 대장군 사마의와 대치하게 되었다.

제갈량이 선두부대를 파견하여 무공수武功水 동쪽을 점령하자, 사마의는 위수가 불어서 원군이 오기 힘든 때를 틈타서 기병 1만을 출동시켜 촉군을 공격했다. 그러자 제갈량은 신속히 대나무 다리를 놓게 하였고 위나라군은 하는 수 없이 물러갔다. 이 글은 제갈량이 후주에게 전투 상황을 보고한 것이며, 북송北宋의 이방李昉 등이 편찬한 『태평어람』「지부地部」'교橋' 권73에서 발췌했다. 북위의 역도원酈道元이 지은 『수경주』「위수중渭水中」권18에도 이 표문이 실려 있으나 글자가 조금 다르다.

臣先遣虎步監孟琰据武功水東, 司馬懿因水漲, 以二十日出騎萬人, 來攻玉營. 臣作竹橋, 賊見橋垂成, 便引兵退.

신이 호보감 맹옥[1]을 보내어 무공수 동쪽 기슭을 공격하여 점령하니 사마의[2]가 강물이 갑자기 불어난 기회를 타서 20일에 기병 1만을 출동시켜 맹옥의 군영을 공격했습니다. 신이 차교[3]를 놓게 했더니 적들은 다리가 곧 이루어지게 된 것을 보고는 돌아갔습니다.

1 **호보감 맹옥** : 촉나라 궁정 호위대에는 호보병虎步兵, 호기병虎騎兵이 있었다. 호보병에는 중, 좌, 우의 세 영營이 설치되어 있었는데 호보감이 거느렸다. 맹옥孟玉은 후한 말기에 위위태상衛尉太常을 지낸 서맹옥徐孟玉이 아니다. 『수경주』「위수중」에는 '맹염孟琰'으로 기록되어 있다. 맹염은 주제군朱提郡(운남성 소통현) 사람이다. 제갈량이 남쪽의 네 군을 정벌할 때 등용했는데 관직이 보한장군, 호보감에 이르렀다. 무공수는 위수의 지류인데 오장원 동쪽에 있었다.
2 **사마의** : '이평을 탄핵하는 표문'의 주석을 참조하라.
3 **차교**車校 : 오자인 듯하다. 『수경주』「위수중」에는 '죽교竹橋'라고 기록되어 있다.

기산 표문

 기산祁山은 지금의 감숙성 예현禮縣 동북쪽에 있다. 『수경주』 「양수」에 "『개산도開山圖』에서는 '한양漢陽 서남쪽에 기산이 있고 시냇물이 굽이쳐 흐르는데 산이 높고 바위가 험준하여 구주九州의 이름 있는 돌산이고 천하의 기이한 준산峻山이다'라고 했다."라는 기록이 있으며 또한 "산 위에는 성이 있는데 더없이 견고하다."라는 기록이 있다. 이런 이유로 기산은 고대의 군사가들이 필사적으로 쟁탈하려고 한 고장이었다. 제갈량은 촉한 건흥 6년(228년)과 건흥 9년(231년)에 두 차례에 걸쳐 북벌하여 기산으로 나아갔다. 『수경주』에는 "옛적에 제갈량이 기산을 쳤는데 바로 이 성이다."라는 기록이 있다. 이 표문은 제갈량이 기산에 이른 후 전투가 벌어지기 전에 후주에게 군사 정황을 간단히 보고한 것이다. 내용으로 미루어보아 시기는 228년일 것으로 추정된다.

　이 표문은 북위의 역도원이 지은 『수경주』「양수」 권20에서 발췌했다.

祁山去沮縣五百里, 有民萬戶. 矙其丘墟, 信爲殷矣.

기산현은 저현沮縣에서 5백 리쯤 떨어져 있는데 1만 호가 있습니다.[1] 이곳의 황무지를 보면 확실히 비옥합니다.

1 **기산현…있습니다 :** 『수경주』에 "한수漢水 서쪽에 남쪽 골짜기로 통하는 길이 있고 북쪽 산중턱에 아래, 위로 두 성곽이 마주하고 있으며 좌우에는 분롱墳壟이 나지막하게 두드러져 있고 연이은 산줄기들이 언덕을 둘러싸고 있는데 옛날부터 '남쪽 골짜기, 북쪽 골짜기에 인가가 1만여 호가 있다.' 라고 했다."는 기록이 있다.

탐문산 표문

이 표문은 『속한서』「군국지郡國志·5」'익주군'에 있는 이현李賢의 주에서 발췌했다.

촉한 건흥 3년(225년), 제갈량이 남쪽의 네 군을 정벌했을 때 후주에게 보고한 군사 정황의 일부일 것으로 추측된다.

耽文山, 澤山, 司彌瘞山, 婁山, 辟龍山.

탐문산, 택산, 사미예산, 누산, 벽룡산[1]

1 **탐문산…벽룡산** : 『속한서』「군국지·5」'익주군'에 있는 이현의 주에 "어느 현에 있는 산들인지는 확실하지 않다."는 기록이 있으며 그 구체적인 위치는 알 수 없다.

장완을 천거하는 비밀 표문

 촉한 건흥 12년(234년) 2월, 제갈량은 대군을 거느리고 북벌을 위해 기산으로 나아갔으며, 위수 남쪽에서 위나라의 사마의와 대치하고 있었다. 그러나 제갈량은 '새벽에 일어나고 밤이 늦어서야 잠자리에 들며, 또한 스무 대 이상 매를 때릴 일은 직접 처리하다' 보니 너무 과로를 해서 결국 병이 들게 되었다. 8월에 병이 위중해지자 후주는 상서복야 이복거李福去를 보내어 문안하게 하고 그의 사후에 누구를 후임으로 내세웠으면 좋겠는가를 물어보게 했다. 제갈량은 장완이 재능 있고 전력을 다해 나라의 일에 충성하며 성품이 너그러웠던 까닭에 큰 국면을 안정시킬 수 있다고 보고 그를 천거했다.

이 글은 『삼국지』 「촉서」 '장완비위강유전蔣琬費禕姜維傳' 권44에서 발췌했다.

臣若不幸, 後事宜以付琬.

🐸 신에게 만약 불행이 생긴다면 훗일은 장완에게 맡기시는 것이 마땅할 것입니다.

임종시에 남긴 표문

 제갈량은 평생 촉나라에 충성했고 공무에 매진했으며 청렴하고 검소했다. 이 글은 제갈량이 필생의 숙원과 염결봉공廉潔奉公한 정황을 후주에게 상주한 표문이다.

이 표문의 앞부분은 명나라의 제갈희諸葛羲, 제갈탁諸葛倬이 편집한 『제갈공명전집』(세계서국 1936년 인쇄본)과 청나라의 엄가균嚴可均이 편집한 『전상고진한삼국육조문』에 모두 실려 있다. 앞의 책에는 '유표遺表'라는 제목으로 실렸고 뒤의 책에는 '자표후주自表後主'라는 제목으로 실렸다. 『삼국지』「촉서」'제갈량전'에는 '성도에는 뽕나무 8백 그루' 이하의 구절만 실려 있다. 때문에 중화서국 판본 『제갈량집』「문집」'자표후주'에서는 "호찬유胡贊猷 판본에서는 이운생李雲生의 말을 실어 '엎드려 생각하건대'로부터 '풍속을 후하게 하십시오'까지는 범충範忠이 유표를 선포하는 말이거나… 후세 사람이 써서 글의 첫머리에 붙인 것이라고 했는데 그 말에 일리가 있다."고 했다.

伏念臣賦性拙直, 遭時艱難, 興師北伐, 未獲全功, 何期病在膏肓, 命垂旦夕. 伏愿陛下清心寡欲, 約己愛民, 達孝道于先君, 布仁心于寰宇, 提拔隱逸, 以進賢良, 屛黜讒奸, 以厚風俗. 臣家成都, 有桑八百株, 薄田十五頃, 子弟衣食, 自有余饒. 至于臣在外任, 無鱉調度, 隨身衣食, 悉仰于官, 不鱉治生, 以長尺寸. 若臣死之日, 不使內有余帛, 外有贏財, 以負陛下.

엎드려 생각하건대 신은 천성이 둔하고 곧으며 어려운 때를 만나서 북벌[1]을 위해 군사를 일으켰으나 완전한 공을 이루지 못하고 병이 고황에 들어 목숨이 경각에 이르게 되었습니다. 삼가 바라옵건대 폐하께서는 마음을 깨끗이 하시고 욕심을 버리시며 자신을 단속하시고 백성들을 사랑하시어 선제께 효도하시고 천하에 어진 마음을 베푸시며 숨은 인재들을 발탁하시고 현명하고 선량한 인재들이 천거되게 하시며 간사한 자들을 폐출하시어 풍속을 후하게 하십시오. 신의 성도[2]에는 뽕나무 8백 그루, 메마른 땅 열다섯 경[3]이 있어서 자손들의 생활은 넉넉할 것입니다. 신이 밖에서 직무를 맡을 때 따로 조달할 것도 없고 먹고 입는 것은 죄다 나라에 의지했으므로 따로 적은 수입을 보탤 필요가 없었습니다. 이러하오니 신이 죽었을 때 집에 여분의 비단이나 재물이 남아 있어 폐하의 은총을 저버리지 않을 것입니다.

1 북벌 : 촉한 건흥 12년(234년)에 제갈량이 대군을 거느리고 야곡으로 나아

가 위나라를 북벌한 일을 가리킨다.
2 **성도** : 지금의 사천성 성도시에 있었다.
3 **경頃** : 면적의 단위로서 1백 무畝가 1경이다.

강등을 청하는
가정에서의 상소문

 촉한 건흥 6년(228년) 봄, 제갈량은 대군을 거느리고 북벌하여 기산을 쳤다. 남안, 천수, 안정 등 세 군이 항복하자 한중이 발칵 뒤집혔다. 위나라 명제는 직접 장안에 와서 민심을 위로했으며 장합에게 명을 내려 촉한의 군사를 막게 했다. 제갈량은 뭇사람들의 의견을 물리치고 위연과 오일을 선봉으로 삼지 않고 '재능이 뛰어나고 군사 계책을 논하기 좋아하는' 참군 마속을 택했다. 마속은 병법을 논하기를 좋아했으나 실전 경험이 적었으므로 유비가 임종 전에 "마속은 실제 재간보다 말뿐인 사람이니 크게 써서는 안 된다."고 경고했었건만 제갈량은 이를 따르지 않고 그를 선봉으로 삼아 가정[1]에서 장합과 싸우게 했다. 마속은 자신의 재능을 믿고 제갈량의 전략 배치를 따르지 않았으며 왕평의 권고도 듣지 않았다. 그래서 물이 없는 산 위에다 군영을 세웠다가 장합에게 크게 패하고 말았다. 가정을 잃게 되자 전선은 크게 동요되었고, 제갈량은 하는 수 없이 군사를 철수할 수밖에 없었다. 이후 제갈량은 군기를 엄명히 하기 위해 마속의 목을 베었다. 또한 삼군의 통수인 자신에게도 책임이 있다고 여겨 후주에게 이 소문疏文을 올려 자신의 잘못을 밝혔으며 자신의 관직을 삼 등급 강등시켜 달라고 청했다. 유선은 우장군右將軍으로 강등되는 것을 허락하고 그를 승상 대리로 삼아 사무를 처리하게 했다.

이 글은『삼국지』「촉서」'제갈량전' 권35에서 발췌했다.

臣以弱才, 叨竊非据, 親秉旄鉞以厲三軍, 不能訓章明法, 臨事而懼, 至有街亭違命之闕, 箕谷不戒之失, 咎皆在臣, 授任無方. 臣明不知人, 恤事多闇,『春秋』責帥, 臣職是當, 請自貶三等, 以督厥咎.

신은 미약한 재능으로 분에 넘치는 자리를 욕되게 맡고 전군을 지휘해야 하면서도 법령과 규정을 엄명히 하지 못하고 대사에 임해 신중하지 못해 마속이 가정에서 명령을 위반하는가 하면 조운이 기곡에서 방비를 하지 않는 실수를 초래하게 되었사오니[2] 그 책임은 모두 신이 사람을 씀에 있어 법도가 없는 데 있습니다. 신은 사람을 쓸 줄 모르고 일을 처리함에 있어 어리석음이 많습니다.『춘추』에서는 (싸움에서 패하면) 통수를 처벌한다고 했는데 신이 맡은 직무가 통수 직무이니 신을 삼 등급 강등시켜 그 죄를 벌해주시기를 청하옵니다.

1 가정: 지금의 감숙성 장랑현莊浪縣 동남쪽에 있었다.

읍참마속 '울며 마속의 목을 벤다'는 뜻으로 마속에 대한 각별한 애정에도 불구하고 목을 베어 본보기로 삼고 기강을 바로잡았다는 고사에서 비롯된 말이다.

2 조운이…되었사오니 : 기곡箕谷은 지금의 섬서성 한중시 서북쪽에 있었다. 제갈량은 대군을 거느리고 기산을 치면서 조운과 등지를 보내어 기곡을 점령하게 했으나, 위나라에서는 대장 조진에게 명해 대군을 거느리고 공격하게 했다. 이에 적의 역량이 강해 패하고 말았다.

정의

 유비가 세상을 떴을 때 후주 유선은 겨우 열일곱 살이었다. 그래서 유조에 따라 제갈량이 촉한의 군정대권을 다스리게 되었다. 위나라는 제갈량을 설득할 수만 있다면 촉나라를 손쉽게 얻을 수 있으리라 생각했다. 그래서 사도 화음華歆, 사공 왕랑, 상서령 진군陳群, 태사령太史令 허지許芝, 알자복야謁者僕射 제갈장諸葛璋으로 하여금 그에게 서한을 쓰게 했다. 제갈량은 그들의 서한과 터무니없는 요구에 대해 일일이 회답하지 않고 이 글을 써서 공개적으로 질책했다.

'의議'라는 것은 정치와 국가의 대사를 논하는 하나의 문체 명칭이다. 제갈량은 촉한을 도와 '한실을 부흥하고 옛 도읍으로 돌아가는' 것을 정의正義라고 여겼기 때문에 이 글을 '정의正議'라고 했던 것이다.

이 글은 『삼국지』「촉서」'제갈량전' 권35에 배송지가 주를 달며 인용한 『제갈량집』에서 발췌했다.

昔在項羽, 起不由德, 雖處華夏, 秉帝者之勢, 卒就湯鑊, 爲後永戒. 魏不審鑒, 今次之矣 ; 免身爲幸, 戒在子孫. 而二三子各以耆艾之齒, 承僞指而進書, 有若崇, 竦稱莽之功, 亦將逼于元禍苟免者邪!

昔世祖之創迹舊基, 奮羸卒數千, 摧莽強旅四十余萬于昆陽之郊. 夫据道討淫, 不在衆寡. 及至孟德, 以其譎勝之力, 擧數十萬之師, 救張郃于陽平, 勢窮慮悔, 僅能自脫, 辱其鋒銳之衆, 遂喪漢中之地, 深知神器不可妄獲. 旋還未至, 感毒而死. 子桓淫逸, 繼之以簒. 縱使二三子多逞蘇, 張詭靡之說, 奉進驪兜滔天之辭, 欲以誣毁唐帝, 諷解禹, 稷, 所謂徒喪文藻煩勞翰墨者矣! 夫大人君子之所不爲也.

又『軍誡』曰: "萬人必死, 橫行天下." 昔軒轅氏整卒數萬, 制四方, 定海內, 況以數十萬之衆, 据正道而臨有罪, 可得干擬者哉!

옛날에 항우[1]는 인덕仁德에 의거하여 일어나지 않았던 까닭에 비록 중원을 차지하고 제왕의 권세를 가지고 있었지만 종국에는 죽임을 당하고 후세의 영원한 경계警戒가 되었다. 조위曹魏가 이를 거울로 삼지 않고 그 전철을 밟고 있으니 만약 그 자신은 화를 면한다 하더라도 자손들에게는 타일러주어야 할 것이다. 한데 몇몇 선생들은 기애의 나이[2]로서 적의 의사를 받들어 나에게 서한을 보내왔으니 이것은 마치 진숭과 장송이 왕망의 공적을 칭송하고서도[3] 큰 재화가 박두하자 죄를 모면할 요행을 바라는 것과도 같지 않은가!

지난날 세조[4]께서는 한나라 제업을 중흥시키실 때 수천 명의 여위고 쇠약한 병사들을 분발시켜 곤양의 들에서 왕망의 강대한 40만

왕망(기원전 45~기원후 23) 신나라의 창건자. 역사상에서는 '찬탈자'로서 알려져 있다. 두 살에 불과한 유영을 황제로 세워 권력을 장악했으며 8년에 황제가 되었다.

군사를 물리치셨다.[5] 정도正道에 의거하여 사악한 자를 토벌하는 것은 사람이 많고 적은 것에 달려 있지 않다. 조맹덕 때에 이르러서는 간교한 수단으로 병력을 얻어 수십만의 군사를 출동시켜 양평에 이르러 장합을 구하려다가 군력이 다하게 되자 후회하면서 겨우 자기 한 몸으로 도망쳐 정예선봉을 욕되게 했고[6], 마침내 한중을 잃고서야 황제의 자리를 함부로 얻을 수 없다는 것을 깊이 깨닫고 급급히 돌아오다가 허창에 이르기도 전에 통한으로 병이 나 죽고 말았다.[7] 조자환[8]은 황음무도하여 그 뒤를 이어 황위를 찬탈했다. 설사 몇몇 선생들이 소진과 장의[9]의 허황되고 기만적인 유세를 찬양하고 죄악이 하늘에 사무치는 환두[10]의 언사를 듣고 나와서 당제[11]를 헐뜯고 하우와 후직[12]을 비웃어 흩어지게 하려고 한다면 그것은 문채文採를 헛되이 쓰고 필묵을 허비할 따름일 것이다! 이런 것은 대인과 군자들[13]이 할 바가 못 되는 것이다.

또 『군계』[14]에서는 "만 사람이 죽음을 결심한다면 천하를 종횡할 수 있다."고 했다. 옛날에 헌원씨[15]는 수만의 군사를 정비하여 사방을 제압하고 해내[16]를 안정시켰거늘 하물며 우리 촉한이 수십만 군사로써 정도에 의거해 죄 있는 자들을 물리치려 하거늘 이를 막아낼 수 있으리라고 생각하는가!

1 **항우** : '후제를 대신해 쓴 위나라 정벌의 조서'를 참조하라.
2 **몇몇 선생들은 기애의 나이** : '몇몇 선생들'이란 투항을 권고한 화음, 왕랑 등을 가리킨다. '기耆'는 60세를 가리키는 말이고 '애艾'는 50세를 가리키는 말이다.
3 **진숭…칭송하고서도** : 진숭陳崇은 전한 말기에 대사도사직大司徒司直이었고, 장송張竦은 한나라 말기에 박통사博通士였다. 왕망王莽(기원전 45~기원후 23)의 자는 거군巨君이고 한 효원황후孝元皇后의 조카이다. 전한 말기에 외척이 권세를 장악하자 한나라 원시元始 5년(5년)에 평제平帝를 독살하고 스스로 황제가 되었다. 한나라 초시初始 원년(8년)에 황위에 오르고 국호를 신新으로 고쳤으며 연호를 시건국始建國이라 했다. 통치기간에 화폐제도를 수차례나 고쳐 경제를 혼란스럽게 만들었다. 법령이 가혹하고 소소했으며 부역이 중하여 사회 모순이 격화되었고 신천봉新天鳳 4년(17년)에 전국적인 농민 봉기를 폭발시켰다. 신지황新地皇 4년(23년)에 새로운 왕조는 적미赤眉, 녹림綠林 등 농민군의 공격을 받아 멸망하고 왕망도 녹림군이 장안에 들어왔을 때 살해되었다. 왕망의 공적을 칭송했다는 구절은 장송이 진숭에게 왕망의 공덕을 찬양하는 글의 초고를 써주어 진숭이 황태후에게 상주한 일을 가리킨다. 여기서는 화음 등이 투항을 권고하는 서한에서 조비를 칭송한 일을 풍자하고 있다.
4 **세조** : 한나라 광무제光武帝 유수劉秀(기원전 6~기원후 57)이다. 자는 문숙文淑이고 남양南陽 채양蔡陽(호북성 조양현 서남쪽) 사람으로 전한의 황족이다. 왕망 말기의 농민 봉기 때 형 유연劉縯과 함께 군사를 일으켜 녹림군에 가담했다. 갱시更始 원년(23년)에 하북에서 한실 부흥을 주창하여 일부 관료와 지주들의 지지를 받았고, 동마銅馬 등의 봉기군을 진압하여 점차 역량을 확대했다. 갱시 3년(25년)에 왕위에 올라 후한을 건립하고 연호를 건무建武라 했다. 25~57년에 재위했다.

5 **곤양의…물리치셨다** : 곤양昆陽은 지금의 하남성 엽현에 있었다. 신지황 4년(23년) 4월에 유수와 왕상王常이 군사를 거느리고 곤양, 언, 정릉을 점령하자 왕망은 대사공大司空 왕읍王邑, 사도 왕심王尋을 파견하여 42만 군사를 거느리고 일거에 유수를 소멸시키려 했다. 6월에 왕읍이 대군을 거느리고 곤양을 수십 겹 포위하자 유수는 언, 정릉의 군사 수천 명을 거느리고 와서 곤양을 구원했다. 왕읍이 적을 경시한 탓에 최전선 군대가 패하자 대군은 명령을 듣지도 않았고 서로 구원하려고도 하지 않았다. 유수가 이 승세를 타서 추격하자 왕읍은 도망쳤고 주장이 없어지자 대군은 붕괴되고 말았다.

6 **장합을…욕되게 했고** : 장합(?~231)의 자는 준의俊義이며 하간군 막현(하북성 웅현 남쪽) 사람이다. 처음에는 한복韓馥, 원소를 섬기다가 조조에게 귀순했다. "전술의 변화를 익혀 진영을 설치하고 포진布陣함에 능했으며 전쟁의 형세와 지형을 잘 가늠했다."고 한다. 용감하여 누차 전공을 세웠으며 가정에서 마속의 군대를 격파한 위나라의 명장이다. 일찍이 편장군으로 제수되고 도정후로 봉해졌으며, 좌장군으로 승진하여 도향후, 막후로 봉해졌다가 정서거기장군이 되었다. 231년에 제갈량이 기산에 다시 출병했을 때 목문木門까지 추격하여 제갈량과 교전을 벌이다가 날아오는 화살을 맞고 죽었다. 시호는 장후莊侯였다. 양평陽平은 양평관인데 지금의 섬서성 면현 서쪽에 있다. 한나라 건안 23년(218년)에 유비는 군사를 거느리고 나가 한중을 빼앗으려 했는데 이듬해 봄에 한중을 지키던 위나라 장군 하후연, 장합과 정군산에서 싸우게 되었다. 촉한의 장군 황충이 하후연을 죽이자 장합은 양평으로 물러가고 위나라군은 대패했다. 이 위급한 국면을 돌파하고 한중을 지키기 위해 조조는 직접 장안에서 군사를 거느리고 나왔다. 유비가 험요한 요새에 의지하여 굳게 지키자 위나라군은 도망병이 많아졌고 조조는 하는 수 없이 군사를 거느리고 장안으로 돌아갔다. 그러자 유비는 한중을 점령했다.

7 **통한으로…말았다** : 건안 25년(220년) 정월에 조조는 장안으로부터 허창으로 돌아오다가 낙양에서 죽었다. 제갈량이 조조가 통한으로 죽었다고 한 것은 비웃는 뜻에서 한 말이다.

8 **조자환曹子桓** : 조비, 즉 위 문제이다. '후제를 대신해 쓴 위나라 정벌의 조서'의 주석을 참조하라. 건안 25년(220년) 10월에 조비는 한 헌제를 폐하고 황제가 되었다.

9 **소진과 장의** : 소진蘇秦의 자는 계자季子이고 동주 낙양(하남성 낙양시 동북

쪽) 사람으로 전국시대의 이름난 종횡가縱橫家였다. 연소왕燕昭王의 명을 받고 제나라로 들어가 반간反間 활동을 벌였으며 제나라를 대외 전쟁에서 지치게 만든 다음 공격해서 원수를 갚았다. 제 민왕 말기에 제나라 재상이 되었다. 진秦 소왕昭王이 민왕과 동쪽, 서쪽에서 각기 제왕이 될 것을 약조하자 조나라 이태李兌와 함께 제齊, 연燕, 조趙, 한韓, 위魏 다섯 나라와 약속하고 진나라를 공격하였으며 제호帝號를 폐지하도록 압력을 가했다. 후에 연나라 장군 악의樂毅가 다섯 나라와 연합하여 제나라를 대거 공격하자 반간 활동이 폭로되어 거열車裂의 극형을 받고 죽었다. 장의張儀(?~기원전 310)는 전국시대 위나라 귀족의 후예로서 이름난 종횡가였다. 진秦 혜문군惠文君 10년(기원전 328년)에 진나라 재상이 되었다. 일찍이 혜문군을 도와 왕위에 오르게 했고 여러 나라를 돌아다니며 유세하여 진나라에 복종하게 했으며 제초齊楚 연맹을 와해시키고 초나라의 한중지역을 탈취하게 했다. 진 무왕武王이 즉위하자 위나라로 가서 재상이 되었다가 오래지 않아 죽었다.

10 **환두驩兜** : 전설 속의 악인으로, 요堯임금 때 공공共工과 함께 온갖 나쁜 짓을 다 했으며 순舜임금에 의해 숭산崇山(호북성 황피현 남쪽)으로 추방당했다고 한다.

11 **당제唐帝** : 먼 옛날 도당씨陶唐氏 부락의 수령이었다. 이름은 방훈放勛이고 역사상에서는 당요唐堯라 한다. 전하는 바에 따르면 일찍 관직을 두어 계절을 장악하게 했고 역법曆法을 제정했다. 이후 사악四岳의 의견에 따라 순임금에게 왕위를 선양했다.

12 **하우와 후직** : 하우夏禹는 대우大禹이다. 먼 옛날의 하후씨 부락의 수령으로서 성은 사姒이고 곤鯀의 아들이다. 백성들을 영솔하여 황하의 물을 소통시켰고 수리사업을 벌여 농업을 발전시켰다. 물을 다스린 공로를 인정받아 순임금의 후계자로 지목되었으며 순임금이 죽자 부락연맹의 수령이 되었다. 아들 계啓가 중국 최초의 왕조인 하夏나라를 세웠다. 후직后稷은 고대 주족의 시조로서 이름은 기棄이다. 작물을 잘 재배했으므로 요순시대에 농관農官이 되어 백성들에게 농사일을 가르쳤다.

13 **대인과 군자들** : 지위, 도덕, 학문이 있는 사람들을 가리킨다.

14 **『군계軍誡』** : 고대의 병법이다.

15 **헌원씨軒轅氏** : 황제黃帝이다. 전설에 따르면 중원 여러 민족들의 선조라고 한다. 『사기』「오제본기」에는 그가 소전국군少典國君의 둘째 아들로 성은 공손公孫이며 호가 헌원씨라고 기록돼 있다. 전하는 바에 따르면 염제炎帝

가 여러 부락을 못살게 굴 때 여러 부락의 옹호를 받아 판천阪泉(하북성 탁록현 동남쪽)에서 염제를 쳐서 이겼다 한다. 후에 치우蚩尤가 쳐들어오자 또 다시 여러 부락을 영솔하여 탁록涿鹿(하북성)에서 싸우다 치우를 죽였으며 부락연맹의 수령이 되었다. 전하는 바에 따르면 양잠, 배와 수레, 문자, 음률, 의학, 산수 등이 모두 황제 때에 발명되었다고 한다.

16 **해내**海內 : 고대 중국인들은 국토의 사면이 바다로 둘러싸여 있다고 여겼기 때문에 전국을 '해내'라고 했다.

절맹호의

 촉한 건흥 7년(229년) 4월, 동오의 손권은 황제가 되었으며 사신을 촉에 보내어 이 사실을 알렸다. 이에 촉한의 많은 대신들은 손권이 황제로 칭한 이상 그 죄를 성토하고 그와의 결맹을 끊어버려야 한다고 주장했다. 이에 제갈량은 후주에게 이 '절맹호의絶盟好議'를 올려 정치, 군사적으로 동오와 우호를 유지할 경우의 이점과 그렇지 않을 경우의 폐단을 분석했으며, 손권과 절교해서는 안 된다고 주장했다. 후주는 제갈량의 의견을 받아들였고 위위衛尉 진진을 동오로 보내어 손권의 등극을 축하했다.

이 글은 『삼국지』 「촉서」 '제갈량전' 권35에 배송지가 주를 달며 인용한 습착치의 『한진춘추』에서 발췌했다.

權有僭逆之心久矣, 國家所以略其釁情者, 求掎角之援也. 今若加顯絶, 仇我必深, 便當移兵東伐, 與之角力, 須幷其土, 乃議中原. 彼賢才尚多, 將相緝穆, 未可一朝定也. 頓兵相持, 坐而須老, 使北賊得計, 非算之上者.

若孝文卑辭匈奴, 先帝優與吳盟, 皆應權通變, 弘思遠益, 非匹夫之爲忿者也. 今議者咸以權利在鼎足, 不能幷力, 且志望以滿, 無上岸之情, 推此, 皆似是而非也. 何者? 其智力不侔, 故限江自保;權之不能越江, 猶魏賊之不能渡漢, 非力有余而利不取也.

若大軍致討, 彼高當分裂其地以爲後規, 下當略民廣境, 示武于內, 非端坐者也. 若就其不動而睦于我, 我之北伐, 無東顧之憂, 河南之衆不得盡西, 此之爲利, 亦已深矣. 權僭之罪, 未宜明也.

손권이 참람히 반역의 마음을 가지고 있은 지 오래지만 우리나라에서 그의 도발을 따지지 않은 것은 그로부터 적을 견제하는 도움을 얻으려 했기 때문이었습니다. 이제 만약 드러내놓고 그와 절교한다면 기필코 우리를 원수로 대하는 마음이 깊어질 것이니 우리는 군사를 움직여 동오를 쳐야 할 것이며 그와 무력을 겨루어 그 땅을 차지한 다음에야 중원 토벌을 논할 수 있을 것입니다. 동오에는 현인들이 아직 많고 장군과 재상의 관계가 화목하여 하루아침에 평정할 수가 없습니다. 진을 치고 대치하고 있으면서 그들이 쇠진해지기를 기다린다면 북쪽의 조적이 계책을 이루게 할 것이니 이는 상책이 아닙니다.

지난날 효문께서는 겸양의 언사로 흉노를 대했고[1] 선제께서는 후한 조건으로 동오와 결맹을 맺으셨는데[2] 이것은 모두 형세의 변화를 고려하고 장원한 이득을 널리 생각하신 것이었으며 필부의 생각이 따라올 바가 아니었습니다. 지금 의논하는 사람들은 손권의 목적이 삼국 정립을 유지하는 것이니 우리와 일심 협력할 수 없으며, 게다가 그의 소원이 이미 만족되었으니 강북 안에 올라 북벌할 마음이 없을 것이라고 합니다. 이러한 말들은 옳은 것 같지만 따져보면 그릇된 것들입니다. 왜냐하면 손권 등이 생각하는 바는 그의 역량과 대등하지 않기 때문에 오직 장강을 경계로 삼아 자신을 보존하고 장강을 넘어가지 못하는 것으로 마치 조적이 한수를 넘지 못하는 것과도 같으며 힘에 여력이 있으면서 이득을 취하지 않는 것이 아닙니다.

가령 우리 대군이 조적을 토벌한다면 손권의 상책은 조적의 땅을 분할하여 가지고 훗날의 계책을 도모하는 것이며, 하책은 국경을 넓히고 백성들을 약탈하여 나라 안으로 무력을 보여줄 것인바 절대 가만히 앉아 있지는 않을 것입니다. 만약 그가 군사를 움직이지 않고 우리와 화목하게 지낸다면 우리는 북벌하더라도 동쪽을 돌아봐야 할 근심이 없을 것이며, 조적도 황하 이남의 군사를 모두 서쪽으로 움직일 수 없을 것이니 이 이득만 하여도 아주 큰 것입니다. 하오니 손권의 참람된 반역의 죄행은 드러내놓고 잘못을 따질 것이 못 됩니다.

1 **효문께서는…대했고** : 효문은 한 문제 유항(劉恒)이다. 유항(기원전 202~157)은 한 고조의 넷째 아들로, 기원전 180~기원전 157년에 재위했다. 집정 기간에 '백성들의 부담을 덜어주고 생활을 안정시켜 원기를 회복하도록' 하는 정책을 실시했다. 토지세와 부역을 감하고 형벌을 가볍게 하여 농

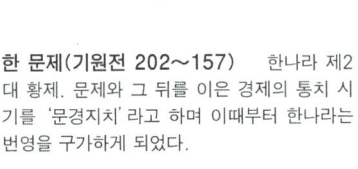
한 문제(기원전 202~157)　한나라 제2대 황제. 문제와 그 뒤를 이은 경제의 통치 시기를 '문경지치'라고 하며 이때부터 한나라는 번영을 구가하게 되었다.

업이 발전되도록 했으며, 제후들의 세력을 약화시켜 중앙집권을 공고히 했다. 역사상에서는 그와 한 경제景帝의 통치시기를 함께 일컬어 '문경지치文景之治'라고 한다. 매년 북쪽 변방에서 흉노와의 전쟁이 벌어졌으므로 흉노와의 충돌을 완화시키고 백성들의 생활을 안정시키기 위해 후원后元 2년(기원전 162년) 6월에 흉노와 화친했다. 화친 조서 중에 '짐은 덕이 박하여 먼 곳에 이르지 못하'지만 흉노와 '형제의 의를 맺어 천하의 근본인 백성들을 보전하려 한다'는 등의 구절이 있었다. 흉노는 중국 북쪽의 고대 종족으로, 진한의 교체시기에 세력이 강성해져서 대사막의 남북을 통치했다. 한나라 초기에 계속 남하하자 한나라에서는 기본상 방어정책을 썼다. 한 무제 때에 이르러 흉노 정벌을 감행했으며 여러 차례 대사막 이북으로 진군했다. 이때 흉노는 세력이 점차 쇠약해졌으며 후한 광무제 때에는 남흉노, 북흉노로 분열되었다. 남흉노는 한나라에 항복했고 북흉노는 막북漢北에 거주했다. 남흉노는 서진西晉 때 차례로 조趙, 하夏, 북양北凉 등의 나라를 세웠으며 북흉노는 후한 화제和帝 때에 한나라와 남흉노에게 격파되어 일부가 서쪽으로 이주했다.

2　**선제께서는…맺으셨는데** : 후한 건안 20년(215년)에 손권이 유비에게 형주를 돌려줄 것을 요구하자 유비는 구실을 대어 거절했다. 손권이 여몽을 시켜 장사, 영릉零陵, 계양桂陽 등 세 군을 탈취하자 유비는 5만을 거느리고 공안公安으로 나아가 오나라와 싸우려 했다. 이때 조조가 기회를 타서 한중을 탈취했고 장로는 패하여 물러났다. 유비는 익주를 보존하고 병력을 집중하여 조조에게 대처하기 위해 손권과 형주를 나누어 갖고 강화를 맺을 수밖에 없었다.

선제께 올린 서한

 왕은王隱의 『촉기蜀記』에 따르면 건안 18년(213년) 여름에 유비가 군사를 거느리고 낙성雒城(사천성 신도현 동북쪽)을 치자, 제갈량은 마량馬良을 보내 이 서한을 유비에게 전했고 천시天時가 군사를 거느린 장수에게 불리하다고 환기시켰다. 머지않아 방통이 군사를 거느리고 성을 치다가 날아오는 화살에 맞아 전사했다.

이 글은 엄가균의 『전상고진한삼국육조문』「전삼국문全三國文」 '촉蜀'에서 발췌했다. 엄가균은 주를 달며 이 글이 장부張溥의 『백삼가집百三家集』에 인용된 『태을비검太乙飛鈐』에서 나왔다고 했다. 중화서국 판본 『제갈량집』의 주에서는 이 글이 "후세 사람이 이름을 빌어서 쓴 위작이 아닌가 의심된다."고 했다.

亮算太乙數, 今年歲次癸巳, 罡星在西方 ; 又觀乾象, 太白臨于雒城之分, 主于將帥, 多凶少吉.

양亮이 태을수[1]를 따져보니 금년의 목성이 머무르는 위치[2]는 계사癸巳에 있고 북두의 자루는 서쪽에 있습니다. 또한 천상天象을 살펴보니 태백성[3]이 낙성의 분야[4]에 접근해 있으며 장수將帥를 주관하고 있으니 흉함이 많고 길함이 적습니다.

1 **태을수**太乙數 : '태일수太一數'라고도 하며, 점술법의 일종이다. 그 법은 대개 『역위건착도易緯乾鑿度』의 태을행구궁법太乙行九宮法에 근본하며, 내외의 화복과 고금의 치란治亂 등을 점치는 것이다.
2 **목성이 머무르는 위치** : 목성의 공전 주기는 12년이며 해마다 하늘의 12분의 1을 이동한다. 옛사람들은 목성이 있는 위치를 기년紀年의 표준으로 삼았으며, 세성歲星이라 불렀다. 해마다 세성이 있는 위치 및 간지干支는 세차歲次라 불렀다. 계사는 한 헌제 건안 18년(213년)이다.
3 **태백성** : '계명성' 또는 '장경성長庚星'이라고도 한다. 별의 천상을 보고 점을 치는 사람들은 이 별이 살벌殺伐을 주관한다고 여겼다.
4 **분야**分野 : 고대 점성술의 개념으로, 땅위의 각 주, 군, 나라는 하늘의 일정한 구역과 대응된다고 여겼고 하늘에서 발생한 천상은 각기 대응되는 지방의 길흉을 예시해준다고 믿었다.

법정에 관해 답하는 글

 원래 유장을 섬기던 법정[1]은 유비가 익주를 점령하도록 도왔기 때문에 신임을 받았으며 촉군태수, 양무장군으로 임명되었다. 그러자 자신의 공이 크다고 믿고 사소한 일로 개인적 분풀이를 하여 몇몇 사람을 죽이고 말았다. 사람들은 유비에게 이러한 무법 행위를 제지시켜 달라고 청했고, 제갈량은 통일대업을 이루기 위해 이 완곡한 글을 써서 보냈다.

이 글은 『삼국지』「촉서」 '방통법정전龐統法正傳' 권37에서 발췌했다.

主公之在公安也, 北畏曹公之强, 東憚孫權之逼, 近則懼孫夫人生變于腋之下 ; 當斯之時, 進退狼跋. 法孝直爲之輔翼, 令翻然翱翔, 不可復制. 如何禁止法正使不得行其意耶!

주공²께서 공안에 계실 때 북쪽으로는 조조의 강대함을 두려워하시고 동쪽으로는 손권의 위협을 걱정하셨으며 가까이로는 손부인의 신변이 위태로울까 봐 근심하셨습니다.³ 진정 이렇게 하지도 저렇게 하지도 못하던 때에 법정이 보좌하여 주공께서는 날개를 펼치고 훨훨 날게 되셨으며 더 이상은 남의 제약을 받지 않게 되셨습니다.⁴ 어떻게 법정이 자기 뜻대로 하지 못하도록 막을 수 있겠습니까!

1 **법정法正(176~220)** : 자는 효직孝直이며 우부풍군右扶風郡 미현(섬서성 미현 동쪽) 사람이다. 익주목 유장을 섬겼는데, 유장이 유비를 맞아들여 장로를 치도록 명하자 주인을 배반하고 유비를 도와 익주를 탈취했으며 촉군태수, 양무장군으로 임명되었다. 후에 유비를 도와 한중을 얻게 하고 상서령, 호군장군護軍將軍으로 임명되었다. 시호는 익후翼侯이다.
2 **주공主公** : 존중하는 사람, 연장자에 대한 호칭이며, 주인으로 받들어 모실 때도 주공이라고 칭한다. 이때 유비가 아직 한중왕이 되기 전이었기 때문에 이렇게 호칭한 것이다. 공안公安은 지금의 호북성 공안현 서북쪽에 있었다.
3 **손부인의…근심하셨습니다** : 손부인의 이름은 상향尙香이며, 손권의 여동생이다. 건안 14년(209년)에 유비가 형주목으로 있을 때 손권은 정치적 필요에 의해 여동생을 유비에게 시집보냈다. 어렸을 때부터 무예를 익혔으며, 성격이 강직하고 사나웠다. 또한 재능 있고 날랬으며 늘 시비侍婢 1백여 명으로 하여금 무기를 지니고 좌우에서 시중을 들게 했다. 때문에 유비는 늘 그녀의 신변이 위태로울까 봐 근심했다. 후에 유비가 군사를 거느리고 익주로 들어가자 손권이 동오로 데려갔다.
4 **법정이…되셨습니다** : 법정이 유비를 도와 익주를 얻게 함으로써 유비가 곤경에서 벗어나게 된 일을 가리킨다.

법정에게 답하는 글

 제갈량이 법을 엄하게 집행하여 몇몇 사람들이 불만을 가지게 되자 법정은 '형벌과 금령을 느슨히 하며' 자신의 주견을 굽히고 은덕을 베풀어 그들을 안무하라고 권고했다. 그러자 제갈량은 이 글을 써서 답했다.

이 글은 『삼국지』「촉서」'제갈량전' 권35에 배송지가 주를 달며 인용한 왕은의 『촉기』 '곽충오사郭衝五事'에서 발췌했다.

君知其一, 未知其二. 秦以無道, 政苛民怨, 匹夫大呼, 天下土崩, 高祖因之, 可以弘濟. 劉璋暗弱, 自焉已來有累世之恩, 文法羈縻, 互相承奉, 德政不擧, 威刑不肅. 蜀土人士, 專權自恣, 君臣之道, 漸以陵替 ; 寵之以位, 位極則賤, 順之以恩, 恩竭則慢. 所以致弊, 實由于此. 吾今威之以法, 法行則知恩, 限之以爵, 爵加則知榮 ; 恩榮幷濟, 上下有節. 爲治之要, 于斯而著.

군께서는 하나는 알고 둘은 모르시오. 진秦나라는 무도無道하고 정령政令이 가혹하여 백성들의 원한을 샀기 때문에 필부가 큰소리로 외치자 천하가 와르르 무너졌고 고조¹께서는 그 기회를 타서 크게 성공하실 수 있었소. 유장은 암약暗弱하여 유언² 이래로 두 대에 걸친 은혜가 있었고 법령 조문의 단속이 있었지만 서로 봐주고 아첨하게 하다 보니 덕정德政의 기풍이 수립되지 못했고 위엄스런 형율이 장중하지 못하게 되었소. 익주의 관리와 세력가들은 권리를 독단하고 방자했으며 군신간의 기강이 차츰 해이해졌으며 직위로 영예로움을 삼았소. 직위가 극도에 이르면 천해지는 것이고 은혜로 비위를 맞춰주다가 은혜가 없어지면 태만해지는 것이오. 폐단이 빚어진 원인은 바로 여기에 있는 것이오. 나는 지금 엄한 법으로 위엄을 세우고자 하며 법을 엄하게 집행해야만 은혜를 알게 될 것이오. 작위와 관록으로 그들을 제한해야만 작위와 관록을 높여줄 때 영예로움을 알게 되는 것이오. 은혜와 영예를 겸용하여 서로 보충하게 해야 상하간에 법도가 있게 되는 것이며, 나라를 다스리는 요령이 바로 여기에 있는 것이오.

1 **고조** : 유방을 가리킨다.
2 **유언**劉焉(?~194) : 자는 군랑君郞이며 강하군江夏郡 경릉현竟陵縣(호북성 잠강현 서북쪽) 사람으로 한나라 노공왕魯恭王의 후손이다. 후한 영제 때 익주목을 맡았고 양성후陽城侯로 봉해졌다. 흥평 원년에 등에 독창이 나서 죽었으며, 아들 유장이 뒤를 이어 익주목을 맡았다.

관우에게 답하는 글

 건안 19년(214년), 마초馬超가 유비에게 찾아와 의탁했다. 이 때 유비는 성도를 오랫동안 공격했으나 함락시키지 못하고 있었는데, 마초가 투항해오자 온 성안이 놀랐으며 열흘도 채 지나지 않아 유장이 나와서 항복했다. 유비는 공을 논할 때 마초를 평서장군으로 임명하고 전도정후前都亭侯로 봉했다. 관우는 형주에서 이 소식을 듣고 마초와 내왕이 없었으므로 제갈량에게 서한을 보내 그의 사람됨을 물었다. 관우의 고고한 성격을 잘 아는 제갈량은 그의 마음을 헤아려주는 글을 써서 보냈다. 관우는 이 글을 보고 기뻐했으며 사람들에게 보이기까지 했다.

이 글은 『삼국지』 「촉서」 '관장마황조전' 권36에서 발췌했다.

孟起兼資文武, 雄烈過人, 一世之杰, 黥, 彭之徒, 當與益德幷驅爭先, 猶未及髥之絶倫逸群也.

맹기[1]는 문무를 겸비하고 위무威武와 용맹이 남달라 당대의 호걸이며, 경포와 팽월[2] 같은 사람입니다. 장비[3]와 말머리를 나란히 하고 달리면서 선두를 다툴 수 있지만, 미염공[4]의 출중함에는 미치지 못합니다.

1 **맹기孟起** : 마초를 말한다. 마초(176~222)는 자가 맹기이고 우부풍군 무릉현茂陵縣(섬서성 흥평현 동북쪽) 사람으로 서량西凉의 명장 마등馬騰의 아들이다. 한 헌제 때 편장군을 지냈고 도정후에 봉해졌으며, 마등의 부곡部曲을 총관했다. 건안 16년(211년)에 조조와 동관에서 싸우다가 패하여 양주로 달아났다. 양부楊阜 등의 추격을 받게 되자 장로에게 붙어 있었으나 장로가 계략이 부족하다 여기고 유비에게 투항했다. 촉한이 건립되자 표기장군, 양주목이 되었으며 태향후에 봉해졌다.

2 **경포와 팽월** : 경포黥布는 영포英布이다. 영포(?~기원전 195)는 진나라 말기의 육현六縣(안휘성 육안시 동북쪽) 사람이다. 죄를 범하여 경형(얼굴에 글자를 새김)을 받았기 때문에 경포라고 부른다. 진나라 말기에 여산驪山의 죄인들을 거느리고 봉기를 일으켰다. 항우의 편이 되어 늘 선봉에 섰으며 구강왕九江王으로 봉해졌다. 후에 유방에게 투항하여 회남왕淮南王에 봉해졌고 유방을 도와 항우를 해하(안휘성 영벽현)에서 멸망시켰다. 한나라 초기에 팽월과 한신이 차례로 유방에게 살해되는 것을 보고 군사를 일으켰다가 패전하여 강남으로 도망갔다가 장사왕長沙王 유유誘에게 살해되었다. 팽월(?~기원전 196)은 자가 중仲이고 창읍昌邑(산동성 금향현 서북쪽) 사람이다. 진나라 말기에 군사를 일으켰으며 초한 전쟁에서 군사 3만을 거느리고 유방에게로 넘어와 양지梁地(하남성 동남쪽)를 평정했다. 항우의 군량과 마초를 수 차례나 끊어놓았으며 유방을 도와 항우를 해하에서 멸망시키고 양왕梁王으로 봉해졌다. 한나라 초기에 모반죄로 고발되어 유방에게 살해되었다.

3 **장비(?~221)** : 자는 익덕益德이고 탁군 사람이다. 후한 말기에 유비를 따라 군사를 일으켰다. 조조가 형주를 탈취하려 할 때 유비가 당양當陽 장판長坂(호북성 형문시 남쪽)에서 패했는데 기병 20여 명을 거느리고 철퇴로 엄호하자 조조가 감히 접근하지 못했다. 유비를 따라 익주를 탈취했고 전투에서 혁혁한 전공을 세워 관우와 함께 '만인적萬人敵' 이라 불렸다. 촉한이 건

립되자 거기장군, 사예교위가 되었으며 서향후西鄕侯로 봉해졌다. 유비를 따라 오나라를 공격하러 가기 직전에 부장部將의 칼에 찔려 죽었다.
4　**미염공美髥公** : 염髥은 뺨에 난 수염이다. 관우의 뺨에 긴 수염이 났기 때문에 제갈량이 농담조로 '염'이라고 불렀는데 훗날의 역사소설에서는 '미염공'이라고 칭했다.

두미에게 보내는 글

 촉한 건흥 2년(224년), 승상 제갈량은 익주목을 겸하게 되어 모든 대소사를 직접 처리해야 했다. 그는 번잡한 정무를 줄이고 통일대업을 추진하기 위해 당대의 명사인 두미[1]를 주부主簿로 삼으려고 했다. 그러나 두미가 한사코 사양하자, 결국 수레를 보내서 맞아 오게 했다. 서로 대면하여 보니 두미가 귀가 먹었으므로 제갈량은 글을 써서 의사를 교환할 수밖에 없었다.

이 글은 『삼국지』「촉서」'두주두허맹래윤이초극전杜周杜許孟來尹李譙郤傳' 권42에서 발췌했다.

服聞德行, 飢渴歷時, 淸濁異流, 無緣咨覯. 王元泰, 李伯仁, 王文儀, 楊季休, 丁君幹, 李永南兄弟, 文仲寶等, 每嘆高志, 未見如舊. 猥以空虛, 統領貴州, 德薄任重, 慘慘憂慮. 朝廷主公今年始十八, 天資仁敏, 愛德下士. 天下之人思慕漢室, 欲與君因天順民, 輔此明主, 以隆季興之功, 著勳于竹帛也. 以謂賢愚不相爲謀, 故自割絶, 守勞而已, 不圖自屈也!

그대의 덕행에 관한 말을 듣고 목마른 사람이 물을 찾듯이 한 지가 오래되었지만 맑은 물과 흐린 물이 제각기 흐르듯이 서로 인연이 없어 가르침을 받지 못했습니다. 왕원태[2], 이백인[3], 왕문의[4], 양계휴[5], 정군간[6], 이영남 형제[7], 문중보[8] 등은 늘 당신의 고결한 뜻을 찬탄하여, 나는 비록 서로 대면하지는 못했어도 이미 오랜 교분이 있는 사이인 듯합니다. 나는 재능이 없어 그대의 주州를 통령하노라니 덕은 없고 책임은 무거워 몹시 우려하는 바입니다. 주상께서는 금년에 열여덟이신데 천성이 인자하고 총명하시며 덕을 사랑하시고 어진 이들을 예의와 겸손으로 대하십니다. 천하의 사람들은 한실을 그리워하고 있습니다. 나는 그대와 함께 하늘의 뜻에 따르고 민심에 순응하면서 영명한 군주를 보좌하여 왕조를 다시 흥성시키는 공업功業을 이루어 사책史冊에 오르고 싶습니다. 그대는 현명한 자와 어리석은 자는 서로 함께 대계大計를 도모할 수 없다고 여기며, 스스로 세상과 내왕을 끊고 궁핍함을 지키시는 것이 너무나 자신을 억울하게 하는 것이라고 생각되지 않습니까!

1 **두미**杜微 : 자는 국보國輔이고 재동군 부현涪縣(사천성 면양시 동북쪽) 사람이다. 어렸을 때 광한廣漢의 이름난 선비인 임안任安으로부터 학문을 배웠다. 유장을 위해 일하다가 병으로 벼슬을 그만두었고 후에는 촉한의 주부, 간의대부諫議大夫를 지냈다.
2 **왕원태**王元泰 : 이름은 모謀이고 한가현 사람이다. 유장 때에 파군태수로 있었고 오래지 않아 익주치중종사益州治中從事로 임명되었다. 유비가 한중왕이 되자 소부少府를 지냈고, 후주 때에는 관내후로 봉해지고 태상을 맡았다.
3 **이백인**李伯仁 : 사적이 확실하지 않다.
4 **왕문의**王文儀 : 이름은 연連이고 남양(하남성 남양시) 사람이다. 유장 때에 재

동현(사천성 재동현) 현령으로 있었고 유비 때에는 십방현(사천성 십방현) 현령, 광도현(사천성 성도시 남쪽) 현령으로 있다가 후에 사염교위司鹽校尉가 되었는데 이득을 많이 내어 나라의 부족한 경비를 보충했고 다시 촉군태수, 흥업장군興業將軍으로 승진했다. 후주 때에는 둔기교위로 제수되었으며 승상장사丞相長史, 평양정후平陽亭侯로 봉해졌다.

5 **양계휴楊季休** : 이름은 홍洪이고 건위군犍爲郡 무양武陽(사천성 팽산현 동쪽) 사람이다. 유장의 관리였는데 유비 때에 촉군태수, 익주치중종사로 있었다. 후주 때에는 촉군태수, 충절장군忠節將軍, 월기교위로 있었으며 관내후에 봉해졌다.

6 **정군간丁君干** : 사적이 확실하지 않다.

7 **이영남 형제** : 『화양국지』「선현사녀총찬(중)先賢士女總讚(中)」에서는 이위남李偉南, 이한남李漢南, 이영남李永南을 형제라고 했고, 배송지는 『삼국지』「촉서」 '등장종양전鄧張宗楊傳'의 주에서 『익부기구잡기益部耆舊雜記』의 "조朝(이위남)에게는 동생이 하나 더 있었는데 일찍 죽었다. 제각기 재능과 명성이 있어 당시의 사람들은 이씨삼룡李氏三龍이라고 불렀다."는 말에 근거하여 "조, 소邵(이영남) 및 일찍 죽은 자까지 하여 삼룡이다. 막邈(이한남)은 너무 오만하고 강직하여 삼룡에 들지 않았다."라고 했다. 여기서는 배송지의 주를 따랐다. 이영남(?~225)의 이름은 소邵이고 광한군 처현(사천성 사홍현 서쪽) 사람이다. 유비 때에 주서좌부종사州書佐部從事로 있었고 후주 때에는 임서조연, 치중종사를 지냈다. 이위남李偉南(?~222)의 이름은 조이고, 영남의 형이다. 유비 때에 임군공조, 임공현(사천성 공래현) 현령, 별가종사別駕從事로 있었다. 『화양국지』「선현사녀총찬(중)」에 "여러 신하들이 선주께서 한중왕이 되실 때 글을 올렸는데 그 글은 조가 지은 것이다."라는 기록이 있다.

8 **문중보文仲寶** : 이름은 공恭이다. 유비 때에 익주치중益州治中(주목州牧의 조리로서 문서를 분류하고 보관하는 일을 함)으로 있었다.

두미에게 답하는 글

 두미는 주부를 맡은 지 얼마 되지 않아 늙고 병들었으므로 사직하고 고향으로 돌아가겠노라고 말했다. 제갈량은 이 서한을 써서 간곡히 만류했지만, 결국 두미가 주부를 사직하는 데 동의하고 그를 간의대부로 임명했다.

이 글은 『삼국지』「촉서」'두주두허맹래윤이초극전' 권42에서 발췌했다.

曹丕簒弑, 自立爲帝, 是猶土龍芻狗有名也. 欲與群賢因其邪僞, 以正道滅之. 怪君未有相誨, 便欲求還于山野.
丕又大興勞役, 以向吳, 楚. 今因丕多務, 且以閉境勤農, 育養民物, 幷治甲兵, 以待其挫, 然後伐之, 可使兵不戰民不勞而天下定也. 君但當以德輔時耳, 不責君軍事, 何爲汲汲欲求去乎!

조비가 임금을 시해하고 제위를 찬탈하여 스스로 황위에 오른 것은 토룡[1]이나 추구[2]처럼 허명만 있을 따름입니다. 나는 현사賢士들과 함께 그가 사악하고 간사한 때를 타서 정도正道로써 그를 소멸하려 했는데, 그대는 나에게 도움과 가르침을 주지 않고 산야로 돌아가려 하니 괴이합니다.

조비는 또 크게 군사를 일으켜[3] 오, 초[4]로 나아가려 하고 있습니다. 지금 조비가 한창 국무에 바쁜 틈을 타서 잠시 변경을 굳게 지키고, 농업과 양잠에 힘쓰며, 백성들을 휴양시키고, 물자를 풍부히 하면서 군사를 훈련시켜 놓고 그가 좌절할 때를 기다려 토벌한다면 병사들이 싸움을 하지 않고, 백성들이 고생을 겪지 않고도 천하를 평정할 것입니다. 그대는 다만 덕으로 이 시대의 국사만 도우시고 군사에는 참여하지 않아도 될 터인데 어찌하여 급급히 떠나가시려는 것입니까?

1 **토룡** : 흙으로 만든 용으로 기우제 때 쓴다.
2 **추구** : 풀로 만든 개로 제사 때 쓴다.
3 **조비는…일으켜** : 촉한 장무 2년(222년) 10월에 조비가 조휴, 조인, 조진을 보내어 세 갈래의 대군으로 동오를 남정한 일과 건흥 2년(224년) 8월에 조비가 직접 수군을 통솔하여 동오를 공격한 일을 가리킨다.
4 **오, 초** : 동오의 관할지역이 선진先秦 때에 오나라와 초나라에 속해 있었으므로 동오를 '오, 초'라고 한 것이다.

이회에게 답하는 글

촉한 장무 원년(221년), 내항도독庲降都督(남중군정장관) 등방鄧方이 죽자 유비는 이회[1]를 그 후임으로 파견했다. 이회가 떠날 때가 되자 제갈량은 꽃무늬 융단 하나와 이 서한을 보내서 관심을 표하고 고무해주었다.

이 글은 북송의 이방 등이 편찬한 『태평어람』「복용부服用部」'구수氍毹' 권708에서 발췌했다.

行當離別, 以爲惆悵, 今致氍毹一以達心也.

이제 곧 작별하려니 마음이 서글퍼집니다. 지금 꽃무늬 융단 하나를 보내서 저의 마음을 표합니다.

1 이회李恢(?~231) : 자는 덕앙德昻이며 건녕군 유원현俞元縣(운남성 징강현) 사람이다. 원래 유장의 수하였는데 면죽綿竹에서 유비에게 항복하고, 비밀리에 마초를 데려온 공로를 인정받고 중용되었다. 일찍이 내항도독, 사지

절영교주자사使持節領交州刺史로 있었다. 제갈량이 남정할 때 공을 세워 한흥정후漢興亭侯로 봉해졌고 안한장군의 관직이 더해졌다.

유파에게 보내는 글

유파[1]는 천성이 총명하고 책략을 짜는 데 재능이 있어 이름이 높았다. 그래서 조조에게 의탁한 유종劉琮이 후한 건안 13년(208년) 9월에 장사, 영릉, 계양 세 군으로 파견되어 갈 때 항복을 권유했다. 12월에 조조가 적벽에서 패하고 유비가 장사 등 네 군을 점령하자 유파는 교주交州(주 소재지는 지금의 광주시)로 피했다가 다시 북방으로 돌아오려고 했다. 도중에 그는 증양현烝陽縣(호남성 형양시 서북쪽)에 있는 제갈량에게 서한을 보내 형주에 남아 있지 않겠다는 뜻을 표했다. 제갈량은 이 회답 서한을 보내서 유비에게로 돌아올 것을 권했지만 그는 "명을 받고 왔다가 돌아가지 않아서는 안 된다."는 이유로 제갈량의 권고를 거절했다.

이 글은 『삼국지』「촉서」'동유마진동여전' 권39에 배송지가 주를 달며 인용한 사마표司馬彪의 『영릉선현전零陵先賢傳』에서 발췌했다.

劉公雄才蓋世, 据有荊土, 莫不歸德, 天人去就, 已可知矣. 足下欲何之?

유공²의 탁월한 재능은 세상 사람들을 초월하며 형주의 넓은 땅³을 차지하고 있어 그의 덕망에 귀부歸附하지 않는 자가 없으니 하늘의 뜻과 민심의 추향趨向을 알 수 있습니다. 족하⁴께서는 어디로 가시렵니까?

1 **유파劉巴(?~222)** : 자는 자초子初이며 영릉군 증양현 사람이다. 조조에게 의지하고 있다가 이후 유장에게로 갔으며 유비가 익주를 얻자 제갈량의 천거로 좌장군 서조연西曹掾에 임명되었다. 유비가 한중왕이 되자 상서, 상서령이 되었다.
2 **유공** : 유비를 가리킨다. 그 당시 유비가 형주목이었기 때문에 이렇게 호칭한 것이다.
3 **형주의 넓은 땅** : 형주의 무릉, 장사, 계양, 영릉 등의 네 군을 가리킨다.
4 **족하足下** : 아랫사람이 윗사람에게, 또는 비슷한 연배 사이에서 상대를 높여 부르던 말이다.

유파에게 보내는
장비에 대한 글

유파가 유비에게 투항하고 제갈량의 추천으로 등용되자, 장비는 이를 경축하기 위해 유파의 숙소로 찾아갔다. 그런데 유파는 장비가 일개 무인에 불과하므로 같이 이야기를 나눌 바가 못 된다고 여겨 무시하였고 이는 장비를 격노시켰다. 이 정황을 알게 된 제갈량은 유파에게 이 글을 보내서 통일대업을 중히 여겨 단결할 것을 권고했다.

이 글은 『삼국지』 「촉서」 '동유마진동여전' 권39에 배송지가 주를 달며 인용한 사마표의 『영릉선현전』에서 발췌했다.

張飛雖實武人, 敬慕足下. 主公今方收合文武, 以定大事 ; 足下雖天素高亮, 宜少降意也.

 장비는 무인이지만 족하를 경모합니다. 주공[1]께서는 지금 한창 문무에 재능이 있는 인재들을 받아들여 통일대업을 이룩하려 하시니 족하께서는 천성적으로 높은 인격과 굳은 지조를 약간은 낮추셔야 할 것입니다.

1 주공 : 유비를 가리킨다.

이엄에게 답하는 글

후주가 즉위한 후에 승상이 된 제갈량은 무향후武鄕侯에 봉해지고 익주목이 되어 조정대권을 틀어쥐고 있었으며 짊어진 짐이 무거웠다. 그러자 이엄은 구석¹을 받고 작위를 높여 왕위에 오르라고 권유했다. 제갈량은 이 서한을 써서 거절의 뜻을 표했다.

吾與足下相知久矣, 可不復相解! 足下方誨以光國, 戒之以勿拘之道, 是以未得默已. 吾本東方下士, 誤用于先帝, 位极人臣, 祿賜百億. 今討賊未效, 知己未答, 而方寵齊, 晋, 坐自貴大, 非其義也. 若滅魏斬叡, 帝還故居, 與諸子幷昇, 雖十命可受, 況于九邪!

나와 족하는 서로 사귄 지 오래되었는데 아직도 서로를 알지 못합니까! 하지만 족하께서 나라를 진흥시킬 일로 나를 가르치고 상규적인 규제에 얽매이지 말라고 타이르시니 더는 침묵하고 있을 수 없습니다. 나는 본래 동방의 하찮은 선비²였는데 선제께 잘못 임용되어 직위가 더없이 높은 신하가 되었고 녹봉과 상을 천만으로 헤아려 받고 있습니다. 지금 조적을 토벌하는 일도 이룩하지 못했고 지기知己들에게도 아직 보답하지 못했는데 제 환공, 진 문공[3]과 영광을 비기고 갑자기 스스로 고귀하고 큰 자리에 오른다면 그것은 도의道義가 아닐 것입니다. 위나라를 멸망시키고 조예[4]를 참하며 폐하가 옛 도읍지[5]로 돌아가신다면 나는 동료들과 함께 승진할 것이며 그때는 구석이 아니라 십명[6]이라도 받을 수 있을 것입니다.

1 **구석九錫** : 천자가 제후와 대신들에게 내려주는 아홉 가지 특권을 가리킨다. 거마車馬(수레와 말), 의복衣服, 악무樂舞, 주호朱戶(대문에 붉은 칠을 함), 납폐納陛(집 처마 밑에 건물 기초를 파서 층층계를 만드는 것), 호분(호위 병사), 궁시弓矢, 부월, 거창秬鬯(금초와 기장으로 빚은 술) 등이다.

2 **동방의 하찮은 선비** : 제갈량이 서주 낭야군 양도현 사람이고, 양도가 촉한의 동쪽에 있었기 때문에 이렇게 말한 것이다.

3 **제 환공, 진 문공** : 제齊 환공桓公(?~기원전 643)은 춘추시대의 제나라 군주이다. 성은 강姜씨이고 이름은 소백小白이다. 기원전 685~기원전 643년에 재위했다. '존왕양이尊王攘夷'의 구호를 내걸고 융적戎狄의 공격을 제지시켰고 중원의 제후들과 연합하여 채蔡, 초를 쳤다. 또한 동주 왕실의 내란을 평정했고 여러 차례에 걸쳐 제후들의 모임을 조직하고 맹약을 맺어 춘추시대의 첫 패주가 되었다. 진晉 문공文公(기원전 697~기원전 628)은 춘추시대의 진나라 군주이다. 이름은 중이重耳이며 기원전 636~기원전 628년에 재위했다. 동주 왕실의 내란을 평정하고 주 양왕襄王을 복위시켰으며 '존왕'의 구호를 내걸었다. 성복城濮 전투에서 초나라군을 대패시켰으며 천토踐土(하남성 형양현 동북쪽)에서 회맹會盟을 열고 패주가 되었다. 이 두 패주는 모두 주 천자로부터 패주 지위를 공식적으로 승인받았으며 제후를 정벌할 권리를 부여받았다.

4 **조예(205~239)** : 위魏 명제明帝이다. 자는 원중元仲이고 패국 초현(안휘성 박현) 사람이다. 조비의 아들로 227년~239년에 재위했다. 시문詩文을 지을

줄 알았으므로 조조, 조비와 함께 '삼조三祖'로 일컬어졌으나 조조와 조비에는 미치지 못했다.
5 **옛 도읍지** : 후한의 도읍인 낙양을 가리킨다.
6 **십명+命** : '구석'보다 한 가지 더 많은 은상을 받는다는 뜻에서 한 말로, 실제로 존재하는 것은 아니다. 원문은 '십영+鍚'인데 황제의 명에 의해 열 가지를 받는다는 뜻이다.

이엄에게 재차 답하는 글

 촉한 건흥 8년(230년)에 이엄은 이평으로 이름을 고쳤으므로 이 글은 이름을 고치기 전에 보낸 것이다.

이엄은 명예와 이득을 중요시하는 사람이었는데 조정의 명령을 사칭하여 군사 정황을 거짓 보고하고 제갈량의 북벌을 방해하여 탄핵을 받는 지경에까지 이르렀다. 이 글은 겨우 세 구절밖에 남아 있지 않지만 제갈량이 자신의 실제 경험을 들어 간곡히 타이르는 것임을 알 수 있다.

이 글은 수나라 우세남虞世南의 『북당서초』 「정술부政術部」 '염결廉潔' 권38에서 발췌했다.

吾受賜八十萬斛, 今蓄財無餘, 妾無副服.

나는 80만 곡¹을 녹으로 받았으나 지금은 남은 것이 없고 첩에게는 신분에 어울리는 옷이 없소.

1 곡解 : 옛날의 용량 단위로서 열 말을 한 곡이라 했다.

장로에게 보내는 글

이 글은 빠진 곳이 많아서 요지가 무엇인지 알 수 없다. 이 글은 장주가 주를 달고 편수한 『예문유취』에서 발췌했다.

靈仙養命, 猶節松霞, 而享身嗜味, 奚能尙道?

신선들은 장수하려고 양생하면서 송화 가루와 노을도 절제하여 먹었는데 그대는 맛있는 것만 추구하니 어찌 도를 숭상할 수 있겠소?

장예에게 보내는 글

 촉한 건흥 5년(227년), 제갈량은 한중에 들어가 북벌을 준비하면서 장예1를 유부장사로 임명하여 승상부의 사무를 처리하게 했다. 그런데 장예는 총명하고 재능은 있었지만 흉금이 좁아서 인재들을 용납하지 못했으며, 사염교위 잠술岑述이 제갈량의 중용을 받자 원한을 품었다. 이에 제갈량은 이 글을 보내어 그를 훈계했다.

이 글은 『삼국지』 「촉서」 '곽왕향장양비전霍王向張楊費傳' 권41에서 발췌했다.

君昔在柏下, 營坏, 吾之用心, 食不知味 ; 後流迸南海, 相爲悲嘆, 寢不安席 ; 及其來還, 委付大任, 同獎王室, 自以爲與君古之石交也. 石交之道, 擧仇以相益, 割骨肉以相明, 猶不相謝也, 況吾但委意于元儉, 而君不能忍邪?

군이 지난날 덕양 백하²에 있을 때 군영이 무너지자³ 나는 군을 근심하여 음식도 달게 먹지 못했소. 후에 군이 의탁할 곳을 잃고 남해에서 떠돌아다니게⁴ 되자 나는 탄식하며 잠도 편안히 자지 못했소. 군이 돌아오자 중임을 위탁하고⁵ 함께 왕실을 보좌하면서 스스로 군과는 옛사람들의 금석지교⁶가 있다고 믿었소. 금석지교의 도리대로 하면 나라에 이롭다면 원수도 천거해야 하고 대의大義를 표명하기 위해서는 멸친滅親한다 하더라도 사양하지 않아야 하거늘 내가 잠원검⁷에게 자리를 주는 것쯤을 군은 참을 수 없단 말이오?

1 **장예(?~230)** : 자는 군사君嗣이며 촉군 성도 사람이다. 사서史書를 두루 섭렵했으며 관리에 재능이 있었고 의기義氣가 많았으나 흉금이 넓지 못했다. 유장의 관리로 있다가 유비가 촉으로 들어갈 때 군사를 거느리고 덕양德陽(사천성 수령현 동남쪽)에서 저항하다가 장비에게 패했다. 후에 촉한에 귀의하여 파군태수, 사금중랑장, 익주태수를 지냈다. 옹개의 반란 때 동오로 끌려갔다가 다시 성도로 돌아와 참군으로 임명되었으며, 부사部事 직무를 대행하고 익주치중종사를 겸했다. 제갈량이 북벌할 때 사성교위로서 유부장사를 겸했으며 후에 보한장군을 겸했다.
2 **백하柏下** : 덕양현에 있었다.
3 **군영이 무너지자** : 공격을 받아 함락되었다는 뜻이다. 건안 18년(213년)에 장예는 덕양 백하에서 장비에게 패한 적이 있다. 이때 장예가 중요한 직무를 맡고 있었기 때문에 패한 것에 대해 완곡하게 말한 것이다.
4 **남해에서 떠돌아다니게** : 촉한 건흥 원년(223년) 여름에 옹개가 반역을 일으켜 장예를 동오로 보낸 일을 가리킨다.
5 **군이…위탁하고** : 제갈량이 건흥 원년(223년)에 등지를 동오에 파견하여 다시 연맹을 맺고 장예를 데려온 일을 가리킨다. 장예는 촉한으로 돌아온 뒤 참군을 맡고 부사 직무를 대행했으며 익주치중종사를 겸하는 등 중임을 맡았다.
6 **금석지교金石之交** : 쇠나 돌처럼 변함없는 굳은 교분을 비유하는 말이다.

7   **잠원검**潛元儉 : 잠술의 자가 원검이다. 잠술은 촉한의 사염교위였다.

장예와 장완에게 보내는 글

 촉한 건흥 6년(228년) 봄, 제갈량이 북쪽의 기산으로 나아가 위나라를 치자 위나라의 남안, 천수, 안정 등 세 군이 위나라를 배반하고 제갈량에게 호응했다. 그런데 천수태수가 부하인 강유 등이 딴마음을 품고 있다고 의심하고 달아나자 강유는 하는 수 없이 제갈량을 찾아와 의지했다. 제갈량은 27세에 불과한 젊은이가 군사에 정통하고 담력이 있는 것을 보고 창조연倉曹掾, 봉의장군奉義將軍으로 임명했으며 당양정후에 봉했다. 또한 두 통의 추천글(이 글과 다음 글)을 써서 성도의 장사 장예와 참군 장완[1]에게 보냈다.

이 글은 『삼국지』 「촉서」 '장완비위강유전' 권44에서 발췌했다.

姜伯約忠勤時事, 思慮精密, 考其所有, 永南, 季常諸人不如也. 其人, 凉州上士也.

강백약²은 국가에 충성하고 근면하며 생각이 면밀합니다. 그의 재능은 영남과 계상³보다 뛰어나며, 양주의 걸출한 인사입니다.

1 **장완** : '전출사표'의 주석을 참조하라.
2 **강백약**姜伯約(202~264) : 이름은 유維이고 천수군 기현冀縣(감숙성 감곡현 동남쪽) 사람이다. 원래 위나라 장군이었는데 후에 촉한에 투항하여 제갈량의 중용을 받았으며 중감군, 정서장군으로 임명되었다. 제갈량이 죽은 후에 그의 군사를 거느렸으며 후에는 대장군으로 임명되어 여러 차례 위나라를 쳤으나 공을 세우지 못했다. 위나라가 촉한을 칠 때 검각劍閣을 굳게 지켰으나 유선이 나와서 항복할 때 후제의 명을 받고 할 수 없이 무기를 버리고 갑옷을 벗었다. 촉한 함희咸熙 원년(264년)에 종회鐘會가 위나라에 반역할 때 가담했으며 시기를 기다려 촉나라를 회복시키려 하였으나 실패하고 살해되었다.
3 **영남과 계상** : 영남은 이영남李永南이다. '두미에게 보내는 글'의 주석을 참조하라. 계상季常은 마량馬良의 자字이다. 마량(187~222)은 양양군 의성(호북성 의성현 남쪽) 사람이다. 유비가 형주목으로 있을 때 종사로 있었으며 유비가 촉땅에 들어간 다음에 좌장군연을 맡았다. 유비가 황제가 된 후에는 시중을 맡았다. 유비가 오나라를 칠 때 그를 파견하여 오계五溪와 연락을 맺어 원조하게 했다. 이릉대전 때 죽었다.

장예와 장완에게 재차 보내는 글

 제갈량은 강유의 재능이 뛰어나다는 것을 확신하게 되자 후주에게 구체적으로 천거할 결심을 하게 되었다. 제갈량은 장예와 장완에게 이 글을 보내어 강유로 하여금 황실 호위대를 훈련시키도록 했으며, 나중에 그를 데리고 후주를 알현하게 하였다.

이 글은 『삼국지』「촉서」'장완비위강유전' 권44에서 발췌했다.

須先教中虎步兵五六千人. 姜伯約甚敏于軍事, 旣有胆義, 深解兵意. 此人心存漢室, 而才兼于人. 畢教軍事, 當遣詣宮, 勤見主上.

먼저 중호보병[1] 5~6천 명을 훈련시키도록 해야 합니다. 강백약은 군사 훈련에 뛰어나며 담력과 요령이 있고 용병用兵의 오묘한 뜻을 잘 압니다. 이 사람은 한나라를 잊지 않고 있으며 그 재능이 남다릅니다. 군사 훈련이 끝나면 그를 황궁으로 보내어 주상을 알현하게 하십시오.

1 중호보병中虎步兵 : 궁정의 경호부대이다.

장예와 장완에게 재차 보내는 글

 제갈량은 수하 사람들에게 아주 깊은 정의를 가지고 있었으며 깊은 관심을 기울였다. 영사令史 뇌굉賴肱, 연속掾屬 양옹楊顒은 관직이 높지 않았으나, 그들이 죽은 후에 제갈량은 장예와 장완에게 서한을 보내서 애도의 정을 표했고 인재를 잃은 것에 대한 안타까움을 표했다.

令史失賴肱, 掾屬喪楊顒, 爲朝中損益多矣.

영사[1] 뇌굉을 잃고 연속[2] 양옹을 잃은 것은 조정의 너무나 큰 손실입니다.

1 **영사令史** : 문서를 책임진 관원이다. 뇌굉은 태상 뇌공의 아들로서 관직이 승상부 서조령사西曹令史에 이르렀다. 제갈량을 따라 한중에 있다가 일찍 죽었는데 제갈량은 이를 몹시 애석해했다.
2 **연속** : 고대 속관(하급관리)의 통칭이다. 양옹의 자는 자소子昭이고 형주 양

양(호북성 양번시) 사람이다. 처음에는 파군태수였으며 후에 승상부 주부主簿로 있다가 승상부 동조東曹로 옮겨가서 전선거典選擧(관원 선발을 책임짐)가 되었다. 제갈량은 공문公文과 부책簿冊을 읽고 지시하는 습관이 있었는데 그러다 보니 하루 종일 바쁘게 지낼 수밖에 없었다. 그때 주부로 있었던 양옹은 권고를 하여, 직무에는 분업이 있어야 하고 혼자서 모든 일을 하다가는 사람만 지치고 일을 잘 처리할 수 없다는 것을 알게 했다. 양옹이 죽자 제갈량은 3일 동안 슬픔에 잠겨 있었다.

장완과 동윤에게 보내는 글

 촉한 건흥 9년(231년), 도호都護 이평은 모함하고 사람을 속여 재물을 빼앗은 죄로 작위와 관직을 박탈당하고 재동에 유배되었다. 제갈량은 2년 전 진진이 사신이 되어 동오로 떠나기 전에 이평에 대해 말했는데 그 말을 듣지 않아 북벌을 그르치게 되었으므로 스스로를 책망했다. 그리고 장사 장완과 시중 동윤[1]에게 이 서한을 보내어 이 사실을 진진陳震에게 알려주기를 바랐으며, 자신을 책망하는 뜻을 표했다.

이 글은 『삼국지』「촉서」'동유마진동여전'에서 발췌했다.

孝起前臨至吳, 爲吾說正方腹中有鱗甲, 鄕黨以爲不可近. 吾以爲鱗甲者但不當犯之耳, 不圖復有蘇, 張之事出于不意. 可使孝起知之.

효기[2]는 오나라로 가기 전에 나에게 정방[3]의 뱃속에는 인갑이 있어 동향 사람들도 가까이하지 않는다고 말했습니다. 나는 그가 간교하다면 건드리지 않으면 그만일 것이라고 여겼고, 소진과 장의[4]처럼 궤변을 부리는 일이 생길 줄은 생각하지 못했습니다. 효기가 이 일을 알게 해야만 합니다.

1 **동윤** : '전출사표'의 주석을 참조하라.
2 **효기** : 진진을 가리킨다. 진진(?~235)의 자는 효기이며 남양군(하남성 남양시) 사람이다. 유비가 형주목일 때 종사로 있었다. 유비가 서촉으로 들어간 뒤에는 문산태수(군 소재지는 지금의 사천성 문천현 서남쪽)로 있었다. 후주 때에는 상서령, 위위 등을 맡고 있으면서 여러 차례 동오에 사신으로 다녀왔으며 양성정후陽城亭侯에 봉해졌다. 여기서 '오나라로 가기 전'이란 촉한 건흥 7년(229년)을 가리킨다.
3 **정방正方** : 이평을 가리킨다. 이평의 본명은 이엄이고 자는 정방이다. '이엄을 탄핵하는 표문'의 주석을 참조하라.
4 **소진과 장의** : '정의'의 주석을 참조하라.

맹달에게 보내는 이엄에 대한 글

 한나라 연강 원년(220년)에 맹달[1]은 촉한을 배반하고 위나라로 갔다. 그런데 촉한 건흥 4년(226년)에 위 문제 조비, 상서령 환계桓階, 정남대장군 하후상夏候尙 등이 차례로 죽자 조정 안에서 자신을 지지해줄 사람이 없다고 생각했다. 그래서 다시 촉한으로 돌아오려 했으며 제갈량, 이엄 등과 서신을 주고받았다. 이엄은 맹달에게 보낸 서한에서 자신은 제갈량과 함께 선제의 부탁을 받아 책임이 막중하므로 근심이 깊으며 훌륭한 동료가 있으면 좋겠다고 했다. 하지만 제갈량은 맹달에게 보낸 이 서한에서 오히려 이엄을 칭찬했다. 이 두 통의 서한을 통해 두 사람의 인품의 우열이 드러나고 있다.

　이 글은 『삼국지』 「촉서」 '유팽요이유위양전' 권40에서 발췌했다.

部分如流, 趣舍罔滯, 正方性也.

🐎 일을 처리할 때 흐르는 물처럼 거침없고, 할 일과 버릴 일을 선택할 때 과감한 것이 이엄의 성격입니다.

1 **맹달**孟達(?~228) : 자는 자경子敬이었는데 후에 유비의 숙부 유경劉敬의 휘諱를 피하여 자도子度로 고쳤다. 부풍군扶風郡(섬서성 흥평현 동남쪽) 사람이다. 원래 유장의 수하에 있었는데 후에 유비에게 투항하여 의도태수가 되었다. 관우가 전투에서 지는 것을 보고도 구원하지 않았으며 처벌이 두려워 위나라에 투항했다. 조비의 중용을 받아 산기상시散騎常侍, 건무장군으로 임명되었고 평양정후로 봉해졌다. 조비, 환계 등이 죽자 처지가 고독함을 느끼고 다시 촉한으로 돌아오려고 여러 차례에 걸쳐 제갈량과 서신을 주고받았다. 그러다가 위나라 홍군태수(군 소재지는 지금의 섬서성 안강현 서북쪽) 신의申義에게 고발당했으며 할 수 없이 군사를 일으켰다가 피살되었다.

맹달에게 보내는 글

 촉한 건흥 3년(225년) 가을, 제갈량은 남중의 난을 평정하고 조정으로 돌아왔다. 그때 한양현漢陽縣(귀주성 위녕현 동남쪽)에서 투항해온 위나라 관리 이홍李鴻을 만나 맹달의 정황을 알게 되었다. 제갈량은 맹달을 유인하여 북벌시 외부의 원조로 삼을 생각으로 이 서한을 보냈다.

이 글은 『삼국지』 「촉서」 '곽왕향장양비전' 권41에서 발췌했다.

往年南征, 歲末乃還, 适與李鴻會于漢陽, 承知消息, 慨然永嘆, 以存足下平素之志, 豈徒空托名榮, 貴爲乖離乎! 嗚呼孟子, 斯實劉封侵陵足下, 以傷先主待士之義.

又鴻道王衝造作虛語, 雲足下量度吾心, 不受衝說. 尋表明之言, 追平生之好, 依依東望, 故遣有書.

지난해[1]에 남정했다가 연말에야 돌아왔는데, 마침 한양에서 이홍[2]을 만나 그대의 소식을 알고 긴 탄식을 금할 수 없었습니다. 그대가 평소에 품고 있던 뜻을 생각하면 어찌 허망한 지위와 명성만으로 군주를 떠나 고귀함을 느끼겠습니까? 아, 맹선생, 이것은 유봉이 그대를 욕되게 하는 것이며[3] 선제께서 재능 있는 인사들을 예우하던 원칙에 어긋나는 것입니다.

또한 이홍은 왕충[4]이 거짓말을 날조했을 때 그대가 나의 마음을 알고 왕충의 말을 믿지 않았다고 했습니다. 그대가 마음을 드러내 보여준 말[5]을 되새기고 우리의 평생 우정을 돌이켜보면서 멀리 동쪽을 바라보며[6] 이 서한을 보냅니다.

1 **지난해** : 건흥 3년(225년)을 가리킨다. 건흥 3년에 제갈량은 대군을 거느리고 남중의 네 군, 즉 익주·영창·장가·월수에 출정하여 가을에 반란을 평정하고 12월에 군사를 거느리고 성도로 돌아왔다.
2 **이홍** : 촉한으로 투항해온 위나라 관리로, 생애는 미상이다.
3 **유봉이…것이며** : 유봉劉封(?~219)은 본래 나후羅侯 구씨寇氏의 아들이며 장사長沙 유씨劉氏의 조카이다. 유비가 형주로 들어갔을 때 후사가 없자 양자로 삼았다. 유비를 따라 서촉에 들어간 다음 누차 전공을 세워 부군중랑장副軍中郎將이 되었으며, 건안 24년(219년) 여름에 맹달과 함께 위나라의 상용군上庸郡(호북성 죽산현 서남쪽)을 함락시켜 부군장군으로 승진했다. 그 해에 관우가 위나라의 번성과 양양을 공격하면서 원군을 보내 달라고 했으나 거절하여 패전하게 만들었다. 또한 맹달의 의장악대儀仗樂隊를 빼앗아 맹달로 하여금 변절하여 위나라에 투항하게 함으로써 유비의 분노를 샀다. 제갈량은 그가 고집스럽고 사나워서 통제할 수 없다고 여기고 유비에게 권고하여 참해버렸다. 유봉이 맹달을 욕되게 했다는 말은 맹달의 의장악대를 뺏은 일을 가리켜 한 말이다.
4 **왕충王冲** : 광한(사천성 사홍현 남쪽) 사람이다. 이엄의 수하에서 아문장牙門將

으로 있다가 죄를 짓자 위나라에 투항했으며, 악릉태수(산동성 악릉현 동남쪽)로 임명되었다. 투항한 후에 맹달을 찾아가서 제갈량이 그가 위나라에 투항했다는 말을 듣고 처자식을 죽이려 한다고 말했으나 맹달은 그 말을 믿지 않았다.

5 **마음을 드러내 보여준 말**: 왕충의 말을 듣고 맹달이 한 대답을 가리킨다. 맹달은 "제갈량은 사람을 처음부터 끝까지 돌봐주니 마지막이라고 그렇게 하지는 않을 것이다."라고 말했다.

6 **동쪽을 바라보며**: 그때 맹달은 신성태수로 있었는데 신성이 성도의 동쪽에 있었기 때문에 '동쪽을 바라보며'라고 한 것이다.

보즐에게 보내는 글

 촉한 건흥 12년(234년) 2월, 제갈량은 10만 대군을 거느리고 야곡으로 나가 위나라를 북벌했으며, 오나라에 사신을 파견하여 함께 출병할 것을 약속받았다. 4월에 제갈량은 오장원을 쳤고, 5월에 손권은 10만 대군을 거느리고 위나라 합비의 신성(안휘성 합비시 서북쪽)을 쳤다. 또한 육손과 제갈근諸葛瑾에게 명해 1만 군사로 양양을 치게 했고 손소孫韶와 장승張承에게 명해 광릉군廣陵郡 회음淮陰(강소성 청강시 서남쪽)을 치게 했다. 이를 위해 제갈량은 진군 상황을 동오의 표기장군 보즐[1]에게 통보했다.

이 글은 북위 역도원의 『수경주』 「위수중」 권18에서 발췌했다.

僕前軍在五丈原. 原在武功西十里. 馬冢在武功東十餘里, 有高勢, 攻之不便, 是以留耳.

선두부대는 이미 오장원에 이르러 있습니다. 오장원은 무공수에서 10여 리쯤 되는 곳입니다. 마총[2]은 무공수에서 동쪽으로 10여 리쯤 되는 곳인데 지세가 높고 험하여 공격을 하지 않고 있습니다.

1 **보즐**步騭(?~247) : 자는 자산子山이며 임회군臨淮郡 회음현(강소성 청강시 서남쪽) 사람이다. 한나라 건안 15년(210년)에 교주자사, 입무중랑장立武中郎將으로 임명되었으며 또 평융장군平戎將軍으로 제수되었고 광신후廣信侯로 봉해졌다. 오나라 황무黃武 2년(223년)에 우장군좌호군右將軍左護軍으로 승진했으며 임상후臨湘侯로 고쳐 봉해졌다. 손권이 황위에 오르자 표기장군, 기주목冀州牧을 겸했으며 서릉西陵(호북성 의창시 동남쪽)으로 가서 도독으로 있었고 육손을 대신해 두 나라의 국경 지대를 진무鎭撫시켰다. 오나라 적오赤烏 9년(246년)에 육손의 뒤를 이어 승상이 되었다.

2 **마총**馬冢 : 『북당서초』 「예의부禮儀部 · 13」 '장葬'의 "말 네 필이 끄는 수레가 움직이지 않았다."에 대한 주에 『박물지博物志』 「이문異聞」의 다음과 같은 기록이 있다. 전한의 태복太僕 하후영夏候嬰이 죽자 공경公卿들이 영구를 동도문東都門 밖까지 호송하려 했는데 말 네 필이 움직이지 않고 슬프게 울었다. 말발굽 밑을 파보니 석관 하나가 나왔는데 그 위에 '등공滕公이 장차 여기에 안장될 것이다.'라는 글이 새겨져 있었다. 그리하여 등공 하후영을 그곳에 장사지냈으며 이곳을 마총이라 했다. 마총은 지금의 섬서성 미현에서 서남쪽으로 15리쯤 되는 곳에 있다.

육손에게 보내는 글

손권이 황위에 오르자 시중이자 편장군이었던 서상徐詳을 절도로 삼아 군량미를 관리하게 했는데, 서상이 죽자 제갈각諸葛恪을 후임으로 임명하려 했다. 이를 알게 된 제갈량은 제갈각의 성격이 이 직무에 적합하지 않다고 여겨 육손¹에게 이 서한을 써 보냈다. 육손이 이 일을 전하자 손권은 제갈각을 다른 관직에 배치했다.
  이 글은 『삼국지』「오서吳書」'제갈등이손복양전諸葛滕二孫濮陽傳' 권 64에 배송지가 주를 달며 인용한 진나라 우부虞溥의 『강표전江表傳』에서 발췌했다.

家兄年老, 而恪性疏, 今使典主糧谷, 糧谷軍之要最, 僕雖在遠, 窃用不安. 足下特爲啓至尊轉之.

가형²은 연로하시고 각³은 성격이 거친데, 지금 그에게 식량을 관리시키려 하고 있습니다. 식량은 군대에서 가장 중요한 것이

육손(183~245) 오나라의 명장. 유비가 관우의 죽음을 복수하기 위해 대군을 이끌고 공격해오자 이를 막았으며 이릉대전에서 대승을 거두었다.

어서 저는 먼 곳에 있으면서도 불안해하고 있습니다. 족하께서 주상께 알려 다른 직무로 옮겨주시기를 바랍니다.

1 **육손(183~245)** : 본명은 의議이고 자는 백언伯言이며 오군吳郡 오현(강소성 소주시) 사람이다. 강남의 호족 출신으로 손책의 사위이다. 오나라의 명장으로 모략에 능했으며, 여몽과 함께 계책을 세워 관우를 죽였다. 오나라 황무 원년(222년)에 효정 전투에서 유비의 군사를 지치게 하고 화공을 써서 승리를 거뒀다. 오나라 황무 7년(228년)에는 석정 전투에서 위나라 양주목 조휴를 대패시켰다. 형주목으로 임명되었으며 오랫동안 무창을 진무했고 관직이 승상에 이르렀다. 황족들간의 권력 다툼으로 인해 통탄해하다가 죽었다.

2 **가형家兄** : 제갈근을 가리킨다. 제갈근(174~241)은 자가 자유子瑜이며 낭야군 양도현 사람이다. 제갈량의 형으로, 후한 말기에 강남으로 옮겨가 살다가 손권의 신임을 받아 장사, 중사마中司馬로 임명되었다. 후에는 수남장군綏南將軍의 신분으로 여몽을 대신하여 남군태수를 겸임했으며 공안에 주둔해 있었다. 오나라 황무 원년(222년)에 좌장군으로 승진되고 완릉후宛陵侯에 봉해졌다. 손권이 황위에 오르자 대장군, 좌도호左都護로 제수되었으며 예주목을 겸했다.

3 **각恪** : 제갈각이다. 제갈각(203~253)은 자가 원손元遜이며 낭야군 양도현

사람이다. 제갈근의 큰아들로, 어렸을 때부터 이름이 알려졌다. 20세에 기도위騎都尉에 제수되었고 이후 좌보도위左輔都尉로 승진되었다. 오나라 가화嘉禾 3년(234년)에 무월장군撫越將軍, 단양태수(군 소재지는 지금의 강소성 남경시)로 임명되었다. 이후 위북장군威北將軍으로 임명되고 도향후로 봉해졌다. 육손이 죽자 대장군이 되어 가절을 받았으며 무창에 주둔하며 육손을 대신해 형주목을 겸하게 되었다. 손권의 병이 위중해지자 태자태부太子太傅를 겸했으며, 손권이 죽자 손량孫亮을 보필하여 황위에 즉위시켰다. 오나라 건흥建興 원년(252년)에 봉작을 높여 양도후陽都侯가 되었고 형주목과 양주목을 겸했으며 안팎의 군사를 감독했다. 이듬해 봄에 권고를 듣지 않고 20만 군사를 징발하여 위나라 합비 신성을 쳤으나, 군사들 대부분이 병에 걸리고 성이 오랫동안 함락되지 않자 하는 수 없이 철군했다. 나라의 정권을 독단하고 교만하여 인심을 잃었던 관계로 시중 손준孫峻과 손량이 술자리에서 죽여버렸다.

손권에게 보내는 글

 촉한 건흥 12년(234년) 2월, 제갈량은 10만 대군을 거느리고 야곡으로 나가 오장원에 진을 치고 위나라군과 위수渭水에서 대치하였다. 이때 그는 손권에게 서한을 보내 오나라에서 맹약대로 출병을 하여 중원을 함께 평정할 것을 청했다.

이 글은 장주가 당나라 구양순歐陽詢의 『예문유취』에서 발췌한 것이라 하는데 더 찾아보아야 할 것이다.

漢室不幸, 王綱失紀, 曹賊簒逆, 蔓延及今, 皆思剿滅, 未遂同盟. 亮受昭烈皇帝寄托之重, 敢不竭力盡忠. 今大兵已會于祁山, 狂寇將亡于渭水, 伏望執事以同盟之義, 命將北征, 共靖中原, 同匡漢室. 書不盡言, 萬希昭鑒.

한나라 조정이 불행을 만나 기강이 무너지고, 조적이 반역하고 황위를 찬탈하여 그 재화가 지금까지 만연하고 있습니다. 모두가 그를 소멸하려 하나 지금까지도 동맹이 염원을 실현하지 못하고 있습니다. 양亮이 소열황제의 중탁重托을 위임받은 몸으로서 어찌 있는 힘을 다해 충성하고 보답하지 않을 수 있겠습니까. 우리의 대군이 이미 기산에 집결했으니 미치고 오만한 적들[1]은 이제 위수[2]에서 패망할 것입니다. 바라옵건대 동맹의 의무를 이행하시어 장령을 파견하여 북상해서 함께 중원[3]을 평정하고 한나라 조정을 바로잡아 구하시기를 바랍니다. 서신으로 다 말할 수 없사오니 명찰明察하시기를 천만 번 바랍니다.

1 **미치고 오만한 적들**: 위나라의 사마의 군대를 가리킨다.
2 **위수**: 황하의 가장 큰 지류로 섬서성 중부에 있다. 감숙성 위원현渭源縣 조서산鳥鼠山에서 발원하여 동쪽으로 섬서성의 위하 평원을 가로질러 동관에서 황하로 흘러든다.
3 **중원**: 좁은 의미로는 하남 일대를 가리키고 넓은 의미로는 황하의 중, 하류 지역이나 황하 유역 전체를 가리킨다.

손권에게 재차 보내는 글

오나라와 촉나라는 동맹을 맺었고 두 나라 간의 거래가 끊이질 않았다. 훼손되어 완전하지 못한 이 글을 통해 당시의 거래 정황을 알 수 있다.

이 글은 북송의 이방 등이 편찬한 『태평어람』 「병부兵部」 '이氀' 권 341에서 발췌했다.

所送白氀薄少, 重見辭謝, 益以增慚.

보낸 하얀색 이[1]가 보잘것없음에도 거듭 사양하고 감사를 보내주시니 더욱더 부끄러움을 금할 길이 없습니다.

1 이 : 전氀 따위의 모직물을 말한다.

사마의에게 답하는 글

  맹공위[1]는 젊었을 적에 제갈량과 함께 유학했으며 이후 위나라의 양주자사가 되었다. 제갈량은 비록 두 나라가 서로 천하를 다투는 상황에 있었지만 옛정을 잊지 않고, 이 글을 통해 사마의의 모사 두자서杜子緖로 하여금 맹공위에게 안부를 전하게 해 달라고 부탁했다.

　이 글은 『삼국지』 「위서」 '유사마량장온가전劉司馬梁張溫賈傳' 권15에 배송지가 주를 달며 인용한 『위략魏略』에서 발췌했다.

使杜子緒宣意于公威也.

 두자서[2]에게 말해서 맹공위에게 나의 안부를 전해주십시오.

1　**맹공위**孟公威 : 맹건孟建을 말한다. 자는 공위이며, 여남군汝南郡(하남성 평여현 북쪽) 사람이다. 제갈량의 벗으로서 위나라의 양주자사를 지냈으며 관직이 정동장군에 이르렀다.

2 **두자서** : 이름은 습襲이고 영천군穎川郡 정릉(하남성 언성현 서쪽) 사람이다. 조조의 수하에서 현장, 의랑참군사議郞參軍事, 승상군제주丞相軍祭酒로 있었으며 조조가 황위에 오른 뒤 시중을 맡고 승상장사를 겸했다. 조조를 따라 장로를 토벌하고 부마도위駙馬都尉, 유독한중군사留督漢中軍事가 되었으며, 조조가 도읍을 허도許都로 옮긴 후 유부장사가 되었다. 위 문제 때 독군양어사督軍粮御史, 독군량집법督軍粮執法을 맡았고 무평정후武平亭侯로 봉해졌다. 위 명제 때에는 평양향후로 봉해지고 차례로 조진과 사마의의 대장군군사를 맡았다. 관직이 태중대부에 이르렀다.

형 제갈근에게
백제군에 대해 알리는 글

 촉한 건흥 4년(226년), 전장군 이엄은 영안永安(사천성 봉절현)에서 군사를 옮겨 강주江州(사천성 중경시)에 주둔했고, 유호군留護軍 진도陳到가 영안에 머물러 있게 되었다. 제갈근은 영안은 백제성이 있는 곳으로서 촉한 동부의 군사 요충지이므로 정예부대를 주둔시켜 방비해야 한다고 여겼다. 제갈량은 이 서한을 써서 한편으로는 정황을 설명하고 다른 한편으로는 형의 의견을 받아들여 병력을 강화하겠다고 전했다.

이 글은 북송의 이방 등이 편찬한 『태평어람』 「병부」 '이' 권341에서 발췌했다.

兄嫌白帝兵非精練, 到所督, 則先帝帳下白耳, 西方上兵也. 嫌其少也, 當復部分江州兵以廣益之.

형장께서 백제성[1]에 주둔하고 있는 군사가 비정예병일까 봐 근심하셨는데 사실 진도[2]가 영솔하는 군사는 선제의 군사들 중에서도 백이[3]로서 촉나라의 정예부대입니다. 만약 군사가 적은 것이 근심되신다면 강주의 군사를 이동시켜 병력을 강화할 것입니다.

1 **백제성**白帝城 : 지금의 사천성 봉절현 동쪽에 있다.
2 **진도** : 자는 숙지叔至이고 여남군 사람이다. 충성과 용맹으로 이름 있었는데 관직이 영안도독, 정서장군에 이르렀으며 정후亭候에 봉해졌다.
3 **백이**白毦 : 흰 모전으로 지은 옷으로 주장主將의 위사衛士들이 입었다. 이족彝族 남자들도 백이를 입곤 했으므로 이족의 군대가 아닌가 의심된다.

형 제갈근에게 조운이 적애의 잔도를 불태운 일에 대해 알리는 글

 촉한 건흥 6년(228년) 봄, 제갈량은 대군을 거느리고 북벌했는데, 진동장군 조운과 양무장군 등지를 의병疑兵 삼아 기곡을 점령하게 했고, 자신은 대군을 거느리고 기산을 공격했다. 조운은 기곡에서 위나라 대장군 조진과 맞붙게 되자 적이 강하고 아군이 약한 상황이라 적애赤崖 이북의 잔도棧道를 불태워버리고 군사를 거두어들여 굳게 지켰다. 제갈량은 이 서한을 통해 형에게 잔도의 정황에 대해 설명했다.

이 글은 북위 역도원의 『수경주』「면수상沔水上」 권27에서 발췌했다.

前趙子龍退軍, 燒坏赤崖以北閣道, 緣谷百餘里. 其閣梁一頭入山腹, 其一頭立柱于水中. 今水大而急, 不得安柱, 此其窮極, 不可强也.

지난번에 조자룡이 퇴군[1]하면서 적애[2] 이북의 잔도[3]를 불태워버렸는데 산골짜기를 따라 1백여 리나 됩니다. 그 잔도의 한쪽 끝은 산 속에 박혀 있고 한쪽 끝은 강 가운데에 세워진 기둥 위에 놓여 있습니다. 지금은 강물이 불고 흐름이 급하여 기둥을 세울 방법이 없습니다. 이 일은 너무 어려워서 억지로 할 수 없습니다.

1 **퇴군** : 촉한 건흥 6년(228년) 봄에 조자룡(조운)과 등지가 위나라의 조진과 기곡에서 싸우다가 패하게 되자 철군한 사실을 가리킨다.
2 **적애** : 적안赤岸이라고도 하는데 지금의 섬서성 한중시 보성 서북쪽에 있었다. 당시 이곳에는 촉한의 거대한 군수품 창고가 있었다.
3 **잔도** : 산에 의거하여 허공에 세운, 나무로 만든 길이다.

형 제갈근에게 홍수로 인한
잔도의 파괴에 대해 알리는 글

촉한 건흥 6년(228년), 마속이 가정을 잃음으로써 북벌이 실패하자 제갈량은 군사를 거두고 다시 때를 기다릴 수밖에 없었다. 촉과 오는 동맹을 맺고 있었고, 잔도는 촉나라가 순조롭게 북벌을 할 수 있느냐 없느냐 하는 문제와 관련이 있었으므로 오나라에서도 큰 관심을 가지고 있었다. 이런 관계로 제갈량은 잔도의 상태에 대한 서한 여러 통을 형에게 보냈다.

이 글은 북위 역도원의 『수경주』 「면수상」 권27에서 발췌했다.

頃大水暴出, 赤崖以南橋閣悉坏. 時趙子龍與鄧伯苗, 一戍赤崖屯田, 一戍赤崖口, 但得緣崖與伯苗相聞而已.

얼마 전에 갑자기 홍수가 나서 적애 남쪽에 있던 잔도가 모두 파괴되어버렸습니다. 그때 조자룡과 등백묘[1]의 한 갈래 군사는 적애에서 주둔하면서 황무지를 개간하고 있었고, 다른 한 갈래 군사는 적애의 입구를 지키고 있었습니다. 조자룡은 사람을 파견하여 벼랑을 따라 돌아 올라가게 한 뒤에야 등백묘와 서로 소식을 알 수 있었습니다.

1 **등백묘**鄧伯苗 : 등지의 자가 백묘이다. '상서대에 올리는 공문'의 주석을 참조하라.

형 제갈근에게
수양곡 길에 대해 알리는 글

 촉한 건흥 6년(228년) 5월, 위 명제 조예는 대사마 조휴, 거기대장군 사마의, 건위장군建威將軍 가규賈逵에게 명해 군사를 세 갈래로 나누어 오나라의 환현皖縣(안휘성 잠산현), 강릉(호북성 강릉현), 동관東關(안휘성 소현 동남쪽)을 공격하게 했다. 그런데 8월에 조휴가 석정에서 패하고 9월에 죽자, 조예는 황급히 관중의 군사를 이동시켜 왔다. 좋은 기회라고 생각한 제갈량은 12월에 대군을 거느리고 산관散關(섬서성 보계시 서남쪽)을 나와서 위나라의 진창陳倉(섬서성 보계시 동쪽)을 위협했다. 이때 제갈량이 촉나라군의 전진 상황을 형에게 알리기 위해 이 서한을 쓴 것이 아닌가 한다.

이 글은 북위 역도원의 『수경주』「위수상」권17에서 발췌했다.

有綏陽小谷, 雖山崖絶險, 溪水縱橫, 難用行軍. 昔邏候往來, 要道通入. 今使前軍斫治此道, 以向陳倉, 足以扳連賊勢, 使不得分兵東行者也.

수양소곡[1]은 산세가 험하고 물줄기들이 얼기설기 흐르고 있어서 행군하기에는 어려운 곳이지만 지난날 순찰병들은 이 험한 오솔길을 통해 드나들었습니다. 지금 이미 선두부대를 파견하여 돌을 깨고 나무를 베어 길을 닦게 하여 대군이 진창으로 나갈 수 있게 하고 있습니다. 이러면 적군의 역량을 완전히 견제하여 그들이 군사를 나누어 동쪽으로 진군하지 못하게 될 것입니다.

1 **수양소곡**綏陽小谷 : 지금의 섬서성 보계현 서남쪽에 있었다. 그 당시에는 산관散關에서 동쪽의 진창으로 나가는 지름길이었다.

형 제갈근에게
진진에 대해 알리는 글

촉한 건흥 7년 4월 13일(229년 5월 23일), 손권이 황제가 되자 6월에 촉한에서는 위위 진진을 보내어 경하하게 했다. 제갈량이 형 제갈근에게 이 서한을 쓴 것은, 한편으로는 사신으로 간 진진의 정황을 알리고, 다른 한편으로는 진진을 도와 두 나라의 동맹을 성사시키려 하기 위함이었다. 진진은 무창에 이르러 손권과 함께 피를 마시고 결맹을 맺었으며 천하를 고르게 분배하는 등 중임을 저버리지 않았다.

이 글은 『삼국지』 「촉서」 '동유마진동여전' 권39에서 발췌했다.

孝起忠純之性, 老而益篤, 及其贊述東西, 歡樂和合, 有可貴者.

효기의 충직하고 순박한 성격은 세월이 흐를수록 더욱 뚜렷해집니다. 그가 가서 하례賀禮를 드리고 동오와 서촉의 관계를 칭송하는 것은 양국의 화합과 즐거움을 위한 것이므로 귀중한 것입니다.

형 제갈근에게
손송에 대해 말한 글

손송[1]은 손권의 조카이다. 제갈량이 이 서한을 통해 그의 죽음을 애도하고 양국의 우호적인 동맹을 유지시키려 했다.

이 글은 『삼국지』 「오서」 '종실전宗室傳' 권51에서 발췌했다.

旣受東朝厚遇, 依依于子弟. 又子喬良器, 爲之惻愴. 見其所與亮器物, 感用流涕.

저는 동오의 후한 예우를 받은 적이 있어 손씨의 자제를 잊지 못합니다. 또한 자교子喬는 매우 재능 있는 사람이었으므로 그를 생각하면 슬픔을 금할 수가 없습니다. 그가 제게 선물한 물건을 볼 때마다 감회에 잠겨 눈물을 흘립니다.

1 **손송孫松(?~231)**: 자는 자교子喬이며, 손권의 동생인 손익孫翊의 아들이다. 사성교위로 있었고 도향후에 봉해졌다. 재물을 아끼지 않고 베풀기를 좋아했으며 사람들과 잘 사귀었다. 오나라 공자公子들 중에서 손권과 관계가 가장 친밀했다.

형 제갈근에게
은례에 대해 알리는 글

촉한 장무 3년(223년) 4월에 유비가 병으로 죽고 나서 건흥 원년(223년) 11월에 동오와 다시 동맹을 맺게 되자 제갈량은 중랑장 등지를 동오에 사신으로 파견했다. 이듬해 여름에는 손권이 파견한 보의중랑장輔義中郎將 장온張溫과 낭중 은례[1] 등이 촉나라를 답례 방문했다. 제갈량은 은례가 기품 있고 학식이 뛰어나며 응대에 능한 것을 보고, 형에게 보낸 이 서한에서 은례를 칭찬했다.

이 글은 북송의 이방 등이 편찬한 『태평어람』「백훼부百卉部·7」 '노적蘆荻' 권1000에서 발췌했다.

殷德嗣秀才, 今之僑, 肹者也.

은덕사殷德嗣는 재능이 출중하여 지금의 공손교[2]이며 양설힐[3]입니다.

1 **은례**殷禮 : 자는 덕사이고 오군 운양雲陽(강소성 단양현) 사람이다. 어려서부터 군郡의 아전으로 있었는데 천체 관측 지식이 출중했고 길흉을 알아맞히는 데 능했다. 손권이 황제가 되자 낭중으로 임명되었고 후에는 관직이 영릉태수에 이르렀다.

2 **공손교**公孫僑(?~기원전 522) : 자는 자산子産이며, 춘추 말기 정나라 귀족 자국子國의 아들로서 저명한 정치가이다. 정간공鄭簡公 12년(기원전 554년)에 경卿이 되었으며 23년(기원전 543년)에 집정했다. 일련의 개혁 조치를 실시하여 정나라를 혁신시켰다.

3 **양설힐**羊舌肹 : 성이 양설, 이름이 힐이다. 자는 숙향叔向이며, 춘추 말기 진晉나라의 대부로 이름난 정치가이다. 널리 많은 사람과 의논하여 견식이 넓었으며 나라를 예의로 양보할 줄 알았다.

형 제갈근에게
아들 교에 대해 알리는 글

제갈교諸葛喬는 제갈근의 둘째 아들이자 제갈량의 양자였다. 촉한 건흥 5년(227년)에 제갈량은 군사를 거느리고 한중으로 나아가 북벌 준비를 할 때 제갈교를 물자 운송에 참가시켜 다른 장수들의 자제들과 함께 훈련을 받게 했다. 제갈량은 이 정황을 형에게 서한으로 알렸다.

이 글은 『삼국지』 「촉서」 '제갈량전' 권35에 배송지가 주를 달며 인용한 『제갈량집』에서 발췌했다.

喬本當還成都, 今諸將子弟皆得傳運, 思惟宜同榮辱, 今使喬督五六百兵, 與諸子弟傳于谷中.

교¹는 본래 성도로 돌아가야 했지만 지금 여러 장령들의 자제들과 함께 군량과 마초 운반을 해야 합니다. 모두가 영욕榮辱을 함께해야 할 것을 고려하여 지금 그에게 군사 5~6백 명을 거느리게 하고 여러 장령들의 자제들을 따라 곡중谷中으로 가서 군량과 마초를 운반하도록 했습니다.

1 **교喬** : 제갈교를 가리킨다. 제갈교(204~228)는 자가 중신仲愼이고 제갈근의 둘째 아들이다. 초년에 아들이 없었던 제갈량은 제갈교를 데려다 대를 잇게 했고 그의 자字를 고쳐주었다. 제갈교의 관직은 부마도위駙馬都尉에 이르렀다.

형 제갈근에게
아들 첨에 대해 알리는 글

촉한 건흥 12년(234년) 2월, 제갈량은 10만 대군을 거느리고 야곡에서 무공武功(섬서성 무공현 서쪽)으로 나와 마지막 북벌을 감행했다. 이것은 그가 군사를 거느리고 야곡을 나간 다음에 형에게 쓴 한 통의 사적인 서한이다.

이 글은 『삼국지』 「촉서」 '제갈량전' 권35에서 발췌했다.

瞻今已八歲, 聰慧可愛, 嫌其早成, 恐不爲重器耳.

첨[1]은 올해로 여덟 살인데 총명하고 사랑스럽습니다. 저는 이 애가 너무 일찍 숙성하여 큰 인물이 되지 못할까 두렵습니다.

1   첨瞻: 제갈첨(227~263)을 가리킨다. 자는 사원思遠으로, 제갈량의 친아들이다. 17세에 공주에게 장가들었으며 기도위騎都尉로 임명되었다. 이듬해에 우림중랑장羽林中郎將이 되었으며 승진을 거듭하여 사성교위, 시중, 상서복야, 가군사장군加軍師將軍, 행도호行都護, 위장군衛將軍, 평상서사平尙書事를 지

냈다. 경요景耀 6년(263년) 10월에 위나라의 정서장군 등애鄧艾가 촉을 친 후 낭야왕郎邪王 작위를 제안하며 투항할 것을 권유하자 대노하여 등애가 보낸 사신을 참해버렸다. 아들 제갈상諸葛尙과 함께 면죽綿竹(사천성 면죽현 동남쪽)에서 싸우다가 전사했다.

아들을 훈계하는 글

제갈량은 이 서한을 통해 아들에게 어떻게 학문을 닦아 입신양명할 것인가를 가르쳤다. 그 중에서 담박명지澹泊明志(욕심을 비우고 마음을 깨끗이 해야 뜻을 이룬다), 영정치원寧靜致遠(마음이 편안하고 고요해야 원대한 포부를 이룰 수 있다)은 후세에도 널리 전송된 말이다.

이 글은 북송의 이방 등이 편찬한 『태평어람』 「인사부」 '감계하鑒誠下' 권459에서 발췌했다. 이 글은 또한 구양순의 『예문유취』 「감계鑒誠」 권23에도 실려 있다.

夫君子之行, 靜以修身, 儉以養德, 非澹泊無以明志, 非寧靜無以致遠. 夫學須靜也, 才須學也, 非學無以廣才, 非志無以成學. 淫慢則不能勵精, 險躁則不能治性. 年與時馳, 意與日去, 遂成枯落, 多不接世, 悲守窮廬, 將復何及!

대저 군자가 행하는 바는 고요한 마음으로 심신을 수양하고 소박함으로 덕행을 도야陶冶하는 것이다. 욕심을 비우고 마음을 깨끗이 해야 뜻을 이룰 수 있으며 마음이 편안하고 고요해야 원대한 포부를 이룰 수 있다. 학문에서는 마음이 편안해야 하고, 배우지 않고서는 많은 재능을 가질 수 없으며, 포부가 없이는 학문을 이룰 수 없다. 방종하면 정신을 분발시킬 수 없고 조급하면 심성을 수양할 수 없다. 세월을 따라 나이를 먹게 되고 의지는 세월과 더불어 사라져가서 마침내 정력이 쇠하고 학문도 이루지 못하게 된다. 그러면 세상에 용납되지 못하고 슬픔 속에서 빈궁한 가문이나 지켜야 할 것이니 그때 후회한들 어이할 것이냐!

아들을 재차 훈계하는 글

 제갈량은 이 글을 통해 아들에게 어떻게 술자리를 통해 교제하며 술을 마시는 정도를 조절할 것인가를 가르쳤다.

이 글은 북송의 이방 등이 편찬한 『태평어람』「인사부」'감취酣醉' 권497에서 발췌했다.

夫酒之設, 合禮致情, 适體歸性, 禮終而退, 此和之至也. 主意未殫, 賓有餘倦, 可以至醉, 無致迷亂.

술자리는 예와 정을 표하는 자리이니 몸과 성격에 맞게끔 예를 다 표했으면 자리에서 물러나야 한다. 그럼으로써 화목함의 극치에 이르게 된다. 주인의 흥이 아직 미진하고 손님도 여지가 있을 경우에는 취하도록 마실 수 있으나 어지러울 정도로 마셔서는 안 된다.

외조카를 훈계하는 글

 제갈량에게는 누이가 둘 있었다. 큰누이는 중려현中廬縣(호북성 양번시 서남쪽)의 명문 집안 사람인 괴기蒯祺에게 시집갔는데, 괴기는 관직이 위나라 방릉태수(군 소재지는 지금의 호북성 방현)에 이르렀다. 둘째 누이는 양양의 명사名士인 방덕공龐德公의 아들 방산민龐山民에게 시집갔다. 방산민은 관직이 위나라 황문이부랑黃門吏部郎에 이르렀는데 일찍 죽었다. 그의 아들 방환龐渙은 자가 세문世文인데 후에 관직이 장가태수(군 소재지는 지금의 귀주성 옹안현)에 이르렀다. 제갈량은 이 서한에서 외조카에게 어떻게 뜻을 세우고 수신하여 인재가 될 것인가에 대해 이야기했다.

이 글은 북송의 이방 등이 편찬한 『태평어람』 「인사부」 '감계하' 권459에서 발췌했다.

夫志當存高遠, 慕先賢, 絶情欲, 棄疑滯, 使庶幾之志, 揭然有所存, 惻然有所感; 忍屈伸, 去細碎, 廣咨問, 除嫌吝, 雖有淹留, 何損于美趣, 何患于不濟. 若志不强毅, 意不慷慨, 徒碌碌滯于俗, 默默束于情, 永竄伏于凡庸, 不免于下流矣!

대저 뜻이란 높고도 원대해야 하며 선현들을 앙모仰慕하여 사사로운 정과 사악한 욕심을 끊고 의심과 고집을 버려서 성현들의 뜻이 자신의 몸에서 뚜렷이 구현되도록 하고 진지하게 느낄 수 있도록 해야 한다. 환경에 잘 순응하고 번잡하고 자질구레한 일에서 벗어나야 하며 널리 남에게 물을 줄 알고 원망과 회한을 삭일 줄 알아야 한다. 비록 잠시 벼슬을 하지 못하여 현달하지 못한들 고아한 정취에 무슨 손색이 있으며 성공하지 못할까 봐 근심할 것이 무엇이랴. 만약 뜻이 단단하지 못하고 의기가 강개하지 못하여 하는 일 없이 평범하게 세속에 빠져 있거나 사사로운 정에 얽매여 있다면 영원히 평범한 세속에 매몰될 수도 있으며 미천함을 모면하지 못할 것이다!

완역 제갈량문집

문집 권 2

장완에게 답하는 교

촉한 건흥 원년(223년), 제갈량은 승상부를 설치하고 사무를 보기 시작했다. 승상부 밑에는 동조東曹를 두어 고급 관리를 등용하고 승진시키는 일을 관리하게 했다. 동조의 정직正職은 동조연東曹掾, 부직은 동조속東曹屬이라 했는데, 동조연으로 장완을 임명했다. 그런데 장완은 우수한 인재로 천거되고도 이를 거듭 사양하면서 유옹劉邕, 음화陰化, 방연龐延, 요순蓼淳 등에게 양보했다. 제갈량은 이를 탐탁해하지 않았으며, 이 교를 써서 깨우쳐주었다.

이 글은 『삼국지』「촉서」'장완비위강유전' 권44에서 발췌했다.

思惟背親舍德, 以殄百姓, 衆人旣不隱于心, 實又使遠近不解其義, 是以君宜顯其功擧, 以明此選之淸重也.

친근한 사람이라 하여 회피하고 현명한 사람을 버린다면 백성들이 그 해를 입을 것이고 사람들은 불안해할 것입니다. 또한 조정 내외의 사람들이 그 진의를 모르게 될 것입니다. 이런 연고로 군君은 자신의 공적과 덕행을 드러내어 이번 천거의 공정함과 중요함을 표명해야 할 것입니다.

이풍에게 보내는 교

 촉한 건흥 9년(231년) 6월, 이평은 군량과 마초의 운송 기한을 어기고 거짓 성지聖旨를 전달하여 제갈량의 북벌을 실패하게 만들었다. 그후에는 또 주군을 속이고 남을 모함하여 죄책에서 벗어나려 했다. 8월에 제갈량은 법과 기강을 엄숙히 하기 위해 표문을 올려 이평을 탄핵하여 관직을 박탈하고 평민으로 강등시켰다. 제갈량은 이평의 아들 이풍[1]에게 이 교를 보내어 한편으로는 그의 부친을 위로해 지난날의 잘못을 스스로 뉘우치고 한마음 한뜻으로 나라를 위해 보답한다면 의연히 전도가 있다고 했으며, 다른 한편으로는 이풍이 아버지의 잘못을 정확히 인식하고 장완과 성심으로 함께 일할 것을 요구했다. 여기에서 제갈량의 '실책을 엄히 다스리고', '법을 집행함에 있어 존귀한 자를 가리지 않으며' 죄는 당사자에게서만 따지고 그의 가족에게는 묻지 않으며 죄를 뉘우치기만 하면 전과 다름없이 다시 임용하는 법치法治 사상을 볼 수 있다.

이 글은 『삼국지』 「촉서」 '유팽요이유위양전' 권40에 있는 배송지의 주에서 발췌했다.

吾與君父子戮力以獎漢室, 此神明所聞, 非但人知之也. 表都護典漢中, 委君于東關者, 不與人議也. 謂至心感動, 終始可保, 何圖中乖乎! 昔楚卿屢絀, 亦乃克復, 思道則福, 應自然之數也. 願寬慰都護, 勤追前闕. 今雖解任, 形業失故, 奴婢賓客百數十人, 君以中郎參軍居府, 方之氣類, 猶爲上家. 若都護思負一意, 君與公琰推心從事者, 否可復通, 逝可復還也. 詳思斯戒, 明吾用心. 臨書長嘆, 涕泣而已.

나와 그대 부자가 마음을 합쳐 협력하여 한실을 보좌하고 있다는 것은 세상 사람들이 다 알 뿐만 아니라 신명神明도 알고 있습니다. 나는 표문을 올려 도호[2]가 한중을 주관하게 했고 동관[3]을 그대에게 위임시켰습니다. 이것은 다른 사람들과 상의하지 않고 한 일이요, 진심은 사람을 감동시켜 처음부터 마지막까지 확보할 수 있다고 하지만 누가 중도에서 갈라질 줄 알았겠습니까! 지난날 초나라 영윤[4]은 수 차례나 파면되었으나 복직될 수 있었는데 여기서 올바른 도를 생각하면 복을 받고 자연의 법칙에 순응하게 된다는 것을 알 수 있습니다. 바라건대 도호를 잘 위로하여 지난날의 과오를 뉘우치게 하십시오. 지금 비록 관직에서 해임되어 직무, 권세, 가업이 원래보다는 못하지만 노복들과 빈객[5]들이 1백여 명이나 있고 군은 중랑장참군으로 승상부에서 일하고 있으니 동류同類들과 비기면 그래도 상등 가문인 셈입니다. 만약 도호가 죄과를 반성하고 한마음으로 나라에 보답하고, 그대가 공염⁶과 서로 믿고 성실하게 같이 일한다면 막혔던 길은 다시 트일 수 있고 잃었던 것도 다시 얻을 수 있습니다. 이상의 말을 곰곰이 생각해보면 나의 정성스러운 마음을 알 수 있을 것입니다. 서신을 앞에 놓고 긴 한숨을 지으며 눈물만 흘릴 뿐입니다.

1 **이풍**李豐 : 이평의 아들이다. 관직이 강주도독독군江州都督督軍, 중랑장참군, 주제태수(군 소재지는 지금의 운남성 소통현)에 이르렀다.
2 **도호**都護 : 이평을 가리킨다. 이평이 중도호를 지낸 적이 있었기 때문에 이렇게 호칭한 것이다.
3 **동관**東關 : 촉한 동부의 관액 요충지라는 말이며, 강주江州를 가리킨다.
4 **초나라 영윤** : 춘추시대 초나라의 영윤(재상쯤에 해당) 두곡우도를 가리킨다. 두곡우도의 자는 자문子文으로, 세 차례나 파면되었다가 영윤으로 복직되었지만 성내거나 기뻐하는 기색을 보이지 않았으며 신임 영윤에게 인계를 할 때 나라의 대사를 모두 알려주었다. 공자는 그를 충성스러운 사람이라고 칭송했다.
5 **빈객**賓客 : 후한시대 이후로 권세 있는 사람의 집에서 지내는 손님을 가리키는 말이 되었다.
6 **공염**公琰 : 장완의 자이다.

장예에게 보내는 교

 촉한 건흥 원년(223년), 제갈량은 등지를 동오에 사신으로 파견해 두 나라의 동맹 관계를 회복하도록 했으며 그와 동시에 장예를 불러들였다. 장예는 남달리 재능이 뛰어난 사람이었으므로 손권에게 붙들려 임용될까 봐 근심했던 것이다. 그리하여 이 교를 보내서 그에게 촉한으로 돌아오라고 권유했다. 아닌 게 아니라 장예의 재능을 알아차린 손권은 사람을 보내어 장예를 뒤쫓게 했다. 그러나 이미 장예는 영안현(절강성 덕청현 서북쪽)으로 수십 리나 들어와 있었으므로 따라잡을 방법이 없었다.

이 글은 북송의 이방 등이 편찬한 『태평어람』「채부菜部」'구韭' 권976에서 발췌했다.

去婦不顧門, 萎韭不入園, 以婦人之性, 草萊之情, 猶有所耻, 想忠壯者意何所之.

떠나가는 부인은 집을 되돌아보지 않고[1] 시들어버린 부추는 채소밭에 다시 들어가지 못하오. 여인의 본성과 풀의 천성도 부끄러워하는 마음을 가지고 있거늘 충직하고 호기로운 자의 마음으로 고국으로 돌아오지 않고 어디로 가겠습니까.

1 **떠나가는…않고** : 남편한테 버림을 받고 떠나가는 여인이 시댁을 되돌아보지 않는다는 뜻이다.

내민을 폐하는 교

 내민¹은 명문 집안 출신이고 재능이 많다는 이유로 제멋대로 굴었으며 말이 오만하고 방자했다.

촉한 건흥 5년(227년) 봄, 제갈량이 대군을 거느리고 북벌했을 때 내민은 군제주軍祭酒, 보군장군輔軍將軍을 맡고 있었다. 그런데 상급을 공격하고 원망하는 말을 늘어놓아 나쁜 영향을 끼쳤다. 제갈량은 전군을 일치 단결시켜 적을 치기 위해 표문을 올려 그의 관직을 박탈했고 이 교를 내려 수하 관속들을 훈계했다.

이 글은 『삼국지』 「촉서」 '두주두허맹래윤이초극전' 권42에 배송지가 주를 달며 인용한 『제갈량집』에서 발췌했다.

將軍來敏對上官顯言:"新人有何功德而奪我榮資與之邪? 諸人共憎我, 何故如是?"敏年老狂悖, 生此怨言. 昔成都初定, 議者以爲來敏亂群, 先帝以新定之際, 故遂含容, 無所禮用. 後劉子初選以爲太子家令, 先帝不悅而不忍拒也. 後主卽位, 吾闇于知人, 遂復擢爲將軍祭酒, 違議者之審見, 背先帝所疏外, 自謂能以敦厲薄俗, 帥之以義. 今既不能, 表退職, 使閉門思愆.

장군 내민은 상관에 대해 공개적으로 "새로 부임한 사람[2]에게 무슨 공적과 덕행이 있다고 나의 영예와 직위를 뺏어 그에게 주는가? 뭇사람들이 모두 나를 미워하는데 어찌 이럴 수가 있는가?"라고 말했다. 내민은 늙고 어리석고 방자하여 이 같은 원망의 말을 하는 것이다.

지난날 성도가 평정되자마자 논의하는 자들은 내민이 사람들 속에서 난을 조작한다고 여겼으나, 선제께서는 방금 평정된 때였으므로 관용을 베푸셔서 예의를 갖추어 초빙하되 임용하지는 않으셨다. 유파[3]가 그를 태자가령[4]으로 선발하자 선제께서는 탐탁치 않으셨으나 차마 모진 마음으로 거절하지 못하셨다. 그후에 주상께서 즉위하신 뒤 내가 사람을 볼 줄 몰라서 그를 보군장군과 군제주[5]로 발탁하여 논의하는 자들의 바른 의견을 듣지 않고 선제께서 그를 배제하신 뜻을 어기면서도, 스스로 그를 책선하고 권고하면 나쁜 습관을 고치고 의로 인도할 줄로 믿었다. 이제 그것이 불가능한 이상 표문을 올려 그의 관직을 박탈하며, 그로 하여금 문을 닫아걸고 잘못을 반성하도록 할 수밖에 없다.

1 **내민**來敏 : 자는 경달敬達이고 남양군 신야현新野縣(하남성 신야현) 사람이다. 가신 가문 출신으로 학식이 높고 재능이 있었으며 유장과 친분이 있어 전란을 피해 촉으로 왔다. 유비가 촉을 얻은 뒤에 전학교위典學校尉, 태자가령

太子家令을 맡았다. 유선이 즉위한 후에는 호분중랑장, 군제주, 보군장군을 맡았으며 후에는 대장추大長秋, 광록대부光祿大夫, 집신장군執愼將軍 등의 직무를 맡았다. 여러 차례나 말을 잘못하여 관직을 박탈당했다. 97세까지 살았다.

2 **새로 부임한 사람 :** 동윤董允을 가리킨다. 내민은 한중에 가기 전에 호분중랑장을 맡고 있었는데 이것은 궁정 안을 경위하는 중요한 직무였다. 내민이 한중으로 가자 이 직무를 시중 동윤이 겸했는데 내민은 이에 대해 불만이 많았다.

3 **유파 :** 자는 자초子初이다. '유파에게 보내는 글'의 주석을 참조하라.

4 **태자가령**太子家令 **:** 태자궁 창고의 식량, 음식 등을 관리하는 일을 책임졌다.

5 **군제주 :** 옛날에는 큰 연회나 제사 때 나이 많은 빈객 한 사람을 내세워 술을 땅바닥에 쏟아 신에게 제를 지냈는데 이것을 제주라고 했다. 이것이 한나라 때에는 관직이 된 것인데, 군대 내의 큰 연회나 제사 때 제사를 주관했으며 평상시에는 수석고문이었다.

요주를 칭찬한 교

 제갈량은 신하로서 나라를 위하고 충성을 다하는 것 중 인재를 천거하는 것이 가장 중요하다고 생각했다. 요주[1]는 많은 문무 인재를 천거하여 제갈량의 칭찬을 받았다. 제갈량은 이 교를 반포하여 모두가 요주를 본받기를 요구했다.

이 글은 『삼국지』 「촉서」 '등장종양전' 권45에 있는 양희楊戱의 『계한보신찬季漢輔臣贊』에서 발췌했다.

忠益者莫大于進人, 進人者各務其所尙 ; 今姚掾幷存剛柔, 以廣文武之用, 可謂博雅矣. 願諸掾各希此事, 以屬其望.

나라에 유익하게 충성하는 일 중에 인재를 천거하는 것보다 더 큰 것은 없으며 천거하는 사람은 저마다 자기가 숭상하는 사람을 추구한다. 지금 요주는 강한 인재와 유한 인재[2]를 함께 천거하여 문무의 인재 수요에 만족을 주었으니 이는 학식이 연박하고 덕행이

고결하다고 할 수 있다. 바라건대 아래의 각 부서도 이와 같은 일을 하여 나라의 큰 기대에 만족을 주어야 할 것이다.

1 **요주**姚伷(?~242) : 자는 자서子緒이고 파서군 낭중현 사람이다. 유비가 촉 땅을 얻은 뒤 공조서좌功曹書佐를 맡았고 유선이 즉위한 후에는 광한태수(군 소재지는 지금의 사천성 광한현)로 있었다. 건흥 5년(227년)에는 승상부 참군을 맡았고, 제갈량이 죽자 상서복야로 자리를 옮겼다.
2 **강한 인재와 유한 인재** : 문무 인재를 가리킨다.

속관들에게 내린 교

제갈량은 과감하게 직언을 할 줄 아는 서원직[1]과 동유재[2]를 높이 평가했다. 그래서 속관屬官들에게 이 교를 내려 그들을 본받아 사람들의 좋은 의견을 모아 업무의 빈틈을 메우라고 고무했다.

이 글은 『삼국지』 「촉서」 '동유마진동여전' 권39에서 발췌했다.

夫參署者, 集衆思, 廣忠益也. 若遠小嫌, 難相違復, 曠闕損矣. 違復而得中, 猶棄弊蹻而獲珠玉. 然人心苦不能盡, 惟徐元直處玆不惑, 又董幼宰參署七年, 事有不至, 至于十反, 來相啓告. 苟能慕元直之十一, 幼宰之殷勤, 有忠于國, 則亮可少過矣.

무릇 벼슬하는 사람은 여러 사람의 지혜를 모으고 나라에 유익한 의견을 널리 받아들여야 한다. 만약 조금이라도 싫다고 회피하려 하고 서로 토론하기를 두려워한다면 손실이 클 것이다. 거듭 토론하여 얻음이 있다면 그것은 마치 해진 짚신을 버리고 주옥을 얻는 것과 같을 것이다. 하지만 사람들의 마음이 어려우니 이를 능히 다 할 수는 없다. 서원직만은 이렇게 처신했고 동유재는 벼슬하는 7년 동안에 나에게 주도면밀하지 못한 점이 있으면 열 번이라도 찾아와 자세히 깨우쳐주었다. 만약 사람들이 서원직의 10분의 1과 동유재의 정성을 따른다면 나라에 충성하는 것이며, 제갈량은 과오를 줄일 수 있을 것이다.

1 **서원직**徐元直 : 원래 이름은 복福이었으며 후에 서庶라고 고쳤다. 영천군(하남성 우현) 사람이다. 협객 노릇을 하며 남의 원수를 갚아주다 체포되었는데 동료들이 구해냈다. 이때부터 분발하여 공부했다. 후에 형주로 옮겨가 살면서 제갈량과 깊은 교분을 맺었고 유비에게 제갈량을 천거했다. 조조가 형주를 빼앗고 어머니를 붙잡아가자 할 수 없이 조조에게 의탁했다. 관직은 우중랑장右中郎將, 어사중승御史中丞에 이르렀다.
2 **동유재**董幼宰 : 이름은 화和이고 남군 지강현枝江縣(호북성 지강현 동북부) 사람이다. 유장 때 현령과 익주태수로 있었는데, 청렴하고 검소했다. 유비가 촉 땅을 평정한 후에는 장군중랑장掌軍中郎將을 맡았으며 제갈량과 함께 좌장군대사마부左將軍大司馬府의 일을 보았는데 관계가 돈독했다.

속관들에게 내린 또 하나의 교

 제갈량은 최주평[1], 서원직, 동유재, 호위도[2] 등 직언을 잘하는 이들과 좋은 관계를 맺었다. 그는 이들을 예로 들어 속관들에게 자신에 대해 아는 것은 하나도 숨기지 말고 말할 것을 권면했다.

이 글은 『삼국지』 「촉서」 '동유마진동여전' 권39에서 발췌했다.

昔初交州平, 屢聞得失 ; 後交元直, 勤見啓誨 ; 前參事于幼宰, 每言則盡 ; 後從事于偉度, 數有諫止. 雖姿性鄙暗, 不能悉納, 然與此四子終始好合, 亦足以明其不疑于直言也.

처음에 최주평을 사귈 때 그는 여러 차례나 나의 장단점을 지적해주었고, 후에 서원직을 사귀어서는 늘 그의 계발과 가르침을 받았다. 처음 일을 시작할 때 동유재가 할 말을 다 하도록 했으며 일을 처리할 때 호위도가 여러 차례 간하게 했다. 비록 내가 타고난 성품이 어리석고 속되어서 모두 받아들이지는 못했지만 이 네 사람과는 시종 화목하게 잘 지냈다. 이것으로 내가 직언을 시의猜疑하지 않는다는 것을 증명하기에는 족할 것이다.

1 **최주평**崔州平 : 박릉현博陵縣(하북성 여현 남쪽) 사람으로 후한 영제靈帝 때의 태위太尉 최열崔烈의 아들이다. 제갈량과는 형주에 있을 때 교분이 깊었다.
2 **호위도**胡偉度 : 호제胡濟를 말한다. 위도는 자이며, 의양 사람이다. 제갈량이 살아 있을 때 승상부 주부主簿로 있었으며 제갈량이 세상을 뜬 후에는 차례로 중전군中典軍, 중감군전장군中監軍前將軍, 연주자사, 우표기장군을 역임했다. '상서대에 올리는 공문'의 주석을 참조하라.

참군연속에게 내린 교

 이 교는 앞에 나온 '속관들에게 내린 교'나 '속관들에게 내린 또 하나의 교'와 기본 취지가 같을 뿐만 아니라 문장도 비슷하다. 하지만 글의 흐름이 자연스럽지 않은 곳이 있어서 후세 사람이 끼워넣은 것이 아닌가 의심된다.

　이 글은 북송 때의 이방 등이 편찬한 『태평어람』 「직관부職官部」 '부참군府參軍' 권249에서 발췌했다.

任重才輕, 故多闕漏. 前參軍董幼宰, 每言輒盡, 數有諫益, 雖性鄙薄, 不能悉納. 幼宰參署七年, 事有不至, 至于十反, 未有忠于國如幼宰者. 亮可以少過矣.

　나는 맡은 책임은 무겁지만 재능은 적어 일함에 있어 잘못과 실수가 많다. 전임 참군 동유재는 매번 할 말이 있으면 다 했는데, 비록 내가 타고난 성품이 비천하여 모두 받아들이지는 못했지만 나에게 유익한 충고를 많이 해주었다. 동유재는 벼슬하는 7년 동안에 나의 일 처리에서 주도면밀하지 못한 것이 있으면 여러 차례 되풀이하여 말했다. 동유재처럼 나라에 충성하는 사람은 일찍이 없었다. (누구나 이렇게 한다면) 제갈량은 오류가 적게 될 것이다.

장병들에게 자신의 과실을
지적할 것을 권면한 교

 촉한 건흥 6년(228년) 봄, 제갈량은 대군을 거느리고 북벌했다가 마속을 잘못 쓴 탓에 가정 전투에서 참패하였고 전군이 위기를 맞게 되었다. 이에 제갈량은 이 교를 써서 모든 장병들에게 북벌 실패의 책임이 자신에게 있다고 했을 뿐만 아니라 장병들에게 나라에 충성하고 보답하기 위해 자신의 과실을 많이 지적해주어 잘못을 고치고 하루 속히 북벌에 성공할 수 있도록 하라고 권면했다.

　이 글은 『삼국지』 「촉서」 '제갈량전' 권35에 배송지가 주를 달며 인용한 습착치의 『한진춘추』에서 발췌했다.

大軍在祁山, 箕谷, 皆多于賊, 而不能破賊爲賊所破者, 則此病不在兵少也, 在一人耳. 今欲減兵省將, 明罰思過, 校變通之道于將來 ; 若不能然者, 雖兵多何益! 自今已後, 諸有忠慮于國, 但勤攻吾之闕, 則事可定, 賊可死, 功可蹻足而待矣.

기산과 기곡의 대군이 적보다 많았지만[1] 적을 깨뜨리지 못하고 도리어 적한테 패하고 말았으니 실패한 원인은 군사가 적은 것에 있는 것이 아니라 나 한 사람에게 있다. 지금 나는 장병들을 간소화하고 상벌을 엄히 하며 과실을 반성하고 장래의 변화된 형세에 적응할 책략을 다시 세우려 한다. 만약 그렇게 하지 않는다면 군사가 많은들 무슨 소용이 있겠는가! 이제부터 나라에 충성하는 사람들이 나의 허물을 부지런히 지적해준다면 북벌은 꼭 성공할 것이며 적들도 소멸될 것이고 천추千秋의 공업功業이 빨리 실현될 것이다.

1 **대군이⋯많았지만** : 『삼국지』「촉서」'관장마황조전'에는 "이듬해에 제갈량이 군사를 일으켜 야곡도로 나가자 조진曹眞이 대군을 보내 막았다. 제갈량은 조운과 등지를 보내어 막게 하고 자신은 기산을 공격했다. 조운과 등지의 군사는 약하고 적은 강해서 기곡에서 패했다."라고 되어 있다. 그러므로 '대군이 적보다 많았지만'이라는 이 문장과 일치하지 않는다.

지난날 손숙오의
일을 빌어 내린 교

제갈량은 이 교에서 "손숙오[1]는 3년 동안 수레를 타고 다니면서도 말의 암수를 몰랐다."는 말로 속관들에게 한마음 한뜻으로 나라를 위해 일하라고 권면했다.

이 글은 구양순의 『예문유취』「수부상獸部上」'마馬' 권93에서 발췌했다.

昔孫叔敖乘馬三年, 不知牝牡, 稱其賢也.

지난날 손숙오는 3년 동안 수레를 타고 다니면서도 말의 암수를 몰랐다. 그는 진정 훌륭한 대부였다고 할 수 있다.

1 **손숙오孫叔敖** : 성은 위蔿이고 이름은 오敖이다. 자는 손숙 또는 애렵艾獵이다. 춘추시대 초나라의 기사期思(하남성 회빈현 동남쪽) 사람으로 세 차례나 초나라의 영윤으로 임명되었다. 필邲(하남성 무척현 동남쪽) 전투에서 초 장왕莊王을 도와 군사를 지휘하여 진晉나라군을 대패시켰으며 장왕이 중국 남

방의 패주가 되게 했다. 기사期思, 우루雩婁(안휘성 금채현 북쪽)에서 수리 사업을 일으켰으며, 또 전하는 바에 따르면 작피芍陂(안휘성 수현 안풍당)에 제방을 쌓아 물을 관개했다고 한다. 항상 소박한 음식을 먹고 수수한 옷을 입었으며 초라한 수레를 타고 다녔다.

백성이 가난하고
국력이 약한 것에 관한 교

이 글은 교의 일부분이다. 이 글을 통해 삼국시대 때 이미 촉의 비단이 유명했으며, 많은 이윤을 가져다주는 촉한의 주요 수입원이었다는 사실을 알 수 있다.

이 글은 북송의 이방 등이 편찬한 『태평어람』 「포백부布帛部」 '금錦' 권815에 인용된 『제갈량집』에서 발췌했다.

今民貧國虛, 決敵之資, 惟仰錦耳.

지금 백성은 가난하고 국력은 약하다. 적을 싸워 이길 군사 비용은 오직 비단[1]에 의거해야 한다.

1 **비단**: 원문은 '금錦'이다. 채색 무늬가 있는 견직물의 일종이다.

운송에 관한 교

이 글은 교의 일부분이다. 이 교는 군사 물자 보급 부문에서 일 년 동안에 뜸, 노, 대자리 10만 건을 운송할 것을 요구한 것이다.

이 글은 북송의 이방 등이 편찬한 『태평어람』「복용부」'점' 권 708에서 발췌했다.

計一歲運, 用蓬, 旅, 簟千萬具.

예정컨대 작전용으로 쓸 배의 뜸, 노, 대자리 10만 건[1]을 1년 동안에 운송해야 할 것이다.

1 **10만 건** : 원문은 '천만千萬'인데 『태평어람』에는 '십만十萬'으로 되어 있어 이를 따랐다.

남정교

촉한 건흥 3년(225년) 3월, 제갈량은 대군을 거느리고 남정하여 영창, 익주, 월수, 장가 네 군을 정벌했다. 떠나기 전에 마속은 제갈량에게 "용병에 있어 마음을 공격하는 것이 상책이고, 성을 공격하는 것이 하책이며, 마음으로 싸우는 것이 상책이고 병사로 싸우는 것이 하책이다."라는 계책을 올렸다. 제갈량은 이를 받아들였으며 이 교를 내려 부하들에게 전했다.

이 글은 남송의 왕응린王應麟이 편찬한 『옥해玉海』 권142에서 발췌했다.

用兵之道, 攻心爲上, 攻城爲下 ; 心戰爲上, 兵戰爲下.

용병에 있어 마음을 공격하는 것이 상책이고, 성을 공격하는 것이 하책이며, 마음으로 싸우는 것이 상책이고 병사로 싸우는 것이 하책이다.

도끼 제작에 대한 교

촉한 건흥 7년(229년) 봄, 제갈량은 진식陳式에게 명해 무도군武都郡(감숙성 성현 서북쪽)과 음평군陰平郡(감숙성 문현 서북쪽)을 치게 했으며, 자신은 대군을 거느리고 건위建威(감숙성 서화현 북쪽)로 나아갔다. 그러자 위나라의 옹주자사 곽회郭淮는 할 수 없이 물러났고 촉한군은 두 군을 모두 점령했다. 제갈량은 군사를 휴양시키고 정비하는 기간에 직접 병기들의 상태를 채문하다가 칼과 도끼를 만드는 작부作部의 관리들이 직책을 다하지 못한 것을 발견하고 그들을 벌하였으며 이 교를 통해 이런 일의 엄중함을 알렸다.

이 글은 이방 등이 편찬한 『태평어람』「병부兵部」'녹각鹿角' 권337

산양 모양의 장식이 달린 전투용 도끼 '양羊'은 성질이 온순하고 매우 유용한 가축이었기 때문에 고대 중국인들은 양을 정의와 평화, 아름다움의 상징으로 여기며 숭배했다.

215

중의 '제갈량교諸葛亮教'와 『태평어람』「기물부器物部」'부斧' 권763 중의 '제갈량교'에 근거하여 장주가 정리한 것이다.

前後所作斧, 都不可用. 前到武都一日, 鹿角坏刀环千餘枚. 賴賊已走, 若未走, 無所復用. 間自令作部刀斧數百枚, 用之百餘日, 初無坏者. 餘乃知彼主者無意, 宜收治之, 非小事也. 若臨敵, 敗人軍事矣.

지난날에 제작한 칼과 도끼를 모두 쓸 수가 없다. 얼마 전에 대군이 무도[1]에 도착하던 날 적군의 녹각[2]에 칼과 도끼 1천여 자루가 파손되었다. 마침 적들이 도망갔기에 망정이지 만약 적들이 도망가지 않았더라면 다시 쓸만한 것이 없었을 것이다. 근래에 명을 내려 수백 자루의 칼과 도끼를 만들도록 하여 1백여 일을 썼지만 망가진 것이 전혀 없었다. 나는 칼과 도끼를 만드는 일을 주관했던 관원이 무책임했다는 것을 비로소 알았으며 마땅히 옥에 가두어 그 죄를 다스릴 것이다. 이것은 작은 일이 아니다. 만약 적과 맞닥뜨리게 된다면 패하게 될 것이다.

1 **무도**武都 : 현 이름으로, 지금의 감숙성 서화현 서남쪽에 있었다.
2 **녹각**鹿角 : 진지의 영채 앞에 설치한 일종의 방어시설이다. 가지가 있는 나무를 뾰족하게 깎고 그 절반을 땅에 묻어 적들이 영채로 진격하지 못하게 막았다.

비수 제작에 대한 교

제갈량이 비수匕首를 만들 것을 작부에 지시한 교이다.
이 글은 수나라 우세남의 『북당서초』 「무공부·11」 '비수' 권123에서 발췌했다.

百步作匕首五百枚, 以給騎士.

 작부[1]에서는 기병들을 위해 비수 5백 자루를 만들어야 한다.

1 **작부** : 원문은 '백보百步'인데 『태평어람』 「병부」 '비수' 권346에 '작부作鈽'로 되어 있어 이를 따랐다.

217

철갑 제작에 대한 교

제갈량이 철갑과 장창을 만들 것을 작부에 지시한 교이다.

이 글은 북송의 이방 등이 편찬한 『태평어람』 「병부」 '창矛' 권353에 인용된 『제갈량집』에서 발췌했다.

勅作部皆作五折剛鎧, 十折矛以給之.

작부에서 일률로 5절¹ 철갑과 10절 창을 만들어 공급할 것을 알린다.

1 절折 : 쇠를 불에 달구고 벼리는 횟수를 말하는 것이 아닌가 한다.

적 기병을 공격하는 것에 대한 교

적 기병의 협공을 받아 미처 산 위로 올라가 저항할 수 없을 때 어떻게 전차를 이용하여 적을 공격할 것인가에 관하여 내린 지시이다.

이 글은 장주가 수나라 우세남의 『북당서초』「무공부·5」'진陳' 권117의 '제갈량교' 2편에 근거하여 정리한 것이다.

若賊騎左右來至, 徒從行以戰者, 陟岭不便, 宜以車蒙陳而待之 ; 地狹者, 宜以鋸齒而待之.

만약 적 기병이 좌우에서 협공해오면 보병은 그에 따라 싸울 수 있도록 열列을 지어야 하며 산을 오르기 어려우면 전차를 몽진蒙陳으로 늘어 세워 막아야 한다. 지세가 협소하면 전차를 톱날형으로 벌려 세워 저항해야 한다.

군령

 수군의 전진, 철회의 신호를 규정한 군령이다.

이 글은 수나라 우세남의 『북당서초』 「무공부·8」 '기' 권120에서 발췌했다.

聞雷鼓音, 擧白幢絳旗, 大小船進戰, 不進者斬. 聞金音, 擧靑旗, 船還. 若賊近, 徐還 ; 遠者, 疾還.

북소리를 들으면 백색 깃발과 적색 깃발을 들어야 하고, 크고 작은 전선戰船들은 일제히 전진해야 하며 전진하지 않는 자는 참수한다. 징소리를 들으면 청색 깃발을 들어야 하고 전선들은 되돌아와야 한다. 만약 적들이 가까이 있으면 천천히 돌아오고 멀리 있으면 신속히 돌아온다.

군령

다섯 번 울리는 북소리를 들으면 깃발을 들어야 하고 진세陣勢를 펼쳐야 한다는 군령이다.

이 글은 수나라 우세남의 『북당서초』「무공부·5」'진陣' 권117에서 발췌했다.

聞鼓音, 擧黃帛兩半幡合旗, 爲三面陳.

북소리가 다섯 번[1] 울리면 황색과 백색을 반씩 합친 깃발을 들고 세 면으로 된 원진[2]을 쳐야 한다.

1 **다섯 번** : 『북당서초』 청나라 광서光緖 14년의 남해공씨南海孔氏 판본에는 '문聞' 자 다음에 '오五' 자가 있는데 이를 따랐다.
2 **원진** : 『북당서초』「무공부·8」'기' 권120과 『태평어람』「병부」'번幡' 권341에는 '면面' 자 다음에 '원圓' 자가 있는데 이를 따랐다.

군령

연횡진連衡陣의 뛰어난 점과 주의할 점에 대해 말한 군령이다. 이 글은 수나라 우세남의 『북당서초』「병부」'진' 권117에서 발췌했다.

連衡之陳, 似狹而厚, 爲利陳. 令騎不得與相離, 護側騎與相遠.

연횡진은 허약해 보이지만 아주 튼튼하고 훌륭하다. 전령기병[1]은 진에서 멀리 떨어져 있지 말아야 하며 양 날개를 보호하는 기병은 멀리 떨어져 있어야 한다.

1 **전령기병**傳令騎兵: 명령을 전달하는 기병이다.

군령

적의 군사가 이미 군영에 가까이 다가와 녹각을 뽑을 때 어떻게 싸워야 하는가에 대한 군령이다.

이 글은 북송의 이방 등이 편찬한 『태평어람』「병부」 '녹각' 권317에서 발췌했다.

敵以來進持鹿角, 兵悉却在連衝後. 敵已附, 鹿角里兵但得進踞, 以矛戟刺之, 不得起住, 起住妨弩.

적들이 가까이 접근하여 녹각을 뽑으려 하면 부대는 하나로 연결된 충격전차 뒤로 퇴각해야 한다. 적들이 이미 바싹 접근했으면 녹각 안쪽의 사병들은 앉은 채로 전진하면서 창과 극戟으로 적을 찔러야 하며, 일어서 있으면 안 된다. 그러면 뒤에서 노를 쏘는 데 방해가 된다.

군령

 부대가 군영에서 출발할 때와 군영에 도착할 때 갖춰야 할 군례軍禮에 대해 내린 규정이다.

이 글은 북송의 이방 등이 편찬한 『태평어람』 「병부」 '서병기敍兵器' 권339에서 발췌했다.

始出營, 竪矛戟, 舒幡旗, 鳴鼓角. 行三里, 辟矛戟, 結幡旗, 鳴鼓角. 未至營三里, 復竪矛戟, 舒幡旗, 鳴鼓角. 至營, 復結幡旗, 止鼓角. 違令者髡.

부대가 군영을 출발할 때는 창과 극을 곧게 들어야 하고 깃발을 펼치고 북을 울리며 나팔을 불어야 한다. 3리를 행군하면 창과 극을 내리고 깃발을 거두며 북과 나팔 소리를 멈춘다.[1] 군영에 도착하기 전 3리에서는 다시 창과 극을 곧게 들고 깃발을 펼치며 북을 울리고 나팔을 분다. 군영에 이르러서는 깃발을 거두고 북과 나팔을 그친다. 명령을 위반하는 자는 곤형[2]에 처한다.

극을 들고 있는 기병 인형 '극'은 창의 일종으로, 창날에 월아月牙라는 가지가 있거나 날이 있는 창을 말한다. 찌르기와 베기 둘 다 가능하다.

1 **북과…멈춘다** : 원문은 '명鳴'으로 되어 있는데 『북당서초』 「무공부·8」 '번幡' 권120에는 '지止'로 되어 있어 이를 따랐다.
2 **곤형** : 머리를 깎아버리는 형벌이다.

군령

이 군령은 수군 전투시 배 위의 돛과 무명옷에 대해 제갈량이 내린 규정과 위반하는 자들이 받아야 할 처벌에 관한 것이다.

이 글은 수나라 우세남의 『북당서초』 「복식부服食部·1」 '만' 권132에서 발췌했다.

戰時, 皆取船上布幔, 布衣漬水中, 積聚之, 以助水淹. 賊有火炬, 火箭, 以掩滅之. 違令者髡翦耳.

작전할 때는 돛과 무명옷을 물에 담갔다가 한쪽에 쌓아두어야 한다.¹ 적들이 횃불과 불화살로 공격하면 이를 이용해 불을 꺼야 한다.² 명령을 위반하는 자는 곤형에 처한다.

1 **쌓아두어야 한다** : 원문에는 이 문장 뒤에 '이조수엄以助水淹'이라는 네 글자가 있는데 의미가 통하지 않으므로 연문이 아닌가 의심된다. 『태평어람』 「병부」 '만' 권699에는 이 네 글자가 없으므로 이를 따라 해석하지 않았

다.
2 **불을 꺼야 한다** : 『북당서초』「복식부·1」'만' 권132에는 '이엄멸지以淹滅之'로 되어 있다. 이를 따라 불을 '끄다'로 해석했다.

군령

군사들이 전투 태세에 들어간 다음에 지켜야 할 규율이다.
이 글은 북송의 이방 등이 편찬한 『태평어람』 「병부」 '휘' 권341 에서 발췌했다.

凡戰臨陳, 皆無讙嘩, 明聽鼓音, 謹視幡麾. 麾前則前, 麾後則後, 麾左則左, 麾右則右, 不聞令而擅前後左右者斬.

무릇 전투부대는 전투 태세에 들어가면 떠들지 않고 북소리를 똑똑히 들어야 하며 지휘 깃발을 주의해서 보아야 한다. 지휘 깃발이 앞으로 향하면 전진하고 뒤로 향하면 후퇴하고 왼쪽으로 향하면 왼쪽으로 가고 오른쪽으로 향하면 오른쪽으로 가야 한다. 명령을 듣지 않고 제멋대로 전후좌우로 가는 자는 참한다.

군령

부대가 적의 선진과 후진을 공격할 때 주의해야 할 점에 관한 규정이다. 『태평어람』에는 이 군령 앞에 '진영일晉永日'이라는 세 글자가 있는데 장주가 잘못 집록한 것이 아닌가 한다.

이 글은 북송의 이방 등이 편찬한 『태평어람』「병부」'휘' 권341에서 발췌했다.

兩頭進戰, 視麾所指, 聞三金音, 止 ; 二金音, 還.

부대가 적의 두미頭尾를 동시에 공격할 때에는 지휘 깃발이 가리키는 방향을 똑똑히 보아야 하며 동징[1]이 세 번 울리면 전진하고 동징이 두 번 울리면 후퇴해야 한다.

1 동징 : 고대 전투시에 치던 종 모양의 징이다.

군령

 장수의 부하들과 우진右陣 병사들이 방패를 손에 들도록 규정한 것이다.

이 글은 북송의 이방 등이 편찬한 『태평어람』 「병부」 '팽배彭排' 권357에서 발췌했다.

帳下及右陣各持彭排.

 장수의 부하들과 우진의 병사들은 제각기 방패를 들어야 한다.

용과 봉황이 그려진 가죽 방패 고대 중국에서는 용, 봉황, 기린, 거북을 신령스러운 동물로 여겼다. 특히 용과 봉황은 황제, 권력, 존엄을 상징했다.

군령

후한 건안 12년(207년), 유비는 번성에 진을 치고 있었는데 군사가 겨우 수천 명에 불과했다. 그래서 제갈량은 형주의 호적을 정리하여 징집할 수 있는 군사의 수를 늘려야 한다고 주장하는 글을 올렸다. 이 글은 본래 군령이 아니지만 당나라의 두우杜佑가 『통전通典』에서 군령으로 인용했고, 그에 따라 장주도 군령으로 분류한 것이다.

이 글은 『삼국지』 「촉서」 '제갈량전' 권35에 배송지가 주를 달며 인용한 어환魚豢의 『위략』에서 발췌했다.

今荊州非少人也, 而著籍者寡, 平居發調, 則人心不悅. 可語鎭南, 令國中凡有游戶, 皆使自實, 因錄以益衆可也.

지금 형주에는 결코 사람이 적지 않지만 호적에 오른 사람은 많지 않습니다. 그러나 평시에 거주하는 정황에 근거하여 군사를 징집하고 부세를 걷는다면 호적에 오른 사람은 기뻐하지 않을 것입니다. 이 일을 진남[1]에게 알려 그가 경내의 모든 유동 인구에 명령을 내려 그들 자신이 실제 정황에 근거하여 보고하게 해야 합니다. 그러면 등록하는 사람이 많이 늘어날 것입니다.

1 **진남**鎭南: 유표劉表를 말한다. 유표(142~208)는 자가 경승景昇이며 산양군山陽郡 고평高平(산동성 어태현 동북쪽) 사람으로 후한의 황족이다. 차례로 형주자사, 진남장군, 형주목을 지냈으며 성무후成武侯로 봉해졌다. 당시 군벌들이 혼전하는 와중에도 신중하고 관망하는 태도를 취했으므로 형주에서는 전란이 적었다. 그래서 이주해오는 사람이 많아서 십여 만의 군사를 가지고 있었다. 그가 병사하자 아들 유종劉琮은 위나라에 항복했다.

병법

 전투 중에 어떻게 강한 적을 피하고 약한 적을 쳐서 승리할 것인가 하는 방법을 명쾌하게 논한 것이다.

이 글은 남송의 왕응린이 편찬한 『옥해』「병제兵制」'병법' 권140에서 발췌했다.

知有所甚愛, 知有所不足愛, 可以用兵矣. 故夫善將者, 以其所不足愛者, 養其所甚愛者. 士之不能皆銳, 馬之不能皆良, 器械之不能皆堅固也, 處之而已矣. 兵之有上中下也, 是兵之有三權也. 孫臏有言曰:"以君下駟, 與彼上駟;取君上駟, 與彼中駟;取君中駟, 與彼下駟." 此兵說也, 非馬說也. 下下之不足以與其上也, 吾旣知之矣, 吾旣棄之矣. 中之不足以與吾上, 下之不足以與吾中, 吾不旣再勝矣乎? 得之多于棄也, 吾斯從之矣. 彼其上之有三權也. 三權也者, 以一權而致三者也. 管仲曰:"攻堅則瑕者堅, 攻瑕則堅者瑕." 嗚呼! 不從其瑕而攻之, 天下皆强敵也.

아껴야 할 바와 버릴 바를 알게 되면 전투를 지휘할 수 있다. 훌륭한 장수는 자기 군대의 버릴 바로써 자기 군대의 아껴야 할 바를 보호해야 한다. 모든 군사가 정예할 수 없고 모든 말이 좋은 말일 수 없으며 모든 병기가 견고할 수 없으므로 그것을 어떻게 운용하는가 하는 것일 따름이다. 군사에는 상, 중, 하가 있는데 이것은 군사의 세 가지 전투력에 대한 평가이다. 손빈[1]은 이렇게 말한 적이 있다. "군의 하등급 말을 남의 상등급 말과 겨루고, 군의 상등급 말을 남의 중등급 말과 겨루고, 군의 중등급 말을 남의 하등급 말과 겨룬다." 이것은 전투를 말하는 것이지 경마를 말하는 것이 아니다. 나의 하등급은 남의 상등급과 비겨서 따를 수 없을 것인데, 나는 이미 그것을 알고 있는 이상 그것을 버리는 것이다. 남의 중등급은 나의 상등급과 비겨서 따를 수 없을 것이며 남의 하등급도 나의 중등급과 비겨서 따를 수 없을 것이니 나는 두 번은 이길 것이 아닌가! 얻는 것이 잃는 것보다 많을 것이니 나는 이 방법을 따르려 한다. 그의 상책은 부대의 전투력에 대해 세 가지 평가를 가지고 있는 것이다. 부대의 상, 중, 하 전투력에 대한 평가는 그 중의 한 가지를 버려서 전부를 얻을 수 있게 한다. 관중[2]은 "견고한 것을 공격하면 약한 고리도 견고해지며 약한 고리를 공격하면 견고한 것도 약해진다."고 했다. 슬프도다. 약한 고리를 공격하지 않으면 천하에는 모두 강한 적들뿐이다.

1 **손빈**: 생애는 '후출사표'의 주석을 참조하라. 손빈은 '전쟁에서 이겨 강

자가 되면 천하가 복종한다'고 생각했으며, '상은 날을 넘기지 않고 벌은 주고 나서 낯을 돌리지 않을' 것을 주장했다. 그리고 '적을 미혹시켜 병력을 분산시키고 병력을 집중하여 그것을 치는' 등의 방법으로 적은 수로 많은 적을 이길 수 있고 약한 것으로 강한 것을 이길 수 있다고 주장했다. 또한 전쟁에서 승전하려면 반드시 '안으로는 민심을 얻고 밖으로는 적을 알아야 한다'고 강조했다. 위에 인용한 네 구절은 『사기』 「손자오기열전」 '손무, 손빈'을 참조하라.

2 **관중管仲(?~기원전 645)** : 이름은 이오夷吾이고 자는 중仲이다. 영상穎上(안휘성 영수) 사람으로 춘추 초기의 정치가이다. 포숙아鮑叔牙의 천거를 통해 제 환공에게 중용되어 경卿으로 임명되었다. 일련의 개혁 조치를 단행하여 국도國都를 사향士鄕 15개, 공상향工商鄕 6개로 나누었다. 벽촌을 나누어 오속五屬으로 만들었고 관리를 두어 층층이 관리했으며, 향리鄕里를 군사 편제 단위로 삼았다. 이를 기반으로 인재 선발 제도를 건립했고 '정전주균井田疇均'을 실시하여 토지의 좋고 나쁨에 따라 세금을 징수했다. 어업과 소금 제조, 방직 생산을 발전시켰으며 화폐 관리를 강화하고 물가를 조절했다. 그리하여 국력이 강성해지자 '존왕양이'의 구호를 내걸었으며 '구합제후九合諸侯(제후들을 아홉 차례나 규합하여)'로 환공을 춘추의 첫 패자로 만들었다. 그의 글은 주로 『국어國語』 「제어齊語」에서 찾아볼 수 있다. 『한서』 「예문지」의 도가道家 저작 집록에 『관자管子』 86편이 있다. 위의 두 구절은 『관자』 「제분制分」에서 인용했다.

병법비결

천인감응天人感應을 논한 글로서 북송의 이방 등이 편찬한 『태평어람』「병부」 '점후占候' 권328에서 발췌했다. 그러나 '병법비결'의 작자를 주석으로 밝히지 않은 것으로 보아 장주가 잘못 집록한 것이 아닌가 한다.

鎭星所在之宿, 其國不可伐. 又彗星見大明, 臣下縱橫, 民流亡無所食, 父子坐離, 夫婦不相得. 四維有流星, 前如瓮, 後如火, 光竟天, 如雷聲, 名曰天狗;其下飢荒, 民疾疫, 群臣死. 流星東北行, 名天岡;天海之口, 必有大水土功. 又四維有流星, 入以後有白氣如雲, 狀似車輪, 是謂嚙食;其下大兵, 中國多盜賊. 又有星如斗, 見北斗, 名爲旬始;天下大亂, 諸侯爭雄.

토성이 있는 성좌에 대응되는 지역의 나라들은 토벌할 수 없다. 혜성이 나타나 매우 밝은 것은 대신들이 전횡하고 백성들이 유리걸식하며 부자父子가 헤어지고 부부 사이에 감정과 의견이 맞지 않는다는 것을 예시한다. 하늘의 네 귀퉁이에 유성流星이 나타나며 유성의 머리가 항아리 같고 꼬리가 불 같아서 온 하늘을 밝게 비추며 우레 같은 소리가 나는 것은 천구天狗라고 하는데 거기에 대응되는 지역에서는 기근과 재해가 생기고 백성들이 돌림병에 걸릴 수 있으며 군신이 죽을 수 있다. 유성이 동북 방향으로 가는 것을 천강天岡이라고 하며 그것은 천해天海의 출구인데 거기에 대응되는 지역에서는 틀림없이 홍수가 나고 토방 공사가 있게 된다. 하늘의 네 귀퉁이에 유성이 나타나고 긋고 지나간 뒤에 구름 모양의 흰 기운이 서려 있으며 그 형상이 수레바퀴와 같은 것은 교식嚙食이라고 하는데 이에 대응되는 지역에서는 전쟁이 일어나게 되며 중원에서는 도적이 많이 생기게 된다. 그 다음으로 말斗 형상의 별이 북두성과 서로 만나면 순시旬始라고 한다. 그러면 천하가 어지러워지고 제후들이 서로 다툰다.

병요[1]

부대가 적 가까이 접근했을 때 어떻게 정찰하며 어떻게 대부대와 연계를 확보할 것인가에 대해 논한 것이다.

이 글은 북송의 이방 등이 편찬한 『태평어람』 「병부」 '척후斥候' 권331에서 발췌했다.

軍已近敵, 羅落常平明以先發, 絶軍前十里內, 各案左右下道, 亦十里之內. 數里之外, 五人爲部, 人持一白幡, 登高外向, 明隱蔽之處. 軍至, 轉尋高而前. 第一見賊, 轉語後第二, 第二詣主者, 白之. 凡候見賊百人以下, 但擧幡指; 百人以上, 便擧幡大呼. 主者遣疾馬往視察之.

아군이 적군에 접근하면 군사 중에 지형에 익숙한 이족彝族 사람이 날이 밝자마자 대군 앞 10리 이내의 적정을 전부 알아낸 다음에야 부대는 좌우로 나뉘어 전진하며, 그들도 부대와 10리 이내의 거리를 확보한다. 몇 리 밖에다 5명으로 구성된 소부대를 파견하는

데 각자 흰색 깃발을 들고 높은 곳에 올라 밖으로 향하여 은폐한 곳을 주의하여 살핀다. 대군이 도착하면 높은 곳을 찾아서 계속 전진한다. 첫 번째 사람이 적군을 발견하면 두 번째 사람에게 알리며 두 번째 사람이 통수에게 적정을 보고한다. 무릇 척후병이 발견한 적이 1백 명이 안 되면 깃발을 들어 적군의 방위만 알리면 되고 적군이 1백 명을 넘으면 깃발을 들고 큰소리로 외쳐서 보고해야 한다. 통수는 발이 빠른 말을 보내어 정황을 정확히 알아보아야 한다.

1 **병요**兵要 : 용병적 요술要術이다.

병요

제갈량은 훌륭한 장수는 충성심을 가져야 큰 뜻을 세우고 천하에 이름을 떨칠 수 있다고 주장했다.

이 글은 『태평어람』「병부」'장수하將帥下' 권273에서 발췌했다.

人之忠也, 猶魚之有淵, 魚失水則死, 人失忠則凶. 故良將守之, 志立而名揚.

사람에게 있어 충성심은 물고기에게 있어 물과 같다. 물고기는 물을 떠나면 죽고 사람은 충성심이 없으면 재앙과 환난이 생긴다. 그러므로 훌륭한 장수는 충성심을 굳게 가져야 큰 뜻을 세우고 이름을 천하에 떨칠 수 있다.

병요

제갈량은 훌륭한 장수는 한순간도 경각심을 잃지 말아야 하며 전투의 시기를 잘 포착해야 한다고 주장했다.

이 글은 『태평어람』 「병부」 '장수하' 권273에서 발췌했다.

不愛尺璧而愛寸陰者, 時難遭而易失也. 故良將之趣時也, 衣不解帶, 足不躪地, 履遺不躪.

한 자의 벽옥(璧玉)을 아끼지 않고 촌음[1]을 아끼는 것은 전투의 시기를 얻기 어려울 뿐만 아니라 쉽사리 잃어버릴 수 있기 때문이다. 그러므로 훌륭한 장수는 전투의 시기를 단단히 틀어쥐어야 하며 휴식하면서도 허리띠를 풀지 않고 옷을 벗지 않으며, 바쁠 때면 신이 벗겨져도 찾아 신을 새가 없다.

1 **촌음**寸陰 : 짧은 시간을 말한다.

병요

제갈량은 훌륭한 장수는 위엄이 있으면서도 교만하지 않고, 위임을 받고도 독단하지 않으며, 도움을 받으면서도 의지하지 않고, 파면될 것을 두려워하지 않는 품성을 갖추어야 한다고 주장했다.

이 글은 『태평어람』 「병부」 '장수하' 권273에서 발췌했다.

貴之而不驕, 委之而不專, 扶之而不隱, 免之而不懼, 故良將之動也, 猶璧之不污.

위엄 있으면서도 교만하지 않고, 위임을 받고서도 독단하지 않으며, 도움을 받으면서도 의지하지 않고, 파면되는 것을 두려워하지 않아야 훌륭한 장수의 행동에 백벽白璧과도 같이 오점이 없을 수 있다.

병요

제갈량은 훌륭한 장수는 정사에 참여할 때 겸손하고 신중한 태도를 가져야 한다고 주장했다.

이 글은 『태평어람』 「병부」 '장수하' 권273에서 발췌했다.

良將之爲政也, 使人擇之, 不自擧 ; 使法量功, 不自度. 故能者不可蔽, 不能者不可飾, 妄譽者不能進也.

훌륭한 장수는 정사에 참여하여 다른 사람이 자신을 선택하게 할 뿐 스스로 천거하지 말아야 하며, 법규로 자신의 공적을 평가받아야 할 뿐 스스로 평가하지 말아야 한다. 이는 재능 있는 사람은 매몰될 수 없으며 재능 없는 사람은 꾸며낼 수 없으며 허명만 있는 사람은 천거받을 수 없기 때문이다.

병요

이 글에서는 언행이 일치하지 못하고 사사로이 무리를 지으며 나라의 법규를 위반하고 남을 비방하는 것이 군사에 끼치는 해를 논했다.

이 글은 『북당서초』「무공부·1」'논병論兵' 권113에서 발췌했다. 이 글 앞에 '병서운兵書云'이란 세 글자가 있으나 누구의 병서인가는 밝히지 않았다. 장주가 잘못 집록한 것이 아닌가 의심된다.

言行不同, 堅私枉公, 外相連誣, 內相謗訕, 有此不去, 是謂敗亂.

언행이 일치하지 않고 사사로이 무리를 지으며 나라의 법규를 위반하고 밖으로 서로 내통하여 모함하고 안에서 서로 비방하는 악습을 제거하지 않는다면 실패와 재난을 초래할 것이다.

병요

🧘 부하들이 당파를 이루어 강대한 세력을 형성하는 것의 해가 얼마나 큰가에 대해 논했다.

이 글은 『북당서초』「무공부·1」'논병' 권113에서 발췌했다.

枝葉強大, 比居同勢, 各結朋黨, 競進憸人, 有此不去, 是謂敗征.

🧘 부하가 강대하며 동료의 세력이 아주 커지고 제각기 붕당朋黨을 이루어 서로 간악한 소인을 천거하는 현상이 제거되지 않는 것은 나라가 망할 징조이다.

병요

전쟁 중 군사 규율의 중요성에 대해 논했다.

이 글은 주용朱墉의 『중간무경칠서회해重刊武經七書匯解』 「당이문대唐李問對」 권4에서 발췌했다.

有制之兵, 無能之將, 不可以敗 ; 無制之兵, 有能之將, 不可以勝.

규율이 엄한 군사는 무능한 장수를 만나도 패할 수 없고 규율이 없는 군사는 유능한 장수를 만나도 승리할 수 없다.

병요

이 글에서는 군사가 출발할 때 깃발이 하늘을 가리키면 싸움에서 반드시 승리한다고 했다.

이 글은 진우모陣禹謨의 교각본校刻本 『북당서초』「무공부·8」'번' 권120에서 발췌했다. 이 글 앞에는 '병서운'이란 세 글자가 있는데 누구의 병서라고 밝히지는 않았다. 장주가 잘못 집록한 것이 아닌가 한다.

督將已下, 各自有幡. 軍發時, 幡指天者勝.

통수 아래의 장교들에게는 제가끔 지휘하는 데 쓰는 깃발이 있다. 군사가 출발할 때 깃발이 하늘을 가리키면 싸움에서 반드시 승리한다.

목우와 유마를 만드는 방법

 촉한 건흥 9년(231년) 2월, 제갈량은 대군을 거느리고 다시 기산으로 나가 위나라를 쳤는데 군사가 많아 식량 수요가 많아지자 목우木牛를 만들어 식량을 운반했다. 그러나 6월에 식량이 떨어지자 하는 수 없이 퇴군했다. 3년 동안의 준비를 거쳐 건흥 12년(234년) 2월, 제갈량은 10만 대군을 직접 거느리고 야곡으로 나가 위나라를 쳤는데 유마流馬로 군사 물자를 공급했다.

목우, 유마가 어떤 것인가에 대해 송나라의 진사도陳師道는 『담총談叢』에서 다음과 같이 말했다.

"촉한에는 작은 수레가 있는데 한 명이 밀고 8섬을 실으며 앞쪽은 소머리 같다. 또 큰 수레가 있는데 네 명이 밀며 10섬을 싣는다. 통칭하여 목우유마라 한다."

범문란은 『중국통사간편』의 제2편 제3장 제7절에서 다음과 같이 말했다.

"목우는 인력으로 움직이는 외바퀴 수레인데 다리가 하나에 발이 넷이다. 다리가 하나라는 것은 차바퀴가 하나란 것이고 발이 넷이라는 것은 수레 옆에 장치한 네 개의 나무기둥을 말하는데 수레를 밀 때나 세울 때에 쓰러지지 않도록 하는 것이다.", "목우는 한 사람의 1년 식량을 싣고 혼자서 가면 하루에 수십 리를 갈 수 있고 여럿이 무리를 지어 가면 20리를 갈 수 있다.", "유마는 목우를 개량한 것인데 '앞뒤에 네 다리'가 있다. 다시 말하면 인력으로 움직이는 네 바퀴 수레이다. 유마는 4섬 6말의 식량을 실을 수 있어 목우보다 더 많이 싣고 하루에 대략 20리밖에 가지 못한다."

이 글은 『삼국지』 「촉서」 '제갈량전'에 배송지가 주를 달며 인용한 『제갈량집』에서 발췌했다.

호삼성胡三省이 사마광司馬光의 『자치통감』 「위기魏紀·4」 '태화오년'과 『자치통감』 「위기·4」 '청룡원년'에 주를 달며 『제갈량집』을 인용할 때 유마에 관해 쓴 글은 본문과 약간 차이가 있다. 아직 목우와 유마의 복원 실험이 행해진 적이 없기 때문에 누구의 주장이 옳은가 하는 것은 알 수가 없다. 본문의 주석을 참조하기 바란다.

木牛者, 方腹, 曲頭, 一脚四足, 頭入領中, 舌著于腹. 載多而行少, 宜可大用, 不可少使；特行者數十里, 群行者二十里也. 曲者爲牛頭, 雙者爲牛脚, 橫者爲牛領, 轉者爲牛足, 覆者爲牛背, 方者爲牛腹, 垂者爲牛舌, 曲者爲牛肋, 刻者爲牛齒, 立者爲牛角, 細者爲牛鞅, 攝者爲牛鞦軸. 牛仰雙轅, 人行六尺, 牛行四步. 載一歲粮, 日行二十里, 而人不大勞.

목우의 차체[1]는 사각이고 머리 부분은 구부정하며 바퀴 하나에 네 개의 받침기둥이 있고[2] 앞머리는 멍에[3] 아래에 있으며 제동장치[4]는 차체에 바싹 붙어 있다. 많이 실으면 천천히 가므로 큰 짐을 싣기에 적합하고 적은 짐을 싣기에는 적합하지 않다. 혼자서 가면 하루에 수십 리를 가지만 떼를 지어 가면 하루에 20리를 간다. 굽은 것은 소의 머리라 하고 받침기둥은 소의 다리[5]라 한다. 멍에는 소의 목이라 하고 굴러가는 바퀴는 소의 발[6]이라 한다. 덮은 것은 소의 등[7]이라 하고 모난 것은 소의 배라 한다. 차체 옆에 드리워진 것은 소의 혀라 하고 차체 밖의 굽은 것은 소의 옆구리[8]라 한다. 손잡이에 홈을 판 것은 소의 이빨[9]이라 하고 곧은 막대기는 소의 뿔[10]이라 한다. 가는 띠는 소의 가슴걸이[11]라 하고 수레를 끄는 밧줄은 소의 후걸이[12]라 한다. 수레를 모는 사람은 두 개의 끌채를 손잡이로 삼는데 사람이 여섯 걸음을 나가면 목우의 바퀴는 네 번 돈다.[13] 한 사람의 1년 식량을 싣고 하루에 20리를 가도 사람이 지칠 줄 모른다.

1 **차체** : 원문은 '복腹'인데 차체를 가리키는 듯하다.
2 **바퀴…있고** : 범문란은 『중국통사간편』 제2편 제3장 제7절에서 '바퀴'를 '다리'로 '기둥'을 '발'로 해석했다.
3 **멍에** : '영領'은 '경頸'이다. 두 개의 수레 끌채 앞 끝의 가름목, 즉 멍에인 듯하다.
4 **제동장치** : 원문은 '설舌'인데 제동장치를 가리키는 듯하다.
5 **소의 다리** : 위에서 '일각사족一脚四足'이라 했으므로 여기서 '각脚'은 '족足'이 되어야 할 것이다.
6 **소의 발** : 위에서 '일각사족'이라 했으므로 여기서 '족足'은 '각脚'이 되어야 할 것이다.
7 **소의 등** : 차체의 덮개이거나 기타의 덮은 물건을 가리키는 듯하다.

8 **소의 옆구리**: 우륵牛肋은 소 흉부 양쪽의 갈비뼈를 말하는데 여기서는 차체를 튼튼하게 하기 위해 양측에 댄 나무인 듯하다.
9 **소의 이빨**: 수레를 끌기 편리하도록 손잡이에 새겨놓은 이빨 모양의 물체인 듯하다.
10 **소의 뿔**: 물건을 묶기 편리하도록 차체 위에 곧게 세워놓은 나무막대기인 듯하다.
11 **소의 가슴걸이**: 수레를 끄는 사람이 목에 거는 끈인 듯하다.
12 **소의 후걸이**: 소나 말을 수레에 멜 때 소나 말의 궁둥이 뒤에다 씌우는 가죽띠이다. 여기서는 수레가 내리막길에서 미끄러지는 것을 방지하는 데 쓰는 가죽끈인 듯하다.
13 **사람이…돈다**: 고대에는 발을 두 번 들었다 놓는 것을 한 걸음이라 했다. 한나라 때에는 걸음을 길이의 단위로 삼았는데 6자를 한 걸음으로 했다. 이로 미루어 보아 원문의 '人行六尺, 牛行四周'는 오자인 것이 분명하다. 아마도 '人行六步, 牛行四周'가 아닌가 한다. 후한 때에는 한 자가 약 24센티미터에 해당되었는데 '人行六步, 牛行四周'라면 그 차바퀴의 직경은 대략 69센티미터 정도일 것이다. 이 같은 외바퀴 차라면 촉도의 길에서도 운수용으로 쓰기에 적합했을 것이다.

流馬尺寸之數, 肋長三尺五寸, 廣三寸, 厚二寸二分, 左右同. 前軸孔分墨去頭四寸, 徑中二寸. 前脚孔分墨二寸, 去前軸孔四寸五分, 廣一寸. 前杠孔去前脚孔分墨二寸七分, 孔長二寸, 廣一寸. 後軸孔去前杠分墨一尺五分, 大小與前同. 後脚孔分墨去後軸孔三寸五分, 大小與前同. 後杠孔去後脚孔分墨二寸七分, 後載克去後杠孔分墨四寸五分. 前杠長一尺八寸, 廣二寸, 厚一寸五分; 後杠與等. 板方囊二枚, 厚八分, 長二尺七寸, 高一尺六寸五分, 廣一尺六寸, 每枚受米二斛三斗. 從上杠孔去肋下七寸, 前後同. 上杠孔去下杠孔分墨一尺三寸, 孔長一寸五分, 廣七分, 八孔同. 前後四脚, 廣二寸, 厚一寸五分, 形制如象軒, 長四寸, 徑面四寸三分. 孔徑中三腳杠長二尺一寸, 廣一寸五分, 厚一寸四分, 同杠耳.

유마[1]의 치수는 다음과 같다. 옆구리의 길이가 3자 5치이고 너비가 3치이며 두께가 2치 2푼인데 좌우가 같다. 앞축 구멍의 먹줄[2]은 옆구리에서 4치 떨어져 있고 직경은 2치[3]이다. 앞바퀴 구멍의 먹줄은 앞축 구멍과 4치 5푼 떨어져 있고 구멍의 길이는 2치이며 너비는 1치이다. 앞의 막대기 구멍은 바퀴 구멍 먹줄[4]과 2치 7푼 떨어져 있고 구멍의 길이는 2치이며 너비는 1치이다. 뒤축 구멍[5]은 앞의 막대기 구멍의 먹줄과 1자 5푼 떨어져 있고 구멍의 크기는 앞의 막대기 구멍과 같다. 뒷다리 구멍의 먹줄은 뒤축 구멍과 3치 5푼 떨어져 있고 구멍의 크기는 앞의 막대기 구멍과 같다. 뒤의 막대기 구멍은 뒷다리 구멍의 먹줄과 2치 7푼 떨어져 있다. 뒷부분의 제동장치는 뒤의 막대기 구멍의 먹줄과 4치 5푼 떨어져 있다. 앞의 막대기 길이는 1자 8치이고 너비는 2치이며 두께는 1자 5푼이다. 뒤의 막대기는 앞의 막대기와 같다. 장방형의 나무상자는 둘이고 널판자의 두께는 8푼이다. 상자의 길이는 2자 7치이고 높이는 1자 6치 5푼이며 너비는 1자 6치이고 각각의 나무상자에는 쌀 2곡[6] 3두를 담을 수 있다. 위의 막대기 구멍은 옆구리 아래에서 7치 떨어져 있는데 앞뒤 것이 같다. 위의 막대기 구멍은 아래의 막대기 구멍 먹줄로부터 1자 3치 떨어져 있고 길이는 1치 5푼이며 너비는 7푼이다. 막대기 구멍 8개의 크기는 똑같다. 앞뒤의 네 다리는 각기 너비가 2치이고 두께가 1치 5푼이며 형상은 코끼리 다리 같은데 길이는 4치이고 경면傾面

은 4치 3푼이다. 다리 구멍 안에 있는 두 개의 다리 막대기[7]는 길이가 2자 1치이고 너비가 1치 5푼[8]이며 두께가 1치 4푼이다. 두 다리의 막대기 크기는 같다.

1 **유마** : 양옥문 등의 『제갈량문역주』에 따르면 제작 방법은 대체로 이러하다. "먼저 8대의 네모난 나무로 2개의 장방형 틀을 만드는데 긴 변은 '옆구리'라고 하고 짧은 변은 '막대기'라고 한다. 다시 네 대의 네모난 나무로 아래위의 두 옆구리를 연결시켜 납작하고 긴 장방형의 입방체를 만드는데 이 네 대의 네모난 나무를 '다리'라고 한다. 밑의 두 옆구리 사이에 전후의 차축을 장치하고 차축에다 바퀴를 장치한다. 납작하고 긴 입방체 위에 두 개의 장방형 나무상자를 올려놓아 물건을 담는 데 쓴다." 이것은 가설일 뿐이다.

2 **앞축 구멍의 먹줄** : 아래 옆구리 밑의 앞축을 조여주는 원형의 구멍을 가리킨다. 먹줄은 줄을 친 먹선을 말한다.

3 **2치** : 호삼성이 『자치통감』 「위기·4」 '청룡원년'에 주를 달며 인용한 『제갈량집』에는 두 글자가 없는데 이를 따를 수 있다. 아래의 '廣一寸'은 다만 장부 구멍만의 너비인데 '二寸'이라는 것은 장부 구멍의 길이가 돼야 하지 않는가 한다. 베껴 쓸 때 잘못된 것이 아닌가 한다. 아래의 앞 막대기 구멍의 '孔長二寸, 廣一寸'이 그 증거이다.

4 **바퀴 구멍 먹줄** : 호삼성이 『자치통감』에 주를 달며 인용한 『제갈량집』에는 '孔' 자 다음에 '分墨'이란 두 글자가 있고 '二寸'이 '三寸'으로 되어 있다.

5 **뒤축 구멍** : 호삼성이 『자치통감』에 주를 달며 인용한 『제갈량집』에는 '杠' 자 아래에 '孔' 자가 있는데 이를 따랐다.

6 **2곡** : 곡斛은 용량을 재는 도구의 명칭이다. 한나라 때에는 열 말이 한 곡이었다.

7 **두 개의 다리 막대기** : 호삼성이 『자치통감』에 주를 달며 인용한 『제갈량집』에는 '三脚'이 '二脚'으로 되어 있는데 이를 따랐다.

8 **너비가 1치 5푼** : 호삼성이 『자치통감』에 주를 달며 인용한 『제갈량집』에는 '2치 5푼'으로 되어 있다.

팔진도법[1]

제갈량이 '팔진八陣' 훈련을 끝마친 것에 대해 평가한 글이다. 이 글은 북위 역도원의 『수경주』「강수江水·1」권33에서 발췌했다.

八陣旣成, 自今行師, 庶不覆敗矣.

팔진八陣을 이미 훈련했으니[2] 이번에는 출병해도 참패하지 않을 것이다.

1 **팔진법** : 원문은 '八陳'인데 陳은 陣이다. 옛사람들은 진을 쳐서 싸우는 방법을 '팔진'이라고 했는데 여덟 가지의 정해진 포진을 말하는 것은 아니었다. 전국시대 중기의 병법가 손빈의 저작『손빈병법』중에도 '팔진'이라는 말이 있는 것으로 보아 '팔진'은 제갈량이 발명한 것이 아니라 옛사람들의 작전 경험을 총화한 것을 기초로 창조적으로 발전시켰다는 것을 알 수 있다. 팔진도란 고대에 군사를 쓰는 한 가지 포진법이다.『삼국지』「촉서」'제갈량전'에서 제갈량은 "병법을 발전시켜 팔진도를 만들었다."고 했으며『진서』「환온전桓溫傳」에서는 "처음에 제갈량은 어복평사魚腹平沙 아래에 팔진도를 만들었는데 돌을 쌓아 여덟 줄로 만들었고 줄 사이의 거리는

2장丈이었다. 환온이 그것을 보고 '이것은 상산常山의 뱀 형세이다'라고 했으나 문무관원들은 누구도 알아보지 못했다."라고 했다. 이론을 보면 '팔진도' 라는 것은 확실히 있었던 것 같다. 팔진도의 내용이 어떤 것인가에 대해서는 송나라의 왕응린이 『소학감주小學紺珠』「제도制度」'팔진'에서 '동당洞當, 중황中黃, 용등龍騰, 조비鳥飛, 절충折衝, 호익虎翼, 악기握機, 형衡衡'이라고 했고 『병략찬문兵略纂聞』에서는 '천진天陣, 지진地陣, 풍진風陣, 운진雲陣, 용진龍陣, 호진虎陣, 조진鳥陣, 사진蛇陣'이라고 했다. 이런 것들은 모두 직접적인 근거가 되지 못하고 후대 사람들의 추측에 불과한 것이므로 연구가 더 필요하다.

2 **팔진을…훈련했으니** : 팔진도의 유적지에 관한 설은 여러 가지인데 그 중 하나는 『수경주』「면수」와 『한중부지漢中府志』에 근거하여 섬서성 면현 동남부의 제갈량 묘 동쪽이라고 보는 것이다. 또 다른 설로는 『수경주』「강수·1」과 『태평환우기太平寰宇記』에 근거하여 사천성 봉절현 남강南江 근처라고 보는 설, 『태평환우기』와 『명일통지明一統志』에 근거하여 사천성 신도현新都縣에서 북쪽으로 30리쯤에 있는 모미진牟彌鎮이라고 보는 설이 있다.

아침에 남정을 떠나면서 쓴 전

 제갈량이 북벌할 때 조정에 보낸 군사 정황에 관한 짧은 전[1]이다.

이 글은 북위 역도원의 『수경주』「면수상」 권27에서 발췌했다.

朝發南鄭, 暮宿黑水, 四, 五十里.

아침에 남정[2]을 출발하여 저녁때에 흑수[3]에서 숙영했는데 사오십 리를 달렸습니다.

---

1 전箋 : 주기체奏記體의 하나이다. 후한, 삼국시대에 왕공대신들 사이에서 주고받으며 공경을 표하기도 하고 또 구속 없이 쓰던 일종의 문체였다.
2 남정南鄭 : 지금의 섬서성 남정현에 있었다.
3 흑수 : 지금의 섬서성에 있는 흑하黑河이다.

사도원섭첩[1]

 촉한 건흥 12년(234년) 2월, 제갈량은 10만 대군을 거느리고 야곡으로 나가 위나라를 쳤다. 이 글은 그가 조정에 보낸 군사 정황에 대한 짧은 글이다.

송나라의 『선화서보宣和書譜』 「초서草書」 '촉제갈량蜀諸葛亮' 권13에서 제갈량은 "그림을 잘 그렸고 초서도 쓰기 좋아했다. 비록 서법으로 이름이 나지는 않았지만 그가 세상에 남긴 필적을 얻었으니 진귀하게 여겨야 할 것이다. 지금 어부御府에 보관되어 있는 초서 중의 하나가 '원섭첩' 이다."라고 했는데 여기에서 송 휘종徽宗 때에도 이 첩을 보관하고 있었다는 것을 알 수 있다.

이 글은 장주가 『태평어람』에서 뽑아 주를 단 것이라는데 더 고증해보아야 할 것이다.

師徒遠涉, 道里甚艱, 自及褒, 斜, 幸皆無恙. 使還, 馳此, 不復具.

부대는 먼 길을 행군하여 갖은 고생 끝에 포곡褒谷에서 야곡에 이르렀는데 다행히 아무런 손실도 없었습니다. 통신사通信使를 보내어 신속히 이 서신을 올립니다. 다시 글로 써서 보고하지 않겠습니다.

1 **사도원섭첩**師徒遠涉帖 : 사도는 보병이고 섭涉은 걷는다는 뜻이며 첩帖은 서신류에 속하는 문체인데 글이 일반적으로 짧다. 고대에는 죽편竹片에 쓴 것을 '간簡'이라 했고 목편木片에 쓴 것을 '찰札'이라 했으며 비단이나 명주에 쓴 것을 '첩帖'이라 했다.

한가의 금에 관한 글

이 글은 금, 은 채굴에 대한 견해를 밝힌 것이다. 전체 글이 어떠했는지 알 수 없기 때문에 이런 견해를 제기한 배경은 알 수가 없다.

이 글은 사마표가 편찬한 『속한서』 「군국지·5」 '건위속국犍爲屬國'에 있는 유소劉昭의 주에서 발췌했다.

漢嘉金, 朱提銀, 采之不足以自食.

한가[1]의 금과 주제[2]의 은은 채굴하여도 스스로 먹을 것도 못 됩니다.

1 한가漢嘉 : 지금의 사천성 명산현 북부에 있었다.
2 주제朱提 : 지금의 운남성 소통시에 있었다.

교우에 대해 논함

제갈량은 풍부한 경험과 도덕을 기준으로 교우관을 형성했다. '송백松柏의 도道'를 제창했으며 '권세와 재물을 위한 교우'에 침을 뱉었다. 이 글은 비유가 생동적이고 논리적이기 때문에 지금까지도 널리 좌우명으로 쓰이고 있다.

이 글은 『태평어람』 「인사부」 '교우交友' 권406에서 발췌했다.

勢利之交, 難以經遠. 士之相知, 溫不增華, 寒不改葉, 能四時而不衰, 歷夷險而益固.

권세와 재물로 사귄 벗은 오래갈 수 없다. 선비의 교우 관계는 송백松柏과도 같아서 따뜻하다고 화려한 꽃을 피우지 않고, 춥다고 잎을 갈지 않는다. 사계절을 거쳐도 쇠하지 않고 온갖 어려움을 겪음으로써 더욱 단단해진다.

광무제를 논함

 앞부분은 조식[1]이 한 고조 유방과 한 광무제 유수流秀를 논한 것이고, 뒷부분은 이에 대해 제갈량이 논한 것이다. 조식은 유수가 천재이고 신하들은 범재여서 유수가 모든 것을 결정하면 신하들이 이를 집행한 것일 뿐이라고 주장했다. 제갈량은 유수가 뛰어난 임금이긴 하지만, 충성스럽고 지용을 겸비한 신하들이 없었다면 문제를 맹아 상태에서 해결하고 적대세력을 신속히 평정하지 못했을 것이라고 했다. 한 고조에게 장량, 진평, 한신, 주발과 같은 이름난 신하들이 있었던 것은 그가 일을 거칠게 처리하여 그들에게 능력을 보일 수 있는 기회를 주었기 때문이다. 그러나 유수는 천성이 총명하여 남이 중대한 결정을 하는 것을 용납하지 못했고, 신하들 또한 자신의 재능을 충분히 드러낼 기회가 없었다.

이 글은 양나라의 소역蕭繹이 편찬한 『금루자金樓子』 「입언立言」 권4에서 발췌했다.

曹植曰:"漢之二祖, 俱起布衣. 高祖闕于微細, 光武知于禮意. 高祖又鮮君子之風, 溺儒冠, 不可言敬. 辟陽淫僻, 與衆共之. 詩書禮樂, 帝堯之所以爲治也, 而高祖輕之. 濟濟多士, 文王之所以獲寧也, 而高祖蔑之不用. 聽戚姬之邪媚, 致呂氏之暴戾, 果令凶婦肆鴆酷之心. 凡此諸事, 豈非寡計淺慮, 斯不免于閭閻之人, 當世之匹夫也. 世祖多識仁智, 奮武略以攘暴, 興義兵以掃殘, 破二公于昆陽, 斬阜, 賜于漢津. 當此時也, 九州鼎沸, 四海淵涌, 言帝者二三, 稱王者四五, 若克東齊難勝之寇, 降赤眉不計之虜, 彭寵以望异内隕, 龐萌以叛主取誅, 隗戎以背信斃軀, 公孫以離心授首. 爾乃廟勝而后動衆, 計定而後行師. 于時戰克之將, 籌畵之臣, 承詔奉命者獲寵, 違令犯旨者顚危. 故曰, 建武之行師也, 計出于主心, 勝决于廟堂. 故竇融因聲而景附, 馬援一見而嘆息."

조식은 다음과 같이 말했다. "한나라의 두 시조[2]는 모두 백성들 속에서 일어났다. 고조는 거칠었고 광무제는 예와 덕[3]을 알았다. 또한 고조에게는 군자의 풍모가 없었다. 유생儒生의 모자에 오줌을 싸는 것을 존중이라고 할 수는 없는 것이다. 벽양후[4]가 음란하니 고조와 궁인들도 함께 휩쓸렸다. 시서예악詩書禮樂은 요임금이 나라를 다스린 근본이었으나 고조는 이를 경시했다. 주 문왕은 많은 문인을 등용하여 나라를 안정시켰으나 고조는 그들을 멸시하고 등용하지 않았다. 또한 척희[5]의 간사한 아첨을 들어 여후[6]의 포학을 초래했고 종국에는 영악한 여자가 제 마음대로 악독하고 잔혹한 궤계詭計를 펼칠 수 있게 했다. 이런 모든 일들이 지모와 원견遠見이 모자랐

고조(기원전 256~195) 한나라의 창건자. 농부의 아들로 태어나 하급관리를 지냈으며 진나라 말기에 반란을 일으켰다. 결국 숙적 항우를 물리치고 한나라를 세웠다.

광무제(기원전 6~기원후 57) 후한의 초대 황제. 신나라를 세운 왕망을 물리치고 한나라를 재건했다. 그가 재건한 나라를 후한 또는 동한이라고 한다.

기 때문이 아니란 말인가? 이런 것은 고조를 필부로 간주하지 않을 수 없게 한다. 광무제는 견식이 넓고 인애와 지모를 겸비했으며 군사적 모략을 펴서 반란을 제거했고 인의仁義의 군사를 일으켜 잔당을 숙청했다. 곤양에서 왕읍과 왕심을 물리쳤으며[7] 비수에서 진부와 양구사를 죽였다.[8] 그 당시에는 전국이 어지럽고 술렁였으며 각지에서 호강들이 일어났다. 황제라고 칭한 자들만도 두셋이었고[9] 왕이라고 자칭하는 자들이 네댓이었으나[10] 동쪽 제노齊魯의 싸워 이기기 어려운 도적들도 물리쳤고[11] 계략이 없는 적미[12]의 군사도 굴복시켰다. 팽총[13]은 남들과 다른 것을 바라다가 수하에게 목숨을 잃었고 방맹[14]은 군주를 배반했다가 살해당했으며 외효[15]는 신의를 저버렸기 때문에 주검이 되었고 공손술[16]은 다른 마음을 가졌기 때문에 머리를 바쳤다. 이러한 모든 것은 조정의 주밀한 획책이 있는 다음에 군사를 일으켰고 계략이 정해진 다음에 출병한 것이었다. 그때 전투에 임한 장수나 모략을 획책한 대신들 중에 명령을 따른 자는 총애를 받았고 명령을 위반한 자는 머리가 위험했었다. 그런 연고로 광무제가 군사를 출동시켜 싸운 것은 그 자신의 마음속으로부터 계략을 세운 것이고 승리는 조정에서 결정된 것이라고 말하는 것이다. 때문에 두융[17]은 그의 명성을 듣고 귀순했으며 마원[18]은 그의 얼굴을 보고 탄복했다."

1 **조식(192~232)** : 자는 자건子建이며 초譙(안휘성 박현) 사람이다. 조조의 아들로서 문학가이다. 진왕陳王으로 책봉되고 시호가 사思이므로 진사왕陳思王이라고도 한다. 총명하고 글짓기에 능하여 말하면 이론이 되고 붓을 들면 문장이 이루어졌으므로 조조의 총애를 받았으나 제 마음대로 행동하고 술에 절제가 없었기 때문에 끝내 태자로 책봉되지 못했다. 조비와 조예가 차례로 황제가 되자 원통해하다 죽었다. 시와 부賦, 산문에 능했다. 비흥比興의 수법을 쓰기 좋아했고 언어가 세련되고 문체가 아름다워 중국 오언시五言詩의 발전에 큰 영향을 주었다. 저작으로 30권이 있었으나 유실되었으며 송나라 사람이 『조자건집曹子建集』을 집록했다.

2 **두 시조始祖** : 전한의 고조 유방과 후한의 광무제 유수를 말한다. 유방은 '후출사표'의 주석을 참조하고, 유수는 '정의'의 주석을 참조하라.

3 **덕** : 원문은 '意'인데 『금루자』에는 '德'으로 되어 있어 이를 따랐다.

4 **벽양후**辟陽侯 : 심이기審食其를 말한다. 패현 사람으로, 유방이 팽성彭城에서 패해 서쪽으로 도망가자 항우가 유방의 부친과 여후를 인질로 붙잡아갔는데 이때 사인숨人의 신분으로 여후를 섬겼다. 후에 유방이 항우를 물리치자 벽양후로 봉해지고 여태후의 총애를 받아 좌승상이 되었다. 그러나 승상부를 설치하여 사무를 보지 않고 궁궐 안에 거주하면서 모든 대사를 좌지우

요임금　중국 신화에 나오는 전설적인 제왕. 무능한 아들을 제쳐놓고 순에게 왕위를 선양했다. '요순시대'는 태평성대의 대명사로 널리 알려져 있다.

지했다.

5 **척희**戚姬 : 정도定陶(산동성 정도현 서북쪽) 사람으로, 유방의 첩이었다. 유방의 총애를 받아 조왕趙王 여의如意를 낳았다. 유방을 따라 관동關東에 갔으며 밤낮 울면서 여후의 아들을 폐하고 자신이 낳은 아들을 태자로 세울 것을 요구하여 여후의 질투와 원한을 샀다. 유방이 죽자 여후는 조왕을 독살했으며, 척희의 손발을 잘라버리고 눈알을 빼고 불로 귀를 지지고 약을 먹여 벙어리로 만들어 돼지우리에 가두었다.

6 **여후(기원전 241~기원전 180)** : 이름은 치雉이고 자는 아후娥姁이며 한 고조 유방의 황후이다. 일찍이 유방을 도와 한신, 팽월 등 이성異姓 왕후들을 살해했다. 아들 혜제惠帝가 즉위하자 조정의 실권을 틀어쥐고 척희와 그녀의 아들 조왕 여의를 살해했다. 혜제가 죽자 묘당에 나와 섭정했으며 여씨들을 왕후로 분봉하고 남북의 군사를 통솔했다. 또한 심이기를 좌승상으로 삼아 모든 대사를 결정하게 했다. 16년 동안 집정했다.

7 **곤양에서…물리쳤으며** : 곤양은 지금의 하남성 엽현이다. 이 문장은 신조新朝 지황地皇 4년(23년) 6월에 왕읍과 왕심이 대군을 거느리고 곤양을 수십 겹이나 포위하자 유수가 3천 명의 결사대를 거느리고 곤양을 구원하여 왕심을 죽여버리고 신군新軍 수만 명을 무너뜨린 일을 가리킨다.

8 **비수에서…죽였다** : 진부는 왕망의 신조 군사 전대前隊의 대부이고 양구사는 속정屬正이었다. **비수**沘水 원문은 '한진漢津'인데 오자인 것 같다. 『후

『한서』「광무제기」에 "한나라군이 다시 진부, 양구사와 비수 서쪽에서 싸워 크게 격파하고 진부와 양구사를 참했다."라는 기록이 있는 것이 그 증거이다. 이 문장은 한나라 회양왕淮陽王 유현劉玄의 갱시更始 원년(23년) 정월에 유수가 군사를 거느리고 왕망의 진부, 양구사와 비수 서쪽에서 크게 싸워 이 두 사람을 죽이고 신군 수만 명을 몰살한 일을 가리킨다.

9 황제라고…두셋이었고 : 유현이 황제로 자칭하고 연호를 건원 갱시로 정했고, 유분자劉盆子가 황제로 자칭하고 연호를 건원 건세建世라고 했으며, 공손술이 황제로 자칭하고 연호를 건원 용흥龍興이라 한 것 등이다.

10 왕이라고…네댓이었으나 : 진풍秦豊이 초려왕楚黎王이라 하고, 연잠延岑이 무안왕武安王이라 했으며, 팽총彭寵이 연왕燕王이라 하고, 방맹이 동평왕東平王이라 한 것 등이다.

11 동쪽…물리쳤고 : 제노齊魯는 동쪽의 제齊, 노魯 지역을 말한다. 싸워 이기기 어려운 도적들이란 유영劉永, 장보張步, 동헌董憲 등을 가리킨다. 유영은 수양(하남성 상구현)에서 황제를 자칭하고 28개 성을 점령했다. 또한 장보를 제왕으로 세우고 청주, 서주의 12개 군을 점령했으며, 동헌을 해서왕海西王으로 세우고 동해군을 점령했다. 유수는 11년이 지난 후에야 이들을 평정할 수 있었다.

12 적미 : 적미군赤眉軍을 가리킨다. 왕망의 신조 천봉天鳳 5년(18년)에 산동, 소북蘇北 일대에 큰 재해가 들자 낭야(산동성 제성시) 사람 번숭樊崇이 거현(산동성 거현)에서 봉기를 일으키고 수만 명을 모았는데, 눈썹을 빨갛게 물들여 표식으로 삼았기 때문에 적미군이라 불렀다. 왕망의 신조 지황 3년(22년)에 왕망이 갱시장군 염단廉丹과 태사 왕광王匡에게 명해 진압하게 했는데 성창成昌(산동성 동평현 서쪽)에서 적미군에게 패했다. 유현이 갱시정권을 건립한 후에 번숭은 항복을 표했으나 합당한 벼슬을 주지 않았다며 갱시 2년(24년)에 두 갈래로 나누어 유현을 공격했다. 3년에 홍농弘農(하남성 영보현 북쪽)에서 합류했는데 군사가 30만이었다. 유분자를 황제로 세우고 연호를 건세建世라 했다. 얼마 후 장안을 공격하여 유현을 항복시켰으며, 건세 2년(26년)에 기근으로 인해 장안에서 물러났다. 3년에 신안新安과 의양宜陽에서 유수에게 포위당하자 번숭은 투항했으며 봉기는 실패했다.

13 팽총彭寵(?~29) : 자는 백통伯通이고 남양군 완현宛縣(하남성 남양시) 사람이다. 유수를 따라 왕랑을 토평討平할 때 자신의 공로를 믿고 왕이 되어야 한다고 여겼으나 겨우 대장군에 임명된 것에 불만을 품고 반란을 일으켜

연왕이라 자칭했다가 부하에게 살해되었다.

14 방맹龐萌 : 산양山陽(하남성 초작시 동남쪽) 사람이다. 녹림군 봉기에 참가했고 유현 때에는 기주목冀州牧으로 있었다. 이후 유수에게 귀순하여 시중이 되었고 총애를 받았다. 평적장군平狄將軍이 되어 개연蓋延과 함께 동헌을 쳤다. 조서가 개연에게 내린 탓에 개연이 암암리에 자기를 모해하는 줄로 알고 유수에 대해 의심을 품었다. 그러다가 반란을 일으켜 동평왕東平王이라 자칭하고 동헌과 연합했다. 후에 전패하고 방여方與 사람 검릉黔陵에게 피살되었다.

15 외효隗囂(?~33) : 자는 계맹季孟이고 천수군天水郡 성기현成紀縣(감숙성 통위현 동북쪽) 사람이다. 젊었을 때 왕망의 국사國師 유흠劉歆의 속관이었다. 왕망이 패하자 아버지, 형들과 함께 수천을 모아 군사를 일으켰다. 후에 유현에게 투항하여 어사대부가 되었다. 유수가 황제가 되자 적미군을 진압한 공로로 서주대장군으로 임명되어 양주, 삭방朔方의 일을 관할했다. 유수는 그를 시험하기 위해 호기교위胡騎校尉로 임명하고 전강후鐫羌候에 봉했다. 그는 천하의 성패는 알 수 없는 것이라고 여겨 조정의 일에 전심하지 않았으며, 자신이 서량에 있고 군사가 강대하므로 때를 기다려 왕이 되거나 그도 아니면 한 지방의 패주라도 되려 했으므로 유수가 배치하는 것은 모두 완곡한 말로 거절했다. 이에 유수가 제거하려고 하자 공손술에게 의탁하여 삭녕왕朔寧王이 되었다. 싸움에서 패하고 병이 들었으며 굶어 죽었다.

16 공손술公孫述(?~35) : 자는 자양子陽이고 우부풍군 무릉현(섬서성 함양시 서쪽) 사람이다. 왕망 때에 도강졸정導江卒正(촉군태수)으로 있었으며 유현 때에는 촉왕을 자칭했다. 유수가 황제가 되자 스스로 천자라 자칭하고 국호를 성가成家라 했으며 연호를 용흥龍興이라 했다. 후에 유수의 대군이 촉을 공격할 때 유수가 여러 차례나 투항을 권유했으나 "흥망은 명에 달려 있거늘 어찌 천자를 항복시킬 수 있으랴."라고 하면서 투항하지 않다가 성도에서 전사했다.

17 두융竇融(기원전 16~62) : 자는 주공周公이며 우부풍군 평릉현平陵縣(섬서성 함양시 서북쪽) 사람이다. 왕망 때에 군공이 있어 건무남建武男에 봉해졌다. 왕읍이 곤양에서 패하자 파수장군이 되었으며, 유현이 황제가 되자 거록태수가 되었다. 그의 가문이 대대손손 하서河西에서 벼슬을 했으므로 천하의 안위를 알 수 없는 것을 보고 하서에서 나와 장액속국도위張掖屬國都尉가 되었다. 유수가 즉위하자 서신을 올리고 말을 바쳐 양주목이 되었다.

유수와 함께 외효를 평정할 때 공이 있었으므로 안풍후安豊侯에 봉해지고 네 읍을 식읍으로 받았다. 사람됨이 공손하고 일을 처리함에 있어 담력과 견식이 있었으므로 대사공으로 임명되었다.

18 **마원馬援(기원전 14~49)** : 자는 문연文淵이고 우부풍현 무릉 사람이다. 왕망 때에 신성대윤新成大尹(한중태수)으로 있었으며, 유수가 즉위하자 수덕장군綏德將軍으로 임명되어 모략 결정에 참여했다. 유수가 서정하여 외효를 칠 때 외효의 부장을 이간시키고 길을 안내한 공로를 인정받아 복파장군伏波將軍, 신식후信息侯로 제수되었다. 후에 무릉군(호남성 서포현 남쪽) 오계五溪의 만이蠻夷를 정벌하던 도중에 병으로 죽었다.

諸葛亮曰:"曹子建論光武, 將則難比于韓, 周, 謀臣則不敵良, 平, 時人談者, 亦以爲然. 吾以此言誠能美大光武之德, 而有誣一代之俊异. 何哉? 追觀光武二十八將, 下及馬援之徒, 忠貞智勇, 無所不有, 篤而論之, 非減曩時. 所以張, 陳特顯于前者, 乃自高帝動多闊疏, 故良, 平得廣于忠信, 彭, 勃得橫行于外. 語有'曲突徙薪爲彼人, 焦頭爛客爲上客', 此言雖小, 有似二祖之時也. 光武神略計較, 生于天心, 故帷幄無他所思, 六奇無他所出, 于是以謀合議同, 共成王業而已. 光武稱鄧禹曰:'孔子有回, 而門人益親.' 嘆吳漢曰:'將軍差强吾意, 其武力可及, 其忠不可及.' 與諸臣計事, 常令馬援後言, 以爲援策每與諧合. 此皆明君知臣之審也. 光武上將非減于韓, 周, 謀臣非劣于良, 平, 原其光武策慮深遠, 有杜漸曲突之明, 高帝能疏, 故陳, 張, 韓, 周有焦爛之功耳."

제갈량은 다음과 같이 말했다. "조자건은 광무제를 논하면서 무장들은 한신, 주발[1]과 비기기 어렵고 모신은 장량, 진평[2]을 당하지 못한다고 했다. 또한 당대의 사람들도 그렇다고 생각했다. 나는 이러한 여론은 광무제의 덕을 찬미하기 위해[3] 당대의 준걸들을 말살시키는 것이라고 생각한다. 왜 그러한가? 광무 28장[4]은 물론 아래로 마원 등에 이르기까지 충성스럽고 용감한 인재들이 모두 다 갖춰져 있었으며, 명확히 말하면 고조 때보다 못하지 않았다. 장량, 진평이 특별히 드러날 수 있었던 것은 본래 고조의 일 처리가 거칠기 때문이었으며, 그로 인해 장량, 진평은 충성과 신의를 충분히 표현할 수 있었고 팽월, 주발은 밖에서 천군만마를 휩쓸 수 있었다. '굴뚝을 구부리게 하고 땔감을 옮기라고 한 사람은 잊고, 불을 끄다 머리를 태우고 이마를 데인 사람만 귀빈으로 모시는구나.'[5]라는 말이 있다. 이 말은 비록 작은 일을 두고 한 말이지만 두 시조의 경우와 비슷하다. 광무제의 신묘한 계책은 천심天心에서 나왔기 때문에 전략 전술을 세움에 있어 다른 사람들이 근심할 필요가 없었으며 육기[6]를 다른 사람이 내놓아 모략이 서로 부합되고 의견이 일치될 필요가 없었고 함께 제왕의 대업을 이룩하기만 하면 되었다. 광무제는 등우[7]를 칭찬하여 말하기를 '공자에게 안회[8]가 있었기에 문하인들이 그와 더욱 가까워졌다.'라고 했고, 오한[9]을 칭찬하여 말하기를 '오 장군은 나를 이해하니 그의 용맹에 비길 만한 사람은 있어도 그의 충성심을 따를 사람은 없다.'고 했다. 대사를 획책할 때에는 항상 맨 마지막에 마원의 의견을 들었는데 이는 마원의 생각이 늘 자신의 생각과 맞아떨어졌기 때문이었다. 이런 것은 모두 신하를 알아보는 성군의 분별력을 보여준 것이다. 광무제의 우수한 무장들은 한신, 주발보다 못하지 않았으며 모신들도 장량, 진평보다 약하지 않았는데 그 원인을 따져보면 광무제는 멀리 내다보고 깊이 생각했고 나쁜 일을 경미할 때 방지하는 현명함을 가지고 있었으나, 고조는 거칠었기에 진평, 장량, 한신, 주발이 온힘을 다해 보완하는 공로를 세울 수 있었다."

1 **한신, 주발** : 한신(?~기원전 196)은 회음(강소성 청강시 서남쪽) 사람이다. 항우의 휘하에 있다가 후에 유방에게 투항하여 대장으로 임명되었다. 초한 전쟁 때 계책을 내어 한중을 치게 했으며, 유방과 항우가 형양滎陽(하남성 형양현)과 성고成皐(하남성 형양현 서쪽) 사이에서 대치하고 있을 때 군사를 거느리고 항우의 퇴로를 끊었다. 또한 조를 격파하고 제를 점령했으며 황하 하류 지역을 점령하고 후에는 유방과 함께 해하(안휘성 사현 서남쪽)에서 항우를 물리쳤다. 한나라가 건립되자 초왕楚王으로 봉해졌으나 모반을 꾀했다는 이유로 회음후로 강등되었고, 나중에는 진희陳豨와 결탁하여 모반했다고 하여 여후에게 살해되었다. 저작으로 『병법』 3편이 있으나 지금은 남아 있지 않다. 주발(?~기원전 169)은 패현(강소성 패현) 사람으로, 진나라 말기에 유방을 따라 군사를 일으켰으며 공을 세워 장군으로 임명되고 강후絳侯로 봉해졌다. 한나라 초기에 유방을 따라 한신, 진희, 노관의 반란을 평정했다. 여후 때에 태위를 지냈으며 여후가 죽은 뒤에 진평과 함께 정권을 찬탈하려 한 여산呂産과 여록呂祿 등을 죽였다. 한 문제를 즉위시키고 우승상이 되었다.

2 **장량, 진평** : '후출사표'의 주석을 참조하라.

3 **찬미하기 위해** : 원문은 '미美'인데 『금루자』에는 '욕미欲美'로 되어 있어 이를 따랐다.

4 **광무 28장** : 광무제를 도와 천하를 평정하는 데 공을 세운 장수 스물여덟 명으로 등우鄧禹, 오한吳漢, 가복賈復, 경엄耿弇, 구순寇恂, 잠팽岑彭, 풍이馮異, 주호朱祜, 제준祭遵, 경단景丹, 개연蓋延, 요기銚期, 경순耿純, 장궁臧宮, 마무馬武, 유융劉隆, 마성馬成, 왕량王梁, 진준陳俊, 두무杜茂, 부준傅俊, 견심堅鐔, 왕패王覇, 임광任光, 이충李忠, 만수萬修, 비동邳肜, 유식劉植이다.

5 **굴뚝을…모시는구나** : 이 말은 『한서』「곽광김일제전霍光金日磾傳」 '곽광霍光'에 있다. 이야기는 다음과 같다. 한 나그네가 주인집 굴뚝이 똑바로 서

주발(?~기원전 169) 한나라의 승상. 진나라 말기에 유방을 따라 군사를 일으켰으며, 한나라 초기에 여씨를 타도하고 유항을 황제로 내세웠다.

있고 아궁이 옆에 땔감이 쌓여 있는 것을 보고, 주인에게 굴뚝을 구부리고 땔감을 다른 곳으로 옮기지 않으면 불이 날 것이라고 말해주었다. 얼마 후에 과연 이 집에서는 불이 났고 다행히도 이웃들이 와서 불을 꺼주었다. 주인은 소를 잡고 술상을 차려서 이웃들에게 감사를 표했는데, 불에 데인 자가 상석에 앉았고 나머지 사람들도 도움을 준 정도에 따라 자리를 차지했다. 그러나 정작 굴뚝을 구부리고 땔감을 옮기라고 권고한 나그네는 초대 받지 못했다. 그러자 누군가가 주인에게 이렇게 말했다. "당신이 나그네의 말을 들었더라면 소를 잡고 술상을 차릴 필요도 없었을 것이고 불도 나지 않았을 것입니다. 지금 불을 끈 공로에 따라 손님들을 대접하고 있으면서, 정작 굴뚝을 구부리고 땔감을 옮기라고 한 나그네는 잊고, 불을 끄다 머리를 태우고 이마를 데인 사람만 귀빈으로 모시니, 이게 무슨 처사입니까." 주인은 그제야 깨닫고 나그네를 청해왔다.

6 **육기**六奇: 『사기』 「진승상세가陳丞相世家」에는 진평이 한 고조를 따라 진희, 경포를 토벌하면서 여섯 차례나 기묘한 계책을 내놓았고 그때마다 봉읍지를 받았다는 기록이 있다. 기묘한 계책은 비밀이어서 세상 사람들이 알 방법이 없었다.

7 **등우**鄧禹(2~58): 자는 중화仲華이고 남양군 신야 사람이다. 유수를 따라 동마銅馬, 녹미군을 격파했다. 유수가 황제가 되자 대사도大司徒를 맡고 찬 후에 봉해졌고, 전국을 통일한 후에는 고밀후高密侯로 고쳐 봉해졌다. 명제가 즉위한 뒤에는 태부太傅 관직을 제수받았다. 인용한 문장은 유수가 등우

를 대사도로 임명하는 책명策命 중의 일부분이다. 『후한서』「등구열전鄧寇列傳」 '등우'를 참조하라.

8 **안회**顏回(기원전 521~기원전 490) : 자는 자연子淵이며 춘추 말기의 노魯나라 사람으로 공자의 제자이다. 누추한 마을에서 한 그릇의 밥과 한 바가지의 물로 살면서도 즐거움이 변하지 않았다고 한다. 공자는 『논어論語』「옹야雍也」에서 "노여움을 옮기지 않고 잘못을 두 번 다시 저지르지 않는다.", "그의 마음은 석 달이 지나도 인仁을 어기지 않는다."라고 칭찬했다. 그가 일찍 죽자 공자는 더없이 비통해했으며, 사람들은 '복성復聖'으로 높이 받들었다.

9 **오한**吳漢(?~44) : 자는 자안子顏이고 남양군 완현 사람이다. 집안이 가난하여 말 장사로 생계를 이었다. 유현이 황제가 되자 안락현령이 되었으며, 유수에게 투항하여 편장군으로 임명되고 건책후建策侯로 봉해졌다. 사람됨이 질박하고 충후忠厚했고 말재간이 없었으며 싸움에서 용맹하고 지모가 있었다. 누차 전공을 세워 유수가 황위에 오르자 대사마로 임명되고 무양후舞陽侯로 봉해졌다. 후에 광평후廣平侯로 고쳐 봉해졌다.

제자를 논함

이 글에서 제갈량은 노자老子, 상앙, 소진, 장의張儀, 백기白起, 오자서伍子胥, 미생尾生, 왕가王嘉, 허자許子 등을 논했다. 그는 이들의 장단점을 지적했으나 단편적인 평가는 하지 않았으며 함부로 호오를 말하지 않았다.

이 글은 당나라 조유趙蕤의 『장단경長短經』「임장제이任長第二」권1의 주에서 발췌했다.

老子長于養性, 不可以臨危難. 商鞅長于理法, 不可以從敎化. 蘇, 張長于馳辭, 不可以結盟誓. 白起長于攻取, 不可以廣衆. 子胥長于圖敵, 不可以謀身. 尾生長于守信, 不可以應變. 王嘉長于遇明君, 不可以事暗主. 許子將長于明臧否, 不可以養人物. 此任長之術者也.

노자¹는 양생養生에는 뛰어났으나 위험과 재난에 대처하지 못했다. 상앙²은 법치에 능했으나 백성을 교화하지 못했다. 소진과 장의³는 말재간이 뛰어났으나 쌍방이 동맹을 맺도록 하지 못했다. 백기⁴는 성을 치고 점령하는 데는 능했으나 대중을 너그럽게 포섭하지 못했다. 오자서⁵는 적을 막는 계책을 꾸미는 데는 뛰어났지만 자신의 안전을 도모하지 못했다. 미생⁶은 신용을 지켰으나 변화에 부응할 줄 몰랐다. 왕가⁷는 성군을 받들어 모시는 데는 능했으나 어리석은 황제⁸를 위해 처사할 줄은 몰랐다. 허자⁹는 명망 있는 인사들의 우열을 평가하는 데는 능했으나 인재를 양성하지는 못했다. 여기에 사람들의 좋은 점을 활용하는 방법이 있다.

1 **노자老子** : 성은 이李이고 이름은 이耳이다. 자는 백양伯陽 또는 일설에서는 노담老聃이라고 한다. 춘추시대의 초나라 고현苦縣(하남성 녹읍현 동쪽)의 여향 곡인리 사람이다. 춘추시대의 사상가로, 전하는 바에 따르면 도가道家의 창시자라 한다. 일찍이 주나라에서 장서를 관리하는 '수장실지사守藏室之史'란 벼슬을 했다. 저작으로 『노자』가 있으며, '도道'로 우주 만물의 변화를 설명할 수 있다고 주장했다. 모든 사물에는 정면과 반면이 있으며, 이 두 가지의 대립 관계가 중요하다고 주장했다. 또한 모든 사물의 생성과 변화는 무無와 유有의 통일이라고 보았고 무는 기본적인 것이라고 강조했다. '만족할 줄 알고(지족知足)', '욕심을 줄이고(과욕寡欲)', '다스리지 않으며 다스릴 것(무위이치無爲而治)'을 주장했다. 그의 학설은 중국 철학의 발전에 큰 영향을 주었다.

2 **상앙商鞅(기원전 390~기원전 338)** : 성은 공손公孫이고 이름은 앙鞅인데 위앙衛鞅이라고도 한다. 전국시대 위나라 사람이며 정치가이다. 진 효공孝公 6년(기원전 356년)과 12년(기원전 350년)에 두 차례에 걸쳐 변법變法을 실시했다. 변법을 통해 농사와 방직을 장려했고 귀족의 세습 특권을 폐지했으며 군공에 따라 작위를 내리는 제도를 제정했다. 또한 이회의 『법경法經』을 규범화했으며 연좌법連坐法을 실시했다. 향읍鄕邑을 합쳐 31개의 현으로 만들었고 정전井田을 폐지하고 토지 매매를 허용했으며 장정에 따라 부세를 징수하는 제도를 만들고 도량형을 통일했다. 이로써 진나라가 부강해질 토

대를 닦아놓았다. 후에 전공이 있어 상商(섬서성 단봉현)의 15개 읍을 봉지로 받고 상군商君에 봉해져 상앙이라 불리게 되었다. 진 효공이 죽자 귀족들의 모함을 받아 거열의 극형을 받고 죽었다.『한서』「예문지」에『상군』29편이 있었는데 지금 남아 있는 것은 24편이다. 또『공손앙』27편이 있는데 지금은 남아 있지 않다.

3 **소진과 장의** : 두 사람의 생애는 '정의'의 주석을 참조하라.
4 **백기白起(?~기원전 257)** : 공손기公孫起라고도 한다. 전국시대의 미현(섬서성 미현 동쪽) 사람으로 진秦나라의 명장이다. 진 소왕 때 여러 차례 전승하여 한韓, 위魏, 조趙, 초의 넓은 땅을 빼앗았다. 소왕 29년(기원전 278년)에 초나라의 도읍 영(호북성 강릉현 서북쪽)을 함락하고 공을 세웠으므로 무안군武安君에 봉해졌다. 47년(기원전 260년)의 장평長平 전투에서 조나라군을 물리치고 45만 명의 포로를 생매장했다. 후에 상국相國 범저範雎의 시기로 인해 진 소왕의 분노를 샀으며 명을 받고 자결했다.
5 **오자서(?~기원전 484)** : 이름은 원員이고 자는 자서로, 춘추시대의 초나라 사람이다. 아버지 오사伍奢가 초 평왕平王에게 살해되자 오나라로 도망가서 합려闔廬를 도와 왕위를 탈취하게 하고 국력을 날로 강하게 만들었으며 오나라의 대부가 되었다. 부차夫差 때 초나라를 치고 월나라를 전패시켰으며, 왕에게 권고하여 월나라의 강화 요구를 거절하게 하고 제나라 정벌을 정지시켰다. 태재太宰 백비伯嚭의 참언을 들은 부차의 명을 받고 자결했다.
6 **미생** : 미생고尾生高를 가리킨다. 흔히 신용 있는 사람의 대명사로 여겨진다.『장자莊子』「도척盜跖」에 따르면 미생고는 한 여자와 다리 밑에서 만나기로 약속했는데 여자는 좀처럼 오지 않았다. 그런데 갑자기 폭우가 쏟아져 강물이 불어났는데도 떠나지 않고 다리 기둥을 끌어안고 있다가 물에 빠져 죽었다고 한다.
7 **왕가王嘉(?~기원전 2)** : 자는 공중公仲이고 평릉(섬서성 함양시 서북쪽) 사람이다. 사람됨이 강직하고 엄격했다. 일찍이 한 성제成帝 유오劉驁에게 정사政事의 득실을 진술하여 높은 평을 받았고 벼슬이 어사대부에 이르렀다. 한 애제哀帝 유흔劉欣이 황위에 오르자 승상이 되었으며 신보후新甫侯에 봉해졌다. 동현董賢을 중용해선 안 된다고 직언하고 양상梁相을 천거하다가 애제의 노여움을 사서 옥에 갇혔으며, 음식을 먹지 않고 피를 토하다가 죽었다.
8 **어리석은 황제** : 한 애제 유흔을 가리킨다.
9 **허자許子** : 허소許劭(150~195)를 가리킨다. 자는 자장子將이며 한나라 말기

의 여남군 평여현汝興縣(하남성 평여현) 사람이다. 일찍이 군공조郡功曹로 있었으며 당형堂兄 허정許靖과 함께 당대에 인물 비평으로 유명했다. 예컨대 조조를 "치세의 간적이요, 난세의 영웅이다."라고 평했다.

선양과 찬탈에 대해 논함

 제갈량은 역사적 사실을 토대로 사양辭讓과 선양, 탈취와 중용 등에 대해 정면과 반면으로 비교하여 '의도가 같았으나' '일의 결과는 같지 않았고' '현명한 자들은 그로 하여 흥했지만 어리석은 자들은 도리어 치욕을 당하고 화를 빚어낸' 역사적 교훈을 얻어냈다.

이 글은 당나라 조유의 『장단경』「시의제이십일時宜第二十一」 권7의 주에서 발췌했다.

范蠡以去貴爲高, 虞卿以含相爲功 ; 太伯以三讓爲仁, 燕噲以辭國爲禍 ; 堯, 舜以禪位爲聖, 孝哀以授董爲愚 ; 武王以取殷爲義, 王莽以奪漢爲篡 ; 桓公以管仲爲霸, 秦王以趙高喪國. 此皆趣同而事异也. 明者以興, 暗者以辱亂也.

범려 춘추시대의 정치가. 월왕 구천이 오나라의 포로가 되어 갖은 모욕을 받은 후에 되돌아오자 함께 강성을 도모하였으며 결국 오나라를 멸망시켰다.

범려[1]는 귀를 멀리하여 높아졌고, 우경[2]은 재상의 자리를 버려 후세에 이름을 남겼으며, 태백[3]은 세 차례나 임금의 자리를 사양하여 자애로워졌고, 연왕 쾌[4]는 임금의 자리를 사양하여 화를 불렀으며, 요·순[5]은 선위禪位하여 성군이 되었고, 애제[6]는 동현에게 주려 함으로써 우매한 것이 드러났다. 무왕[7]은 은나라를 무너뜨려 의거한 것으로 칭송받았지만 왕망[8]은 한나라의 정권을 탈취하여 찬역자가 되었으며, 환공[9]은 관중을 신용하여 패주가 되었고 진왕[10]은 조고를 중용하여 나라를 망하게 했다. 이 모든 것이 비록 의도는 같았으나 일의 결과는 도리어 같지 않았다. 현명한 자들은 그로 하여 흥했지만 어리석은 자들은 도리어 치욕을 당하고 화를 빚어냈다.

1 **범려**範蠡 : 자는 소백少伯이고 춘추 말기의 초나라 완宛(하남성 장갈현 북쪽) 사람이다. 월越나라의 대부이자 정치가였다. 오나라에 패한 월왕 구천이 인질이 되어 오나라에 2년 동안 잡혀 있다 돌아오자 힘껏 강성을 도모하였으며 결국 오나라를 멸망시켰다. 그런 다음 결연히 월나라를 떠나 작은 배를 타고 강호를 떠돌아다녔다. 제나라에 가서는 치이자피鴟夷子皮라고 이름을

바꿨다. 도陶(산동성 정도현 서북쪽)에 이르러 상업을 경영하여 치부하고 수천 금이 되자 형제들과 가난한 벗들에게 나누어주었다.

2 **우경**成卿 : 성은 우씨이며, 이름은 전해지고 있지 않다. 전국시대 사람으로, 조 효성왕孝成王에게 진언을 올려 상경으로 임명되었으며, 합종合縱하여 진秦나라에 맞설 것을 주장했다. 장평 전투 전에는 초, 위魏와 연합하여 진나라를 압박했으며, 후에는 진나라에 땅을 떼어주는 것을 반대했다. 위나라와 제나라를 동정했기 때문에 만호후萬戶侯와 재상의 자리를 버리고 위나라로 갔으나 뜻을 이루지 못하고 곤궁하고 영락된 생활을 했다. 『우씨춘추』 15편을 써서 후세에 남겼으나 지금은 전해지지 않는다.

3 **태백**太伯 : 태백泰佰이라고도 한다. 오나라 시조로서 주 태왕太王의 큰아들이었다. 태왕이 어린 아들 계력季歷을 후사로 세우려 하자 여러 차례 양위했으며 동생 중옹仲雍과 함께 강남으로 도망갔다. 당지의 풍속에 따라 머리를 자르고 문신을 하여 그 고장의 군장君長이 되었다.

4 **연왕**燕王 **쾌**噲(?~기원전 314) : 전국시대 연나라의 군주이다. 기원전 320년~기원전 318년에 재위했다. 연왕 쾌 3년(기원전 318년)에 임금의 자리를 상국 자지子之에게 양위하자 태자 자평子平과 장군 시피市被 등이 반란을 일으켰다. 제 선왕宣王이 이 기회를 타서 연나라를 점령했고 쾌와 자지는 모두 살해되었다.

5 **순**舜 : 성은 요姚이고 유우씨有虞氏이다. 이름은 중화重華이며 역사상에서는 우순이라 한다. 전설 속의 부계씨족사회 후기의 부락연맹 수령이다. 전하는 바에 따르면 사악四岳의 추천을 받아 요임금으로 왕위를 선양받았다고 한다. 사방을 순행하여 곤, 공공, 환두, 삼묘三苗를 제거했으며 요임금이 세상을 뜨자 그 뒤를 이어 임금이 되었다. 사악의 자문을 받아 치수治水에 공이 있는 우禹를 후계자로 삼았다.

6 **애제** : 전한의 애제 유흔이다. 유흔(기원전 25~기원전 1)은 정도공왕定陶恭王의 아들이었는데 성제에게 후사가 없자 태자로 책봉되었다. 20세에 즉위하여 기원전 7년~기원전 1년까지 재위했다. 재위기간에 정치가 부패하여 나라가 위태로웠다. 농신弄臣(임금의 놀잇감이 되는 신하) 동현이 몹시 총애를 받아서 출궁할 때는 참승參乘(임금의 수레를 모는 자)이 되었고 입궁해서는 임금의 좌우에 있었으며 황제와 함께 잠을 잤다. 또한 수만 냥의 상을 받았으며 아내는 황궁을 마음대로 드나들었고 여동생은 황제의 소의昭儀로서 그 지위가 황후의 버금이었다. 유흔은 심지어 동현에게 황위를 물려주려고까

지 했다. 동현(기원전 23~기원전 1)의 자는 성경聖卿이고 운양雲陽(섬서성 순화현 서북쪽) 사람이다. 전한 애제의 총애를 받았으며 22세에 관직이 대사마에 이르렀다. 조정을 좌우지했으며 아버지와 동생, 장인 등의 관직이 공경에 이르렀다. 저택을 짓고 분묘를 만드는 데 억대의 돈을 낭비했으며 재산이 43억 전에 달했다.

7 **무왕** : 주 무왕 희발이다. '후제를 대신해 쓴 위나라 정벌의 조서'의 주석을 참조하라. **은나라** : 상왕商王 반경盤庚이 상나라의 도읍을 엄奄(산동성 곡부시)에서 은殷(하남성 안양시 서북쪽)으로 옮겼기 때문에 상나라를 은나라라고 하기도 한다. 은은 반경이 천도한 때로부터 걸왕이 나라를 망하게 할 때까지 8대 21왕, 273년 동안 상나라의 도읍이었다.

8 **왕망王莽** : 신왕조의 황제이다. '정의'의 주석을 참조하라.

9 **환공** : 춘추시대의 제 환공 소백小白이다. '이엄에게 답하는 글'의 주석을 참조하라. **관중** : 춘추시대 제나라의 명재상이다. '병법'의 주석을 참조하라.

10 **진왕秦王** : 진이세 호해胡亥이다. 호해(기원전 230~기원전 207)는 진시황의 18번째 아들로 진나라의 2대 황제였다. 기원전 210~기원전 207년에 재위했다. 재위기간에 환관 조고趙高를 총애했으며 아방궁과 치도馳道를 대대적으로 만들어 요역과 부세가 진시황 때보다 더 심했다. 얼마 후에 진승, 오광吳廣의 농민 봉기가 일어나자 조고의 압력에 굴복해 자결했다. **조고(?~기원전 207)** : 조나라 사람으로 진나라의 환관이었다. 20여 년 동안 정사에 관여했고 중거부령中車府令과 부새령사符璽令事를 겸하면서 진시황의 어린 아들 호해를 가까이했다. 진시황이 죽자 이사李斯와 함께 유조를 위조하여 진시황의 큰아들 부소扶蘇를 자살하게 만들고 호해를 황제로 세웠다. 낭중령郎中令을 맡고 궁중에서 일을 보면서 조정의 정사를 통제하고 대권을 틀어쥐었다. 후에 이사를 죽이고 중승상中丞相이 되었으며 얼마 지나지 않아 호해를 핍박하여 자살하게 하고 자영子嬰을 진왕으로 세웠다. 얼마 못 가서 자영에게 살해되었다.

선제에게 황충을 논하여 보내는 글

 건안 24년(219년) 봄, 황충黃忠은 정군산(섬서성 면현 서남쪽)에서 조나라군을 대패시키고 조나라 대장 하후연을 죽임으로써 유비가 한중을 공략하는 데 관건이 되는 전투에서 승리를 거뒀다. 이 해 가을, 유비는 한중왕이 되었고 황충을 후장군后裝軍으로 임명하려 했다. 그러자 제갈량은 관우의 심정을 고려하여 주의하라고 유비에게 권고했다. 아닌 게 아니라 이 임명 소식을 들은 관우는 몹시 화를 내면서 "대장부는 끝까지 늙은 병졸과 동렬에 서지 않으리라."라고 말했다. 다행히도 전부사마前部司馬 비시費詩가 여러 면으로 해석하여 관우는 겨우 별탈이 없게 되었다.

이 글은 『삼국지』「촉서」'관장마황조전' 권36에서 발췌했다.

忠之名望, 素非關, 馬之倫也, 而今便令同列. 馬, 張在近, 親見其功, 尚可喩指 ; 關遙聞之, 恐必不悅, 得毋不可乎!

황충[1]의 명망은 본래 관우, 마초 등과 같지 않았사온데 이제 그들을 동렬이 되게 하려 하십니다. 마초와 장비는 가까이에서 그의 공적을 직접 보았으니[2] 그 뜻을 알 수 있지만 관우는 먼 곳[3]에서 이 소식을 듣고 달가워하지 않을 터인데 이것이 어찌 가당하겠습니까!

1 **황충(?~220)** : 자는 한승漢升이고 남양군 사람이다. 유표의 중랑장이었다가 후에 조조의 비장군裨將軍 대리로 있었다. 유비에게 귀순한 후에 익주를 탈취했으며 늘 용감히 돌진하고 전군에서 으뜸이었기 때문에 토로장군으로 임명되었다. 정군산 전투에서 조조군을 대패시키고 하후연의 목을 베어 정서장군으로 승진했다. 유비가 한중왕이 되자 후장군이 되었으며 관내후에 봉해졌다.
2 **마초…보았으니** : 마초는 그때 성도에 있었고 장비는 성도 근처에 있는 파서군에 있었다.
3 **먼 곳** : 그때 관우는 성도에서 멀리 떨어진 형주에 있었다.

선제에게 유파를 논하여 보내는 글

유비는 유파의 재능과 지혜가 뛰어나다는 것을 알아주었지만, 유파는 유비에게 귀순할 생각이 없었다. 제갈량은 아직 기반을 탄탄히 다지지 못한 유비를 위해 여러 번 유파를 천거했다. 후에 유파는 관직이 상서령에 이르렀으며 유비의 모든 책명策命이 그의 손을 거쳐 나왔다. 이를 통해 제갈량이 인재를 알아보는 안목을 갖고 있었음을 알 수 있다.

이 글은 『삼국지』「촉서」 '동유마진동여전' 권39에 배송지가 주를 달며 인용한 사마표의 『영릉선현전』에서 발췌했다.

運籌策于帷幄之中, 吾不如子初遠矣! 若提枹鼓, 會軍門, 使百姓喜勇, 當與人議之耳.

장막 안에서 계책을 꾸며내는 면에서 신은 유파를 따르지 못합니다! 북을 쳐서 군사를 군문 앞에 모이게 하고 용감하게 싸우게 하는 것이라면 사람들에게 우리 둘의 높고 낮음을 평하게 할 수 있을 것입니다.

1 **유파** : 자는 자초子初이다. '유파에게 보내는 글'의 주석을 참조하라.
2 **군사들** : 원문은 '백성百姓'으로 되어 있는데, 군사를 지칭하는 듯하다.

마속의 참수에 대해 논함

 촉한 건흥 6년(228년) 봄, 제갈량은 대군을 거느리고 북벌했으며, 마속¹을 선봉으로 삼아 위나라의 명장 장합과 가정에서 싸우게 했다. 마속은 제갈량의 지시를 어겼으며, 이를 말리는 왕평의 권고도 무시하고 영채를 산에 마련하는 바람에 패하고 말았다. 가정을 잃게 되어 전반 전선이 동요되자, 제갈량은 하는 수 없이 퇴군했으며 북벌은 실패하고 말았다. 이에 제갈량은 군기를 엄하게 하기 위해 마속을 참했다. 그런데 장완은 천하가 아직 평정되지 못했는데 지모가 있는 사람을 참하는 것은 아까운 일이라고 생각했다. 제갈량은 이 글을 통해 법과 규율을 엄히 하는 것이 앞으로 있을 싸움에서 중요하다는 사실을 재차 강조했다.

이 글은 『삼국지』 「촉서」 '동유마진동여전' 권39에 배송지가 주를 달며 인용한 습착치의 『양양기襄陽記』에서 발췌했다.

孫, 吳所以能制勝于天下者, 用法明也. 是以揚干亂法, 魏絳戮其僕. 四海分裂, 兵交方始, 若復廢法, 何用討賊邪!

손무와 오기[2]가 승리를 거둘 수 있었던 것은 법을 엄하게 집행했기 때문입니다. 그런 연고로 양간[3]이 군법을 어지럽히자 위강[4]이 그의 마부를 죽인 것입니다. 지금 천하가 분열되어 있고 북벌이 방금 시작되었는데 만약 법과 규율을 폐지한다면 무엇으로 적을 토벌하겠습니까!

1 **마속(190~228)** : 자는 유상幼常이고 양양군 의성(호북성 의성현 남쪽) 사람이다. 형주종사로서 유비를 따라 서촉에 들어와 후에 월수태수로 임명되었다. 재능과 기량이 출중하고 병법을 논하기 좋아하여 제갈량에게 중용되었다. 건흥 6년(228년) 제갈량이 북벌을 감행할 때 선봉으로 삼았으나 절제節制를 어긴 탓에 가정에서 대패하고 감옥에 갇혔다. 일설에는 제갈량에게 살해되었다고 한다.

2 **손무와 오기** : 손무는 자가 장경長卿이고 춘추시대 제나라 사람으로 병법가이다. 『병법』 13편을 오왕 합려에게 보이고 장군으로 등용되었으며 오나라 군사를 거느리고 초나라를 물리쳤다. '적을 알고 나를 알면 백 번 싸워도 위태롭지 않다', '전쟁은 일정한 형세가 없으며 물이 일정한 형세가 없는 것과 같이 적의 변화에 따라 변화함으로써 승리를 거둔다' 는 등의 병법을 주장했다. 저서인 『손자병법』은 중국 최초의 병서이다. 오기(?~기원전 381)는 전국시대 초나라의 명장이며 병법가이다. '후출사표'의 주석을 참조하라.

3 **양간楊干** : 춘추시대 진 도공悼公의 동생이다.

4 **위강魏絳** : 위장자魏莊子를 말하며, 춘추시대 진晉나라의 대부이다. 처음에 중군사마中軍司馬로 있었고 후에 신군지좌新軍之佐로 임명되었다가 얼마 후에 하군지장으로 승진했다. 융족戎族과 우호를 맺을 것을 적극 주장했으며 진 도공에게 채납되었다. 이 구절은 다음과 같은 역사적 사실을 두고 한 말이다. 주 영왕靈王 2년(기원전 570년)에 진 도공이 곡양曲梁(하북성 한단시 동북

쪽)에서 제후들과 회맹을 가지려 했다. 그런데 양간이 군대의 대열을 어지럽히자 군법을 주관하는 중군사마 위강이 그의 마부를 징벌하고 모욕하는 뜻을 보였다. 『좌전左傳』「양공삼년襄公三年」을 참조하라.

내민을 논함

 내민[1]은 스스로 명문 출신이고 재능과 학문이 뛰어나다고 여겨 제멋대로 행동했으며 말이 오만하고 무례했다. 이 글은 내민이 끼친 나쁜 영향에 대해 논한 것이다.

이 글은 남조 심약沈約의 『송서宋書』 「왕미전王微傳」 권62에서 발췌했다.

來敏亂群, 過于孔文擧.

 내민이 뭇사람을 혼란시키는 것은 공문거[2]보다도 더 심하다.

1 **내민**來敏 : 자는 경달敬達이다. '내민을 폐하는 교'의 주석을 참조하라.
2 **공문거**孔文擧(153~208) : 이름은 융融이고 노국 사람이다. 한나라 말기의 문학가로 '건안칠자建安七子' 중의 한 사람이다. 관직이 북해상北海相, 소부少府, 대중대부大中大夫에 이르렀다. 자신의 재능을 믿고 오만했으며 말을 가리지 않았다. 그의 산문은 날카롭고 말이 간결했으며 조소의 언사가 많았는데 후에 조조의 노여움을 사서 살해되었다. 저작집은 소실되었으며 명나라 사람이 집록한 『공북해집孔北海集』이 있다.

허정을 칭찬함

허정[1]은 충후하고 정직하며, 인물 비평과 천거를 잘하기로 이름이 높았는데, 유장이 유비를 촉으로 맞아들일 때 촉군태수를 지내고 있었다. 유비가 군사를 이끌고 성도를 포위했을 때 허정은 성에서 나와 투항하려 했으나 실패했고 그 일 때문에 등용되지 못했다. 제갈량은 이 글을 통해 허정의 성망을 이용하여 촉한의 영향을 확대해야 한다고 유비에게 권고했다. 유비는 그 말에 일리가 있다고 여겨 허정의 관직을 태부太傅로 높여주었다.

장주는 주에서 이 글을 『삼국지』「촉서」에서 발췌했다고 했는데 더 찾아보아야 할 것이다.

靖人望, 不可失也, 借其名以疎動宇內.

허정의 인망을 잃어서는 안 됩니다. 그 명망을 빌어 천하를 격려해야 합니다.

1 **허정**許靖(150~222) : 자는 문휴文休이고 여남군 평여 사람으로 명사名士이다. 처음에는 동탁의 어사중승御史中丞으로 있다가 후에 유장의 촉군태수가 되었으며, 유비가 익주를 평정한 후에는 좌장군장사左將軍長史, 태부로 임명되었다.

방통과 요립을 칭찬함

 방통[1]은 계략에 능하여 대업을 도울 역량을 가지고 있었으며, 요립은 젊고 재능이 있었다. 두 사람은 모두 형초荊楚 사람이었는데, 오나라 사신이 이 고장에서 누가 국사를 다스리는 일을 도울 수 있는지를 묻자 제갈량은 이 글을 써서 답했다.

이 글은 『삼국지』「촉서」 '유팽요이유위양전' 권40에서 발췌했다.

龐統, 廖立, 楚之良才, 當贊興世業者也.

방통과 요립은 초나라의 우수한 인재들로서, 마땅히 한실 부흥을 보좌할 수 있는 자들입니다.

1 **방통**龐統(179~214) : 자는 사원士元이고 양양 사람이다. 제갈량과 함께 이름이 높았으며 '봉추鳳雛'라 불렸다. 유비가 형주를 얻자 모사가 되어 제갈량과 함께 군사중랑軍師中郞을 맡았다. 후에 유비를 따라 서촉으로 들어갔

방통(179~214) 우연한 기회에 유비를 만나게 된 사마휘는 "와룡(제갈량)과 봉추(방통) 중 한 사람만 얻어도 능히 천하를 얻을 수 있다"라고 했다고 한다.

으며, 유비는 그의 의견을 받아들여 성도로 진군했다. 낙성을 치다가 날아오는 화살을 맞고 전사했다.

장완을 칭찬함

장완은 덕과 재능을 겸비하였으며 일을 세심하게 처리하고 백성들을 잘 안무했다. 건흥 8년(230년) 12월, 장완은 장예를 대신하여 유부장사가 되어 유부 사무를 통괄했는데, 제갈량이 정벌을 나갈 때마다 충분한 식량과 무기 등을 공급해주어 신임을 받았다.

이 글은 『삼국지』「촉서」 '장완비위강유전' 권44에서 발췌했다.

公琰托志忠雅, 當與吾共贊王業者也.

장완은 충성과 고결함에 뜻을 두고 있으니 나와 함께 제왕의 대업을 보좌할 사람이다.

장완을 재차 칭찬함[1]

장완은 유비를 따라 촉으로 들어갔을 때 광도현장廣都縣長으로 있었다. 그런데 유비는 광도현에 들렀다가 그가 사무를 보지 않고 술에 만취해 있는 광경을 목격하고 이를 처벌하려 했다.

이에 제갈량은 이 글을 통해 그가 큰 인재이니 벌하지 말아 달라고 청했다. 결국 유비는 장완의 관직만을 박탈시켰다.

이 글은 『삼국지』「촉서」 '장완비위강유전' 권44에서 발췌했다.

蔣琬, 社稷之器, 非百里之才也. 其爲政以安民爲本, 不以修飾爲先, 願主公重加察之.

장완은 치국의 그릇이지 현縣을 다스릴 인재[2]가 아닙니다. 그의 일은 백성을 안무하는 것을 근본으로 삼을 뿐 겉치장을 하는 것을 우선으로 삼지 않습니다. 주공[3]께서는 다시 한 번 살펴주십시오.

1 시간 순서에 따르면 앞의 글 '장완을 칭찬함'이 이 글의 뒤에 놓여야 하며 제목도 '장완을 재차 칭찬함'으로 바꿔야 한다. 장주의 편찬 오류인 것 같다.
2 **현을 다스릴 인재** : 원문은 '百里'이다. 고대에는 현 하나가 대략 백 리였으며, 백 리는 현을 가리키는 말이다.
3 **주공** : 유비를 가리킨다. 그 당시 유비는 좌장군이었으므로 제갈량이 이렇게 부른 것이다.

동궐을 칭찬함

 동궐[1]은 승상부의 영사였는데 신중하게 생각하고 합당하게 처리하여 제갈량의 칭찬을 받았다.

이 글은 『삼국지』「촉서」 '제갈량전' 권35에서 발췌했다.

董令史, 良士也. 吾每與之言, 思愼宜适.

동영사[2]는 우수한 인재이다. 그와 이야기를 나눌 때마다 그가 신중하게 생각하고 합당하게 처리한다고 느꼈다.

1 **동궐董厥**: 자는 공습龔襲이고 의양義陽(하남성 신양시 서북쪽) 사람이다. 제갈량이 승상일 때 승상부 영사, 주부로 있었으며 후에 관직이 상서복야, 상서령, 대장군, 평대사平臺事에 이르렀다. 촉한이 망한 후 위나라를 섬겼으며 관직이 상국참군相國參軍, 산기상시에 이르렀다.
2 **영사**: 승사부에 속한 관리로서 문서를 관리했다. 지위가 연사掾史보다 낮았다.

은례를 칭찬함

촉한 건흥 원년(223년) 11월, 제갈량은 등지를 사신으로 오나라에 보내어 다시 오촉 동맹을 맺게 했다. 그리고 나서 이듬해가 되자 손권은 답례로 장온과 은례[1]를 촉나라에 사신으로 보냈다. 제갈량은 은례의 기품이 범속하지 않고 학식이 연박한 것을 보고 그를 칭찬했다.

이 글은 『태평어람』 「백훼」 '노적' 권1000에서 발췌했다.

不意東吳菰芦中, 乃有奇偉如此人!

동오의 줄풀과 갈대 속에 이처럼 기이할 정도로 뛰어난 사람이 있었단 말입니까![2]

1 **은례** : 자는 덕사德嗣이다. '형 제갈근에게 은례에 대해 알리는 글'의 주석을 참조하라.
2 **동오의…말입니까!** : 『태평어람』 「학부學部」 '유학幼學' 권614와 『태평어

람」「백훼」'노적' 권1000에서는 '불의不意'라는 두 글자가 보이지 않는다. 장주가 집록할 때 잘못 집어넣었을 가능성이 매우 크다. 그래서 이 두 글자는 해석하지 않았다.

사면에 인색하다는 의견에 답함

 유표와 유장 부자는 촉을 다스릴 때 매년 사면을 내려 인심을 농락했다. 그러나 제갈량은 법으로 다스렸고, 의거할 법이 있었으며, 법을 어기면 반드시 처벌했다. 그러자 수구 세력들의 비난과 질책을 받게 되었다. 혹자는 그가 가혹한 형벌을 내린다고 했고, 혹자는 그가 사면에 인색하다고 하기도 했다. 이에 제갈량은 이 글을 써서 공개적으로 답했다.

이 글은 『삼국지』 「촉서」 '후주전' 권33에 배송지가 주를 달며 인용한 상거常璩의 『화양국지』 '유후주지劉後主志'에서 발췌했다.

治世以大德, 不以小惠, 故匡衡, 吳漢不愿爲赦. 先帝亦言: "吾周旋陳元方, 鄭康成間, 每見啓告, 治亂之道悉矣, 曾不語赦也." 若劉景昇, 季玉父子, 歲歲赦宥, 何益于治!

🏇 천하는 큰 덕으로 다스려야지 작은 은혜를 베푸는 것으로 다스려서는 안 됩니다. 때문에 광형과 오한[1]은 사면을 주장하지 않았던 것입니다. 선제께서도 "내가 진원방, 정강성[2]과 교제할 때 늘 그들의 말을 들어 난세를 다스리는 도리를 배웠지만 사면에 대한 말을 들은 적은 없다."라고 하셨습니다. 만약 유경승과 유계옥 부자[3]처럼 해마다 사면을 내린다면 나라를 다스림에 있어 무슨 좋은 점이 있겠습니까!

1 **광형**匡衡: 자는 치규稚圭이고 동해군東海郡 승承(산동성 조장시 남쪽) 사람이다. 전한의 경학자로, 문학에 재능이 있었고 『시경』을 능히 강설했으며 늘 경전의 뜻을 인용하여 정치의 득과 실을 논했다. 한 원제元帝, 한 성제 때 승상을 지냈으며 낙안후樂安侯에 봉해졌다. 『한서』 「광장공마전匡張孔馬傳」 '광형'에 "신이 가만히 보건대 대사령을 내린 후에는 간사한 것들이 적어지나 그치지를 않습니다. 오늘 대사령을 내리면 내일 법을 범하여 옥에 들어가니 이렇게 위태롭게 이끌어서는 그 힘들인 바를 얻지 못할 것입니다."라는 기록이 있다. **오한**: 자는 자안子顔이며 유수의 대장이다. '광무제를 논함'의 주석을 참조하라. 『후한서』 「오개진장열전吳蓋陳臧列傳」 '오한'에 "신은 어리석고 아는 바가 없사오나 다만 폐하께서 신중하게 고려하셔서 사면하지 않으시기를 바랄 뿐입니다."라는 기록이 있다.

2 **진원방**陳元方: 이름은 기紀이고 영천군 허許(하남성 허창시 동쪽) 사람으로 후한 말기의 명사였다. 당고黨錮의 화를 입고 수만 자에 달하는 저서를 지었는데 '진자陳子'라는 칭호를 받았다. 후에 관직이 평원상平原相, 시중, 대홍로에 이르렀다. **정강성**鄭康成(127~200): 이름은 현玄이고 북해군 고밀高密(산동성 고밀현 서쪽) 사람으로 후한 말기의 저명한 학자였다. 태학太學에서 학문을 닦았으며 제오원선第五元先, 장공조張恭祖, 노식盧植, 마융馬融 등에게서 고문의 경학을 배웠다. 10여 년간 유학하고 고향으로 돌아와 동래군東萊郡(산동성 황현 동쪽)에서 농사를 지으면서 제자들을 모아 글을 가르쳤는데 제자가 수백 명에 달했다. 후에 당고의 화로 인하여 금령을 받자 저술에 정

진했다. 당고 금령이 해소되어 수 차례 징벽했으나 응하지 않았다. 많은 경서에 주를 달아 한나라 때의 경학 집성자가 되었는데 이를 역사상에서는 '정학鄭學'이라 한다. 저서로는 『천문칠정론天文七政論』, 『육예론六藝論』, 『박허신오경이의駁許愼五經異義』, 『모시보毛詩譜』가 있는데 총 1백만 자에 달했으나 대부분 유실되었다.

3 **유경승과 유계옥 부자 :** 유경승劉景昇은 형주목 유표劉表이다. '군령'의 주석을 참조하라. 유계옥劉季玉은 유장이다. '초려대'의 주석을 참조하라. 유계옥 부자는 유장과 그의 아버지 유언을 가리킨다.

강유에게 답하는 글

 촉한 건흥 12년(234년) 2월, 제갈량은 10만 대군을 거느리고 야곡으로 나와 무공현 오장원을 점령하고 위수 남쪽에서 위나라의 사마의와 대치했다. 제갈량이 여러 차례 싸움을 걸었으나 사마의는 굳게 지키기만 할 뿐 싸우려 하지 않았다. 이에 제갈량이 여인의 옷과 장신구를 보내어 조롱하자 사마의는 대노하여 위 명제에게 표문을 올려 싸울 것을 청했다. 그러나 위 명제는 위위 신비辛毗에게 부절을 가지고 가게 해서 제지시켰다. 이에 강유¹는 제갈량에게 "신비가 부절을 가지고 왔으니 적들은 싸우러 나오지 않을 겁니다."라고 말했다. 이에 제갈량은 이 글을 써서 답했다.

이 글은 『삼국지』 「촉서」 '제갈량전' 권35에 배송지가 주를 달며 인용한 습착치의 『한진춘추』에서 발췌했다.

彼本無戰情, 所以固請戰者, 以示武于其衆耳. 將在軍, 君命有所不受, 苟能制吾, 豈千里而請戰邪!

강유(202~264) 촉한의 장수. 제갈량의 신임을 받았으며 북벌 때 많은 공을 세웠다. 촉한이 멸망하자 위나라에 반기를 들었다가 살해되었다.

사마의는 본래 싸울 뜻이 없었다. 굳이 싸우겠다고 청한 것은 군사들에게 용맹과 위세를 보여주려고 한 것일 뿐이다. 전쟁터에서 장수는 군명君命을 받지 않을 수도 있는데, 만약 그가 싸워 이길 수 있다면 천리 밖에서 싸울 것을 주청을 드릴 필요가 있겠는가!

1 **강유**姜維 : 자는 백약伯約이다. 이때 중감군, 정서장군을 맡고 있었다. '상서대에 올리는 공문'의 주석을 참조하라.

병사 교대에 대해 지시함[1]

 촉한 건흥 9년(231년) 2월, 제갈량이 10만 대군을 거느리고 북쪽의 기산을 공격하자 위나라의 사마의는 옹주, 양주의 30만 대군으로 맞받아 싸웠다. 그런데 촉한군은 정기적 병역 교대 제도를 지키다 보면 8만의 병사밖에 남지 않게 되었다. 이미 전투가 임박한 상태였으며, 위나라군은 수적으로도 우세였고 기세도 대단했다. 그러자 제갈량의 요속僚屬들은 병사 교대를 잠시 동안이라도 집행하지 말 것을 청했다. 하지만 제갈량은 제도가 있고 이미 교대령을 내린 이상 반드시 집행해야 하며 신용을 지켜야 한다고 주장했다. 그러면서 교대할 병사들은 예정대로 부대를 떠나 집으로 돌아가라는 지시를 내렸다. 이에 감동한 병사들은 떠나야 할 사람은 남아서 싸웠고, 남아서 싸워야 할 사람은 더욱 용기를 내어 싸워 장합을 쳐서 죽이고 사마의를 물러가게 했다.

이 글은 『삼국지』 「촉서」 '제갈량전' 권35에 배송지가 주를 달며 인용한 손성孫盛의 『촉기蜀記』에서 발췌했다.

吾統武行師, 以大信爲本. 得原失信, 古人所惜 ; 去者束裝以待期, 妻子鶴望而計日, 雖臨征難, 義所不廢.

나는 군사를 거느리고 싸움에 있어 신의信義를 근본으로 삼는다. 옛사람도 원을 얻고 신용을 잃는 것을 아까워했다.[2] 집으로 돌아갈 병사들은 이미 행장을 꾸리고 돌아갈 날만을 기다리고 있을 것이고, 고향의 처자식들도 학수고대하며 날짜를 헤아리고 있을 것이니, 우리가 비록 어려운 싸움에 부딪쳤다 해도 신의를 지키지 않을 수는 없다.

1 원문은 '유참좌정갱諭參佐停更'이다. '유諭'는 상급이 하급에 내리는 지시, '참좌參佐'는 부하, '갱更'은 바꾼다는 뜻이다. 여기서는 촉한에서 실시한 '정기적 병역 교대 제도'를 가리킨다.
2 **옛사람도…아까워했다** : 원原은 춘추시대의 나라 이름으로 지금의 하남성 제원시濟源市 북쪽에 있었다. 주 양왕襄王 17년(기원전 635년) 겨울에 진 문공은 3일 치의 식량을 가지고 원나라를 치면서 3일 내에 함락하지 못하면 철군하라고 명했다. 이때 한 첩자가 성 안에서 나와 원나라가 항복할 준비를 하고 있다고 말하자 관리들은 진 문공에게 좀더 기다리자고 청했다. 그러자 진 문공은 "신용은 나라의 보배요. 백성들은 신용에 의거해 보호를 받소. 원나라를 얻고 신용을 잃어버린다면 무엇으로 백성들을 보호하겠소? 잃는 것이 더 많을 것이오."라고 말했다. 『좌전』「희공이십오년僖公二十五年」을 참조하라.

간언에 대해 답함

 촉한 건흥 3년(225년) 가을, 제갈량은 남중의 네 군(익주, 영창, 장가, 월수)을 평정한 후에 촉한과 우호적으로 지내려는 당지 민족의 상류층을 지방의 관리로 임명했다. 이를 탐탁지 않게 여긴 이들이 간언을 하자, 제갈량은 이 글을 써서 답했다. 이후 제갈량의 생각이 옳았음이 입증되었는데, 그로 인해 후방이 안정되었을 뿐만 아니라 민족들간의 화목을 증진시켰고 북벌 때도 남방으로부터 많은 인력과 물자를 지원받을 수 있었기 때문이다.

이 글은 『삼국지』 「촉서」 '제갈량전' 권35에 배송지가 주를 달며 인용한 습착치의 『한진춘추』에서 발췌했다.

若留外人, 則當留兵, 兵留則無所食, 一不易也; 加夷新傷破, 父兄死喪, 留外人而無兵者, 必成禍患, 二不易也; 又夷累有廢殺之罪, 自嫌釁重, 若留外人, 終不相信, 三不易也. 今吾欲使不留兵, 不運粮, 而綱紀粗定, 夷, 漢粗安故耳.

만약 외지 사람을 남기려면 군사를 남겨야 할 것인데 군사들에게는 먹을 것이 없다. 이것이 첫 번째 어려움이다. 게다가 남중 민족들은 방금 손실을 입고 패했으며 아버지와 형이 죽었으니 외지 사람을 남기고 군사가 없으면 기필코 화를 빚을 것이다. 이것이 두 번째 어려움이다. 또한 남중 민족들을 여러 차례나 포기하고 살해했던 관리들의 소행이 있기에 그들은 스스로 우리와 불화가 너무나 크다고 꺼리고 있으나 외지 사람을 남긴다면 종시 서로 신임하지 못할 것이다. 이것이 세 번째 어려움이다. 지금 나는 군사를 남겨두지 않고 군량도 운송하지 않으며 다만 정강政綱과 법규만을 대략적으로 규정해주어 남중 민족들과 한족들이 대체적으로 탈 없이 지낼 수 있도록 하려 한다.

축하에 대해 답함

 촉한 건흥 6년(228년) 봄, 제갈량은 위나라에 대한 첫 번째 북벌을 감행했다. 군사의 위용이 정연하고 상벌이 엄격하며 명령이 엄명하여 남안, 천수, 안정 등 세 군이 촉나라에 투항하자 중원이 떠들썩했다. 그러나 마속이 가정에서 참패하고 조운이 기곡에서 불리해지자 제갈량은 할 수 없이 퇴군을 하고 말았다. 퇴군할 때 제갈량은 서현西縣(감숙성 천수시 서남쪽)에서 1천여 호를 한중으로 이주시켰다. 사람들이 제갈량에게 축하의 말을 올리자 제갈량은 수심이 가득한 얼굴로 북벌을 하지 못한 것에 대한 부끄러움을 표했다.

이 글은 『삼국지』 「촉서」 '제갈량전' 권35에 배송지가 주를 달며 인용한 손성의 『촉기』에서 발췌했다.

普天之下, 莫非漢民, 國家威力未擧, 使百姓困于豺狼之吻. 一夫有死, 皆亮之罪, 以此相賀, 能不爲愧!

온 천하에 한나라 백성이 아닌 사람이 없지만, 나라의 위엄이 세워지지 않아 백성들이 이리와 승냥이 같은 무리들 속에서 어렵게 지내고 있습니다. 한 사람이 죽는다 해도 모두가 나의 죄과인데 이처럼 축하를 받으니 내가 어찌 부끄럽지 않겠습니까!

사마계주의 묘비명

 사마계주[1]는 『역경易經』을 통달하고 황제黃帝와 노자의 학술을 익혀 견문이 넓고 원견이 있는 사람이며, 사마천의 『사기』에 전기가 실려 있다. 남조南朝 도홍경陶弘景의 『진고眞誥』에 따르면, 사마계주의 묘는 성도의 승반산昇盤山 남쪽에 있는데 제갈량이 그를 위해 돌비석을 세웠다 한다. 그러나 비문은 전해지지 않으며 묘비명의 몇 구절만이 남아 있다.

이 글은 남조 도홍경의 『진고』 권14에서 발췌했다.

玄漠太寂, 混合陰陽, 天地交泮, 萬品滋彰. 先生理著, 分別柔剛, 鬼神以觀, 六度顯明.

적막한 우주에는 음양[2]이 있고 천지가 서로 갈라져서 만물이 번식하고 생장한다. 선생은 철리哲理에 고명하여 땅의 강유[3]를 분별하고 귀신을 통찰하며 천지와 사계절의 변화를 똑똑히 안다.

1 **사마계주**司馬季主 : 성은 미羋이고 이름은 계옥季玉이다. 초나라 재상 사마자기司馬子期, 자반子反의 후예로서 전한 초기의 사람이다. 일찍이 초나라의 대부로 있었고 『역경』을 통달했으며 황제와 노자의 학술을 익혔다. 장안에서 유학할 때 동쪽 시장에서 점을 치다가 송충宋忠, 가의賈誼를 만났다.

2 **음양**陰陽 : 고대의 철학 개념이다. 고대의 사상가들은 만물을 모두 '음'과 '양'이라는 두 개의 대립되는 범주로 개괄했고 하늘과 불, 더움 등을 양으로, 땅과 물, 추위 등을 음으로 간주하여 음양이 서로 조화를 이루고 변화하는 것으로 물질세계의 운동과 발전을 설명했다.

3 **강유**剛柔 : 『주역』에서는 땅의 만물을 '강'과 '유'로 개괄했다. 『주역』「설괘」에서는 "옛날에 성인이 역易을 지으실 때 장차 성명性命의 이치에 순응하려 했다. 그러므로 하늘의 도를 세워 음과 양이라 하고, 땅의 도를 세워 유와 강이라 하고, 사람의 도를 세워 인仁과 의義라 했다."라고 했다. 『손자孫子』「구지九地」에 "강과 유를 모두 얻는 것이 땅의 이치이다."라는 기록이 있다.

황릉묘기

한나라 건안 17년(212년), 익주의 별가別駕 장송이 유비와 내통한 사실이 발각되자 유비와 유장 간에 싸움이 벌어졌다. 이듬해에 유비는 낙성을 수차례나 공격했으나 함락시키지 못했다. 19년에 유비는 형주에 있는 제갈량에게 군사를 거느리고 신속히 서쪽으로 들어오라고 명했다. 이 황릉묘기黃陵廟記[1]는 제갈량이 이때 황우묘黃牛廟를 지나면서 지은 것이 아닌가 한다.

이 글에 대해 청나라의 기윤紀昀은 『사고전서총목四庫全書總目』 「집부集部」 '제갈승상집諸葛承相集' 권174에서 위작이라고 주장했는데 그 이유는 세 가지였다. 첫 번째는 글 중에 소식蘇軾의 '장강은 동쪽으로 흘러가며' 라는 시구가 있다는 점, 두 번째는 육유陸遊가 건도乾道 6년(1170년)에 지은 『입촉기入蜀記』에 황우묘에 관한 속담 및 저명한 인물들의 시문들을 실었는데 그 중에 이 '황릉묘기'가 없다는 점, 세 번째는 원설우袁說友가 경원慶元 5년(1199년)에 새긴 『성도문류成都文類』에도 이 글이 없다는 점이다. 그러므로 이 글은 남송 이후에 지어

진 것이라고 주장했다.

첫 번째 항목은 일리가 있다. 그러나 소식의 '난석천공亂石穿空'은 '난석붕운亂石崩雲'이라고도 하고 '경도박안驚濤拍岸'은 '경도열안驚濤裂岸' 또는 '경도략안驚濤掠岸'이라고도 하는데 누가 옳고 누가 그르다고 할 수 있는가? 이런 현상은 얼마든지 잘못 베껴서 생길 수 있는 것이다. 그러므로 이 글의 두 구절도 잘못 베껴서 소식의 시와 비슷하게 보일 가능성을 배제할 수 없다.

두 번째 항목의 경우, 육유의 『입촉기』에 수록되어 있지 않아서 위작이라면 소식의 시 「황우묘」도 수록되어 있지 않으므로 위작이라고 해야 할 것이다.

『제갈량집』은 5대10국의 후진後晉 유구劉昫의 『구당서』「지志」 '경적하經籍下'와 송나라 구양수歐陽修, 송기宋祁의 『신당서』「지」 '예문사藝文四' 모두 24권으로 기록되어 있다. 그리고 원나라 탈탈脫脫 등의 『송사』「예문지」와 송나라 왕응린의 『옥해』「예문」 '저서著書'의 '촉한제갈씨집蜀漢諸葛氏集'에 14권으로 실려 있다. 또한 『옥해』에서는 『중흥서목中興書目』을 말하면서 "『양집亮集』14권에서 뒷부분의 2권에는 전傳과 비기碑記를 기록했는데 그 앞부분의 12편에는 장구章句는 꽤 많으나 글자 수는 적다."라고 했다. 실제로 송나라 때에 와서 제갈량의 글은 겨우 12권이 남아 있었는데 당나라 때와 비교해보면 이미 12권이 유실된 것이며 글자도 절반이나 적어졌다. 원설우는 남송 때의 사람이므로 이미 유실된 것을 볼 수는 없었을 것이다. 게다가 그가 새긴 『성도문류』에는 성도와 관계 있는 글만 수록되어 있는데, 황우묘는 성도 경내에 있지 않았으므로 수집할 범위에 속하지 않았을 것이다. 또한 『성도문류』에는 제갈량의 글을 2편밖에 수록하지 않았다. 그래서 『사고전서총목제요四庫全書總目提要』에서는 『성도문류』의 "기록에는 누락된 것이 없지 않다."라고 했다.

이렇게 보면 이 묘기를 위작이라고 단정할 수는 없다. 애석하게도 명나라와 청나라 때 이 글을 집록한 책들에서는 그 출처를 기록하지 않았으므로 그 진위 여부를 더욱 아리송하게 만들었다.

이 글의 제목에는 재미있는 문제가 있다. 글 중에서 "나는 이 사당을 다시 세우고 사당의 이름을 황우묘라 하여 신의 공적을 나타낸다."라고 했고 이로부터 남송 때에 이르기까지 '황우묘'라 불렸는데 그후에 언제부터 무슨 연고로 '황릉묘'라 고쳐 부르게 되었는지 알 수 없다. 뿐만 아니라 이 글에서도 '황릉묘기'라 했고 지금까지도 그 고장 사람들은 '황릉묘'라고 부르고 있다.

이 글은 청나라 엄가균의 『전상고진한삼국육조문』 「전삼국문」 '촉' 권58에서 발췌했다. 엄가균은 집록본에서 이 글의 출처를 밝히지 않고 "이 글은 남이 이름을 빌어 지은 것이 아닌가 의심된다."라고 했다.

僕躬耕南陽之畝, 遂蒙劉氏顧草廬, 勢不可却, 計事善之, 于是情好日密, 相拉總師. 趣蜀道, 履黃牛, 因睹江山之勝, 亂石排空, 凉濤拍岸, 斂巨石于江中, 崔嵬嶙岏, 列作三峰, 平治洚水, 順遵其道, 非神扶助于禹, 人力奚能致此耶? 僕縱步环覽, 乃見江左大山壁立, 林麓峰巒如畵, 熟視于大江重復石壁間, 有神像影現焉, 鬢髮須眉, 冠裳宛然, 如采畫者. 前竪一旌旗, 右駐一黃犢, 猶有董工開導之勢. 古傳所載黃龍助禹開江治水, 九載而功成, 信不誣也. 惜乎廟貌廢去, 使人太息. 神有功助禹開江, 不事鑿斧, 順濟舟航, 當廟食玆土. 僕復而興之, 再建其廟號, 目之曰黃牛廟, 以顯神功.

나는 남양에서 농사를 짓다가 유씨가 초려를 세 번 방문한 그 인정을 사양할 수 없어 그에게 대사를 획책해주는 것으로 친선을 보여주었으며 그로부터 정이 갈수록 친밀해졌고 통수까지 맡게 되었다. 이제 익주로 가던 길[2]에 황우를 지나면서 강산의 승경을 보니 절벽은 들쑥날쑥하게 하늘가에 곧추 솟아 있고 사나운 물결은 강기슭으로 부서지며 거석은 강물 속에 우뚝 솟아 있고 험준한 산봉우리들은 우뚝우뚝 치솟아 있으며 세 봉우리는 가지런히 서 있다. 홍수를 다스리며 강곬을 따라 흐르게 하는 일을 신이 대우[3]를 돕지 않았다면 사람의 힘으로 어떻게 이같이 해낼 수 있었으랴? 나는 걸음을 옮기며 주위를 둘러보다가 강 왼쪽의 큰산들이 절벽처럼 솟아 있고 첩첩이 이어 선 산줄기가 그림과도 같은 것을 발견했다. 대강 기슭 위에 겹겹이 솟은 바위벽 사이를 자세히 살펴보니 신의 모습이 뚜렷이 드러나는데 머리카락이며 수염이며 눈썹이며 의관이 너무나 완연하여 흡사 채색그림과도 같았다. 그 앞에는 한 폭의 깃발이 서 있고 오른쪽에는 누른 송아지가 서 있는 것이 마치 강곬을 파헤쳐 소통시키는 일꾼들을 독촉하는 듯싶다. 고서에 황룡黃龍

이 대우를 도와 강굽을 틔워 물을 다스려 9년에 성공했다고 씌어 있는 말은 진정 거짓말이 아닌가 보다. 애석하게도 사당의 신상神像들이 이미 이지러져서 사람의 탄식을 자아낸다. 신의 공력이 대우를 도와 강굽을 틔워주었으니 도끼로 찍어낼 필요도 없이 배들은 물결을 따라 내려갔을 것이고 사당을 세워 지역의 제사를 받았으리라. 나는 이 사당을 다시 세우고 사당의 이름을 황우묘라 하여 신의 공적을 나타낸다.

1 **황릉묘기** : '황우묘'로 되어야 하지 않을까 한다. 본문에 '익주로 가던 길에 황우를 지나면서'라고 한 바와 같이 형주에서 익주로 가려면 장강을 따라 올라가면서 황우의 황릉묘를 지나게 된다. 북위의 역도원은 『수경주』「강수·2」에서 "강물은 또 동쪽으로 황우산을 지난다. 아래에는 여울이 있는데 황우탄黃牛灘이라 한다. 남안에 첩첩이 솟아 있는 험준한 산중에서 가장 바깥쪽의 높은 절벽 사이에 사람이 칼을 지고 소를 끄는 것 같은 돌이 있는데 사람은 검고 소는 누래서 뚜렷이 보이지만 이미 인적이 끊어져서 도대체 어떤지 알 수 없다. 이 바위가 높고 게다가 강물의 물살이 세고 소용돌이쳐서 비록 길에서 밤을 지새더라도 이것을 바라볼 수 있다. 그래서 행인들은 '아침에 황우에서 떠나 저녁에 황우에서 밤을 지새면서 물길이 깊다고 말하며 돌아보아도 한 가지로다'라고 노래했다."라고 했다. 지명이 황우이고 산 이름이 황우산이고 여울 이름이 황우탄이니 사당의 이름을 뭐라고 했을까? 제갈량은 다만 "나는 이 사당을 다시 세우고 사당의 이름을 황우묘라" 한다고 말했을 뿐이다. 소식은 시 제목을 「황우묘」라 했고 육유도 『입촉기』에서 '황우묘'라 했다. 그러므로 사당 이름은 '황우'라 해야 할 것이다.

2 **익주로 가던 길** : 원문에는 '촉도蜀道'로 되어 있는데 '촉蜀'은 익주를 가리킨다. '촉'은 전국시대의 진나라에서 설치했는데 소재지는 성도에 있었고 후한 말기에는 익주의 관할구역에 속했다.

3 **대우** : 전설 속의 부락연맹 수령이다. '정의'의 주석을 참조하라.

양보음

 북위 역도원의 『수경주』「문수汶水」에 "『개산도開山圖』에 따르면 '태산太山은 왼쪽에 있고 항보亢父는 오른쪽에 있는데 항보는 삶을 주관하고 양보¹는 죽음을 주관한다. 왕은 태산에 봉선하고 양보에 제사를 지냈다'고 했다."는 기록이 있다. 그러므로 양보를 소재로 한 시와 글들은 대부분 그 정서가 슬프고 음울하다. 제갈량은 융중에 있을 때 시국을 슬퍼하고 세상을 근심하면서 「양보음」을 읊기 좋아했다.

이 글은 당나라 구양순이 편찬한 『예문유취』「인부人部·3」 '음吟'에서 인용한 『촉지』에서 발췌했다. 제갈량의 아버지 제갈규諸葛珪는 후한 말기에 태산군승太山郡丞으로 있었는데 군 소재지 봉고奉高(산동성 태안시 동쪽)는 제나라의 도읍인 임치臨淄(산동성 치박시 동쪽, 임치 북쪽)에서 멀지 않았으므로 어렸을 때 제갈량은 임치에 가 보았을 수도 있다. 때문에 명나라의 제갈희, 제갈탁은 『제갈공명전집』「유문遺文」 '양부음梁父吟'을 집록하고 주를 달 때 "충무후忠武侯께서 제성齊城에서 나가 세 봉분을 보고 느끼는 바가 있어 지으신 것이다."라고 썼다. 명나라 양시위陽時偉는 『제갈충무서』「유사遺事」에서 "「양보음」은 뜻이 천박하고 단어가 속되다. 결코 공명이 지은 것이 아니다."라고 했다. 청나라의 심덕잠沈德潛은 「고시원古詩源」에 주를 달며 "무후가 「양보」를 읊기 좋아했는데 이 한편뿐만이 아닐 것이다. 흩어지고 잃어버려서 전해지고 있는 것이 이것뿐일 따름이다."라고 했다. 그러나 현대의 여관영余冠英은 『악부시선樂府詩選』에 주를 달며 "옛 곡 「태산양보음」은 「태산음」과 「양보음」으로 나뉘는데 모두가 만가輓歌로서 「해로薤露」, 「호리蒿里」와 같은 유형이다. 이는 제齊 지방의 풍토를 쓴 것이며 제갈량이 지었다는 것은 오해이다."라고 했다.

이 글은 『예문유취』「인부·3」 '음' 권19에 인용된, 상관常寬이 편찬한 『촉지』에서 발췌했다.

步出齊東門,　　遙望蕩陰里,
里中有三墳,　　累累正相似.
問是誰家子?　　田疆, 古治氏.
力能排南山,　　文能絶地紀.
一朝被讒言,　　二桃殺三士.
誰能爲此謀?　　相國齊晏子.

제나라 도읍의 성문[2]을 나서서
머리 들어 탕음리[3]를 바라보니

그곳에 무덤 세 자리가 있고

무덤마다 서로서로 비슷하구나.

누구의 무덤[4]이냐고 물었더니

전개강과 고야자[5]라고 하는구나.

힘은 능히 남산을 밀어내고

지략은 능히 지기를 끊을 만했는데[6]

하루아침에 참언에 걸려들어

복숭아 두 개가 세 장사를 죽였다.[7]

그 누가 이런 궤모를 내놓았을까?

제나라의 재상 안자[8]였다네.

1 **양보**梁甫 : 산 이름이다. 태산 아래에 있는 작은 산으로, 산동성 신태시 서쪽에 있다. 전한 이전에는 '양부梁父'라고 불렀다. **양보음**梁甫吟 : 양부음梁父吟이라고도 하는데, 초나라의 전통 민요이다. 양보음은 사람이 죽어 양보산에 장사를 지낼 때 읊곤 해서 만가라고도 한다.

2 **성문** : 원문은 '동문東門'인데 『예문유취』에 '성문城門'으로 되어 있어 이를 따랐다. '제나라 도읍의 성문'은 춘추시대 제나라의 도성 임치臨淄의 성문이다.

3 **탕음리**蕩陰里 : 제나라 도성 밖에 있는 곳으로 죽은 사람들을 묻었다.

4 **무덤** : 원문은 '자子'인데 『예문유취』에 '총'으로 되어 있어 이를 따랐다. '총'은 높고 큰 무덤이다.

5 **전개강**田開彊 : 춘추시대 제 경공景公의 대신이자 용사로, 수차례나 적을 물리쳤다. **고야자**古冶子 : 춘추시대 제 경공의 대신이자 용사이다. 『안자춘추』「내편內篇」 '간하諫下'에 따르면, 제 경공이 강을 건널 때 거대한 자라가 말을 끌고 물 속으로 들어갔는데 고야자가 백 걸음이나 물을 거슬러 올라가고 물을 따라 9리나 내려가서 큰 자라를 죽이고 말을 구해냈다고 한다.

6 **지략은…만했는데** : 원문은 '문文'인데 세 사람은 맹호를 잡을 만큼 힘이

장사여서 이름난 사람이므로 '문'은 적절하지 않은 것 같다. '우叉'자를 잘못 베낀 것이 아닌가 한다. 송나라 요관姚寬이 편찬한 『서계총어西溪叢語』에서 이 구절을 인용할 때 '우'라고 쓴 것이 그 증거이다. '지기地紀'란 땅을 매달아두는 밧줄로서 '지유地維'라고도 한다. 옛사람들은 하늘은 둥글고 땅은 네모나며, 하늘은 9개의 기둥이 받치고 있고 땅은 큰 밧줄로 네 귀퉁이에 매달아두었다고 믿었다.

7 **복숭아…죽였다** : 제 경공의 세 용사였던 전개강, 고야자, 공손접公孫接은 제나라의 재상 안영에게 불손하게 굴어 원한을 샀다. 안영은 한 가지 꾀를 내어 세 사람을 제거했으며 '복숭아 두 개로 세 용사를 죽였다.' 공손접은 호랑이를 잡았다며 복숭아 한 알을 가졌고 전개강은 적을 죽였다며 또 한 알을 가졌다. 고야자는 경공이 황하를 건널 때 자라를 죽이고 말을 구했으니 자신의 공이 두 사람보다 크다면서 복숭아를 내놓으라고 했다. 두 사람은 부끄러워하며 자결했고, 고야자는 친구들을 죽게 만들었으니 자기 혼자 살아서는 용사답지 못하다고 여기고 자결했다.

8 **안자晏子(?~기원전 500)** : 이름이 영이고 자는 평중平仲이다. 이유夷維(산동성 고밀현) 사람으로 아버지 안약晏弱의 뒤를 이어 제나라의 경卿이 되었다. 영공靈公, 장공莊公, 경공景公 3대의 정경正卿을 지냈으며 50년간의 집정기에 근검하고 아랫사람을 정중하게 대하고 외교 능력이 있어 이름이 높았다. '예치禮治'가 쇠퇴하는 것을 애석해했으며 제나라가 장차 전씨田氏에 의해 대체될 것이라고 예견했다. 전국시대 중기의 사람이 그의 언행을 수집하여 『안자춘추』 내외편 8권을 편찬했다.

잡언

진수는 『삼국지』 「촉서」 '제갈량전'에서 제갈량을 평가하면서 "성실하고 공정했다.", "타이르고 깨우쳐줌에 밝았다.", "나라 안의 사람들은 모두 그를 존경했으며, 법이 엄했지만 원망하는 사람이 없었다."라고 했다. 이는 제갈량이 이 글에서 자신의 법 집행에 대해 평가한 것과 일치한다.

이 글은 수나라 우세남의 『북당서초』 「정술부」 '공정公正' 권37에서 발췌했다.

吾心如秤, 不能爲人作輕重.

나의 마음은 저울과 같아서 다른 사람에 의해 좌지우지되지 않는다.

28수분야

고대 중국의 천문학자들은 태양과 달이 경과하는 하늘 구역을 황도黃道라 했다. 그리고 일, 월, 행성의 위치와 운동을 측정하기 위해 황도대黃道帶를 12등분하고 이를 12분야分野라 했는데 수성壽星, 대화大火, 석목析木, 성기星紀, 현효玄枵, 추자娵訾, 강루降婁, 대량大梁, 실심實沈, 순수鶉首, 순화鶉火, 순미鶉尾이다. 전국시대가 되자 점성술가들은 이 12개의 하늘 구역을 지상의 정鄭, 송宋, 연燕, 오월吳越, 제齊, 위衛, 노魯, 조趙, 위魏, 진秦, 주周, 초楚 등 12개(13개) 나라와 연주兗州, 예주豫州, 유주幽州, 양주揚州, 청주靑州, 병주幷州, 서주徐州, 기주冀州, 익주益州, 옹주雍州, 삼하三河, 형주荊州 등 12개 주의 위치와 대응시켰다.

고대의 천문학자들은 황도 안의 항성恒星들을 28개 성좌로 나누고 그것을 28수宿라 했으며 이를 동서남북에 각각 7개씩 귀속시켰다. 동쪽에는 각角, 항亢, 저氐, 방房, 심心, 미尾, 기箕이고 북쪽에는 두斗, 우牛, 여女, 허虛, 위危, 실室, 벽壁이고 서쪽에는 규奎, 누婁, 위胃, 묘昴, 필畢, 자觜, 삼參이고 남쪽에는 정井, 귀鬼, 유柳, 성星, 장張, 익翼, 진軫이다. 전국시대 이후에 점성술가들은 이 28수와 땅위의 나라, 주, 군의 위치를 대응시켰다. 그리고 하늘로 말할 때는 분성分星이라 하고 땅으로 말할 때는 분야分野라고 했다. 그후에는 12분야를 28수와 연계시켰기 때문에 전한시대에 와서는 점성술가들이 12궁분야와 28수분야를 서로 협조시키고 통용하게 되었다. 이 글에서 제갈량은 구체적으로 하늘의 28수를 어떻게 땅위의 나라, 주, 군의 위치와 서로 상응시킬 것인가를 말했다.

이 글은 당나라 방현령房玄齡 등이 편찬한 『진서』「지志」'천문상天文上' 권11에서 발췌했다.

본문 앞에 "주, 군의 별이 운행하는 길은 진탁陣卓, 범려, 귀곡선생鬼谷先生, 장량, 제갈량, 초주, 경방京房, 장형張衡이 다 같이 운운했다."라는 말이 있는 것으로 보아 제갈량의 글이 아니라는 것을 알 수 있다. 또한 조금만 자세히 살펴보아도 위작이라는 것을 알 수 있다. 먼저 12주는 순임금이 만든 것도 아니고 양한이나 삼국에서 만든 것도 아니며 누가 만든 것인지 모른다. 그리고 주, 군의 경우에 기본적으로 전한의 건제建制에 따랐지만 거기에는 문제가 적지 않다. 첫째, 양한 때에는 옹주와 삼보三輔가 없었는데 병주의 사예주司隸州의 건제에 따랐고, 병주는 양주의 건제에 따른 것 같다. 둘째, 연주는 전적으로 후한의 건제에 따랐고 청주에는 천승군千乘郡이 없고 후한의 낙안국樂安國이 있었으며 기주의 동일한 지구에 신도국信都國도 있고 후한의 안평국安平國도 있는 것 같다. 셋째, 유주·양주·병주의 관할구역이 확대되고 서주와 익주의 관할구역이 축소된 것 같다. 또한 분성과 분야의 대응에는 문제가 더욱 많은데 그 몇 가지 예를 들면 다음과 같다. ① 연주의 동평국이 '각수角宿와 6도로 대응된다'고도 했고 '저수와 7도로 대응된다'고도 했다. ② 기주의 신도국과 후한의 안평국이 모두 신도信都에 있는데 신도국은 '필수畢宿와 3도로 대응된다'고 하고 안평국은 '필수와 4도로 대응된다'고 했다. ③ 유주의 요서遼西와 요동은 동쪽에 있고 서하西河, 상군上郡, 북지北地는 서쪽에 있어 그 사이의 거리가 10만 8천 리나 되는데도 다 같이 '미수와 10도로 대응된다'고 했다. 더구나 서로 같은 지역에서 상곡上谷은 북쪽에 있고 탁군은 남쪽에 있는데 상곡은 '미수와 1도로 대응된다'고 했으나 탁군은 '미수와 16도로 대응된다'고 했다. 이상 예를 든 것만으로도 이 글이 위작이라는 것을 증명하기에 충분할 것이다.

角, 亢, 氐, 鄭, 兗州:

    東郡入角一度,

    東平, 任城, 山陽入角六度,

    泰山入角十二度;

    濟北, 陳留入亢五度;

    濟陰入氐一度,

    東平入氐七度.

房, 心, 宋, 豫州:

潁川入房一度,

汝南入房二度,

沛郡入房四度,

梁國入房五度;

淮陽入心一度,

魯國入心三度,

楚國入心四度.

尾, 箕, 燕, 幽州:

營州入箕中十度;

上谷入尾一度,

漁陽入尾三度,

右北平入尾七度,

西河, 上郡, 北地, 遼西, 東入尾十度,

涿郡入尾十六度;

渤海入箕一度,

樂浪入箕三度,

玄菟入箕六度,

廣陽入箕九度.

각, 항, 저[1]는 정나라[2], 연주[3]에 있는데 동군[4]은 각수와 1도로 대응되고

동평, 임성, 산양[5]은 각수와 6도로 대응되고

태산[6]은 각수와 12도로 대응되고

제북, 진류[7]는 항수亢宿와 5도로 대응되고

제음[8]은 저수氐宿와 1도로 대응되고

동평은 저수와 7도로 대응된다.

방, 심[9]은 송나라[10], 예주[11]에 있는데

영천[12]은 방수房宿와 1도로 대응되고

여남[13]은 방수와 2도로 대응되고

패군[14]은 방수와 4도로 대응되고

양국[15]은 방수와 5도로 대응되고

회양[16]은 심수心宿와 1도로 대응되고

노국[17]은 심수와 3도로 대응되고

초국[18]은 심수와 4도로 대응된다.

미, 기[19]는 연나라[20], 유주[21]에 있는데

영주[22]는 기수箕宿와 10도로 대응되고

상곡[23]은 미수尾宿와 1도로 대응되고

어양[24]은 미수와 3도로 대응되고

우북평[25]은 미수와 7도로 대응되고

서하, 상군, 북지, 요서, 요동[26]은 미수와 10도로 대응되고

탁군[27]은 미수와 16도로 대응되고

발해[28]는 기수와 1도로 대응되고

악랑[29]은 기수와 3도로 대응되고

현토[30]는 기수와 6도로 대응되고

광양[31]은 기수와 9도로 대응된다.

1 **각, 항, 저**: 각角은 28수의 하나로 동방청룡칠수東方靑龍七宿의 첫 번째 수이다. 처녀자리의 두 별로, 황도 도수度數는 13이다(『속한서』「율력지하律曆志下」의 표기를 따랐다. 아래도 같다). 항亢은 28수의 하나로 동방청룡칠수의 두 번째 수이다. 처녀자리의 네 별로, 황도 도수는 10이다. 저氐는 28수의 하나로 동방청룡칠수의 세 번째 수이다. 천칭자리의 네 별로, 황도 도수는 16이다.
2 **정나라**: 도읍은 신정新鄭(하남성 신정현)이다.
3 **연주**: 12주의 하나이다. 12주에 대하여 후한의 경학가 마융은 다음과 같이 해석했다. 대우가 홍수를 다스리고 9주를 설치하자 순임금은 기주의 북쪽 토지가 광활하다며 나누어 병주를 설치했다. 또한 연주와 제주가 넓고 멀다고 여겨 연주를 나누어 유주를 설치하고 제주를 나누어 영주를 설치했다. 그리하여 12주가 되었다. 대우가 설치한 9주가 어느 주였는가 하는 점에 있어서는 『상서尙書』「우공禹貢」,『여씨춘추』「유시람有始覽」과 『주례』「하관사마夏官司馬下」 '직방職方'의 기록이 서로 다르다. 사실 9주라는 것은 다만 그 당시의 학자들이 제 나름대로 알고 있는, 대륙을 나눈 9개의 지리 지역이었을 뿐이었다. 그리하여 12주에 대한 해석도 서로 다르다. 전한의 무제 때에 병, 기, 유, 연, 청, 서, 양揚, 형, 예, 익, 양涼, 교지, 삭방 13개 주를 설치했다. 전한 원시元始 5년(5년)에 왕망이 옹, 예, 기, 연, 청, 서, 양, 형, 익, 유, 병, 교 12주를 고쳐 설치했다. 후한 때에 왕망이 설치한 12주를 폐지하고 전한 때의 옛 건제를 회복했는데 다만 교지를 교주로 고쳤고 삭방을 없앴다. 삼국시대의 위나라는 관할지역에 사예, 기, 예, 연, 청, 서, 형, 양, 옹, 양, 병, 유 12주를 설치했다. 이상은 본문에서 열거한 12주와 다르므로 실증해보아야 할 것이다. 연주兗州는 후한시대의 연주와 같으며, 위치는 대략 하남성 개봉시로부터 산동성 장청현에 이르는 황하 연안 일대에 해당한다.

4 **동군**東郡 : 군 소재지는 지금의 하남성 복양시 서남쪽에 있었다(후한 때의 군 소재지를 말함).

5 **동평, 임성, 산양** : 동평東平은 동평국인데 지금의 산동성 동평현 동남쪽에 있었다. 임성任城은 임성국인데 지금의 산동성 제녕시 동남쪽에 있었다. 산양山陽의 군 소재지는 지금의 산동성 금향현 서북쪽에 있었다.

6 **태산** : 군 소재지는 지금의 산동성 태안시 동쪽에 있었다.

7 **제북, 진류** : 제북濟北의 군 소재지는 지금의 산동성 장청현 동남쪽에 있었다. 진류陳留의 군 소재지는 지금의 하남성 개봉시 동남쪽에 있었다.

8 **제음** : 군 소재지는 지금의 산동성 정도현 서북쪽에 있었다.

9 **방, 심** : 방房은 28수의 하나로 동방청룡칠수의 네 번째 수이다. 전갈자리의 네 별로, 황도 도수는 5이다. 심心은 28수의 하나로 동방청룡칠수의 다섯 번째 수이다. 전갈자리의 세 별로, 황도 도수는 5이다.

10 **송나라** : 도읍은 수양(하남성 상구현 남쪽)에 있었다.

11 **예주** : 다음에 나오는 군의 지명으로 보아 전한의 예주와 같을 것으로 추정된다. 위치는 대략 하남성 중부, 동남부와 안휘성 서북부, 강소성 서북부 귀퉁이, 산동성 서남부 귀퉁이에 해당한다.

12 **영천**潁川 : 군 소재지는 지금의 하남성 우현에 있었다(이는 전한 때를 기준으로 한 것이다).

13 **여남**汝南 : 군 소재지는 지금의 하남성 평여현 북부에 있었다.

14 **패군**沛郡 : 군 소재지는 지금의 안휘성 회북시 서북부에 있었다.

15 **양국**梁國 : 소재지는 지금의 하남의 상구현 남부에 있었다.

16 **회양**淮陽 : 회양국이다. 소재지는 지금의 하남성 회양현에 있었다.

17 **노국** : 소재지는 지금의 산동성 곡부시에 있었다.

18 **초국** : 전한 때 설치했으며 소재지는 지금의 강소성 서주시에 있었다.

19 **미, 기** : 미尾는 28수의 하나로 동방청룡칠수의 여섯 번째 수이다. 전갈자리의 아홉 별로, 황도 도수는 18이다. 기箕는 28수의 하나로 동방청룡칠수의 일곱 번째 수이다. 사수자리의 네 별로, 황도 도수는 10이다.

20 **연**燕**나라** : 도읍은 계(지금의 북경시)에 있었다.

21 **유주**幽州 : 다음에 나오는 군의 지명으로 보아 전한 때의 유주, 삭방일 것으로 추정된다. 위치는 대략 고장성 연선 및 지금 요녕성의 대부분, 조선의 서북부에 해당한다.

22 **영주**營州 : 진, 한, 삼국시대에는 영주가 없었다. 『진』「지志」 '천문상'에는

'양주涼州'로 되어 있다. 양주는 삼국시대 때 위나라에서 설치했는데 소재지는 감숙성 무위시에 있었다.

23 **상곡**上谷： 군 소재지는 지금의 하북성 회래현 동남부에 있었다(이는 전한 때를 기준으로 한 것이다).
24 **어양**漁陽： 군 소재지는 지금의 북경시 밀운현 서남부에 있었다.
25 **우북평**右北平： 군 소재지는 지금의 하북성 평천현 동북부에 있었다.
26 **서하, 상군, 북지, 요서, 요동**： 서하의 군 소재지는 지금의 산서성 하곡현 서부에 있었다. 상군의 군 소재지는 지금의 섬서성 유림시 동남부에 있었다. 북지의 군 소재지는 지금의 감숙성 경양현 서북부에 있었다. 요서의 군 소재지는 지금의 요녕성 의현 서부에 있었다. 요동군의 소재지는 지금의 요녕성 요양시에 있었다.
27 **탁군**： 군 소재지는 지금의 하북성 탁주시에 있었다.
28 **발해**渤海： 군 소재지는 지금의 하북성 창주시 동남부에 있었다.
29 **악랑**樂浪： 군 소재지는 지금의 조선 평양시 남부에 있었다.
30 **현토**玄菟： 군 소재지는 지금의 요녕성 신빈만족자치현 서남부에 있었다.
31 **광양**廣陽： 군 소재지는 지금의 북경시에 있었다.

斗, 牽牛, 須女, 吳, 越, 揚州：

　　　　九江入斗一度,

　　　　廬江入斗六度,

　　　　豫章入斗十度,

　　　　丹陽入斗十六度；

　　　　會稽入牛一度,

　　　　臨淮入牛四度,

　　　　廣陵入牛八度；

　　　　泗水入女一度,

　　　　六安入女六度.

虛, 危, 齊, 青州:

 齊國入虛六度,

 北海入虛九度;

 濟南入危一度,

 樂安入危四度,

 東萊入危九度,

 平原入危十一度,

 菑川入危十四度.

營室, 東壁, 衛, 幷州:

 安定入營室一度,

 天水入營室八度,

 隴西入營室四度,

 酒泉入營室十一度,

 張掖入營室十二度;

 武都入東壁一度,

 金城入東壁四度,

 武威入東壁六度,

 敦煌入東壁八度.

두, 견우, 수녀[1]는 오나라, 월나라[2], 양주[3]에 있는데

구강[4]은 두수와 1도로 대응되고

여강[5]은 두수와 6도로 대응되고

예장[6]은 두수와 10도로 대응되고

단양[7]은 두수와 16도로 대응되고

회계[8]는 우수와 1도로 대응되고

임회[9]는 우수와 4도로 대응되고

광릉[10]은 우수와 8도로 대응되고

사수[11]는 여수와 1도로 대응되고

육안[12]은 여수와 6도로 대응된다.

허, 위[13]는 제나라[14], 청주[15]에 있는데

제국[16]은 허수와 6도로 대응되고

북해[17]는 허수와 9도로 대응되고

제남[18]은 위수와 1도로 대응되고

낙안[19]은 위수와 4도로 대응되고

동래[20]는 위수와 9도로 대응되고

평원[21]은 위수와 11도로 대응되고

치천[22]은 위수와 14도로 대응된다.

영실, 동벽[23]은 위나라[24], 병주[25]에 있는데

안정[26]은 영실과 1도로 대응되고

천수[27]는 영실과 8도로 대응되고

농서[28]는 영실과 4도로 대응되고

주천[29]은 영실과 11도로 대응되고

장액[30]은 영실과 12도로 대응되고

무도[31]는 동벽과 1도로 대응되고

금성[32]은 동벽과 4도로 대응되고

무위[33]는 동벽과 6도로 대응되고

돈황[34]은 동벽과 8도로 대응된다.

1 **두, 견우, 수녀** : 두斗는 28수의 하나로 북방현무칠수北方玄武七宿의 첫 번째 수이고 사수자리의 여섯 별이다. 황도 도수는 24에서 4분의 1이 들어간다. 견우牽牛는 '우수牛宿'라고도 하는데 28수의 하나로 북방현무칠수의 두 번째 수이다. 염소자리의 여섯 별이다. 황도 도수는 7이다. 수녀須女는 '여수女宿', '무녀婺女'라고도 하는데 28수의 하나로 북방현무칠수의 세 번째 수이다. 물병자리의 네 별로 황도 도수는 11이다.
2 **오나라, 월나라** : 오나라의 도읍은 오吳(강소성 소주시)였다. 월나라의 도읍은 회계會稽(절강성 소흥시)였다.
3 **양주**揚州 : 다음에 나오는 군의 지명으로 보아 전한의 양주, 서주로 추정된다. 위치는 대략 강서성, 안휘성, 절강성, 복건성 및 강소성의 남부에 해당한다.
4 **구강**九江 : 군 소재지는 지금의 안휘성 수현壽縣이다(아래의 군은 전한 때를 기준으로 했다).
5 **여강**廬江 : 군 소재지는 지금의 안휘성 여강현 서남부에 있었다.
6 **예장**豫章 : 군 소재지는 지금의 강서성 남창시南昌市에 있었다.
7 **단양**丹陽 : 군 소재지는 지금의 안휘성 선주시宣州市에 있었다.
8 **회계**會稽 : 군 소재지는 지금의 강소성 소주시에 있었다.
9 **임회**臨淮 : 전한 때에 설치했는데 군 소재지는 지금의 강소성 사홍현 남부에 있었다.
10 **광릉**廣陵 : 광릉국이다. 소재지는 지금의 강소성 양주시 서북쪽에 있었다.
11 **사수**泗水 : 사수국이다. 소재지는 지금의 강소성 사양현 서북부에 있었다.
12 **육안**六安 : 육안국이다. 소재지는 지금의 안휘성 육안시에 있었다.

13 허, 위 : 허虛는 28수의 하나로 북방현무칠수의 네 번째 수이고 물병자리, 작은말자리 등의 두 별이다. 황도 도수는 10이다. 위危는 28수의 하나로 북방현무칠수의 다섯 번째 수이고 물병자리, 페가수스자리 등의 세 별이다. 황도 도수는 16이다.
14 제나라 : 도읍은 임치臨淄(산동성 치박시 동쪽의 옛 임치)에 있었다.
15 청주 : 다음에 나오는 군의 지명으로 보아 대략 산동성 동부, 북부와 서북부에 있었다.
16 제국齊國 : 후한 때에 설치했으며, 소재지는 산동성 치박시 동쪽의 옛 임치의 북쪽에 있었다.
17 북해 : 군 소재지는 지금의 산동성 안구현 서북부에 있었다.
18 제남濟南 : 군 소재지는 지금의 산동성 장구현 서북부에 있었다.
19 낙안樂安 : 낙안국이다. 후한 때에 설치했는데 소재지는 산동성 고청현 동남부에 있었다.
20 동래東萊 : 군 소재지는 지금의 산동성 액현에 있었다.
21 평원平原 : 군 소재지는 지금의 산동성 평원현 남부에 있었다.
22 치천淄川 : 치천국이다. 소재지는 지금의 산동성 창락현 서북부에 있었다.
23 영실, 동벽 : 영실營室은 실수室宿인데 28수의 하나로 북방현무칠수의 여섯 번째 수이고 페가수스자리의 두 별이다. 황도 도수는 18이다. 동벽東壁은 벽수壁宿인데 28수의 하나로 북방현무칠수의 일곱 번째 수이고 페가수스자리, 안드로메다자리의 두 별이다. 황도 도수는 10이다.
24 위나라 : 전국시대에 위나라는 제구帝丘(하남성 복양시)를 도읍으로 삼았다가 나중에 야왕野王(하남성 심양시)으로 도읍을 옮겼다.
25 병주 : 다음에 나오는 군의 지명으로 보아 한나라 때의 양주로 추정되는데 위치는 대략 영하회족자치구와 감숙성에 해당한다.
26 안정安定 : 군 소재지는 지금의 영하회족자치구 고원현 동부에 있었다.
27 천수天水 : 전한 건제로서 군 소재지는 지금의 감숙성 통위현 서북부에 있었다.
28 농서 : 군 소재지는 지금의 감숙성 임조현에 있었다.
29 주천酒泉 : 군 소재지는 지금의 감숙성 주천시에 있었다.
30 장액張掖 : 군 소재지는 지금의 감숙성 장액시 서북쪽에 있었다.
31 무도 : 군 소재지는 지금의 감숙성 서화현 서남부에 있었다.
32 금성金城 : 군 소재지는 지금의 감숙성 난주시 서쪽에 있었다.

33 무위武威 : 군 소재지는 지금의 감숙성 무위시에 있었다.
34 돈황敦煌 : 군 소재지는 지금의 감숙성 돈황시 서쪽에 있었다.

奎, 婁, 胃, 魯, 徐州:

  東海入奎一度,

  琅邪入奎六度;

  高密入婁一度,

  陽城入婁九度;

  膠東入胃七度.

昴, 畢, 趙, 冀州:

  魏郡入昴一度,

  巨鹿入昴三度,

  常山入昴五度,

  廣平入昴七度,

  中山入昴一度,

  淸河入昴九度;

  信都入畢三度,

  趙郡入畢八度,

  安平入畢四度,

  河間入畢十度,

  眞定入畢十三度.

觜, 參, 魏, 益州:

　　廣漢入觜一度,

　　越巂入觜三度;

　　蜀郡入觜一度,

　　犍爲入參三度,

　　牂柯入參五度,

　　巴郡入參八度,

　　漢中入參九度,

　　益州入參七度.

규, 누, 위[1]는 노나라[2], 서주[3]에 있는데
동해[4]는 규수와 1도로 대응되고
낭야[5]는 규수와 6도로 대응되고
고밀[6]은 누수와 1도로 대응되고
양성[7]은 누수와 9도로 대응되고
교동[8]은 위수와 1도로 대응된다.

묘, 필[9]은 조나라[10], 기주[11]에 있는데
위군[12]은 묘수와 1도로 대응되고
거록[13]은 묘수와 3도로 대응되고
상산[14]은 묘수와 5도로 대응되고
광평[15]은 묘수와 7도로 대응되고

중산[16]은 묘수와 1도로 대응되고

청하[17]는 묘수와 9도로 대응되고

신도[18]는 필수와 3도로 대응되고

조군[19]은 필수와 8도로 대응되고

안평[20]은 필수와 4도로 대응되고

하간[21]은 필수와 10도로 대응되고

진정[22]은 필수와 13도로 대응된다.

취, 삼[23]은 위나라[24], 익주[25]에 있는데

광한[26]은 취수와 1도로 대응되고

월수[27]는 취수와 3도로 대응되고

촉군[28]은 취수와 1도로 대응되고

건위[29]는 삼수와 3도로 대응되고

장가[30]는 삼수와 5도로 대응되고

파군[31]은 삼수와 8도로 대응되고

한중[32]은 삼수와 9도로 대응되고

익주[33]는 삼수와 7도로 대응된다.

1 **규, 누, 위** : 규奎는 28수의 하나로 서방백호칠수의 첫 번째 수이고 안드로메다자리의 아홉 별과 물고기자리의 일곱 별 등 열여섯 별이다. 황도 도수는 17이다. 누婁는 28수의 하나로 서방백호칠수의 두 번째 수이며 백양자리의 세 별이다. 황도 도수는 12이다. 위胃는 28수의 하나로 서방백호칠수의 세 번째 수이고 백양자리의 세 별이다. 황도 도수는 15이다.

2 **노나라** : 도읍은 곡부(산동성 곡부시)에 있었다.

3 **서주**徐州 : 다음에 나오는 군의 지명으로 보아 전한 때의 서주와 대체로 같으며 위치는 대략 산동성 동부, 동남부와 강소성의 동북부 귀퉁이에 해당된다.
4 **동해**東海 : 군 소재지는 지금의 산동성 담성현 북부에 있었다.
5 **낭야** : 군 소재지는 지금의 산동성 제성시에 있었다.
6 **고밀** : 고밀국으로, 소재지는 지금의 산동성 고밀현에 있었다.
7 **양성**陽城 : 『진서』「지」'천문상'에는 '성양城陽'으로 되어 있다. 성양은 성양국으로, 소재지는 지금의 산동성 거현에 있었다.
8 **교동**膠東 : 교동국으로, 소재지는 지금의 산동성 평도시 동남부에 있었다. 원문에는 '7도'로 나와 있으나 『진서』「지」'천문상'에는 '1도'로 되어 있어 이를 따랐다.
9 **묘, 필** : 묘昴는 28수의 하나로 서방백호칠수의 네 번째 수이다. 황소자리의 일곱 별로, 황도 도수는 12이다. 필畢은 28수의 하나로 서방백호칠수의 다섯 번째 수이다. 황소자리의 여덟 별로, 황도 도수는 16이다.
10 **조나라** : 처음의 도읍은 진양晉陽(산서성 유차시)이었고 이후의 도읍은 한단邯鄲(하북성 한단시)이었다.
11 **기주** : 다음에 나오는 군의 지명으로 보아 전한의 기주冀州와 같다. 위치는 대략 지금의 하북성에 해당한다.
12 **위군**魏郡 : 군 소재지는 지금의 하북성 자현 남부에 있었다.
13 **거록**巨鹿 : 군 소재지는 지금의 하북성 평향현 서남부에 있었다.
14 **상산**常山 : 상산국으로, 소재지는 지금의 하북성 원씨현 서북부에 있었다.
15 **광평**廣平 : 광평국으로, 소재지는 지금의 하북성 곡주현 동북부에 있었다.
16 **중산**中山 : 중산국으로, 소재지는 지금의 하북성 정주시에 있었다.
17 **청하**淸河 : 청하국으로, 소재지는 지금의 산동성 임청시 동남부에 있었다.
18 **신도**信都 : 신도국으로, 소재지는 지금의 하북성 기현에 있었다.
19 **조군**趙郡 : 진, 한, 삼국시대에는 '조군'이 없었다. '조국趙國'의 오자가 아닌가 한다. 조국은 지금의 하북성 한단시에 있었다.
20 **안평**安平 : 안평국으로, 후한 때에 설치했는데 소재지는 지금의 하북성 기현에 있었다.
21 **하간**河間 : 하간국으로, 소재지는 지금의 하북성 헌현 동남부에 있었다.
22 **진정**眞定 : 진정국으로, 소재지는 지금의 하북성 석가장시 동북부에 있었다.

23 **취, 삼** : 취觜는 28수의 하나로 서방백호칠수의 여섯 번째 수이다. 오리온 자리의 세 별로, 황도 도수는 3이다. 삼參은 28수의 하나로 서방백호칠수의 일곱 번째 수이다. 오리온자리의 일곱 별로, 황도 도수는 8이다.
24 **위나라** : 전국시대의 위나라로, 첫 도읍은 안읍安邑(산서성 하현 서북부)이었고 이후의 도읍은 대량大梁(하남성 개봉시)이었다.
25 **익주** : 다음에 나오는 군의 지명으로 보아 한나라 때의 익주와 같다. 위치는 대략 지금의 사천성과 귀주성, 운남성의 대부분에 해당한다.
26 **광한** : 군 소재지는 지금의 사천성 재동현에 있었다.
27 **월수**越寯 : 군 소재지는 지금의 사천성 서창시 동남부에 있었다.
28 **촉군** : 군 소재지는 지금의 사천성 성도시에 있었다.
29 **건위**犍爲 : 군 소재지는 지금의 사천성 의빈시 서남부에 있었다.
30 **장가** : 군 소재지는 지금의 귀주성 귀정현 동북부에 있었다.
31 **파군** : 군 소재지는 지금의 사천성 중경시 북부에 있었다.
32 **한중** : 군 소재지는 지금의 섬서성 안강시 서북부에 있었다.
33 **익주** : 군 소재지는 지금의 운남성 진녕현에 있었다.

東井, 輿鬼, 秦, 雍州 :

　　雲中入東井一度,

　　定襄入東井八度,

　　雁門入東井十六度,

　　代郡入東井二十八度,

　　太原入東井二十九度;

　　上党入輿鬼二度.

柳, 七星, 張, 周, 三輔 :

　　弘農入柳一度;

　　河南入七星三度;

　　　　河東入張一度,

　　　　河內入張九度.

翼, 軫, 楚, 荊州:

　　　　南陽入翼六度,

　　　　南郡入翼十度,

　　　　江夏入翼十二度,

　　　　零陵入軫十一度,

　　　　桂陽入軫六度,

　　　　武陵入軫六度,

　　　　長沙入軫十六度.

동정, 여귀[1]는 진나라[2], 옹주[3]에 있는데
운중[4]은 동정과 1도로 대응되고
정양[5]은 동정과 8도로 대응되고
안문[6]은 동정과 16도로 대응되고
대군[7]은 동정과 28도로 대응되고
태원[8]은 동정과 29도로 대응되고
상당[9]은 여귀와 2도로 대응된다.

유, 칠성, 장[10]은 주나라[11], 삼보[12]에 있는데
홍농[13]은 유수와 1도로 대응되고

하남[14]은 칠성수와 3도로 대응되고
하동[15]은 장수와 1도로 대응되고
하내[16]는 장수와 9도로 대응된다.

익, 진[17]은 초나라[18], 형주[19]에 있는데
남양[20]은 익수와 6도로 대응되고
남군[21]은 익수와 10도로 대응되고
강하[22]는 익수와 12도로 대응되고
영릉[23]은 진수와 11도로 대응되고
계양[24]은 진수와 6도로 대응되고
무릉[25]은 진수와 6도로 대응되고
장사[26]는 진수와 16도로 대응된다.

1 **동정, 여귀** : 동정東井은 '정수井宿'이며 '순수鶉首'라고도 한다. 28수의 하나로 남방주작칠수의 첫 번째 수이며 쌍둥이자리의 여덟 별이다. 황도 도수는 30이다. 여귀輿鬼는 '귀수鬼宿'이다. 28수의 하나로 남방주작칠수의 두 번째 수이며 게자리의 네 별이다. 황도 도수는 4이다.
2 **진나라** : 도읍은 함양(섬서성 함양시 동북쪽)이었다.
3 **옹주**雍州 : 다음에 나오는 군의 지명으로 보아 전한의 병주와 같은데 위치는 대략 지금의 산서성 북부, 동부, 동남부와 내몽고자치구 호화호특시呼和浩特市에 있었다.
4 **운중**雲中 : 군 소재지는 지금의 내몽고자치구 탁극탁현託克縣 동북부에 있었다.
5 **정양**定襄 : 군 소재지는 지금의 내몽고자치구 화림격이현和林格爾縣 서북부에 있었다.
6 **안문**雁門 : 군 소재지는 지금의 산서성 좌운현 서부에 있었다.

7 대군代郡 : 군 소재지는 지금의 하북성 울현 동북부에 있었다.
8 태원太原 : 군 소재지는 지금의 산서성 태원시 서남부에 있었다.
9 상당上黨 : 군 소재지는 지금의 산서성 장자현 서남부에 있었다.
10 유, 칠성, 장 : 유柳는 28수의 하나로 남방주작칠수의 세 번째 수이며 바다뱀자리의 여덟 별이다. 황도 도수는 14이다. 칠성七星은 '성수星宿'이다. 28수의 하나로 남방주작칠성의 네 번째 수이며 바다뱀자리의 일곱 별이다. 황도 도수는 7이다. 장張은 28수의 하나로 남방주작칠수의 다섯 번째 수이며 바다뱀자리의 여섯 별이다. 황도 도수는 17이다.
11 주나라 : 전국시대 때의 도읍은 낙양(하남성 낙양시 동북쪽)이었다.
12 삼보 : 다음에 나오는 군의 지명으로 보아 한나라 때의 사예주와 같은데 위치는 대략 섬서성 중부 구간, 하남성의 중부·서북부, 산서성의 서남부에 해당한다.
13 홍농弘農 : 군 소재지는 지금의 하남성, 영보현 북부에 있었다.
14 하남河南 : 군 소재지는 지금의 하남성 낙양시에 있었다.
15 하동河東 : 군 소재지는 지금의 산서성 하현 서북부에 있었다.
16 하내河內 : 군 소재지는 지금의 하남성 무척현 서남부에 있었다.
17 익, 진 : 익翼은 28수의 하나로 남방주작칠수의 여섯 번째 수이고 22개 별이 있는데 컵자리, 바다뱀자리 등이 포함된다. 황도 도수는 19이다. 진軫은 28수의 하나로 남방주작칠수의 일곱 번째 수이며 까마귀자리의 네 별이다. 황도 도수는 18이다.
18 초나라 : 전국시대 때 첫 도읍은 영郢(호북성 강릉현 서북쪽)이었고 이후 도읍은 진陳(하남성 회양현)이었다. 그 다음은 수춘壽春(안휘성 수현)이었다.
19 형주荊州 : 다음에 나오는 군의 지명으로 보아 한나라 때의 형주와 같은데 위치는 대략 호남성·호북성의 대부분, 귀주성의 동부, 하남성의 서남부에 해당한다.
20 남양南陽 : 군 소재지는 지금의 하남성 남양시에 있었다.
21 남군南郡 : 군 소재지는 지금의 호북성 강릉현에 있었다.
22 강하江夏 : 군 소재지는 지금의 호북성 신주현 서부에 있었다.
23 영릉零陵 : 군 소재지는 지금의 광서장족자치구 흥안현 동북부에 있었다.
24 계양桂陽 : 군 소재지는 지금의 호남성 침주시에 있었다.
25 무릉武陵 : 군 소재지는 지금의 호남성 서포현 남부에 있었다.
26 장사長沙 : 장사국으로, 소재지는 지금의 호남성 장사시에 있었다.

음부경주

 『음부경』[1]은 천도天道와 인간사의 관계, 나라를 부강하게 하고 백성을 안정시키는 도리, 나라를 다스리고 군사를 지휘하며 천하를 얻는 것 및 응변應變의 도리를 논한 것이다. 황제가 지은 것으로 알려져 있으며 태공太公, 범려, 귀곡자鬼谷子, 장량, 제갈량, 이전李筌 등 여섯 사람이 주를 달았다. 이 글은 제갈량이 『음부경』에 단 주이다.

황정견黃庭堅, 주희朱熹 등이 『음부경』은 당나라 사람 이전의 위작이라 했기 때문에 혹자는 이 글 자체도 의심한다. 사실 『음부경』은 도가道家들이 공개하지 않은 '임금이 남면南面하는 술수'였다. 『사기』와 『전국책戰國策』에는 소진이 『음부』를 읽었다는 기록이 나온다. 그러므로 이 책이 전국시대에 존재했다는 것만은 분명하다. 지은이의 경우에는 이 책에서 다룰 만한 문제가 아니다. 『전국책』「진책秦策·1」에서는 소진이 "태공의 음부 모략을 얻어서 엎드려 외웠다."라고 했다. 설령 태공이 『음부』의 저자는 아니라 할지라도 『음부』에 주를 달았을 수는 있다. 그러므로 여섯 사람이 주를 달았다는 것 또한 사실일 가능성이 높다.

　이 글은 명나라 정통도장본正統道藏本 『황제음부경집주黃帝陰符經集注』에서 발췌했다.

天性, 人也 ; 人心, 機也 ; 立天之道, 以定人也.
注 : 以爲立天定人, 其在于五賊.
其盜機也, 天下莫能見, 莫能知. 君子得之, 固窮 ; 小人得之, 輕命.
注 : 夫子, 太公, 豈不賢于孫, 吳, 韓, 白? 所以君子小人異者, 四子之勇, 至于殺身, 固不得其主而見殺矣.
陰陽相勝之術, 昭昭乎進乎象矣.
注 : 奇器者, 聖智也. 天垂象, 聖人則之, 推甲之, 畫八卦, 考蓍龜, 稽律曆, 則鬼神之情, 陰陽之理, 昭著乎象, 無不盡矣. 八卦之象, 申而用之, 六十甲子, 轉而用之, 神出鬼入, 萬明一矣.
天發殺機, 龍蛇起陸 ; 人發殺機, 天地反覆.
注 : 按楚殺漢兵數萬, 大風杳冥, 晝晦, 有若天地反覆.

　천성天性은 사람에게 체현되는데 사람의 마음이 관건이다. 자연법칙을 확인하는 것은 사람을 제약하기 위한 것이다.

　주 : 자연법칙을 확인하여 사람을 제약하는 것은 사람의 마음속에 다섯 가지 해²가 있기 때문이다.

　하늘이 살의殺意를 내면³ 땅위에서 용사龍蛇가 나타나며 사람이 살의를 내면 천지가 뒤집혀질 듯한 일이 생긴다.

주 : 초패왕이 한왕[4]의 수만 군사를 살해하자 갑자기 광풍이 휘몰아쳐 대낮이 밤같이 되었는데 진정 천지가 뒤집힐 것만 같았다.

천지, 만물과 사람 사이는 서로 침해侵害하는 관계인데 천하의 사람들은 볼 수도 없고 알 수도 없다. 군자가 그것을 알면 기필코 빈곤을 조용히 지키지만 소인이 그것을 알면 제 생명도 돌보지 않게 된다.

주 : 공부자, 강태공이 손빈, 오기, 한신, 백기[5]보다 현능하지 못하단 말인가? 군자와 소인에게 차별이 있게 되는 것은 네 사람이 용맹했기 때문에 자신의 피해를 초래했던 것이지만 물론 그들은 주인을 잘못 찾았기 때문에 피해를 입었던 것이다.

음양의 상생상극 같은 것[6]은 뚜렷이 천상天象을 통해 체현된다.

주 : 신기한 능력은 성인들의 지혜이다. 하늘에 성상星象이 나타나면 성인이 그것을 본받아 갑자[7]를 따져내고 팔괘[8]를 그려내며 연구하여 시초와 귀갑[9]으로 점을 치고 악율樂律과 역법을 고증해내면 귀신의 정황, 음양의 도리는 천상天象 가운데 뚜렷이 드러나서 무엇이든 빠뜨릴 수 없게 된다. 팔괘의 괘상卦象을 널리 운용하고 60갑자[10]를 빙빙 둘러서 사용하면 신출귀몰할 수 있으며 만사가 명백해진다.

1 **『음부경陰符經』**: 도가의 비밀 경전이다. 선진先秦, 양한시대에 비밀리에 신선의 도를 닦고 단약丹葯을 만들었는데 반고班固의 『한서漢書』「예문지」에서는 "도가의 유파들은 대부분 사관史官에서 나와 고금의 성패, 존망, 화복의 도리를 기록했다. 그런 연후에 그 요점과 근본을 틀어쥐고, 깨끗한 마음으

로 자신을 지키고 약한 척하고 자신을 낮추고 자제하는 이것을 임금의 남면하는 술수라 했다."라고 했다. 여기에서 도가들이 연구한 것이 권모술수였다는 것을 알 수 있다.

2 **다섯 가지 해** : 명命, 물物, 시時, 공功, 신神을 말한다.

3 **하늘이 살의를 내면** : 원문에서는 이 네 구절과 주석이 글의 맨 마지막에 있는데, 명나라 정통도장본에는 '其在于五賊'이라는 구절 뒤에 있어 이를 따라 해석했다.

4 **초패왕이 한왕** : 초패왕은 항우를 말한다. '정의'의 주석을 참조하라. 한왕은 유방인데 '후출사표'의 주석을 참조하라.

5 **손빈, 오기, 한신, 백기** : 손빈과 오기는 '후출사표'의 주석을 참조하라. 한신은 '광무제를 논함'의 주석을 참조하라. 백기는 '제자를 논함'의 주석을 참조하라.

6 **음양의 상생상극 같은 것** : 『음부경』에는 이 구절 앞에 "爰有奇器, 是生萬象, 八卦甲子, 神機鬼藏"이라는 네 구절이 더 있다.

7 **갑자** : 원문은 '甲之'인데 '甲子'의 오자가 아닌가 한다. 명나라 정통도장본에는 '甲子'로 되어 있다. 갑자란 간지干支로 시간을 기록한 것이다. 60갑자이다.

8 **팔괘** : 『주역』의 여덟 가지 기본 도형을 가리킨다.

9 **시초蓍草와 귀갑龜甲** : 고대에는 이것으로 점을 쳤는데 점의 대명사로 쓰인다.

10 **60갑자** : 10간과 12지를 결합해 만든 60개의 간지를 말한다.

● 완역 제갈량문집

문집 권3

편의십육책

중화서국 1960년 판본 『제갈량집』 「편의십육책便宜十六策」에 이런 글이 있다. "「십육책」은 『숭문총목崇文總目』에 처음으로 기록되었는데 장주는 평하기를 '『수서』「경적지」에 제갈량의 「십육책」 1권이 있지만 확실치 않다. 『수지隋志』에는 기재되지 않았다. 후세 사람들은 누군가가 제갈량의 이름을 빌어 「십육책」을 지었다고 의심하지만, 그 중 『어람御覽』에서 인용한 제갈량의 '병법兵法'을 두 군데에서 볼 수 있으니 진짜와 가짜가 뒤섞여 있는 바 제갈량의 저작이 맞는가 아닌가 하는 것은 아직 단정할 수 없다'고 했다."

이 글은 명나라, 청나라 때의 여러 가지 집록판본에서 모두 출처를 밝히지 않았으므로 고증이 필요하다.

치국 제1

 제갈량은 법은 나라를 다스리는 근본이므로 군주는 바꿀 수 없으며 대신은 어길 수 없다고 했다. 법은 자연에 순응해야 하고 일반적인 도리에 부합되어야 한다. 그러하지 않으면 재화가 일어나게 된다.

治國之政, 其猶治家. 治家者務立其本, 本立則末正矣. 夫本者, 倡始也 ; 末者, 應和也. 倡始者, 天地也 ; 應和者, 萬物也. 萬物之事, 非天不生, 非地不長, 非人不成. 故人君舉措應天, 若北辰爲之主, 台輔爲之臣佐, 列宿爲之宮屬, 衆星爲之人民. 是以北辰不可變改, 台輔不可失度, 列宿不可錯繆, 此天之象也. 故立台榭以觀天文, 效祀, 逆氣以配神靈, 所以務天之本也 ; 耕農, 社稷, 山林, 川澤, 祀祠祈福, 所以務地之本也 ; 庠序之禮, 八佾之樂, 明堂辟雍, 高墻宗廟, 所以務人之本也. 故本者, 經常之法, 規矩之要. 圓鑿不可以方枘, 鉛刀不可以砍伐, 此非常用之事不能成其功, 非常用之器不可成其巧. 故天失其常, 則有逆氣 ; 地失其常, 則有枯敗；人失其常, 則有患害. 經曰 : "非先王之法服不敢服." 此之謂也.

올바른 치국治國이란 집안을 다스리는 것과 같다. 집안을 다스림에 있어서는 먼저 근본을 확립해야 한다. 근본이 확립되면 기타의 것들은 저절로 올바르게 된다. 근본은 창도倡導적인 작용을 하며 기타의 것들은 이에 호응한다. 창도적인 작용을 하는 것은 천지이며 호응하는 것은 만물이다. 만물은 하늘이 없으면 생길 수 없고 땅이 없으면 자라날 수 없으며 사람이 없으면 이룰 수 없다. 그러므로 사람과 군주의 행동은 모두 하늘에 순응해야 하는 바 마치 북극성이 주가 되어 태형[1]은 대신이 되고 별자리는 속관屬官이 되며 뭇별은 백성이 되는 것과 같다. 그러므로 북극성은 개변시킬 수 없고 태형은 법도를 어길 수 없으며 별자리는 무질서할 수 없다. 이것이 바로 하늘의 모습이다. 그래서 천문대를 세워 천문을 관측하고 하늘에 제사를 올려 신령을 모심으로써 하늘의 근본에 힘을 다하려는 것이다. 농사를 짓고 종묘에 제사를 올리며 산과 강을 가꾸고 복을 비는 것은 땅의 근본에 힘을 다하려는 것이다. 학교[2]에서 예를 배우고 천자의 악무[3]를 연주하며 명당과 벽옹[4], 종묘를 지키는 것은 사람의 근본에 힘을 다하려는 것이다. 그러므로 근본은 일상적인 법도이며 규구規矩의 관건이다. 둥근 도끼 구멍에 네모난 자루를 넣을 수 없고, 무딘 칼로 나무를 벨 수 없는 것처럼 일상 규범을 따르지 않으면 일을 성사시킬 수 없다. 그래서 하늘이 일상 규범을 잃으면 비정상적인 현상이 나타나고 땅이 일상 규범을 잃으면 시들어 죽게 되며 사람이 일상 규범을 잃으면 재화가 생기게 된다. 『효경』[5]에서 "선왕의 예법에서 규정한 의관이 아니면 입고 쓸 수 없다."고 말한 것은 바로 이런 뜻이다.

1 **태형**台衡 : 원문은 '태보台輔'인데 앞에 북극성이 나오고 뒤에 성수가 나오는 것으로 보아 '태형'의 오자가 아닌가 한다. 아래의 것도 마찬가지다. 태형의 '태'는 삼태성을 가리키며, '형'은 북두칠성의 국자 모양을 이루는 세 별이다. 모두 자미궁紫微宮의 코카브자리 앞에 있는 별들인데 이를 대신에 비유했다.
2 **학교** : 원문은 '상서庠序'이다. 은殷나라 때에는 학교를 '상庠'이라 했고 주나라 때에는 학교를 '서序'라 했다.
3 **천자의 악무** : 원문은 '팔일八佾'이다. '일佾'은 고대 악무의 행렬로 한 줄에 여덟 명이 서는 것을 '일일一佾'이라 했다. '팔일'은 천자만이 쓰는 악무이다.
4 **명당과 벽옹** : 명당明堂은 고대에 천자가 정교政敎를 선포하는 곳이었다. 이곳에서 조회, 제사, 경축, 수상授賞, 인재 선발, 양로養老, 교학敎學 등이 거행되었다. 벽옹辟雍은 서주의 천자가 설치한 대학이었다. 후한 이후에는 대대로 벽옹이 있었으며 북송 말기에 태학太學의 예비학교로 쓰인 것 외에는 모두 제사를 지내는 곳이 되었다.
5 **『효경』** : 원문은 '경經'이며, 『효경孝經』을 가리키는 것이다.

군신 제2

 제갈량은 임금은 신하에게 인애를 베풀며 예를 지켜야 하고, 신하는 임금에게 충성하고 직무에 충실해야만 상하가 호응하여 나라를 잘 다스릴 수 있다고 했다. 그러나 "위가 올바르지 않으면 아래는 구부러지며 위가 어지러우면 아래는 거스르게 된다."고 했다.

君臣之政, 其猶天地之象, 天地之象明, 則君臣之道具矣. 君以施下爲仁, 臣以事上爲義. 二心不可以事君, 疑政不可以授臣. 上下好禮, 則民易使, 上下和順, 則君臣之道具矣. 君以禮使臣, 臣以忠事君. 君謀其政, 臣謀其事. 政者, 正名也 ; 事者, 勸功也. 君勸其政, 臣勸其事, 則功名之道俱立矣. 是故君南面向陽, 著其聲響 ; 臣北面向陰, 見其形景. 聲響者, 教令也 ; 形景者, 功效也. 教令得中則功立, 功立則萬物蒙其福. 是以三綱六紀有上中下. 上者爲君臣, 中者爲父子, 下者爲夫婦, 各修其道, 福祚至矣. 君臣上下, 以禮爲本 ; 父子上下, 以恩爲親 ; 夫婦上下, 以和爲安. 上不可以不正, 下不可以不端. 上柱下曲, 上亂下逆. 故君惟其政, 臣惟其事, 是以明君之政修, 則忠臣之事擧. 學者思明師, 仕者思明君. 故設官職之全, 序爵祿之位, 陳璇璣之政, 建台輔之佐, 私不亂公, 邪不干正, 此治國之道具矣.

올바른 군신 관계란 천지의 모습과 같아서 천지의 모습이 밝으면 군신의 도리도 바르게 된다. 군주는 신하에게 인애를 베풀어야 하며, 신하는 도의로 군주를 섬겨야 한다. 두 마음으로 군주를 섬겨서는 안 되며, 그릇된 정치로는 신하를 다스릴 수 없다. 군주와 신하가 모두 예를 지키면 백성을 다스리기 쉽고, 군주와 신하가 호응하면 군주와 신하 간의 도리도 갖추어지게 된다. 군주는 예로써 신하에게 명령하고 신하는 충으로써 군주를 섬겨야 한다. 군주는 국정을 계획하고 신하는 구체적인 사무를 시행한다. 군주의 국정은 명분을 세우는 것이요, 신하의 일은 공명功名을 이루는 것이다. 군주가 힘써 국정을 계획하고 신하가 힘써 사무를 시행한다면 명분과 공명의 도리가 완전히 이루어질 수 있다. 군주는 남면[1]해서 목소리를 우렁차게 하고 신하는 북면北面해서 형체와 그림자를 드러낸다. 목소리는 교화와 정령政令을 반포하기 위한 것이며 형체와 그림자는 효력과 공업을 위한 것이다. 교화와 정령이 합당하면 제업이 성취되며 제업이 성취되면 만물이 그 복을 입는다. 그러므로 삼강육기[2]에는 상, 중, 하가 있는 것이다. 상은 군신이고 중은 부자이며 하는 부부로서, 각각 자신의 도리를 지키면 복이 저절로 찾아온다. 군신 간은 예를 근본으로 삼아야 하며 부자간은 은정으로 친밀해지고 부부간은 화목으로 안락해져야 한다. 위는 올발라야 하며 아래는 단정해야 한다. 위가 올바르지 않으면 아래는 구부러지며 위가 어지러우면 아래는 거스르게 된다. 군주는 국정을 생각하고 신하는 구체적 사무를 고려함으로써 현명한 군주는 정사를 바로 펼치고 충성스런 신하는 공을 세울 수 있다. 배우는 자들은 고명한 스승을 찾으려 하고 벼슬하는 사람들은 현명한 군주를 받들고자 한다. 그러므로 각종 관리와 직위를 설치하고 작위와 녹봉을 차등 있게 배치하며 천의[3]에 부합되는 정령을 내리고 삼공재상[4]을 두어 보좌하게 하면 사사로운 편심이 공도公道를 어지럽히지 못하며 사악이 정직을 범하지 못하게 된다. 이리하여 치국의 도리가 갖추어지게 된다.

1 **남면南面** : 고대에는 남쪽을 향해 앉는 것을 존귀한 것으로 여겼다. 그래서 천자는 남쪽을 향해 앉아서 신하들의 조례를 받았고, 신하들은 북쪽을 향해 앉았다.
2 **삼강육기** : 삼강三綱이란 신하는 군주를 섬기고, 아들은 아버지를 섬기고, 아내는 남편을 섬긴다는 것이다. 육기六紀란 제부諸父, 형제, 족인族人, 제구諸舅, 사장師長, 붕우朋友 등 존비의 윤리 관계 여섯 가지이다.
3 **천의天意** : 원문은 '선기璇璣'로, 북극성을 가리킨다. 『속한서』「천문지상」에 "천지가 위치를 정하고 성신의 상이 갖추어졌다."는 말이 있는데 유소劉昭가 주에서 『성경星經』을 인용하며 "선기는 북극성을 말한다."라고 했다. 『속한서』「천문지상」에서는 또한 "천天이란 북진성이다."라고 했다. 여기서는 하늘을 가리킨다.
4 **삼공재상** : 원문은 '태보台輔'로, 삼공재상의 자리를 가리킨다.

시청 제3

 제갈량은 "해와 달의 형상을 본다고 하여 눈이 밝다고 여기지 말며, 우렛소리를 듣는다고 하여 귀가 뚫렸다고 여기지 말아야 한다."고 하면서 나라를 다스리는 군주는 무릇 "드러나지 않은 형체를 보고 미세한 소리를" 들어야 하며 많이 보고 많이 들어야 한다고 했다. 많이 보면 지혜로워질 수 있고 많이 들으면 신중해질 수 있다고 여겼다. 듣고, 보고, 의견을 받아들이는 것은 백성들이 본 것은 하늘이 본 것이고 백성들이 들은 것은 하늘이 들은 것이기 때문이다.

視聽之政, 謂視微形, 聽細聲. 形微而不見, 聲細而不聞, 故明君視微之幾, 聽細之大, 以內和外, 以外和內. 故爲政之道, 務于多聞, 是以聽察采納衆下之言, 謀及庶士, 則萬物當其目, 衆音佐其耳. 故經云: "聖人無常心, 以百姓爲心." 目爲心視, 口爲心言, 耳爲心聽, 身爲心安. 故身之有心, 若國之有君, 以內和外, 萬物昭然. 觀日月之形, 不足以爲明,聞雷霆之聲, 不足以爲聽, 故人君以多見爲智, 多聞爲神. 夫五音不聞, 無以別宮商 ; 五色不見, 無以別玄黃. 蓋聞明君者常若晝夜, 晝則公事行, 夜則私事興. 或有吁嗟之怨而不得聞, 或有進善之忠而不得信. 怨聲不聞, 則枉者不得伸 ; 進善不納, 則忠者不得信, 邪者容其奸. 故『書』云 : "天視自我民視, 天聽自我民聽." 此之謂也.

올바른 시청視聽이란 드러나지 않은 형체를 보고 미세한 소리를 듣는 것이다. 형체가 드러나지 않으면 보이지 않고 소리가 미세하면 들리지 않는다. 그러므로 현명한 군주는 자그마한 변화를 볼 수 있고 미세한 소리에서도 굉음이 될 소리를 들어야 하며 안으로부터 밖을 연계시키고 밖으로부터 안을 연계시켜야 한다. 그러므로 정사를 다스리는 도리는 듣는 데 힘써 부하들의 말에 귀기울이고 이를 받아들여 일반 인사들과 논의하면 만물이 자신의 눈에 들어오고 만인의 소리가 자신의 귀를 도와주게 될 것이다. 그래서 경서經書에서 "성인은 고정된 마음이 없고 백성의 마음을 자신의 마음으로 삼는다."라고 한 것이다. 눈은 마음을 통해 보고 입은 마음을 통해 말하며 귀는 마음을 통해 듣고 몸은 마음을 통해 자리를 찾는다. 그러므로 몸에 마음이 있는 것은 나라에 군주가 있는 것이며 안으로부터 밖에 이르기까지 만사가 분명해지는 것이다. 해와 달의 형상을 본다고 하여 눈이 밝다고 여기지 말며, 우렛소리를 듣는다고 하여 귀가 뚫렸다고 여기지 말아야 한다. 군주는 많이 보는 것으로 지혜를 삼아야 하고 많이 듣는 것으로 신중함을 삼아야 한다. 오음[1]을 듣지 않으면 궁과 상²을 구별할 수 없으며 오색³을 보지 않으면 흑과 황을 분별할 수 없다. 듣건대 현명한 군주는 언제나 낮과 밤이 같았으며 낮에는 국정을 보고 밤에는 집안의 일을 처리했다고 한다. 때로는 애탄하는 원성 소리가 들리지 않을 수도 있고 충언을 믿지 못할 수도 있다. 원성 소리가 들리지 않으면 억울한 일을 바로잡을 수 없고 충언을 받아들이지 않으면 충신이 신임을 받지 못하고 간신배가 성하게 된다. 『상서』⁴에서 "하늘은 백성의 눈을 통해 보고 백성의 귀를 통해 듣는다."라고 한 것은 바로 이 도리를 말한 것이다.

1 **오음**五音 : 고대 음악의 5음률로 궁宮, 상商, 각角, 치徵, 우羽를 말한다.
2 **궁과 상** : 궁은 고대 5음률 중 첫 번째 음으로 서양 음계의 '도'에 해당된다. 상은 고대 5음률 중 두 번째 음으로 서양 음계의 '레'에 해당된다.
3 **오색** : 청, 황, 적, 백, 흑색이다.
4 **『상서』** : 원문은 '서書' 인데 『상서』 「진서중秦誓中」을 가리킨다.

납언 제4

 제갈량은 직언은 군주의 선정을 이끌어내며 군주의 실책을 만회할 수도 있다고 했다. 만약 군주가 간언을 받아들이지 않는다면 언로言路가 막혀 아무것도 듣지 못할 것이며 충신들이 의견을 말하지 못할 것이고 간신들이 득세하게 될 것이니 이는 국가의 큰 재화라는 것이다. 뿐만 아니라 "공자는 아랫사람에게 묻는 것을 부끄러워하지 않았고 주공은 아랫사람을 대접하는 것을 부끄럽게 여기지 않아서" 공업을 성취하고 이름을 날렸다고 했으며, 군주는 "아랫사람의 계책을 수렴"해야 한다고 했다.

納言之政, 謂爲諫諍, 所以采衆下之謀也. 故君有諍臣, 父有諍子, 當其不義則諍之, 將順其美, 匡救其惡. 惡不可順, 美不可逆;順惡逆美, 其國必危. 夫人君拒諫, 則忠臣不敢進其謀, 而邪臣專行其政, 此爲國之害也. 故有道之國, 危言危行;無道之國, 危行言孫, 上無所聞, 下無所說. 故孔子不恥下問, 周公不恥下賤, 故行成名著, 後世以爲聖, 是以屋漏在下, 止之在上, 上漏不止, 下不可居矣.

올바른 납언納言이란 직언이라 하더라도 받아들임으로써 아랫사람의 계책을 수렴하는 것이다. 그러므로 군주에게는 직언하는 신하가 있고 아버지에게는 직언하는 아들이 있어서 의롭지 못할 때 과감히 직언을 올려 권고해야 한다. 그러면 선을 따르고 악을 바로잡을 수가 있다. 악을 따르고 선을 거부해서는 안 된다. 악을 따르고 선을 거부하는 나라는 반드시 망할 것이다. 군주가 직언을 받아들이지 않는다면 충신은 감히 의견을 말하지 못할 것이며 간신이 득세하게 될 것이니 이는 나라의 큰 재화이다. 그러므로 도가 있는 나라에서는 신하가 정직하게 말하고 행동이 단정하며, 무도한 나라에서는 행동은 바르되 말을 삼가기 때문에 군주는 아무것도 듣지 못하고 신하는 아무것도 말하지 못한다. 공자는 아랫사람에게 묻는 것을 부끄러워하지 않았고 주공[1]은 아랫사람을 대접하는 것을 부끄럽게 여기지 않아서 공업을 성취하고 이름을 날려 후세의 성인이 되었다. 집의 아래쪽에서 비가 새면 막으면 되지만, 위쪽에서 비가 새면 아래쪽에서는 살 수가 없는 것이다.

1 **주공** : 성은 희姬이고 이름은 단旦이다. 주 무왕의 동생으로 서주西周 초기의 정치가이다. 봉토가 주周(섬서성 기산현 북쪽)에 있었기 때문에 주공이라 했다. 주 무왕을 도와 상나라를 멸망시켰으며, 무왕이 죽자 어린 성왕成王 대신 섭정을 했다. 그런데 형제인 관숙管叔, 채숙蔡叔, 곽숙霍叔 등이 불복하여 무경武庚, 동방의 민족들과 함께 반란을 일으키자 군사를 거느리고 가서 평정했다. 그리고 대대적으로 제후를 분봉하고 낙읍洛邑(하남성 낙양시)을 건

주공 주나라의 정치가. 나이가 어린 성왕 대신에 섭정을 했으나 결코 딴마음을 품지 않았으며 나라의 기틀을 탄탄히 다졌다. 성인군자의 대명사로 여겨지고 있다.

설하여 동도東都로 삼았다. 전하는 바에 따르면 예를 제정하고 악樂을 지었으며 전장제도典章制度를 건립하고 '현명한 덕과 신중한 형벌'을 주장했다 한다. 그의 글은 『상서』의 「대고大誥」,「강고康誥」,「다사多士」,「무일無逸」,「입정立政」 등에 있다.

찰의 제5

제갈량은 현명한 군주라면 능히 진짜와 가짜를 식별하고 국가의 대계를 결정해야만 나라를 다스릴 수 있다고 했다. 능히 사람을 볼 줄 알아서 아랫사람을 알아주고 천한 자를 알아주어야만 "선비는 자신을 알아주는 사람을 위해 기꺼이 죽고", "말은 자신을 채찍질하는 사람을 위해 달릴" 수 있다. 또한 일의 진상과 원인을 똑똑히 알아내고서 형벌을 결정해야만 억울함과 폐단이 없게 되고 "하늘의 반상현상과 무서운 재앙과 변란을 불러"오지 않게 된다고 했다.

察疑之政, 謂察朱紫之色, 別宮商之音. 故紅紫亂朱色, 淫聲疑正樂? 亂生于遠, 疑生于惑. 物有異類, 形有同色. 白石如玉, 愚者寶之 ; 魚目似珠, 愚者取之 ; 狐貉似犬, 愚者蓄之 ; 栝蔞似瓜, 愚者食之. 故趙高指鹿爲馬, 秦王不以爲疑 ; 範蠡貢越美女, 吳王不以爲惑.

計疑無定事, 事疑無成功. 故聖人不可以意說爲明, 必信夫卜, 占其吉凶. 『書』曰 : "三人占, 必從二人之言." 而有大疑者, "謀及庶人". 故孔子云, 明君之治, 不患人之不己知, 患不知人也. 不患外不知內, 惟患內不知外 ; 不患下不知上, 惟患上不知下 ; 不患賤不知貴, 惟患貴不知賤. 故士爲知己者死, 女爲悅己者容, 馬爲策己者馳, 神爲通己者明. 故人君決獄行刑, 患其不明. 或無罪被辜, 或有罪蒙恕 ; 或强者專辭, 或弱者侵怨 ; 或直者被枉, 或屈者不伸 ; 或有信而見疑, 或有忠而被害, 此皆招天之逆氣, 災暴之患, 禍亂之變.

惟明君治獄案刑, 問其情辭, 如不虛不匿, 不枉不弊, 觀其往來, 察其進退, 聽其聲響, 瞻其看視. 形懼聲哀, 來疾去遲, 還顧吁嗟, 此怨結之情不得伸也. 下瞻盜視, 見怯退還, 喘息却聽, 沈吟腹計, 語言失度, 來遲去速, 不敢反顧, 此罪人欲自免也. 孔子曰 : "視其所以, 觀其所由, 察其所安, 人焉廋哉! 人焉廋哉!"

올바른 찰의察疑란 주자[1]의 색과 궁상의 음을 가리고 똑똑히 아는 것과 같다. 왜 주자가 혼동되고 음란한 소리가 아악을 의혹할 수 있는가? 혼동은 거리가 먼 데서 생기고 의혹은 미혹에서 생긴다. 사물에는 종류가 다르되 형체나 색깔이 같은 것이 있다. 흰 돌은 옥과 비슷해서 미련한 자들은 그것을 진귀하게 여기며 고기 눈은 구슬과 비슷해서 그것을 골라 가진다. 여우와 담비는 개와 비슷해서 미련한 자들은 그것을 기르며 하늘타리는 호박과 비슷해서 그것을 따서 먹기까지 한다. 그러므로 조고가 사슴을 말이라고 해도 진왕은 이를 의심하지 않았고[2] 범려가 월나라의 미녀 서시西施를 바

쳐도 오왕은 이를 미혹으로 보지 않았다.³

계책이 허술하면 일을 시행할 수 없고 일의 시행이 허술하면 성공할 수가 없다. 그래서 성인들은 개인의 의견이 고명하다고 여기지 않고 반드시 천명을 살피고 길흉을 점쳤다. 『상서』⁴에서는 "세 사람이 점을 쳤을 때 둘의 의견이 일치하면 이를 따라야 한다."고 했으며, 중대하고 어려운 문제가 있으면 반드시 인재들과 상의해야 한다. 그래서 공자는 현명한 군주는 나라를 다스림에 있어 남이 나를 알아주지 않음을 근심하지 않고 내가 남을 알지 못할까를 근심한다고 했다. 그러므로 세상이 나를 알아주지 않음을 근심하지 말고 내가 세상일을 모르는 것을 근심해야 한다. 아랫사람이 윗사람을 알아주지 않음을 근심하지 말고 윗사람이 아랫사람을 모르는 것을 근심해야 한다. 천한 자가 귀한 자를 알아주지 않음을 근심하지 말고 귀한 자가 천한 자를 모르는 것을 근심해야 한다. 그러므로 선비는 자신을 알아주는 사람을 위해 기꺼이 죽고 여자는 자신을 아껴주는 사람을 위해 치장하며 말은 자신을 채찍질하는 사람을 위해 달리고 신은 자신과 통하는 사람을 위해 영험을 나타낸다.

군주는 판결하고 형벌을 내리는 데 있어 명확하게 알지 못하는 것을 근심해야 한다. 죄 없는 자가 벌을 받은 것은 아닌지, 죄 있는 자가 용서를 받은 것은 아닌지, 권세가가 여론을 조종한 것은 아닌지, 약한 자가 업신여김을 당해 원한을 품지는 않았는지, 정직한 자가 억울한 일을 당하거나 이를 바로잡지 못하지 않았는지, 신의 있는 자가 의심을 받지는 않았는지, 충성스러운 자가 해를 입지는 않앉는지를 모두 살펴야 한다. 그렇지 않으면 하늘의 반상현상과 무서운 재앙과 변란을 불러올 것이다. 현명한 군주는 판결하고 형벌을 내리는 데 있어 실정을 똑똑히 묻고 공초를 똑똑히 받아서 거짓과 비밀이 없도록 하고 그의 행동을 살펴보고 그의 목소리에 귀를 기울이며 그의 시선을 주시해야 한다. 만약 몸을 떨고 애원하면서, 올 때는 빠르게 오고 갈 때는 천천히 가며 끊임없이 뒤돌아보며 한숨을 짓는다면 슬픔과 원망이 울결되어 마음속의 신소를 펴내지 못한 것이다. 만약 눈을 내리깔고 도둑처럼 두리번두리번 살피며 겁을 내고 숨결이 급하며 망설이고 말하지 않으며 마음속으로 궁리하고 말이 분수를 넘으며 올 때는 천천히 오고 갈 때는 빠르게 가며 뒤돌아보지 않는다면 죄 있는 자가 요행수로 빠져나가려고 하는 것이다. 공자는 "그가 한 일을 보고 그가 취하는 방도를 관찰하며 그가 마음두는 물건을 고찰한다면 사람이 어떻게 숨길 수 있겠는가?"라고 했다.[5]

1 **주자** : 고대에는 붉은색의 짙고 옅은 정도에 따라 강絳, 주朱, 적赤, 단丹, 홍紅의 순서로 배열했다.
2 **조고가…앉았고** : 진이세 호해 3년(기원전 207년) 8월에 승상 조고는 제위를 찬탈할 마음을 품었으나 대신들이 불복할까 봐 두려워 일단 시험을 해 보려 했다. 그가 사슴 한 마리를 진이세에게 바치고 나서 "이것은 말입니다."라고 하자 진이세는 웃으면서 "승상이 잘못 말했소. 사슴을 말이라고 했소."라고 했다. 그래서 좌우의 대신들에게 물으니 어떤 자는 말하지 않았고 어떤 자는 말이라고 했으며 어떤 자는 사슴이라고 했다. 『사기』 「진시황본기」를 참조하라.
3 **범려가…않았다** : 전하는 말에 따르면 춘추시대 때 월나라가 회계에서 오

나라에 패한 뒤에 월왕 구천은 범려에게 명해 미녀 서시를 오왕 부차에게 바치게 했다. 이에 오왕은 강화를 허락했고 월나라는 복수할 기회를 얻게 되었다. 『오월춘추吳越春秋』「구천음모외전句踐陰謀外傳」'월절서越絶書'를 참조하라.

4 **『상서』**: 원문은 '서書'이며 『상서』「홍범」을 말하는 것이다.
5 **공자는…했다**: 『논어』「위정爲政」에 있는 말이다.

치인 제6

 제갈량은 나라를 잘 다스리려면 나라를 불안정하게 만드는 요인을 제거해야 한다고 했다. 그 요인 중 하나는 백성들이 굶주림에 시달리다 반란을 일으키는 것이며 또 다른 하나는 백성들이 옷, 장식품, 집, 교통수단에 대해 분수에 넘치는 욕심을 가지고 이득을 다투는 것이다. 제갈량은 전자의 요인은 농사를 장려하고 요역과 부세를 적게 하는 방법으로 해결할 수 있으며, 후자의 요인은 백성을 교화하고 훈도하여 그들이 도의를 알고 좋고 나쁜 것을 가릴 줄 알게 하며 자신의 본분을 지키게 하는 것으로 해결할 수 있다고 했다. 구체적으로 말하면 백성들을 교육하여, 즐겨 농사를 짓고 검소하게 생활하여 부모를 공양하고 자신의 재력에 맞게 살아가면서 분수에 넘치는 욕심을 갖지 않게 하는 것이다.

治人之道, 謂道之風化, 陳示所以也. 故『經』云: "陳之以德義而民與行, 示之以好惡而民知禁." 日月之明, 衆下仰之, 乾坤之廣, 萬物順之. 是以堯, 舜之君, 遠夷貢獻, 桀, 紂之君, 諸夏背叛, 非天移動其人, 是乃上化使然也.
故治人猶如養苗, 先去其穢. 故國之將興, 而伐于國 ; 國之將衰, 而伐于山.
明君之治, 務知人之所患皁服之吏, 小國之臣. 故曰, 皁服無所不克, 莫知其極, 克食于民, 而人有飢乏之變, 則生亂逆. 唯勸農業, 無奪其時 ; 唯薄賦斂, 無盡民財. 如此, 富國安家, 不亦宜乎?

　올바른 치인治人이란 백성을 교화하는 것이며 그들이 해야 할 일을 몸소 보여주는 것이다. 『효경』[1]에서는 "백성들에게 도덕과 예의를 알려주면 따라올 것이며 백성들에게 미덕과 악행을 알려주면 스스로 자신을 단속할 것이다."라고 했다. 사람들은 밝은 해와 달을 우러러보며 만물은 넓은 천지[2]에 순응한다. 그러므로 요·순과 같은 현명한 임금에게는 먼 변방의 민족들도 찾아와 조공을 바쳤고, 걸·주와 같은 폭군에게는 제하[3] 민족들도 반역을 했으니 이는 하늘이 백성을 바꾸어놓은 것이 아니라 군주가 그렇게 만든 것이다.

　백성을 다스리는 것은 모를 기르는 것과 같아서 먼저 잡초를 뽑아주어야 한다. 그래서 나라를 창건하려면 이국異國을 제거해야 하고 국가가 쇠망하게 되면 군주를 징벌해야 한다.

　현명한 군주는 사람들이 두려워하는 것은 검은 옷을 입은 하급관리[4]들이고 나라의 봉지를 받은 신하들이라는 것을 알아야 한다. 속담에 이르기를 검은 옷을 입은 하급관리는 떼어먹지 않는 것이 없다고 하지만 누구도 그들이 어느 정도로 하는지 모르며 백성들은 식량마저 빼앗기면 굶주림에 시달려 반란을 일으킨다. 오직 농사를 장려하고 농번기를 놓치지 않게 하며 세금을 경감시켜 백성들의 재산이 줄어들지 않도록 해야 한다. 이렇게 하면 마땅히 나라는 부강해지고 가정은 평안해질 것이 아닌가?

1 **『효경』**: 원문은 '경'인데 『효경孝經』 「서인庶人」을 가리킨다.
2 **천지**: 원문은 '건곤乾坤'이며 '건'은 하늘을, '곤'은 땅을 가리킨다.
3 **제하**: 고대에 중원을 일컫는 말이었다.
4 **검은 옷을 입은 하급관리**: 고대에 하급관리들은 검은 옷을 입었다.

夫有國有家者, 不患貧而患不安. 故唐, 虞之政, 利人相逢, 用天之時, 分地之利, 以豫凶年, 秋有餘糧, 以給不足, 天下通財, 路不拾遺, 民無去就. 故五霸之世, 不足者奉于有餘. 故今諸侯好利, 利興民爭, 災害并起, 强弱相侵, 躬耕者少, 末作者多, 民如浮雲, 手足不安. 『經』云 : "不貴難得之貨, 使民不爲盜 ; 不貴無用之物, 使民心不亂." 各理其職, 是以聖人之政治也. 古者齊景公之時, 病民下奢侈, 不遂禮制. 周, 秦之宜, 去文就質, 而勸民之有利也. 夫作無用之器, 聚無益之貨, 金銀璧玉, 珠璣翡翠, 奇珍異寶, 遠方所出, 此非庶人之所用也. 錦綉纂組, 綺羅綾縠, 玄黃衣帛, 此非庶人之所服也. 雕文刻鏤, 伎作之巧, 難成之功, 妨害農事. 輜軿出入, 袍裘索撢, 此非庶人之所飾也. 重門畫獸, 蕭墻數仞, 塚墓過度, 竭財高尚, 此非庶人之所居也. 經云 : "庶人之所好者, 唯躬耕勤苦, 謹身節用, 以養父母." 制之以財, 用之以禮, 豐年不奢, 凶年不儉,素有蓄積, 以儲其後, 此治人之道, 不亦合于四時之氣乎?

나라의 군주나 가정의 가장은 빈곤이 아니라 불안정을 근심해야 한다. 그래서 당, 우[1]가 다스릴 때는 남을 이롭게 하고 고통을 서로 나누었으며 천시天時와 지리地利를 준수하여 흉년을 방비하고 가을에 남은 곡식을 부족한 사람에게 나누어주었으며 재물을 유통시켜 길에 재물이 떨어져도 줍는 사람이 없었다. 오패[2] 때에는 가난한 자가 부유한 자를 섬겼다. 오늘날의 제후들은 이득을 좋아하여 백성과 서로 이득을 다투니 재해가 연달아 일어나며, 강한 자가 약한 자를 괴롭히니 농사짓는 사람은 적고 공장工匠과 상인은 많으며 백성들은 불안정한 삶을 산다. 『도덕경』에서는 "얻기 어려운 재물을 대수롭지 않게 여기면 백성을 도적으로 만들지 않고, 부귀영화를 대수롭지 않게 여기면 백성의 생각이 어지럽지 않다."고 했다. 각자가 자신의 본분을 다하는 것이 바로 성인의 정치이다. 지난날 제 경공[3] 때에는 백성들이 낭비를 일삼고 예를 준수하지 않아 나라에 해를 끼쳤다. 주周, 진秦 때는 화려함 대신 소박함을 숭상했으며 백성에게 진정한 이득을 얻도록 권고했다. 금, 은, 벽옥, 구슬, 비취 같은 진귀한 보석들은 머나먼 지방에서 나는 것으로 무용하고 무익한 재물이며 일반 백성들이 향유할 물건이 아니다. 꽃무늬 비단이나 붉은색 옷감들도 일반 백성들이 입을 옷이 아니다. 화려한 장식과 무늬는 섬세한 기술로서 공업功業을 이루기 어렵고 농사를 방해하며, 가마를 타고 다니며 옷치장을 하는 것은 일반 백성이 할 일이 아니다. 대문을 날짐승, 길짐승 그림으로 꾸미고 무덤을 분에 넘치게 만들며 모든 재물을 다 써버리면서 한 시기의 풍조를 따르는 것도 일반 백성이 할 일이 아니다. 경서에서는 "백성들이 좋아하는 것은 자기 손으로 부지런히 농사를 짓고 지출을 절약하여 부모를 공양하는 것이다."라고 했다. 재물을 단속하고 예로 다스리며, 풍년이 든 해에는 사치하지 않게 하고 흉년이 든 해에는 굶지 않도록 축적하게 하여 훗날에 쓸 수 있도록 대비해야 한다. 이처럼 백성을 다스리는 방법이 천시의 법도에 부합되지 않겠는가?

1 **당, 우** : 당唐은 전설 속에 나오는 우순 이전 시대이며, 군주는 요임금이다. 우虞는 전설 속의 하夏나라 이전 시대이며, 군주는 순임금이다.
2 **오패** : 춘추시대에 패주가 되었던 다섯 제후이다. 제 환공, 진 문공, 초 장왕, 오왕 합려, 월왕 구천이다. 일설에는 제 환공, 송 양공, 진 문공, 진 목공, 초 장왕이라고도 한다.
3 **제 경공(?~기원전 490)** : 성은 강姜이고 이름은 저구杵臼이며 춘추시대 제나라의 임금이다. 기원전 547년~기원전 490년에 재위했다. 재위기간 동안 귀족들은 잔혹한 수탈을 일삼았으며 백성들은 생산물의 3분의 2를 빼앗겼다. 공상업이 독점당해 세금이 과중했으며 형벌이 잔혹하여 무수한 사람들이 월족(발꿈치를 베는 것)의 형벌을 받았다.

거조 제7

 제갈량은 현명하고 충직한 인재들은 '붕당의 모함을 받고', '백성들 속에서 나오며', '향리에서 천거하지 않고' 은거해 있기 때문에 군주는 온갖 수단을 다 동원하여 그들을 찾은 다음 예로써 초빙하고 등용해야 나라가 평안해진다고 했다.

擧措之政, 謂擧直措諸枉也. 夫治國猶于治身, 治身之道, 務在養神, 治國之道, 務在擧賢, 是以養神求生, 擧賢求安. 故國之有輔, 如屋之有柱, 柱不可細, 輔不可弱, 柱細則害, 輔弱則傾. 故治國之道, 擧直措諸枉, 其國乃安. 夫柱以直木爲堅, 輔以直士爲賢, 直木出于幽林, 直士出于衆下. 故人君選擧, 必求隱處, 或有懷寶迷邦, 匹夫同位 ; 或有高才卓絶, 不見招求 ; 或有忠賢孝弟, 鄕里不擧 ; 或有隱居以求其志, 行義以達其道 ; 或有忠質于君, 明黨相讒. 堯擧逸人, 湯招有莘, 周公采賤, 皆得其人, 以致太平. 故人君縣賞以待功, 設位以待士, 不曠庶宮, 辟四門以興治務, 玄纁以聘幽隱, 天下歸心, 而不仁者遠矣. 夫所用者非所養, 所養者非所用, 貧陋爲下, 財色爲上, 讒邪得志, 忠直遠放, 玄纁不行, 焉得賢輔哉? 若夫國危不治, 民不安居, 此失賢之過也. 夫失賢而不危, 得賢而不安, 未之有也. 爲人擇官者亂, 爲官擇人者治, 是以聘賢求士, 猶嫁娶之道也, 未有自嫁之女, 出財爲婦. 故女慕財聘而達其貞, 士慕玄纁而達其名, 以禮聘士, 而其國乃寧矣.

올바른 거조[1]란 곧은 사람을 등용하고 구부러진 사람을 파면하는 것이다. 나라를 다스리는 것은 몸을 다스리는 것과도 같은데 몸을 다스리려면 정신 함양에 힘써야 하고 나라를 다스리려면 인재 등용에 힘써야 한다. 정신을 함양하면 생명의 장수를 얻고 인재를 등용하면 나라의 평안을 얻는다. 나라에 재상이 있는 것은 집에 기둥이 있는 것과 같다. 기둥은 가늘면 안 되고 재상은 약하면 안 된다. 기둥이 가늘면 집이 무너지고 재상이 약하면 나라가 망한다. 그러므로 나라를 다스리는 길은 충신을 등용하고 간신을 파면하는 것이다. 그래야만 나라가 평안을 얻게 된다. 기둥이 곧고 단단해야 하듯이 재상도 곧고 현명해야 한다. 곧은 나무는 깊은 숲 속에서 나고 곧은 선비는 백성들 속에서 나온다. 그러므로 군주는 인재를 선발할 때 되도록 숨어 있는 인재를 찾아야 한다.

왜냐하면 어떤 사람은 재능 있고 덕이 있으면서도 벼슬하려 하지 않고 보통 사람들과 함께 있으며, 어떤 사람은 고결하고 탁월한 재능을 가지고 있지만 징벽에 응하지 않으며, 어떤 사람은 충효를 갖고 있지만 향리에서 천거하지 않으며, 어떤 사람은 은거해서 자기의 뜻을 찾고 의義를 행하면서 자신의 이상을 실현하며, 어떤 사람은 군주에게 충직한 간언을 했다가 붕당[2]의 모함을 받기도 한다. 당요는 은자[3]를 등용했고, 상탕은 유신국의 이윤을 불러들였으며[4] 주공[5]은 천한 일을 하던 채중蔡仲을 선발했는데 모두 인재를 얻어 태평성대를 누렸다. 군주가 상을 내걸어 신하가 공을 세우기를 기다리고, 관직을 설치하여 인재를 기다리는 것은 정무를 진흥시키기 위한 것이다. 현훈[6]으로 숨어 있는 인재를 초빙하여 천하의 인심이 따르게 하면 어질지 못하고 의롭지 못한 자들은 자연히 멀리 떠나게 된다. 만약 쓸모가 있는 사람을 대우하지 않고, 대우를 받는 자가 쓸모가 없으며, 가난하고 한미하여 아랫사람이 되고, 재물이 있고 어여쁘다고 윗사람이 되며, 간사한 소인이 출세를 하고, 충직한 신하가 멀리 유배를 간다면 어떻게 인재를 얻을 수 있겠는가? 나라가 위태로워 다스릴 수가 없고 백성이 편안히 살 수 없는 것은 인재를 잃었기 때문에 생긴 잘못이다. 예로부터 인재를 잃고 나라가 위태로워지지 않거나 인재를 얻고 백성이 편안히 살 수 없었던 때는 없었다. 사람에 따라 관직을 설치하면 천하가 태평스럽지 못하며 관직에 따라 사람을 선택하면 천하가 태평스럽다. 그러므로 현명한 선비를 초빙하는 것은 딸을 시집 보내고 아내를 얻는 것과 같아서 스스로 시집가겠다고 요구하는 처녀가 없고 스스로 돈과 재물을 내고 남의 아내가 되겠다고 하는 도리가 없다. 여자는 예물을 받는 것으로 자신의 곧고 바른 절개를 보여주려 하고 인재는 현훈을 받는 것으로 그의 아름다운 이름을 드날리려 한다. 그러므로 예를 갖추어 인재를 초빙해야만 나라가 평안해진다.

1 **거조擧措** : 거擧는 천거, 조措는 버리고 파면시킨다는 뜻이다.
2 **붕당** : 원문에는 '명당明堂'이라고 되어 있다. 제갈희, 제갈탁이 집록한 『제갈공명전집』「편의십육책」에는 '붕당'으로 되어 있어 이를 따랐다.
3 **은자隱者** : 덕이 있으면서 은거해 있는 사람을 가리키는데 여기서는 요임금이 후계자로 택한 순을 말한다.
4 **상탕은…불러들였으며** : 탕왕은 상나라의 창건자이다. '후제를 대신해 쓴 위나라 정벌의 조서'의 주석을 참조하라. 이윤伊尹은 원래 유신씨의 딸이 시집갈 때 데리고 간 하인이었는데 후에 탕왕에게서 국정을 위임받고 탕을 도와 하나라를 멸망시켰다.
5 **주공** : 주공 단을 가리킨다. '납언 제4'의 주석을 참조하라. 주공은 채중을 등용하여 자신의 경사卿士로 삼았다.
6 **현훈玄纁** : 검은빛과 붉은빛의 비단 헝겊 조각으로, 한나라 때에는 현훈을 현사를 초빙하는 예품으로 삼았다.

고출 제8

 제갈량은 올바른 고출이란 '선한 관리를 승진시키고 악한 관리를 파면하며', '현명한 인재와 훌륭한 신하를 등용하고 탐관오리와 나약한 자를 파면시키며', '현명한 인재들이 구름처럼 몰려드는 것'이라고 했다. 그리고 승진과 파면의 다섯 가지 기준과 '삼 년에 한 번씩 근무를 평가하는' 방법을 제정했다.

考黜之政, 謂遷善黜惡. 明主在上, 心昭于天, 察知善惡, 廣及四海, 不敢遺小國之臣, 下及庶人, 進用賢良, 退去貪儒, 明良上下, 企及國理, 衆賢雨集, 此所以勸善黜惡, 陳之休咎. 故考黜之政, 務知人之所苦. 其苦有五. 或有小吏因公爲私, 乘權作奸, 左手執戈, 右手治生, 內侵于官, 外采于民, 此所苦一也; 或有過重罰輕, 法令不均, 無罪被辜, 以致滅身, 或有重罪得寬, 扶强抑弱, 加以嚴刑, 枉責其情, 此所苦二也; 或有縱罪惡之吏, 害告訴之人, 斷絶語辭, 蔽藏其情, 掠劫亡命, 其枉不常, 此所苦三也; 或有長吏數易守宰, 兼佐爲政, 阿私所親, 枉克所恨, 逼切爲行, 偏頗不承法制, 更因賦斂, 傍課采利, 送故待新, 夤緣征發, 詐爲儲備, 以成家産, 此所苦四也；或有縣官慕功, 賞罰之際, 利人之事, 買賣之費, 多所裁量, 專其价數, 民失其職, 此所苦五也. 凡此五事, 民之五害. 有如此者, 不可不黜；無此五者, 不可不遷. 故『書』云 : "三載考績, 黜陟幽明."

올바른 고출[1]이란 평가를 통해 선한 관리를 승진시키고 악한 관리를 파면시키는 것이다. 현명한 군주는 마음이 하늘같이 밝아서 선과 악을 살펴서 알 수 있으며 온 천하에 이르기까지 빛을 비춘다. 작은 나라의 신하도, 백성들도 빠뜨리지 않고 선한 인재를 등용하며 탐관오리와 나약한 자를 파면하여 현명한 군주와 훌륭한 신하가 아래위에서 함께 나라를 다스림으로써 현명한 인재들이 구름처럼 몰려든다. 이로써 선을 장려하고 악을 폐하며 그 이해를 진술할 것이다. 그러므로 고출에 있어서는 백성의 곤란을 알아야 하는데 백성의 곤란은 다섯 가지이다. 첫 번째는 도덕이 부패해진 관리들이 공가의 이름으로 제 욕심을 채우고 권력을 믿고 나쁜 짓을 하며 왼손에는 창을 들고 오른손으로는 생사를 주재하며 안으로는 관원들을 억누르고 밖으로는 백성들을 수탈하는 것이다. 두 번째는 중죄를 가볍게 벌하고 법을 집행함이 공평하지 못하며 죄 없는 자를 벌하여 목숨을 잃게 하거나 엄중한 죄가 있는 자를 관대히 처리하고 강한 자를 도와주고 약한 자를 억누르며 혹형을 들이대어 원한을 품게 만드는 것이다. 세 번째는 죄가 있는 관리들을 제 마음대로 하게 내버려두고 고발한 사람을 모해하여 고발을 중단시키고 진실을 덮어 감추며 약탈과 살인도 마다하지 않아 깊디깊은 원한을 사는 것이다. 네 번째는 장리가 지방장관이 수차 바뀌는 기회[2]에 그 직무를 자기가 겸직하고 정사를 처리할 때 친지들 편에 서서 싫어하는 자를 핍박하며 법을 어기면서 부세를 거두고 관원을 평가하면서 자기 이득을 도모하고 옛 상급을 보내고 새 상급을 맞으면서 권세에 아부하며 징수하고 방출하면서 나라를 위해 비축한다는 핑계로 재산을 불리는 것이다. 다섯 번째는 공을 세워 출세할 기회만 노리며 상벌을 적당히 하고 매매에 개입하여 수량을 높이 추산하고 가격을 독단으로 결정하여 백성들이 생계를 잃게 하는 것이다. 이 다섯 가지는 백성들에게는 재난이므로, 이런 관리들은 파면하지 않을 수 없으며 이렇지 않은 관리들은 승진시키지 않을 수 없다. 그러므로 『상서』[3]에서는 "3년에 한 번씩 관리들을 평가하여 우매한 관리는 파면하고 현명한 관리는 승진시킨다."라고 했다.

1 **고출考黜** : 관리들의 업무를 평가하여 승진시키고 파면시키는 것을 말한다.
2 **장리가…기회** : 장리는 지위가 비교적 높은 관리이다. 『한서』 「경제기景帝紀」에서는 "녹봉이 6백 석 이상인 자는 모두 장리長吏이다."라고 했다. 지방장관은 원문이 '수守'인데 지방장관을 가리킨다. 『후한서』 「주부전朱浮傳」에서는 "수재守宰가 자주 바뀌어 새 수재를 맞아 대체하느라고 길에서 지친다."라고 했다.
3 『**상서**』 : 원문은 '서書'인데 『상서』 「순전」을 가리킨다.

치군 제9

 이 글에서 제갈량은 자신의 군사사상을 개략적으로 논했다. 군사의 작용, 전쟁의 불가피성, 전쟁의 요소, 전술의 변화, 전쟁의 준비, 장수의 임명, 공격과 방어, 후방 근무 등에 대하여 논했으며, 전쟁은 정치의 폭력적 수단으로 불가피한 것이라고 하면서도 부득이한 경우에만 써야 하며 빈번해서는 안 된다고 강조했다. 더불어 전쟁의 세 가지 요소인 천시天時, 지리地利, 인화人和를 겸비하면 전쟁에서 승리할 가능성이 높다고 했다. 전술은 변화무쌍해야 할 뿐만 아니라 음양의 변화처럼 변화를 측정할 수 없어야 한다고 했다. 특히 승산이 없는 전쟁은 하지 말아야 한다고 강조하면서 전쟁 전에 쌍방의 군심軍心을 망라한 여러 가지 정황에 대하여 충분히 연구해야 하고 반드시 전반적 국면에 대한 계책이 있어야 하며, 승산이 없으면 전쟁을 벌이지 말고 전투 도중에 기회를 얻어 승리하려 해서는 안 된다고 했다. 전투가 시작되면 명령은 급류처럼 신속하게 전해지고 행동은 매가 사냥감을 덮치는 것처럼 정확해야 한다고 했다. 그리고 "유리한 곳에서 먼 곳의 적을 기다려야 하고, 휴식을 취한 군사로 피로한 적을 기다려야 한다. 배부른 군사로 굶주린 적을 기다려야 하고 견실한 군사로 허약한 적을 기다려야 한다. 유리한 곳에서 불리한 곳에 진을 치는 적을 기다려야 하고 대군으로 소수의 적을 기다려야 한다. 높은 사기로 사기가 낮은 적을 기다려야 하고, 복병으로 적을 기다려야 한다."는 작전 방침을 제정했다.

治軍之政, 謂治邊境之事, 匡救大亂之道, 以威武爲政, 誅暴討逆, 所以存國家安社稷之計. 是以有文事必有武備, 故含血之蠹, 必有爪牙之用, 喜則共戱, 怒則相害 ; 人無爪牙, 故設兵革之器, 以自輔衛. 故國以軍爲輔, 君以臣爲佐, 輔强則國安, 輔弱則國危, 在于所任之將也. 非民之將, 非國之輔, 非軍之主. 故治國以文爲政, 治軍以武爲計 ; 治國不可以不從外, 治軍不可以不從內. 內謂諸夏, 外謂戎, 狄. 戎, 狄之人, 難以理化, 易以威服, 禮有所任, 威有所施. 是以黃帝戰于涿鹿之野, 唐堯戰于丹浦之水, 舜伐有苗, 禹討有扈, 自五帝三王至聖之主, 德化如斯, 尙加之以威武, 故兵者凶器, 不得已而用之.

올바른 치군治軍이란 변방을 지키고 반란을 진압하는 것이며 무력을 정무의 수단으로 삼아 반역자를 토벌하여 나라를 보호하고 사회를 안정시키는 대계大計이다. 그러므로 문치文治에는 반드시 무력의 준비가 있어야 한다. 육식동물에게는 날카로운 발톱과 이빨이 있으며, 기분이 좋을 때는 서로 장난을 치다가 화가 나면 상대를 공격하는 것이다. 사람에게는 날카로운 발톱과 이빨이 없으므로 병장기와 투구, 갑옷을 만들어 자신을 보호한다. 나라는 군사로 보위를 하고, 군주는 대신의 보좌를 받는다. 군사가 강하면 나라는 평안하고 군사가 약하면 나라는 위험한데 관건은 장수의 임용에 달려 있다. 만약 성공하지 못한다면 백성을 위하는 장수가 아니고, 나라를 보좌하는 신하가 아니며, 군대를 지휘할 자격이 없는 것이다. 나라를 다스림에서는 문치로 정무를 처리해야 하고 군사를 다스림에서는 무력의 준비를 대계로 삼아야 한다. 나라를 다스림에서는 외부를 고려하지 않을 수 없고 군사를 다스림에서는 내부를 고려하지 않을 수 없다. 내부란 제하諸夏를 말하고 외부란 융·적[1]의 지역을 가리킨다. 융·적의 사람들은 도리로 교화시키기는 어려우나 무력으로 정복하기는 쉽다. 예는 예로서의 작용이 있고 무력은 무력으로서의 용처가 있다. 그러므로 황제는 탁록[2]에서 치우와 싸웠고, 당요는 단수의 기슭[3]에서 유묘[4]와 싸웠으며, 우순은 유묘를 정벌하려 했고, 하계는 유호를 멸하려 했다.[5] 오제삼왕[6]으로부터 성군에 이르기까지 은덕으로 교화했음에도 불구하고 어쩔 수 없는 경우에는 무력을 사용한 것을 보면 무력이라는 흉기는 부득이한 경우에만 써야 한다는 것을 알 수 있다.

1 **융·적** : 융戎은 중국 서북의 고대 민족이며, 적狄은 중국 북부의 고대 민족이다.
2 **탁록** : 옛 지명으로, 지금의 하북성 탁록현 동남쪽이다. 전하는 바에 따르면 황제와 치우가 이곳에서 대전을 벌였다고 한다.

3 **단수의 기슭** : 원문은 '단포丹浦'이며 단수의 기슭을 가리킨다. 단수丹水는 오늘의 하남성 상구시 동북쪽에서 발원하여 안휘성 북부를 지나 강소성 동북부에서 옛 사수泗水로 흘러든다. 전하는 바에 따르면 요임금과 유묘는 이곳에서 대전을 벌였다고 한다.

4 **유묘有苗** : 삼묘三苗 또는 묘민苗民이라고도 한다. 지금의 하남 남부로부터 호남의 동정호, 강서의 파양호 일대에 살고 있었는데 자주 순임금과 싸움을 벌였으며 싸움에서 패하자 감숙성 돈황 일대로 이주했다.

5 **우순은…했다** : 유호有扈는 하계夏啓의 서형庶兄이다. 『상서』「감서甘誓」에서는 "계와 유호가 감甘의 들판에서 싸웠다."라고 했으므로 원문의 '우禹'는 '계'의 오자인 듯하다.

6 **오제삼왕五帝三王** : 여러 설이 있으나 일반적인 설에 따르면 오제는 복희伏羲, 신농神農, 황제黃帝, 당요唐堯, 우순虞舜을 가리킨다. 삼왕은 하우, 상탕, 주 문왕이다.

夫用兵之道, 先定其謀, 然後乃施其事. 審天地之道, 察衆人之心, 習兵革之器, 明賞罰之理, 觀敵衆之謀, 視道路之險, 別安危之處, 占主客之情, 知進退之宜, 順機會之時, 設守御之備, 强征伐之勢, 揚士卒之能, 圖成敗之計, 慮生死之事, 然後乃可出軍任將, 張禽敵之勢, 此爲軍之大略也.

용병의 근본은 먼저 책략을 정하고 난 다음에 시행하는 것이다. 먼저 천지의 법칙을 똑똑히 알고, 민심을 살피며, 훈련을 철저히 하고, 상벌의 원칙을 명확히 하며, 적의 책략을 연구하고, 길의 험난함을 알아보며, 지형의 안위를 식별하고, 적의 정황을 분석하며, 공격과 후퇴의 시기를 알고, 기회가 오면 장악하며, 방어를 철저히 하고, 공격의 역량을 강화하며, 병사들의 능력을 발휘시키고,

성패의 대책을 세우며, 죽을 각오로 임해야 군사를 출동할 수 있으며 장수를 임명하고 적을 생포할 형세를 조성한다. 이것이 용병의 개요이다.

夫將者, 人之司命, 國之利器, 先定其計, 然後乃行. 其令若漂水暴流, 其獲若鷹隼之擊物, 靜若弓弩之張, 動如機關之發, 所向者破, 而勍敵自滅. 將無思慮, 士無氣勢, 不齊其心, 而專其謀, 雖有百萬之衆, 而敵不懼矣. 非仇不怨, 非敵不戰. 工非魯般之目, 無以見其工巧 ; 戰非孫武之謀, 無以出其計運. 夫計謀欲密, 攻敵欲疾, 獲若鷹擊, 戰如河決, 則兵未勞而敵自散, 此用兵之勢也. 故善戰者不怒, 善勝者不懼. 是以智者先勝而後求戰, 暗者先戰而後求勝 ; 勝者隨道而修途, 敗者斜行而失路 ; 此順逆之計也. 將服其威, 士專其力, 勢不虛動, 遠如圓石, 從高墜下, 所向者碎, 不可救止, 是以無敵于前, 無敵于後, 此用兵之勢也.

장수는 병사의 생명을 주재하는 사람이며 나라의 영걸英傑이므로 먼저 작전 계획을 수립한 다음에 이를 시행해야 된다. 명령은 세차게 흐르는 급류처럼 신속하게 전해지고 명령의 성과는 매가 사냥감을 덮치는 것처럼 정확해야 한다. 평상시에는 힘껏 당겨진 활시위처럼 있다가 행동할 때에는 방아쇠와도 같아야 한다. 그러면 앞을 가로막는 적은 어떤 적이든 물리칠 수 있으며 자멸시킬 수 있을 것이다. 만약 장수가 치밀하지 않으면 병사들에게 투지가 없으며, 군심軍心이 일치하지 못한 상태에서 고집을 부린다면 비록 백만 대군이라 하더라도 적은 절대로 두려워하지 않을 것이다. 원수가 아니면 미워하지 말고 적이 아니면 싸움을 벌이지 말아야 한다. 노반[1]과 같은 안목이 없으면 뛰어난 무기를 만들 수 없으며, 손무와 같은 지모가 없이는 장수들의 계책을 드러낼 방법이 없다. 계획은 세밀해야 하고 공격은 신속해야 한다. 적을 칠 때는 매가 먹이를 덮치듯 해야 하고 전투는 황하의 둑이 터지듯이 결판을 내야 한다. 그래야 병사들이 피로해하지 않고 적을 자멸시킬 수 있다. 이것이 용병의 위력이다. 잘 싸우는 사람은 감정에 휩쓸리지 않고 잘 이기는 자는 적을 두려워하지 않는다. 그러므로 현명한 장수는 승리를 확신한 다음에 전투를 시작하고, 어리석은 장수는 전투를 시작한 다음에 승리할 방법을 찾는다. 승리하는 자는 큰길을 따라 파죽지세로 쳐들어가고 패하는 자는 대오를 이루지 못하고 방향을 찾지 못한다. 이것은 처사 방법에 따른 성공과 실패의 길이다. 장수는 위엄을 가져야 하며 병사들은 한마음 한뜻으로 힘을 내되 함부로 힘을 쓰지 말아야 한다. 둥근 돌이 높은 데서 떨어지면 부딪치는 것은 모두 짓부수게 된다. 이렇게 하면 가는 곳마다에서 당할 자가 없게 되니 이것이 용병의 위력이다.

1 **노반魯般** : 고대 중국의 명공名工이다. 성은 공수公輸이고 이름은 반般이며 춘추시대 노나라 사람이다. 성을 공격하는 운제雲梯와 맷돌을 발명했으며, 또 전하는 바에 따르면 목공 도구도 발명했다고 한다.

故軍以奇計爲謀, 以絶智爲主. 能柔能剛, 能弱能强, 能存能亡 ; 疾如風雨, 舒如江海, 不動如泰山, 難測如陰陽 ; 無窮如地, 充實如天, 不竭如江河, 終始如三光, 生死如四時, 衰旺如五行. 奇正相生, 而不可窮.

그러므로 군사는 기묘한 계책을 모략으로 삼고 뛰어난 지혜를 주로 삼아서 때로는 부드럽게, 때로는 거칠게, 때로는 약하게, 때로는 강하게, 때로는 존재함도 보여주고, 때로는 사라짐도 보여줄 수 있어야 한다. 행동은 비바람처럼 신속하고 강과 바다처럼 널리 펼쳐져야 하며 움직이지 않을 때는 태산처럼 끄떡없어야 하고 음양을 알기 어렵듯이 예측할 수 없어야 한다. 전술의 변화는 대지처럼 무궁해야 하고 하늘처럼 충실해야 하며 강물처럼 끝없이 흘러야 하고 삼광[1]처럼 시작과 끝이 일정해야 한다. 사계절처럼 오기도 하고 가기도 해야 하며 오행[2]처럼 상생하기도 하고 상극하기도 해야 한다. 기정[3]을 보완해 쓰면 무궁무진하게 된다.

1 **삼광三光** : 해, 달, 별을 가리킨다.
2 **오행五行** : 목木, 화火, 토土, 금金, 수水를 가리킨다.
3 **기정奇正** : 고대의 군사용어로 함의가 넓다. 예를 들면 먼저 나가는 것을 정正이라 하고 후에 나가는 것을 기奇라고 하며, 정면 공격을 정이라 하고 측면 공격을 기라고 하며, 드러내놓고 싸우는 것을 정이라 하고 몰래 기습하는 것을 기라고 하는 것 등등이다.

故軍以糧食爲本, 兵以奇正爲始, 器械爲用, 委積爲備. 故國困于貴買, 貧于遠輸, 攻不可再, 戰不可三, 量力而用, 用多則費. 罷去無益, 則國可寧也 ; 罷去無能, 則國可利也.

🏇 군사는 식량을 근본으로 하고 싸움은 기정奇正을 기초로 하며 무기는 자재인데 쌓아두어 훗날의 비축으로 한다. 이러면 물가가 오르고 운송 거리가 멀기 때문에 공격은 두 번 이상 있을 수 없고 전쟁은 세 번 이상 있을 수 없다. 힘을 함부로 쓰고 물자를 낭비하는 무익한 일을 하지 않으면 나라가 평안하고, 무능한 장수와 관리를 파면시키면 나라에 도움을 줄 수 있다.

夫善攻者敵不知其所守, 善守者敵不知其所攻. 故善攻者不以兵革, 善守者不以城郭. 是以高城深池, 不足以爲固, 堅甲銳兵, 不足以爲強. 敵欲固守, 攻其無備; 敵欲興陣, 出其不意; 我往敵來, 謹設所居; 我起敵止, 攻其左右; 量其合敵, 先擊其實. 不知守地, 不知戰日, 可備者衆, 則專備者寡. 以慮相備, 強弱相攻, 勇怯相助, 前後相赴, 左右相趣, 如常山之蛇, 首尾俱到, 此救兵之道也.

🏇 공격을 잘하는 사람을 보면 적들은 어떻게 방어해야 할지를 모르며 방어를 잘하는 사람을 보면 적들은 어떻게 공격해야 할지를 모른다. 공격을 잘하는 사람은 무기에 의지하지 않고 방어를 잘하는 사람은 성곽에 의지하지 않는다. 그러므로 성곽이 높고 호壕가 깊다 하여 견고한 것이 아니며 튼튼한 갑옷과 예리한 병기가 있다 하여 강대한 것이 아니다. 적들이 굳게 지키려 하면 허점을 공격해야 하고, 적들이 진을 이루어 공격해오면 기습을 해야 하며, 아군이 주둔[1]하면 적이 오므로 조심하여 영채를 세워야 하며 적이 주둔해

있을 때는 그 좌우를 공격해야 한다. 적이 병력을 집중한다고 판단되면 먼저 주력을 쳐야 한다. 지킬 곳을 모르고 싸워야 할 때를 모르면 방비해야 할 곳이 너무 많아지게 된다. 계책에 따라 병력을 배치해야 하고, 강한 군사와 약한 군사, 용감한 군사와 겁이 많은 군사를 배합해서 훈련을 하고 전후좌우에서 서로 돌보게 하여 상산의 뱀[2]처럼 머리와 꼬리가 함께 싸우게 해야 한다. 이것이 군사를 보전하는 방법이다.

1 **주둔** : 원문은 '왕住'인데 '주住'의 오자가 아닌가 한다. '주'는 '주駐'와 통한다.
2 **상산常山의 뱀** : 항산恒山으로, 하북성 곡양현 서북부에 있다. 상산의 뱀은 머리를 공격하면 꼬리가 달려들고, 꼬리를 공격하면 머리가 달려들며, 허리를 공격하면 꼬리와 머리가 한꺼번에 달려든다고 한다.

故勝者全威, 謀之于身, 知地形勢, 不可豫言. 議之知其得失, 詐之知其安危, 計之知其多寡, 形之知其生死, 慮之知其苦樂, 謀之知其善備. 故兵從生擊死, 避實擊虛. 山陵之戰, 不仰其高 ; 水上之戰, 不逆其流 ; 草上之戰, 不涉其深 ; 平地之戰, 不逆其虛 ; 道上之戰, 不逆其孤. 此五者, 兵之利, 地之所助也.

그런 연고로 승리하는 자는 전군의 위력을 갖추고 지형을 파악한 다음에 작전 계획을 세운다. 널리 의논하면 싸움의 득실을 알 수 있고, 가상으로 시탐하면 처지의 안위 여부를 알 수 있으며, 자세히 따져보면 역량의 강약을 알 수 있고, 정찰을 통해서는 지형의 이해利害 여부를 알 수 있으며, 사고하고 분석하면 적의 고락苦樂을 알 수 있고, 작은 전투를 치르면 좋은 방비책을 알 수 있다. 전투에서는 유리한 곳으로 불리한 곳을 공격해야 하고 적의 튼튼한 곳을 피하고 약한 곳을 공격해야 한다. 산에서의 전투는 높은 곳에 있는 적을 올려 칠 수 없으며, 물 위에서의 전투는 상류의 적을 거슬러 칠 수 없으며, 초원에서의 전투는 수풀이 우거진 곳으로 깊이 들어갈 수 없다. 평지에서의 전투는 광야에서 맞받아칠 수 없으며, 길에서의 전투는 외길로 공격할 수 없다. 이 다섯 가지는 지형에 의거해서 승리를 거둘 수 있는 방법이다.

夫軍成于用勢, 敗于謀漏 ; 飢于遠輪, 渴于躬井 ; 勞于煩擾, 佚于安靜 ; 疑于不戰, 惑于見利 ; 退于刑罰, 進于賞賜 ; 弱于見逼, 强于用勢 ; 困于見圍, 懼于先至 ; 驚于夜呼, 亂于暗昧 ; 迷于失道, 窮于絶地 ; 失于暴卒, 得于豫計. 故立旌旗以視其目, 擊金鼓以鳴其耳, 設斧鉞以齊其心, 陳敎令以同其道, 興賞賜以勸其功, 行誅伐以防其僞. 晝戰不相聞, 旌旗爲之擧 ; 夜戰不相見, 火鼓爲之起 ; 敎令有不從, 斧鉞爲之使.

기세를 조성하면 승리하고 계책이 들통나면 실패한다. 운수가 멀어지면 식량이 부족해지고 물이 부족한 곳에 진을 치면 물이 부족해진다. 교란을 당하면 피로해지고 한가하고 편안하면 해이해진다. 싸움이 없어 의심과 근심이 생기고 이익을 봄으로써 동요가 생긴다. 상벌이 불공평하면 후퇴하고 상벌이 공평하면 전진한다.

사기가 떨어지면 약해지고 사기가 올라가면 강해진다. 적에게 포위되면 불안해지고 앞에 서면 두려워진다. 경황驚惶은 밤중의 외침에서 오고 혼란은 정황의 불명不明에 있다. 길을 잘못 들어섬은 길 안내가 없는 데서 오고 곤궁한 처지는 궁지에 빠진 데 있다. 원정이 길어지면 패하게 마련이고, 사전에 계략을 세우면 승리하게 마련이다. 그러므로 깃발을 올려 모두가 똑똑히 보게 하고 북과 징을 울려 똑똑히 듣게 한다. 그리고 부월을 설치하여 군심이 가지런해지게 하고 교령을 선포하여 생각을 통일시켜야 하며 상을 내려서 공을 세우는 것을 장려해야 하고 책벌責罰과 참수를 사용하여 간교함을 방지하고 처단해야 한다. 낮에는 서로 듣기 어려우므로 깃발을 높이 들고 밤에는 서로 볼 수 없으므로 불을 피우고 북을 울려야 한다. 교령을 내려도 듣지 않는 자는 그 자리에서 참해야 한다.

不知九地之便, 則不知九變之道. 天之陰陽, 地之形名, 人之腹心, 知此三者, 獲處其功. 知其士乃知其敵, 不知其士, 則不知其敵, 不知其敵, 每戰必殆, 故軍之所擊, 必先知其左右士卒之心.

구지¹를 모르면 구변의 도리를 모르게 된다. 그리고 천상의 운행법칙²과 지형³, 인심의 향배를 알면 승전하여 공을 세울 수 있다. 적의 참모를 알아야 적을 알 수 있고 적을 모르면 전투에서 패하게 마련이다. 그러므로 군사로 적을 공격할 때는 먼저 좌우의 참모와 병사들의 정황을 알아야 한다.

1 **구지**九地 : 고대의 군사용어로, 작전에 영향을 주는 아홉 가지 지형을 가리 킨다. 산지散地, 경지輕地, 쟁지爭地, 교지交地, 구지衢地, 중지重地, 비지圮地, 위지圍地, 사지死地이다.『손자』「구지편」을 참조하라.
2 **천상의 운행법칙** : 일, 월, 성신의 운행법칙을 가리킨다.
3 **지형** : 지형에는 통通, 괘掛, 지支, 애隘, 험險, 원遠 등 여섯 가지 유형이 있고 각 유형마다 거기에 맞게 용병하는 행동 원칙이 있다.『손자』「지형편」을 참조하라.

五間之道, 軍之所親, 將之所厚, 非聖智不能用, 非仁賢不能使. 五間得其情, 則民可用, 國可長保.

오간¹은 전군의 사랑과 장수의 총애를 받는 자를 써야 하며, 재능 있고 덕이 있는 자가 아니면 그들을 쓸 수 없다. 오간의 진실한 정보가 있으면 백성들을 쓸 수가 있고 나라를 오랫동안 보위할 수 있다.

1 **오간**五間 : 인간因間, 내간內間, 반간反間, 사간死間, 생간生間이다.『손자』「용간편用間篇」을 참조하라.

故兵求生則備, 不得已則斗 ; 靜以理安, 動以理威 ; 無恃敵之不至, 恃吾之不可擊. 以近待遠, 以逸待勞, 以飽待饑, 以實待虛, 以生待死, 以衆待寡, 以旺待衰, 以伏待來. 整整之旌, 堂堂之鼓, 當順其前, 而覆其后, 固其險阻, 而營其表, 委之以利, 柔之以害.
此治軍之道全矣.

군사가 생존하려면 전쟁에 대한 준비를 해야 하지만 부득이한 경우에만 싸워야 하며 평상시에는 질서를 도모하고 전시에는 위엄을 지녀야 한다. 적이 공격하지 않는 것을 다행으로 여길 것이 아니라 적에게 틈을 주지 않도록 준비를 해야 한다. 유리한 곳에서 먼 곳의 적을 기다려야 하고, 휴식을 취한 군사로 피로한 적을 기다려야 한다. 배부른 군사로 굶주린 적을 기다려야 하고 견실한 군사로 허약한 적을 기다려야 한다. 유리한 곳에서 불리한 곳에 진을 치는 적을 기다려야 하고, 대군으로 소수의 적을 기다려야 한다. 높은 사기로 사기가 낮은 적을 기다려야 하고, 복병으로 적을 기다려야 한다. 적의 깃발이 정연하고 북소리가 우렁차면 정면 공격을 피해야 하며 후면과 측면을 매복 습격해야 한다. 험한 곳을 굳게 지키고 때로는 이득으로 유혹하여 철수를 하게 만들고 때로는 강하게 공격해야 한다.

이것이 군사를 다스리는 완벽한 방법이다.

상벌 제10

 제갈량은 상은 공을 세우도록 장려하고 벌은 간사한 것을 금하기 위한 것이라고 했다. 상벌이 합당하면 "용감한 자는 목숨을 바쳐야 할 바를 알게 되고", "악한 자는 두려워할 바를 알게 된다." 상벌이 부당하면 적게는 원한이 생기고 인심을 흩어지게 하며 크게는 백성을 해치고 나라를 그르친다. 상벌은 원한을 피할 수 있으며 나라를 부흥시킬 수 있다.

賞罰之政, 謂賞善罰惡也. 賞以興功, 罰以禁奸 ; 賞不可不平, 罰不可不均. 賞賜知其所施, 則勇士知其所死 ; 刑罰知其所加, 則邪惡知其所畏. 故賞不可虛施, 罰不可妄加, 賞虛施則勞臣怨, 罰妄加則直士恨, 是以羊羹有不均之害, 楚王有信讒之敗. 夫將專持生殺之威, 必生可殺, 必殺可生, 忿怒不詳, 賞罰不明, 敎令不常, 以私爲公, 此國之五危也. 賞罰不明, 敎領有不從, 必殺可生, 衆奸不禁 ; 必生可殺, 士卒散亡 ; 忿怒不詳, 威武不行 ; 賞罰不明, 下不勸功 ; 政敎不當, 法令不從, 以私爲公, 人有二心. 故衆奸不禁, 則不可久, 士卒散亡, 其衆必寡；威武不行, 見敵不起；下不勸功, 上無强輔；法令不從, 事亂不理；人有二心, 其國危殆. 故防奸以政, 救奢以儉；忠直可使理獄, 廉平可使賞罰. 賞罰不曲, 則人死服. 路有飢人, 廏有肥馬, 可謂亡人而自存, 薄人而自厚. 故人君先募而後賞, 先令而後誅, 則人親附, 畏而愛之, 不令而行. 賞罰不正, 則忠臣死于非罪, 而邪臣起于非功. 賞賜不避怨仇, 則齊桓得管仲之力；誅罰不避親戚, 則周公有殺弟之名.『書』云："無偏無黨, 王道蕩蕩；無黨無偏, 王道平平." 此之謂也.

올바른 상벌이란 선한 자에게는 상을 주고 악한 자에게는 벌을 주는 것이다. 상은 공을 세우도록 장려하고 벌은 간사함을 금한다. 그러므로 상벌은 공평해야 한다. 상을 왜 주는지를 알게 되면 용감한 자는 목숨을 바쳐야 할 바를 알게 되고 벌을 왜 주는지를 알게 되면 악한 자는 두려워할 바를 알게 된다. 그러므로 상을 주는 것은 허위로 할 수 없으며 징벌은 함부로 줄 수 없다. 상을 잘못 주면 공을 세운 신하가 원망하며 벌이 함부로 주어지면 정직한 사람이 원한을 품는다. 그래서 고깃국 때문에 나라가 망한 일[1]이 있었고 초왕이 참언을 믿어 멸망한 일[2]이 생겼다. 장수는 생살대권을 틀어쥐고 있는데, 나라에 해를 끼치는 장수의 다섯 가지 과오는 살아야 할 자를 죽이고 죽여야 할 자를 살리며, 이유 없이 성을 내고, 상벌이 엄명하지 못하며, 교령이 수시로 변하고, 공과 사를 구분하지 못하는 것이다. 상벌이 엄명하지 못하면 교령에 복종하지 않는 자가 있게 마련이다. 죽여야 할 자를 살려두면 나쁜 일을 근절시킬 방법이 없으며 살아야 할 자를 죽이면 병사들은 도망칠 것이다. 이유 없이 성을 내면 권위가 없으며 교령이 수시로 변하면 지켜지지 않는다. 공과 사를 구분하지 않으면 부하가 반역의 뜻을 품게 된다. 그러므로 나쁜 일을 근절시킬 수 없으면 나라는 결국 망하고 만다. 병사들이 도망을 친다면 수가 줄어들 것이며, 권위가 없으면 적을 보고도 움직이지 않을 것이다. 부하들이 공을 세우려 노력하지 않는다면 상급자는 지지를 받을 수 없으며, 법령이 지켜지지 않는다면 변란變亂을 다스릴 방법이 없을 것이다. 부하가 반역의 뜻을 품는다면 나라는 위험하게 될 것이다. 그러므로 정령政令으로 간사한 것을 방지하고 근검으로 사치를 근절시키며 충성스럽고 정직한 사람들이 관청 일을 맡아 처리하게 하고 청렴하고 공정한 사람이 상벌을 주관하게 해야 한다. 상벌이 공정하고 곧으면 병사들은 죽을 각오로 싸운다. 길에는 굶어죽는 사람이 있는데 마구간에는 살찐 말이 있다면 남을 망치고 자신만 살려고 하는 것이요, 남을 각박하게 대하고 자신을 후대하는 것이라는 말을 듣는 법이다. 군주는 먼저 널리 의견을 들은 다음에 상을 내리고, 법령을 반포한 후에 처벌을 해야 한다. 그래야만 사람들이 가까이 모여들고 따를 것이며 두려워하면서도 사랑할 것이고 명령이 내리기를 기다리지 않고 일을 해낼 것이다. 상벌이 공정하지 않으면 충신은 죄가 없는데도 죽고 간신은 공이 없는데도 중용될 것이다. 상을 내릴 때는 원수를 가리지 말아야 한다. 그래서 제 환공은 관중의 힘을 얻었다.[3] 벌을 줄 때는 친

척을 가리지 말아야 한다. 그래서 주공은 동생을 죽였다.[4] 『상서』에서는 "편을 가르지 않고 무리를 짓지 않는다면 왕도王道가 넓게 열리고 질서정연하게 된다."라고 했다.

1 **고깃국…망한 일** : 주 광왕匡王 6년(기원전 607년)에 초나라와 송나라가 정나라를 쳤다. 이때 송나라의 화원華元은 양을 잡아 병사들에게 나누어주었는데 화원의 마부꾼 양짐羊斟은 받지 못했다. 이에 앙심을 품은 양짐은 일부러 화원을 태운 마차를 정나라군이 있는 곳으로 몰고 가서 사로잡히게 만들었다.

2 **초왕이…멸망한 일** : 초나라 경양왕頃襄王이 자란子蘭, 근상 등의 참언을 믿고 굴원屈原을 추방하여 정치가 부패하고 외교에서 실패하여 결국 진秦나라에게 멸망당한 일을 가리킨다.

3 **제 환공은…얻었다** : 춘추시대의 정치가인 관중은 공자 규糾를 도와 공자 소백(제 환공)과 군위를 쟁탈하게 했으나 실패했다. 제 환공은 관중의 죄를 다스리려 했으나 포숙아가 천거하자 재상으로 임명했다. 관중은 제 환공을 도와 나라 안을 개혁하고 대외로는 '존왕양이'의 구호를 내걸고 9개 제후국을 연합하였으며, 제 환공을 춘추시대의 첫 패주로 만들었다.

4 **주공은…죽였다** : 주공의 이름은 단旦이며 주 문왕의 아들이자 주 무왕의 동생이다. 무왕이 죽자 어린 성왕을 보필했는데 형제인 관숙, 채숙 등이 불복하여 상 주왕紂王의 아들 무경, 동방의 제후국들과 연합하여 반란을 일으켰다. 주공은 군사를 거느리고 가서 3년 동안 반란을 평정했으며 관숙, 무경을 죽이고 채숙을 추방하고 곽숙을 서인으로 만들었다. 7년 동안 섭정한 후에 성왕에게 정권을 돌려주었다.

희노 제11

 제갈량은 함부로 기뻐하거나 화를 내서는 안 된다고 했다. 기뻐해선 안 될 일이나 사람에 대해서는 기뻐하지 말아야 하고, 화를 내선 안 될 일이나 사람에 대해서는 화를 내지 말아야 한다는 것이다. 기쁜 일이 있다고 해서 죄 있는 자를 풀어주어서는 안 되며 화가 난다고 해서 무고한 자를 죽여서도 안 된다. 그렇지 않으면 간신을 뿌리뽑지 못하게 되고 인심을 잃을 뿐만 아니라 싸우면 기필코 패하며 나라를 망하게 할 수 있다는 것이다.

喜怒之政, 謂喜不應喜無喜之事, 怒不應怒無怒之物, 喜怒之間, 必明其類. 怒不犯無罪之人, 喜不從可戮之士, 喜怒之際, 不可不詳. 喜不可縱有罪, 怒不可戮無辜, 喜怒之事, 不可妄行. 行其私而廢其功, 將不可發私怒, 而興戰必用衆心, 苟合以私忿而合戰, 則用衆必敗. 怒不可以復悅, 喜不可以復怒, 故以文爲先, 以武爲後, 先勝則必後負, 先怒則必後悔, 一朝之忿, 而亡其身. 故君子威而不猛, 忿而不怒, 憂而不懼, 悅而不喜. 可怒之事, 然後加之威武, 威武加則刑罰施, 刑罰施則衆奸塞. 不加威武, 則刑罰不中, 刑罰不中, 則衆惡不理, 其國亡.

올바른 희노_{喜怒}란 기뻐해서는 안 될 일에 기뻐하지 않는 것이며, 화내서는 안 될 일에 화를 내지 않는 것으로, 즉 희노를 명확하게 분별하는 것이다. 갑자기 화가 난다고 해서 무고한 사람을 건드려서는 안 되며 기쁘다고 해서 죽여야 할 자를 놓아주면 안 된다. 기쁠 때나 화날 때나 신중하지 않으면 안 되는 것이다. 기쁘다고 해서 죄인을 풀어주고 화난다고 무고한 자를 죽여서는 안 되므로 기뻐하고 화내는 일을 함부로 해서는 안 된다. 사사로운 기분대로 행동하면 공업을 망쳐버릴 수 있으므로 장수는 사사롭게 화를 내서는 안 된다. 전쟁을 일으킬 때는 민심이 필요한데 가령 개인적 분노가 섞인 작전을 한다면 그 지휘는 반드시 실패하고 만다. 화를 내다가 다시 기뻐할 수도 없고 기뻐하다가 다시 화를 낼 수도 없다. 그러므로 먼저 문치_{文治}를 앞세워 감화하고 나중에 무력을 사용해야 한다. 그렇지 않으면 먼저 이겼다 해도 후에는 반드시 지게 되며, 먼저 격노하면 기필코 후회하게 되고, 일시적인 분노는 스스로 자기를 멸망시키게 된다. 그러므로 군자는 위엄이 있으되 사납지 않으며 분노를 느끼되 화를 내지 않고, 근심하되 두려워하지는 않으며 즐겁되 기뻐하지는 않는다. 마땅히 분노해야 할 일이 있으면 나중에 무력을 쓰면 된다. 무력을 쓴다는 것은 형벌을 실시한다는 것인데 형벌을 실시하면 간신을 뿌리뽑을 수 있다. 무력을 쓰지 않는다면 형벌이 급소를 찌르지 못하게 되며, 형벌이 급소를 찌르지 못하면 간신을 다스릴 수 없으므로 나라가 망하게 된다.

치란 제12

 제갈량은 정무政務에서 도리를 잃지 않으면 모든 일에서 성공하고 공업功業이 영원히 확보될 수 있다고 했다. 혼란한 정사를 다스리려면 마땅히 먼저 근본적인 것을 다스리고 후에 지엽적인 것을 다스려야 한다. 먼저 삼강을 바로잡고 후에 육기를 다스려야 하며, 먼저 내부를 다스리고 후에 외부를 다스려야 하고, 먼저 큰 것을 다스리고 후에 작은 것을 다스려야 한다. 위가 다스려지면 아래가 바로잡히고 자신을 잘 다스리면 남들이 존경한다. 이것이 나라를 다스리는 도리이다.

治亂之政, 謂省官幷職, 去文就質也. 夫綿綿不絶, 必有亂結, 纖纖不伐, 必成妖孼. 夫三綱不正, 六紀不理, 則大亂生矣. 故治國者, 圓不失規, 方不失矩, 本不失末, 爲政不失其道, 萬事可成, 其功可保. 夫三軍之亂, 紛紛擾擾, 各惟其理. 明君治其綱紀, 政治當有先後, 先理綱, 後理紀; 先理令, 後理罰; 先理近, 後理遠; 先理內, 後理外; 先理本, 後理末;

先理强, 後理弱 ; 先理大, 後理小 ; 先理身, 後理人. 是以理綱則紀張, 理令則罰行, 理近則遠安, 理內則外端, 理本則末通, 理强則弱伸, 理大則小行, 理上則下正, 理身則人敬, 此乃治國之道也.

올바른 치란治亂이란 쓸모없는 벼슬아치들은 감소시키고 관직을 합병하며 실제에 맞지 않는 것은 실제에 부합되게 하는 것이다. 그렇지 않고 끊임없이 이어지면 기필코 화란이 생길 것이며 작은 사고를 없애지 않으면 반드시 재앙이 나타나게 된다. 삼강을 바로잡지 않고 육기를 다스리지 않으면 큰 혼란이 발생하게 된다. 그러므로 나라를 다스리는 것은 원과 사각형이 규격을 넘지 않아야 하고, 근본이 말단을 소홀히 하지 않아야 하듯이 나라를 다스리는 도리를 소홀히 하지 않아야 모든 일이 이루어지고 공업이 확보될 것이다. 군사의 혼란은 각자의 기강이 깨졌기 때문이다. 현명한 군주는 기강이 있어야 하고 정사를 처리함에 있어 반드시 선후가 있어야 한다. 먼저 삼강을 다스리고 후에 육기를 다스리며, 먼저 법령으로 다스리고 후에 형벌로 다스린다. 먼저 가까운 곳을 다스리고 후에 먼 곳을 다스리며, 먼저 내부를 다스리고 후에 외부를 다스린다. 먼저 근본을 다스리고 후에 말단을 다스리며, 먼저 강한 것을 다스리고 후에 약한 것을 다스린다. 먼저 큰 것을 다스리고 후에 작은 것을 다스리며, 먼저 자신을 다스리고 후에 남을 다스린다.

삼강을 다스리면 육기가 널리 퍼지고, 법령이 확립되면 형벌이 제대로 시행된다. 가까운 곳을 다스려야 먼 곳이 안정되며, 내부를 다스려야 외부가 단정해진다. 근본을 다스려야 말단이 따라서 거침없이 풀려나갈 수 있으며, 강한 것을 다스려야 약한 것이 기를 펴게 된다. 큰 것을 다스리면 저절로 작은 것이 이루어지고, 위를 다스리면 아래도 곧게 된다. 자신을 다스리면 자연히 사람들의 존경을 받는다. 이것이 나라를 다스리는 도리이다.

교령 제13

 제갈량은 윗사람의 말과 행동을 아랫사람들이 지켜보고 있으므로 윗사람은 "법도에 맞지 않는 것은 말하지 말고 도의에 맞지 않는 일은 하지 말아야 하며" 반드시 자신을 바로잡은 다음에 명령을 내려야 하고 "먼저 가르친 다음에 벌을 내려야 한다"고 했다. 뿐만 아니라 교령을 앞세우는 구체적인 방법으로 오교五教, 오진五陳, 오오상보五五相保 등을 들었다.

敎令之政, 謂上爲下敎也. 非法不言, 非道不行, 上之所爲, 人之所瞻也. 夫釋己敎人, 是謂逆政; 正己敎人, 是謂順政. 故人君先正其身, 然後乃行其令. 身不正則令不從, 令不從則生變亂. 故爲君之道, 以敎令爲先, 誅罰爲後, 不敎而戰, 是謂棄之. 先習士卒用兵之道, 其法有五 : 一曰, 使目習其旌旗指麾之變, 縱橫之術 ; 二曰, 使耳習聞金鼓之聲, 動靜行止 ; 三曰, 使心習刑罰之嚴, 爵賞之利 ; 四曰, 使手習五兵之便, 斗戰之備 ; 五曰, 使足習周旋走趨之列, 進退之宜 ; 故號爲五敎. 敎令軍陳, 各有其道. 左敎靑龍, 右敎白虎, 前敎朱雀, 後敎玄武, 中央軒轅; 大將軍之所處, 左矛右戟, 前盾後弩, 中央旗鼓. 旗動俱起, 聞鼓則進, 聞金則止, 隨其指揮, 五陳乃理. 正陳之法, 旗鼓爲之主: 五鼓, 擧其靑旗, 則爲直陳; 二鼓, 擧其赤旗, 則爲銳陳; 三鼓, 擧其黃旗, 則爲方陳; 四鼓, 擧其白旗, 則爲圓陳; 一鼓, 擧其黑旗, 則爲曲陳. 直陳者, 木陳也; 銳陳者, 火陳者; 方陳者, 土陳也; 圓陳者, 金陳也; 曲陳者, 水陳也. 此五行之陳, 輾轉相生, 衝對相勝, 相生爲救, 相勝爲戰, 相生爲助, 相勝爲敵. 凡結五陳之法, 五五相保, 五人爲一長, 五長爲一師, 五師爲一枝, 五枝爲一火, 五火爲一撞, 五撞爲一軍, 則軍士具矣. 夫兵利之所便, 務知節度. 短者持長戟, 長者持弓弩, 壯者持旌旗, 勇者持金鼓, 弱者給糧牧, 智者爲謀主. 鄕里相比, 五五相保, 一鼓整行, 二鼓習陳, 三鼓起食, 四鼓嚴辦, 五鼓就行. 聞鼓聽金, 然后擧旗, 出兵以次第, 一鳴鼓三通, 旌旗發揚, 擧兵先攻者賞, 却退者斬, 此敎令也.

올바른 교령[1]이란 윗사람이 본보기가 되어 아랫사람을 가르치는 것이다. 그러므로 법도에 맞지 않는 것은 말하지 말고 도의에 맞지 않는 일은 하지 말아야 한다. 윗사람의 행동을 아랫사람들은 주시하고 있기 때문이다. 자신은 제멋대로 하면서 남을 가르치려 드는 것은 역정逆政이며 자신을 단정히 하여 남을 가르치는 것은 순정順政이다. 군주는 먼저 자신을 단정히 한 다음에 명령을 내려야 한다. 자신이 단정하지 못하면 명령에 복종하는 사람이 없으며 명령에 복종하는 사람이 없으면 변란이 생기게 된다. 그러므로 군주는 먼저 가르친 다음에 벌을 내려야 하며, 가르치지 않고 병사들을 전쟁터로 보내는 것은 그들을 포기하는 것과 같다. 병사들에게 가르쳐야 할 것은 모두 다섯 가지이다. 첫째, 지휘 깃발의 변화를 보고 대형을 교체하는 전술을 알게 한다. 둘째, 징과 북소리를 듣고 행동하거나 멈추게 한다. 셋째, 형벌의 엄함을 알고 책봉과 상의 이점을 알게 한다. 넷째, 병기를 손에 익숙하게 하여 전투할 준비를 하게 한다. 다섯째, 발이 추격하고 달리는 대열에 익숙해지게 하여 전진하고 후퇴할 때 적응되게 해야 한다. 이상을 오교라고 한다. 군사를 배치하고 진[2]을 치는 데도 각각의 방법이 있다. 왼쪽은 청룡, 오른쪽은 백호이며 앞쪽은 주작, 뒤쪽은 현무[3]이며 중앙은 헌원[4]이다. 대장군이 있는 곳에는 왼쪽에 모矛, 오른쪽에 극戟, 앞쪽에는 방패, 뒤쪽에는 활, 중앙에는 깃발과 북이 있다. 깃발을 휘두르면 모두 출발 준비를 하고 북소리가 울리면 전진하며 징소리가 울리면 정지하는데 지휘에 복종해야 오진을 잘 훈련할 수 있다. 전투대형을 만들 때는 깃발과 북이 위주가 되는데 북이 한 번 울리고 청색 깃발을 들면 직진[5]이고, 북이 두 번 울리고 적색 깃발을 들면 예진[6]이고, 북이 세 번 울리고 황색 깃발을 들면 방진[7]이며, 북이 네 번 울리고 흰색 깃발을 들면 원진[8]이고, 북이 다섯 번 울리고 흑색 깃발을 들면 곡진[9]이다. 직진은 목진, 예진은 화진火陣이며 방진은 토진土陣, 원진은 금진金陣이며 곡진은 수진水陣[10]이다. 이런 오행진법을 골라 사용하면 상생相生하고 상극相克하는데 상생하면 서로 도와줄 수 있고 상극하면 서로 싸울 수 있으며 상생은 돕는 것이고 상극은 적이다. 무릇 오진법을 구성하려면 5명으로 오伍를 형성하여 서로 보호하는데 5명이 1장長이고 5장이 1사師이며 5사가 1지枝이며 5지가 1화火이고 5화가 1당撞이며 5당이 1군軍이다. 이로써 군사 편제를 하는 것이다. 병기들은 제각기 장점이 있으므로 배합하여 쓸 줄 알아야 한다. 키가 작은 자는 창과 극을, 키가 큰 자는 활을, 힘이 강한 자는 깃발을, 용감한 자는 징과 북을, 약한 자는 식량과 가축의 공급을, 지혜가 많은 자는 계략을 짜는 일을 해야 한다. 한 고향 사람들은 서로 가까이 있으면서 5인을 하나의 오伍로 하여 서로 보호하여야 한다. 북이 한 번 울리면 대열을 정돈하고 북이 두 번 울리면 진법을 연습하며 북이 세 번 울리면 밥을 지어 먹고 북이 네 번 울리면 대기를 하며 북이 다섯 번 울리면 즉시 출발한다. 징소리와 북소리를 들은 다음에 깃발을 들고 순서에 따라 출발하며 북이 세 번 울리고 깃발이 높이 휘날리면 공격을 하는데 앞장서는 자를 포상하고 퇴각하는 자는 참한다. 이것이 바로 올바른 교령이다.

1 **교령敎令** : 교화 명령이다.
2 **진** : 전투시의 전후 대열이다.
3 **청룡…현무** : 고대 신화에 나오는 동서남북 사방신인 청룡靑龍, 백호白虎, 주작朱雀, 현무玄武를 진의 명칭으로 삼은 것이다.
4 **헌원** : 황제皇帝를 가리킨다. 소전小典의 아들로 성은 공손公孫이고 호는 헌원씨다. 헌원진은 그의 이름을 진의 명칭으로 삼은 것이다.
5 **직진直陣** : 진의 명칭인데 상세한 것은 알 수 없다.
6 **예진銳陣** : 진의 명칭인데 상세한 것은 알 수 없다. 『손빈병법』 「십진」 중에서 '추행진錐行陣'이 아닌가 한다.
7 **방진** : 『손빈병법』 「십진」에서는 이 진법을 진 한가운데에는 병력이 적고

네 주위에 병력이 많으며 장령의 지휘 위치는 뒤쪽으로 치우쳐 있을 때 적들의 대오를 끊는 데 쓴다고 했다.
8 **원진**圓陣 : 『손빈병법』「십진」에 이 진법에 대해 기록해놓았으나 죽간이 없어져서 알 수 없다.
9 **곡진**曲陣 : 진 명칭인데 상세한 것은 알 수 없다. 『손빈병법』「십진」 중에서 '구행진鉤行陣'이 아닌가 한다.
10 **목진…수진** : 목진木陣, 화진火陣, 토진土陣, 금진金陣, 수진水陣은 오행을 진의 명칭으로 삼은 것이다.

참단 제14

 군에서 교령에 복종하지 않는 것은 금기 사항이다. 이 글에서 제갈량은 교령을 위반하거나, 태만하거나, 도적질을 하거나, 기만을 일삼거나, 배반을 하거나, 어지럽히는 자는 영에 따라 공개적으로 참형에 처해야 하며 "단절시켜야 할 것을 단절시키지 않으면 필연코 혼란해지게 된다."고 했다.

斬斷之政, 謂不從敎令之法也. 其法有七:一曰輕, 二曰慢, 三曰盜, 四曰欺, 五曰背, 六曰亂, 七曰誤, 此治軍之禁也. 當斷不斷, 心受其亂, 故設斧鉞之威, 以待不從令者誅之. 軍法異等, 過輕罰重, 令不可犯, 犯令者斬. 期會不到, 聞鼓不行, 乘寬自留, 避回自止, 初近後遠, 喚名不應, 車甲不具, 兵器不備, 此爲輕軍. 輕軍者斬. 受令不傳, 傳令不審, 迷惑吏士; 金鼓不聞, 旌旗不睹, 此謂慢軍. 慢軍者斬. 食不稟糧, 軍不省兵, 賦賜不均, 阿私所親, 取非其物, 借貸不還, 奪人頭首, 以獲其功, 此謂盜軍. 盜軍者斬. 變改姓名, 衣服不鮮, 旌旗裂壞, 金鼓不具, 兵刃不磨,器仗不堅, 矢不著羽, 弓弩無弦, 法令不行, 此爲欺軍. 欺軍者斬. 聞鼓不進, 聞金不止, 按旗不伏, 擧旗不起 ; 指揮不隨, 避前向後, 縱發亂行 ; 折其弓弩之勢, 却退不鬪, 宜左或右 ; 扶傷擧死, 自托而歸, 此謂背軍. 背軍者斬. 出軍行將, 士卒爭先, 紛紛擾擾, 車騎相連, 咽塞路道, 後不得先, 呼喚喧嘩, 無所聽聞, 失亂行次, 兵刃中傷, 長短不理, 上下縱橫, 此謂亂軍. 亂軍者斬. 屯營所止, 問其鄕里, 親近相隨, 共食相保 ; 不得越次, 强入他伍, 干誤次第, 不可呵止 ; 度營出入, 不由門戶, 不自啓白 ; 奸邪所起, 知者不告, 罪同一等 ; 合人飮酒, 阿私取受, 大言警語, 疑惑吏士, 此謂誤軍. 誤軍者斬. 斬斷之后, 此萬事乃理也.

올바른 참단[1]이란 교령에 복종하지 않는 자를 엄벌하는 것이다. 교령 불복종에는 일곱 가지가 있다. 첫 번째는 경시, 두 번째는 태만함, 세 번째는 도적질, 네 번째는 기만, 다섯 번째는 배반, 여섯 번째는 혼란, 일곱 번째는 탐오이다. 이상은 군사를 다스림에 있어서 금기 사항이다. 단절시켜야 할 것을 단절시키지 않으면 필연코 혼란해지게 되므로 부월을 두어 교령에 복종하지 않는 자를 처벌해야만 한다. 군법은 일반적인 것과 달라서 가벼운 과실도 무겁게 처벌하여 위반할 엄두를 내지 못하게 하고, 군령을 위반한 자는 반드시 참해야 한다. 조회[2]에 나오지 않고 북소리를 듣고도 움직이지 않는다. 또한 너그럽게 대하는 것을 이용하여 도피하여 움직이지 않으며[3] 처음에는 가까이 있다가 후에는 멀리 가서 점호에도 응답하지 않는다. 전차와 갑주甲胄를 제대로 장비하지 않으며 무기를 준비

하지도 않는다. 이는 군대를 경시하는 자이며 경시하는 자는 참한
다. 명령을 받고도 전달하지 않거나 전달이 정확하지 못하여 장병
을 어리둥절하게 만들며 징과 북소리를 듣고도 못 들은 척하고 깃
발을 흔드는 것을 보고도 못 본 척한다. 이는 태만한 자이며 태만한
자는 참한다. 군량을 공급하지 않고 부대의 무기를 검사하지 않으
며 상을 공정하게 내리지 않고 자신의 친신만을 비호한다. 남의 물
건을 억지로 가지고 가고 빌려쓴 물건을 돌려주지 않으며 다른 사
람의 포로와 수급首級을 빼앗아서 자신의 공로로 삼는다. 이런 자는
도적질하는 자이며 도적질하는 자는 참한다. 제멋대로 이름을 바꾸
며 군복이 정결하지 못하다. 깃발이 찢어지고 북과 징이 온전하지
못하며 병기를 갈지 않고 무기가 튼튼하지 않다. 더구나 주관관원[4]
이 법령에 복종하지 않는다. 이는 기만하는 자이며 기만하는 자는
참한다. 북소리를 듣고도 전진하지 않고 징소리를 듣고도 멈추지
않으며 깃발을 눕혀도 엎드리지 않고 깃발을 세워도 일어나지 않는
다. 지휘에 복종하지 않고 선두부대를 피해서 뒤로 숨어버리며 종
대가 출발하면 대열을 교란시키고 사납게 들이닥치는 적의 무기에
겁을 먹고[5] 퇴각하며 싸우지 않고 우왕좌왕한다.[6] 부상병을 부축하
고 죽은 자를 나른다는 핑계로 돌아오려 한다.[7] 이는 배반하는 자이
며 배반하는 자는 참한다. 부대가 출발할 때 제멋대로 앞을 다투어
혼란스럽게 하고 전차와 말이 한데 엉켜 길이 막히고 뒤에서 앞으
로 나올 수 없다. 서로 큰소리로 떠드느라 교령을 듣지 못하고 대열
이 난잡하며 무기를 상하게 한다. 부대의 장점을 발휘하지 못하고

결점을 극복하지 못하며 상하가 다같이 뒤죽박죽이 된다. 이는 혼란스런 자이며 혼란스런 자는 참한다. 영채를 세우고 지방의 사무를 간섭하며 친근한 관병끼리 함께 밥을 먹고 서로 두둔하며 불러도 듣지 않는다.[8] 다른 대오로 넘어가[9] 순서를 헝클어놓으며 큰소리로 질책해도 제지할 수가 없다. 뒷문으로 영채를 드나들며 이를 보고하지 않고 간사한 일이 발생해도 이를 보고하지 않아 모든 사람을 끌어들인다. 친구들을 모아 술을 마시고 사사로운 정으로 비호하고 재물을 받는다. 일부러 과격한 말을 하여 사람들을 놀라게 하고[10] 관병들을 미혹시킨다. 이는 탐오하는 자이며 탐오하는 자는 참한다. 이상을 참하면 모든 일이 제대로 다스려진다.

1 **참단斬斷**：참하는 일을 결단한다는 뜻이다.
2 **조회**：원문은 '기회期會'인데 『태평어람』「병부」'법령'에 '조회朝會'로 되어 있어 이를 따랐다.
3 **도피하여…않으며**：원문은 '피회자지避回自止'인데 『태평어람』「무후병법」에 '회피무지回避務止'로 되어 있어 이를 따랐다.
4 **주관관원**：원문에는 이 말이 없다. 『태평어람』「병부」'법령'에 '주자이사主者吏士'란 구절이 있어 이를 따랐다.
5 **사납게…먹고**：『태평어람』「병부」'법령'에 '절병노지세折兵弩之勢'로 되어 이를 따랐다.
6 **우왕좌왕한다**：『태평어람』「병부」'법령'에 '혹좌혹우惑左惑右'로 되어 있어 이를 따랐다.
7 **핑계로…한다**：『태평어람』「병부」'법령'에 '인탁귀환因托歸還'으로 되어 있어 이를 따랐다.
8 **불러도…않는다**：『태평어람』「병부」'법령'에 '호소불득呼召不得'으로 되어 있어 이를 따랐다.
9 **다른…넘어가**：『태평어람』「병부」'법령'에 '월越'로 되어 있어 이를 따

랐다.
10 **일부러…놀라게 하고** : 『태평어람』 「병부」 '법령'에 '양恍'으로 되어 있어 이를 따랐다.

사려 제15

 제갈량은 국가 대사의 "위태로움은 안일에서도 생기고 멸망은 생존에서도 생기며 화란은 태평에서도 생긴다"라고 하면서 그러므로 국사의 대사를 다스림에 있어서 반드시 "눈앞의 일을 생각하면서도 멀리 내다볼 줄을" 알아야 하며 "일의 유리한 면도 고려해야 하지만 반드시 그 폐해도 고려해야 한다"고 했다. 오직 "군자는 작은 일에서 큰 일을 보고 시작에서 결과를 보기 때문에 사전에 화란이 생기지 않도록" 하며 나라가 장구히 평안하게 된다고 했다.

思慮之政, 謂思近慮遠也. 夫人無遠慮, 必有近憂, 故君子思不出其位. 思者, 正謀也 ; 慮者, 思事之計也. 非其位不謀其政, 非其事不慮其計. 大事起于難, 小事起于易. 故欲思其利, 必慮其害 ; 欲思其成, 必慮其敗. 是以九重之台, 雖高必壞. 故仰高者不可忽其下, 瞻前者不可忽其後. 是以秦穆公伐鄭, 二子知其害 ; 吳王受越女, 子胥知其敗 ; 虞受晋璧馬, 宮之奇知其害 ; 宋襄公練兵車, 目夷知其負. 凡此之智, 思慮之至, 可謂明矣. 夫隨覆陳之軌, 追陷溺之后, 以赴其前, 何及之有? 故秦承霸業, 不及堯, 舜之道. 夫危生于安, 亡生于存, 亂生于治. 君子視微知著, 見始知終, 禍無從起. 此思慮之政也.

올바른 사려思慮란 먼저 눈앞의 일을 생각하면서도 멀리 내다볼 줄을 아는 것이다. 멀리 내다보지 못하면 필연코 눈앞의 근심을 초래한다. 그러므로 군자는 문제를 사고할 때 자신의 지위를 넘어서지 않는다. 사思란 일을 추진하는 것이고 여慮란 계략을 생각하는 것이다. 알맞은 지위가 아니면 일을 추진하지 말아야 하며, 올바른 일이 아니면 계략을 생각하지 말아야 한다. 큰 일은 시작이 어렵고 작은 일은 시작이 쉽다. 그러므로 일의 유리한 면도 고려해야 하지만 반드시 그 폐해도 고려해야 한다. 높은 대臺도 아주 높아지면 무너질 수 있다. 그러므로 높은 곳을 바라보는 사람은 발 밑을 소홀히 하지 말아야 하며, 앞을 내다보는 사람은 뒤를 소홀히 하지 말아야 한다. 진 목공이 정나라를 칠 때 건숙, 백리해는 그 폐해를 알았으며[1] 오왕 부차가 월나라의 미녀를 받아들일 때 오자서는 그가 실패하리라는 것을 알았으며[2] 우군이 진의 좋은 말과 보옥을 받을 때 궁지기는 그 폐해를 알았으며[3] 송 양공이 병마를 조련할 때 목이는 그가 반드시 패하리라는 것을 알았다.[4] 무릇 총명한 사람들은 문제를 사려함에서 높은 경지에 이르렀으니 진정 고명하다고 할 수 있다. 전철을 밟으며 익사자를 따라 다시 그 같은 일을 중복한다면 무슨 방법이 있겠는가? 그러므로 진나라는 패업을 얻었지만 요순의 치국

월왕 구천의 검 2천여 년 전에 만들어진 검임에도 불구하고 1965년 출토 당시에 녹이 슨 흔적이 하나도 없었다고 한다. 표면에 '월왕구천자작용검越王勾踐自作用劍'이라는 글자가 새겨져 있다.

지도治國之道에는 도달하지 못했다. 위태로움은 안일에서도 생기고 멸망은 생존에서도 생기며 화란은 태평에서도 생긴다. 군자는 작은 일에서 큰 일을 보고 시작에서 결과를 보기 때문에 사전에 화란이 생기지 않도록 한다. 이것이 올바른 사려이다.

1 **진 목공이…알았으며** : 기원전 628년 겨울에 진 목공이 정나라를 치려 하자 상대부 건숙蹇叔, 백리해百里奚가 패할 것을 알고 이를 말렸다. 목공은 이 말을 듣지 않고 맹명시孟明視, 서걸술西乞朮, 백을병白乙丙에게 명해 출정하게 했으며, 그 결과 효殽(하남성 삼문협시 동남쪽)에서 참패했다.

2 **오왕…알았으며** : 기원전 494년 월나라는 오나라에게 패했다. 월왕 구천은 나라를 수복하기 위해 자신은 오왕 부차의 마부가 되고, 딸은 첩으로 주었으며, 아들은 시종으로 보냈다. 그리고 미녀와 재물로 오나라 대신을 매수하여 강화를 맺게 만들었다. 대부 오자서는 강화를 반대하면서 월나라가 일단 숨돌릴 기회만 얻으면 역량을 축적하여 다시 공격을 해올 것인데 그 때에는 오나라가 반드시 패할 것이라고 했다. 그의 말대로 기원전 473년 월왕 구천은 고소姑蘇에서 오왕 부차를 물리쳤고 부차는 모욕을 받지 않으려고 자결했다.

3 **우군이…알았으며** : 춘추시대 때 진 헌공獻公은 우虞나라를 정벌하려 했다. 그래서 순식荀息의 계책을 따라 좋은 말과 보옥으로 우군虞君을 회유하면서 괵虢나라를 칠 수 있게 길을 빌려 달라고 했다. 이에 대부 궁지기宮之奇가 강하게 만류했으나 우군은 이를 듣지 않았다. 기원전 655년에 또다시 진나라는 우군에게 많은 예물을 주고 길을 빌리려 했다. 그러자 궁지기는 '입술을 잃으면 이가 시리다(순망치한脣亡齒寒)'라는 말로 우군을 말렸으나 여전히 듣지 않자 가족을 데리고 우나라를 떠났다. 얼마 지나지 않아 진나라는 괵나라를 멸망시키고 돌아오던 길에 우나라까지 멸망시켰다.

4 **송 양공이…알았다** : 춘추시대 때 송 양공은 제 환공의 뒤를 이어 제후의 맹주가 되자 군사를 조련하여 초나라와 패권을 다투려 했다. 서형 목이目夷가 수차 말렸으나 송 양공은 이를 듣지 않았다. 기원전 638년에 송 양공이 직접 대군을 거느리고 정나라를 치자, 초나라는 송나라를 공격하여 정나라를 구원했다. 그러다 홍수泓水에서 송나라군이 대패했으며 송 양공은 허벅지에 부상을 입었다. 병이 깊어진 송 양공은 이듬해에 죽고 말았다.

음찰 제16

 이 글에서 제갈량은 나라를 다스리는 자는 사물의 본질을 알아야 할 뿐만 아니라 그 가운데서 나라를 다스리는 도리를 깨우쳐야 한다고 했으며, 나라를 다스리는 자에 대해 지나치게 엄격하게 요구할 필요는 없으며 "인재는 성인이 아니므로" 총명하고 사리에 밝으면 되고 '다섯 가지 덕'을 갖추면 된다고 했다.

陰察之政, 譬喻物類, 以覺悟其意也. 外傷則內孤, 上惑則下疑 ; 疑則親者不用, 惑則視者失度 ; 失度則亂謀, 亂謀則國危, 國危則不安. 是以思者慮遠, 遠慮者安, 無慮者危. 富者得志, 貧者失時. 甚愛太費, 多藏厚亡, 竭財相買, 無功自專, 憂事衆者煩, 煩生于怠. 船漏則水入, 囊穿則內空, 山小無獸, 水淺無魚, 樹弱無巢, 墻壞屋傾, 堤決水漾, 疾走者僕, 安行者遲, 乘危者淺, 履冰者懼, 涉泉者溺, 遇水者渡, 無楫者不濟, 失侶者遠顧, 賞罰者省功, 不誠者失信, 唇亡齒寒, 毛落皮單. 阿私亂言, 偏聽者生患. 善謀者勝, 惡謀者分. 善之勸惡, 如春雨澤. 麒麟易乘, 駑駬難習. 不視者盲, 不聽者聾. 根傷則葉枯, 葉枯則花落, 花落則實亡. 柱細則屋傾, 本細則末撓, 下小則上崩. 不辯黑白, 棄土取石, 虎羊同群. 衣破者補, 帶短者續. 弄刀者傷手, 打跳者傷足. 洗不必江河, 要之却垢 ; 馬不必騏驥, 要之疾足 ; 賢不必聖人, 要之智通. 總之, 有五德 : 一曰禁暴止兵, 二曰賞賢罰罪, 三曰安仁和衆, 四曰保大定功, 五曰豊撓拒讒, 此之謂五德.

올바른 음찰[1]이란 사물의 본질을 알고 그 속의 뜻을 깨우치는 것을 말한다. 겉이 손상을 입으면 안으로 외롭게 되고 위에서 시비를 가리지 못하면 아래는 의심하게 된다. 의심하게 되면 친지마저 임용하지 못하며, 판단력을 잃으면 사물을 관찰함이 진상과 어긋나게 된다. 진상과 어긋나면 정책이 혼란해지고 정책이 혼란해지면 나라가 위태로우며, 나라가 위태로우면 백성이 불안해한다. 그러므로 문제를 사고함에 있어서 멀리 내다볼 줄 알아야 한다. 그렇게 하는 자는 안전하게 되고 그렇게 하지 못하는 자는 위태롭게 된다. 부유한 자가 뜻을 이루면 빈곤한 자는 살 때를 만나지 못하게 된다. 지나치게 인색하면 더 큰 손해를 보게 되고, 많이 모으면 더 큰 손실을 보게 된다. 재물로 자리를 사면 공로가 없는 자가 독단하게 된다. 많은 일을 근심하기에 마음이 번거롭게 되며, 마음이 번거로우면 태만해진다. 배에 구멍이 나면 물이 들어오고, 주머니에 구멍이 뚫리면 속이 텅 비게 된다. 작은 산에는 짐승이 없고 얕은 물에는 고기가 없다. 가는 나무에는 새둥지가 없으며, 벽이 무너지면 집이 기울고, 강둑이 터지면 물이 넘친다. 빨리 달리면 넘어지기 쉽고, 산보하면 걸음이 느리다. 높이 오르면 떨어지고, 얼음판을 건너면 조마조마해지며, 깊은 물에 빠지면 죽는다. 물을 만나서 건너려 해도 노가 없으면 건너갈 수 없으며, 짝을 잃은 자는 멀리서 그리워한다. 상벌이 있으면 공을 세우려 하며, 성실하지 못한 자는 신임을 잃는다. 입술이 없으면 이가 시리고, 털이 빠지면 가죽이 드러난다. 편애하고 말을 함부로 하며 한쪽 말만 들으면 재화가 일어난다. 능히 획책하는 자는 승리하고, 능히 획책하지 못하는 자에게서는 흩어져 간다. 선으로 악을 물리치는 것은 봄비 같은 은택恩澤이다. 기린[2]을 타기는 쉽지만 노마[3]를 길들이기는 어렵다. 보지 못하는 것은 눈먼 탓이고 듣지 못하는 것은 귀먹은 탓이다. 뿌리가 상하면 이파리가 마르고 이파리가 마르면 꽃이 떨어지며 꽃이 떨어지면 열매가 맺지 못한다. 기둥이 가늘면 집이 기울어지고 뿌리가 가늘면 줄기가 휘어들며 아래가 작으면 위가 무너져내린다. 흑백을 가르지 못해서 흙을 버리고 돌을 쓰는 것은 범과 양을 한 무리 속에 두는 것과 같다. 옷이 해지면 기워야 하고 띠가 짧으면 이어야 한다. 칼을 갖고 장난을 치면 손을 벨 수 있고, 뜀뛰기를 좋아하면 발을 다칠 수 있다. 얼굴을 씻는 데는 강물이 필요한 것이 아니라 더러움을 씻어버릴 정도면 된다. 말이 꼭 준마여야 할 필요는 없고 빨리 달릴 수만 있으면 된다. 인재가 꼭 성인 같아야 하는 것은 아니며 총명하고 사리에 밝으면 된다. 이를 합치면 다섯 가지의 덕이 된다. 첫째, 포악함을 금하고 무력을 제지시켜야 한다. 둘째, 인재에게는 상을 주고 죄 지은 자에게는 벌을 주어야 한다. 셋째, 인의仁義를 행하고 백성을 평화롭게 해야 한다. 넷째, 대업을 보전하고 공훈을 이룩해야 한다. 다섯째, 마음이 너그러워야 하고 아첨하는 자를 제거해야 한다. 이를 다섯 가지 덕이라 한다.

1 **음찰**陰察 : 여기서 '음陰'은 남모르게 은밀히 한다는 뜻이다.
2 **기린**麒麟 : 전설 속의 동물로, 모양은 사슴 같고 머리에 뿔이 있으며 몸에는 비늘과 꼬리가 있다 한다.
3 **노마**駑馬 : 나쁜 말이다.

● 완역 제갈량문집

문집 권 4

장원

「장원將苑」은 남송 우무尤袤의 『수초당서목遂初堂書目』과 『송사』 「예문지」에 기록되어 있다. 하지만 근세의 사람들은 대부분 위작이라고 생각하고 있는데 그 중에서도 『사고전서총목제요』의 경우가 대표적이다. 『총목제요』에서는 "이 글을 제가諸家들이 모두 집록하지 않았는데 우무의 『수초당서목』에서 그 이름을 기록했고", "송대 이래로 병가의 책들은 제갈량의 이름을 빌었는데" "모두 위작 가운데서 늦게 나온 것"이라고 했다. 또한 "50편 안의 글을 살펴보면 대부분 손자의 책에서 훔쳐다가 덧붙인 진부한 말들로 논할 만한 것이 못 되는 바 대체로 황당한 사람의 위작이다."라고 했는데 이 결론은 너무나 섣부른 것 같다. 『수서』「경적지」에는 "『손자병법잡점孫子兵法雜占』 4권에는 양梁나라 때 『제갈량병법』 5권이 있었으며 또 『모용씨병법慕容氏兵法』 1권이 있었으나 없어졌다."라는 기록이 있다. 그러므로 진수의 『제갈씨집』 24편 외에도 양나라 때 『제갈량병법』 5권이 있었다는 사실을 알 수 있다. 책이 유실되었기 때문에 『수서』

와 『당서唐書』에 기록되지 않았다가 송나라 때 와서야 서목書目이 나타나기 시작했다. 송나라 때에 책이 다시 나타났다는 기록을 지금까지 볼 수 없으므로 그 진위 여부를 알 수 없는데 무슨 근거로 "송대 이래로 병가의 책들은 제갈량의 이름을 빌었다느니", "모두 위작 가운데서 늦게 나온 것"이라고 섣불리 단정할 수 있겠는가? 또 『수서』「경적지」에 기록된 『손자병법잡점』 4권에는 저자가 없는데 이 것을 위징魏徵 등이 그 책을 이미 유실된 『제갈량병법』 5권과 비슷하다고 생각했다고 볼 수 있지 않겠는가. 만약 『제갈량병법』 중에 손자병법의 사상, 관점, 심지어 단어가 많이 들어 있다 해도 그것은 이상하게 여길 것이 못 되는 것이다. 그러므로 "50편 안의 글을 살펴보면 대부분 손자의 책에서 훔치다가 덧붙인 진부한 말들"이며 "황당한 사람의 위작"이라는 말의 논거로 삼을 수 없을 뿐만 아니라 도리어 그 책이 양나라 때의 『제갈량병법』 5권에 가깝다는 사실을 증명해줄 수 있다. 「장원」에는 제갈량의 성격, 사상, 작품, 심지어 문풍이 모두 구현되어 있으며 그 중에서 완벽한 견해도 적지 않다. 「장원」의 진위 문제에 대한 논란은 계속될 것이므로 새로운 자료가 발견되기만을 기다릴 뿐이다.

병권

제갈량은 병권이란 전군을 자유자재로 다루어 장수의 위세를 확립하는 것이라고 강조했다. 장수는 병권을 장악하고 부대를 지휘하여 "천하를 종횡무진할 수 있어야 하며" 그렇지 않으면 강과 호수를 벗어난 물고기처럼 아무런 일도 할 수 없다.

夫兵權者, 是三軍之司命, 主將之威勢. 將能執兵之權, 操兵之要勢, 而臨群下, 譬如猛虎, 加之羽翼, 而翺翔四海, 隨所遇而施之. 若將失權, 不操其勢, 亦如魚龍脫于江湖, 欲求游洋之勢, 奔濤戲浪, 何可得也.

병권兵權이란 삼군의 사명[1]으로 장수의 위세를 세우는 것이다. 장수가 병권을 장악하고 군대의 주동권을 쥔 다음 부하들을 통솔한다면 마치 맹호에게 날개가 돋친 듯이 천하를 종횡무진할 수 있을 것이며 부딪치는 각종 정황에 원활한 대책을 세울 수 있을 것이다. 만약 장수가 병권을 장악하지 못한다면 군대의 주동권을 쥘 수도 없을 것이며 마치 강과 호수를 벗어난 물고기가 바다로 헤엄쳐 나가려고 하지만 거센 파도에 밀리게 되는 것과 같다.

1 **삼군의 사명** : 삼군三軍은 전군全軍을 뜻한다. 사명司命은 생명을 주관하는 신이란 뜻으로, 여기서는 삼군을 주관한다는 뜻이다.

축악[1]

 제갈량은 국가와 군대를 망치는 다섯 가지의 재화가 있다고 했다. 뿐만 아니라 이 같은 행위를 하는 사람은 간사하고 위선적이며 덕행이 없으므로 오직 멀리하고 가까이해서는 안 된다고 했다.

夫軍國之弊, 有五害焉 : 一曰, 結黨相連, 毁譖賢良 ; 二曰, 侈其衣服, 異其冠帶 ; 三曰, 虛誇妖術, 詭言神道 ; 四曰, 專察是非, 私以動衆 ; 五曰, 伺候得失, 陰結敵人. 此所謂奸僞悖德之人, 可遠而不可親也.

국가와 군대를 망치는 다섯 가지 재화가 있다. 첫째는 작당하고 무리를 지어 유능한 자를 헐뜯고 비방하는 것이다. 둘째는 옷을 화려하게 입고 남다른 모자와 띠를 하여 시선을 끄는 것이다. 셋째는 요술[2]을 과장해서 떠들면서 신의 이름을 말하는 것이다. 넷째는 남의 잘못을 염탐하고 뒤에서 몰래 대중을 선동하는 것이다. 다섯째는 득실을 따져 암암리에 적과 결탁하는 것이다. 이런 자들은 간사하고 위선적이며 부도덕하니 오직 멀리하고 가까이해서는 안 된다.

1 **축악**逐惡 : 악을 축출한다는 뜻이다.
2 **요술** : 사도邪道로써 사람들을 미혹시키는 법술이다.

지인성[1]

 사람의 겉과 속은 일치하지 않기 때문에 제갈량은 장수를 식별하는 일곱 가지 방법을 제기했다.

夫知人之性, 莫難察焉. 美惡旣殊, 性貌不一, 有溫良而爲詐者, 有外恭而內欺者, 有外勇而內怯者, 有盡力而不忠者. 然知人之道有七焉 : 一曰, 問之以是非而觀其志 ; 二曰, 窮之以辭辯而觀其變 ; 三曰, 咨之以計謀而觀其識 ; 四曰, 告之以禍難而觀其勇 ; 五曰, 醉之以酒而觀其性 ; 六曰, 臨之以利而觀其廉 ; 七曰, 期之以事而觀其信.

사람의 본성을 이해하는 것은 그 무엇보다 어렵다. 선악은 전적으로 구별되지만 마음과 외모는 일치하지 않는다. 외모가 부드럽고 선량하나 속마음은 위선적이고 간사한 자가 있다. 겉으로는 공손하지만 속으로는 기만하는 자가 있으며, 겉으로는 용감하지만 속으로는 비겁한 자가 있다. 겉으로는 있는 힘을 다하는 것 같지만 속으로는 충성스럽지 못한 자가 있다. 사람을 아는 방법에는 일곱 가지가 있다. 첫째, 시비를 물어 그의 지향을 관찰하는 것이다. 둘째, 능한 말로 그를 난처하게 만들어 임기 응변 능력을 관찰하는 것이다. 셋째, 책략에 대한 의견을 들어 그의 재능과 식견을 관찰하는 것이다. 넷째, 재난을 알려 그의 용기를 관찰하는 것이다. 다섯째, 술에 취하게 하여 그의 품성을 관찰하는 것이다. 여섯째, 재물을 보여 그의 청렴함을 관찰하는 것이다. 일곱째, 기한을 두고 일을 맡겨 그의 신용을 관찰하는 것이다.

1 **지인성**知人性 : 명나라 때의 제갈희, 제갈탁이 편찬한 『제갈공명전집』과 도종의陶宗儀의 『설부說郛』에는 '성性' 자가 없고 '지인知人' 두 자뿐이다. '지인성'이란 인성을 파악한다는 뜻이다.

장재[1]

 이 글에서 제갈량은 장수를 선택하는 아홉 가지 조건을 논했다.

夫將材有九. 道之以德, 齊之以禮, 而知其飢寒, 察其勞苦, 此之謂仁將. 事無苟免, 不爲利撓, 有死之榮, 無生之辱, 此之謂義將. 貴而不驕, 勝而不恃, 賢而能下, 剛而能忍, 此之謂禮將. 奇變莫測, 動應多端, 轉禍爲福, 臨危制勝, 此之謂智將. 進有厚賞, 退有嚴刑, 賞不逾時, 刑不擇貴, 此之謂信將. 足輕戎馬, 氣蓋千夫, 善固疆場, 長于劍戟, 此之謂步將. 登高履險, 馳射如飛, 進則先行, 退則後殿, 此之謂騎將. 氣凌三軍, 志輕强虜, 怯于小戰, 勇于大敵, 此之謂猛將. 見賢若不及, 從諫如順流, 寬而能剛, 勇而多計, 此之謂大將.

장수가 될 만한 인재에는 아홉 가지 유형이 있다. 인장仁將은 덕행으로 병사들을 인도하고 예법으로 병사들을 다스리며 그들의 굶주림과 추위, 고생을 살펴준다.[2] 의장義將은 일 처리에서 눈앞의 어려움을 모면하려 하지 않으며 권세나 이득에 마음이 움직이지 않고 정의를 위해 희생의 영광을 택할지언정 치욕의 삶을 살지 않는다. 예장禮將은 높은 자리에 있어도 교만하지 않고 승전하여도 공을 내세우지 않으며 현명하고 덕이 있어 자신을 굽힐 줄 알며 강직하면서도 인내할 줄 안다. 지장智將은 예상하지 못한 상황에서도 임기응변이 다단하며 전화위복으로 만들어 위험에 부딪쳐서도 승전할 수 있다. 신장信將은 적진으로 용감하게 돌진하는 자에게 후한 상을 주고 겁을 먹고 퇴각하는 자에게는 엄벌을 내리며 제때에 상을 주고 형벌에서는 귀천을 가리지 않는다. 보장步將은 행동이 날쌘 말처럼 빠르고 기세가 뭇사람을 압도하여 능히 변방을 지키고 검과 극을 쓰는 데 재주가 있다. 기장騎將은 높은 산과 험악한 지대를 쏜살같이 오르며 공격할 때는 앞장을 서고 퇴각할 때는 맨 뒤에 선다. 맹장猛將은 기세가 전군을 압도하고 웅대한 포부로 강대한 적을 멸시하며 작은 전투에서는 신중하고 큰 전투에서는 과감하다. 대장大將은 현명한 사람을 만나 스스로 미치지 못함을 알면 간언을 물 흐르듯 자연스럽게 받아들인다. 너그러우면서도 강직하고, 용감하면서도 지략이 많다.³

1 **장재將材** : 장수가 될 만한 인재의 재능을 말한다.
2 **살펴준다** : 원문은 '찰察'인데 장주가 집록한 책에는 '민慜'으로 되어 있다. 원문대로 해석했다.
3 **용감하면서도…많다** : 원문은 '용이다계勇而多計'인데 장주가 집록한 책에는 '간이능상簡而能詳'으로 되어 있다. 원문대로 해석했다.

장기[1]

 이 글에서 제갈량은 아래로는 10명을 통솔하는 장수부터 위로는 전군의 군사를 통솔하는 장군에 이르기까지 각 급별의 선발 표준을 제시했다.

將之器, 其用大小不同. 若乃察其奸, 伺其禍, 爲衆所服, 此十夫之將. 夙興夜寐, 言詞密察, 此百夫之將. 直而有慮, 勇而能斗, 此千夫之將. 外貌桓桓, 中情烈烈, 知人勤勞, 悉人飢寒, 此萬夫之將. 進賢進能, 日愼一日, 誠信寬大, 閑于理亂, 此十萬人之將. 仁愛洽于下, 信義服鄰國, 上知天文, 中察人事, 下識地理, 四海之內, 視如室家, 此天下之將.

군사를 거느리는 사람들의 재능에는 크고 작은 구별이 있다.[2] 만약 내부의 간사한 자를 식별할 줄 알고 그 해를 미리 예견할 줄 안다면 아랫사람들의 믿음을 얻을 것이며 이런 사람은 열 명을 통솔하는 장수가 될 수 있다. 이른 아침에 일어나고 늦은 밤에 잠자리에 들며 말이 빈틈이 없고 명확한 사람은 백 명을 통솔하는 장수가 될 수 있다. 정직하면서도 장원한 사려가 있고 용감하고 전투에 능한 사람은 천 명을 통솔하는 장수가 될 수 있다. 외모가 위엄 있고 마음이 불같이 뜨거우며 아랫사람의 노고를 알아주고 굶주림과 추위에 관심을 갖는 사람은 만 명을 통솔하는 장수가 될 수 있다. 현명한 사람을 천거할 줄 알고 언제나 신중하고 충성스럽고 신용이 있으며 도량이 넓고 재난을 능히 다스리는 사람은 십만 명을 통솔하는 장수가 될 수 있다. 어질고 부하들을 사랑하며 신의로 이웃 나라를 신복시키고, 위로는 천문을 알고, 가운데로는 인간사에 통달했으며, 아래로는 지리를 식별하고 세상일을 집안일처럼 생각하는 사람은 천하를 통솔하는 장수가 될 수 있다.

1 **장기**將器 : '장將'은 군사를 거느린다는 뜻이고 '기器'는 기량이란 뜻이다.
2 **크고…있다** : 원문의 이 구절 앞에는 '기용其用'이란 두 글자가 있다. 장주가 집록한 책에는 이 두 글자가 없어 이를 따랐다.

장폐[1]

이 글에서 제갈량은 장수가 극구 피해야 할 여덟 가지 폐단을 지적했다.

夫爲將之道, 有八弊焉：一曰貪而無厭, 二曰妬賢嫉能, 三曰信讒好佞, 四曰料彼不自料, 五曰猶豫不自決, 六曰荒淫于酒色, 七曰奸詐而自怯, 八曰狡言而不以禮.

장수는 여덟 가지 폐단을 피해야 한다. 첫째는 욕심이 끝이 없는 것이다. 둘째는 현명하고 유능한 자를 질투하는 것이다. 셋째는 참언을 믿고 아첨을 좋아하는 것이다. 넷째는 남의 단점은 알지만 자신의 단점은 모르는 것이다. 다섯째는 일을 처리할 때 우유부단한 것이다. 여섯째는 절제하지 못하고 주색에 빠지는 것이다. 일곱째는 겉으로는 간교하고 내심으로는 비겁하고 나약한 것이다.[2] 여덟째는 교활하게 변명하기 좋아하고 예법을 지키지 않는 것이다.

1 **장폐**將弊 : 장수의 폐단을 말한다.
2 **일곱째는…것이다** : 원문은 '七日奸詐而自怯'이다. 이 중에서 '자自'가 제갈희, 제갈탁이 편찬한 『제갈공명전집』과 도종의의 『설부』에는 '심心' 자로 되어 있어 이를 따랐다.

장지[1]

 장수가 갖추어야 할 숭고한 사상에 대해 논했다.

兵者凶器, 將者危任, 是以器剛則缺, 任重則危. 故善將者, 不恃强, 不怙勢, 寵之而不喜, 辱之而不懼, 見利不貪, 見美不淫, 以身殉國, 一意而已.

병기는 사람을 죽이는 흉기이며, 군사를 거느리는 것은 위험한 임무이다. 병기는 강하면 부서지고 임무는 무거울수록 위험하다. 그러므로 훌륭한 장수는 위세를 부리지 않으며, 세력에 의존하지 않는다. 중용되어도 기뻐하지 않으며, 매몰되는 것도 겁내지 않는다. 재물을 탐하지 않으며, 미색에도 현혹되지 않는다. 한마음 한뜻으로 나라를 위해 몸을 바칠 뿐이다.

1 **장지**將志 : 장수의 지향, 포부라는 뜻이다.

장선[1]

'능해야 할 다섯 가지'와 '추구해야 할 네 가지'를 논했다.

將有五善四欲. 五善者：所謂善知敵之形勢, 善知進退之道, 善知國之虛實, 善知天時人事, 善知山川險阻. 四欲者：所謂戰欲奇, 謀欲密, 衆欲靜, 心欲一.

장수는 다섯 가지가 능해야 하고 네 가지를 추구해야 한다. 능해야 할 다섯 가지는 적들의 정황을 아는 것, 공격과 후퇴의 때를 아는 것, 국력의 허와 실을 아는 것, 천시天時와 세상일을 아는 것, 지형의 험준함을 아는 것이다. 추구해야 할 네 가지는 작전시에 기습을 하는 것, 계략을 상세하고 신중하게 추진하는 것, 혼란할 때 냉정을 찾는 것, 마음이 한결같은 것이다.

1 장선將善 : 여기서 '선善'은 능하다는 뜻이다.

장강[1]

이 글에서 제갈량은 장수들은 강직함과 유연함을 잘 조화시킨 성품을 갖추어야 한다고 했다.

善將者, 其剛不可折, 其柔不可卷, 故以弱制强, 以柔制剛. 純柔純弱, 其勢必削 ; 純剛純强, 其勢必亡 ; 不柔不剛, 合道之常.

장수는 성품이 강직하면서도 부러지지 말아야 하고 부드러우면서도 구부러지지 말아야 한다. 다시 말해서 약弱으로 강强을 이기고, 유柔로서 강剛을 이겨야 한다. 만일 부드럽기만 하다면 부대의 전투력은 약화될 것이며 만일 강직하기만 하다면 부대의 전투력은 소멸될 것이다. 그러므로 약하지도 강하지도 않는 것이 상규常規에 부합되는 것이다.

1 **장강**將剛 : 여기서 '강剛'은 강직하다, 굳세다, 억세다는 뜻이다.

장교린[1]

이 글에서 제갈량은 장수가 교만하고 인색하면 뭇사람들의 반대를 받게 되고 친근한 사람들도 떠나버리게 되며 국력이 쇠하는 엄중한 결과를 초래하게 된다고 했다.

將不可驕, 驕則失禮, 失禮則人離, 人離則衆叛. 將不可吝, 吝則賞不行, 賞不行則士不致命, 士不致命則軍無功, 無功則國虛, 國虛則寇實矣. 孔子曰:"如有周公之才之美, 使驕且吝, 其餘不足觀也已."

장수는 교만해서는 안 된다. 교만하면 무례해지며 무례해지면 사람들이 떠나간다. 사람들이 떠나가면 뭇사람들이 반대하고 친근한 사람도 떠나가게 된다. 장수는 인색해서는 안 된다. 인색하면 포상을 하지 않으며 포상이 없으면 병사들은 사력을 다하지 않으며 병사들이 사력을 다하지 않으면 군대가 공을 세울 수 없다. 군대가 공을 세우지 않으면 나라가 허약해지고 나라가 허약해지면 적이 강해진다. 공자는 "주공周公의 재능과 지혜, 미덕을 가지고 있다 해도 교만하고 인색하다면 다른 장점은 취할 바가 없다."고 했다.

1 **장교린**將驕吝 : 장수의 교만함과 인색함을 말한다. 제갈희, 제갈탁이 집록한 『제갈공명전집』과 도종의의 『설부』에는 '인吝' 자가 없다.

장강[1]

이 글에서 제갈량은 장수가 갖춰야 할 다섯 가지와 경계해야 할 여덟 가지를 논했다.

將有五强八惡. 高節可以厲俗, 孝弟可以揚名, 信義可以交友, 沈慮可以容衆, 力行可以建功, 此將之五强也. 謀不能料是非, 禮不能任賢良, 政不能正刑法, 富不能濟窮厄, 智不能備未形, 慮不能防微密, 達不能擧所知, 敗不能無怨謗, 此謂之八惡也.

장수라면 다섯 가지의 우수한 품성을 갖추어야 하고 여덟 가지의 불량한 행위를 경계해야 한다.[2] 인격이 높고 절개가 굳어야 세속을 격려할 수 있고, 부모에게 효도하고 형제를 존경해야 이름을 날릴 수 있다. 신의를 지키면 벗을 널리 사귈 수 있고, 심사숙고하면 사람을 너그럽게 용납할 수 있으며, 최선을 다하면 공훈과 업적을 세울 수 있다. 이것이 장수가 갖추어야 할 다섯 가지의 우수한 품성이다. 일을 획책하면서 시비를 가리지 못하고, 예의가 없어서 인재를 등용하지 못하며, 정사를 다스리면서 법과 기율을 엄하게 집행하지 못하고, 부유하면서도 빈곤을 해결하지 못하며, 지혜가 없어 미연에 재난을 방지하지 못하고, 문제를 고려함에 있어서 소홀하여 빠뜨리는 일이 많으며, 지위가 존귀해진 뒤에 잘 아는 인재를 천거하지 않고, 실패했을 때 남을 원망하고 비방한다. 이런 것은 애써 경계해야 할 여덟 가지의 불량한 행위이다.

1 **장강將強** : 장수는 강해야 한다는 뜻이다. 장주가 단 주에는 '장덕將德'으로 되어 있다.
2 **다섯 가지…한다** : '강強'은 강성하다, 유력하다는 뜻인데 여기서는 우수한 품성을 가리킨다. 중의학中醫學 술어에서 '강'은 중기中氣가 왕성하다는 뜻이다. 『소문素問』「맥요정미론脈要精微論」에는 "왕성한 것을 얻으면 살고 왕성한 것을 잃으면 죽는다(득강즉생得強則生, 실강즉사失強則死)"란 구절이 있다. 제갈량은 이 술어를 차용하여 '오강'과 '팔악'이 장수의 생명과 관계되는 일이라는 것을 강조했다. '오강'이란 마땅히 갖추어야 할 다섯 가지 우수한 품성이고 '팔악'이란 여덟 가지의 불량한 행위이다.

출사

 이 글에서는 출병에 대해 논했다. 군주는 장수에게 통솔권을 부여하고, 장수는 병사들과 생사고락을 함께해야 하며 필사적으로 싸워 적을 소멸해야 한다는 것을 강조했다.

古者國有危難, 君簡賢能而任之. 齊三日, 入太廟, 南面而立 ; 將北面, 太師進鉞于君. 君持鉞柄以授將, 曰:"從此至軍, 將軍其裁之." 復命曰 :"見其虛則進, 見其實則退. 勿以身貴而賤人, 勿以獨見而違衆, 勿恃功能而失忠信. 士未坐, 勿坐, 士未食, 勿食, 同寒暑, 等勞逸, 齊甘苦, 均危患 ; 如此, 則士必盡死, 敵必可亡." 將受詞, 鑿凶門, 引軍而出. 君送之, 跪而推轂, 曰:"進退惟時, 軍中事, 不由君命, 皆由將出." 若此, 則無天于上, 無地于下, 無敵于前, 無主于后, 是以智者爲之慮, 勇者爲之斗, 故能戰勝于外, 功成于內, 揚名于後世, 福流于子孫矣.

옛날에 나라가 위난에 처하면 군주는 현명하고 유능한 자를 통수로 임명했다. 군주는 3일 동안 목욕재계하고 태묘[1]에 가서 남쪽을 향해 서고 통수를 북쪽을 향해 서게 한 다음 태사가 군주에게 부월[2]을 드리면 군주는 부월을 받아 통수에게 넘겨주면서 이렇게 말한다. "지금부터 대군을 장군이 통솔하오." 그리고 다시 이렇게 말한다. "적이 허약해 보이면 공격하고 적이 강대해 보이면 퇴각하오. 자신이 귀하다고 남을 깔보지 말아야 하고 홀로 견해가 있다 하여 사람들을 멀리하지 말아야 하며, 공로와 재능을 자랑하여 충성과 신의를 잃지 말아야 하오. 병사들이 쉬지 않으면 먼저 쉬지 말고, 병사들이 먹지 않으면 먼저 먹지 말며, 병사들과 생사고락을 같이 하여야 하오. 그러면 병사들은 틀림없이 필사적으로 싸울 것이고 적들은 기필코 멸망할 것이오." 통수는 훈화를 다 받고 나서 흉문[3]을 열고 군사를 거느리고 출발한다. 군주는 그들을 전송하기 위해 몸을 반쯤 꿇고 수레바퀴를 밀면서 이렇게 말한다. "지휘와 작전은 전쟁의 유리한 기회를 틀어쥐는 데 있으니 군대의 일은 짐이 영을 내리지 않아도 전적으로 통수가 주관하오." 이렇게 되면 위에는 하늘이 없고 아래로는 땅이 없으며 앞에는 적이 없고 뒤에는 군주가 없게 된다. 그래서 지혜로운 자는 그를 위해 깊이 계략을 생각할 수 있고 용감한 자는 그를 위해 목숨을 바칠 수 있으며, 밖으로는 전승할 수 있고 안으로는 업적을 이룰 수 있으며 후세에 이름을 남기고 자손들에게 복을 마련해줄 수 있다.

1 **태묘太廟** : 제왕들의 조상을 모신 사당이다.
2 **부월** : 군권의 상징이다.
3 **흉문凶門** : 고대에는 장군들이 북쪽으로 난 문을 통해 출발하면서 상사喪事를 치르는 것처럼 했으며, 이것으로 죽을 각오로 싸우겠다는 뜻을 표명했다. 그래서 그 문을 흉문이라 했다.

택재[1]

 이 글에서 제갈량은 어떻게 병사들의 특징에 근거하여 대오를 편성하고 전투를 조직할 것인가를 논했다.

夫師之行也, 有好斗樂戰, 獨取强敵者, 聚爲一徒, 名曰報國之士 ; 有氣蓋三軍, 材力勇捷者, 聚爲一徒, 名曰突陣之士 ; 有輕足善步, 走如奔馬者, 聚爲一徒, 名曰搴旗之士 ; 有騎射如飛, 發無不中者, 聚爲一徒, 名曰爭鋒之士 ; 有射必中, 中必死者, 聚爲一徒, 名曰飛馳之士 ; 有善發强弩, 遠而必中者, 聚爲一徒, 名曰摧鋒之士. 此六軍之善士, 各因其能而用之也.

군대의 행[2] 중에서 싸우기를 좋아하고 홀로 강한 적을 물리칠 수 있는 자들을 하나로 편성하여 보국병이라 한다. 용기가 전군을 압도하고 몸이 건강하고 힘이 세며 용맹하고 민첩한 자들을 하나로 편성하여 돌진병이라 한다. 발걸음이 가볍고 빨라서 마치 달리는 말과 같은 자들을 하나로 편성하여 건기³병이라 한다. 말을 타고 쏜살같이 활을 쏘아 백발백중하는 자들을 하나로 편성하여 쟁봉⁴병이라 한다. 활을 쏘면 백발백중하여 적을 죽일 수 있는 자들을 하나로 편성하여 비치병飛馳兵이라 한다. 강노强弩를 잘 쏠 뿐만 아니라 틀림없이 명중시키는 자들을 하나로 편성하여 최봉⁵병이라 한다. 이 여섯 가지 군사들은 그 특징에 따라 사용해야 한다.

1 **택재擇材** : 인재를 선택하고 편성하는 것을 말한다.
2 **행行** : 고대의 군사편제로, 5명이 한 행이다.
3 **건기搴旗** : 적의 깃발을 뽑아버린다는 뜻이다.
4 **쟁봉爭鋒** : 승리를 다툰다는 뜻이다.
5 **최봉摧鋒** : 적의 예기를 꺾어버린다는 뜻이다.

지용[1]

제갈량은 작전을 지휘하는 장수는 마땅히 천도天道와 시기, 인심에 순응해야 한다고 했다.

夫爲將之道, 必順天, 因時, 依人以立勝也. 故天作時不作而人作, 是謂逆時 ; 時作天不作而人作, 是謂逆天 ; 天作時作而人不作, 是謂逆人. 智者不逆天, 亦不逆時, 亦不逆人也.

장수의 작전 원칙은 반드시 천도[2]에 따르고 시기를 잘 이용하며 인심에 의지해야 불패의 자리에 확고히 서게 된다. 천도는 유리하나 시기가 무르익지 않았는데도 사람이 억지로 실행한다면 시기를 위반하는 것이다. 시기는 맞으나 천도가 맞지 않는데도 사람이 억지로 실행한다면 천도를 위반하는 것이다. 천도와 시기가 적합하나 사람이 실행하지 않는다면 인심을 위반하는 것이다. 지혜로운 장수는 천도를 위반하지 않고 시기도 위반하지 않을 뿐만 아니라 인심도 위반하지 않는다.

1 **지용智用** : 지혜를 운용한다는 뜻으로, 여기서는 장수가 지혜를 운용하여 작전을 지휘하는 것을 가리킨다.
2 **천도** : 원문은 '천天'인데 천도를 가리킨다. 천도란 자연 변화의 합법칙성이다.

부진[1]

🧘 이 글에서 제갈량은 군사를 다스리고 전쟁을 치르는 목적을 논했다.

古之善理者不師, 善師者不陳, 善陳者不戰, 善戰者不敗, 善敗者不亡. 昔者, 聖人之治理也, 安其居, 樂其業, 至老不相攻伐, 可謂善理者不師也. 若舜修典刑, 咎繇作士師, 人不干令, 刑無可施, 可謂善師者不陳. 若禹伐有苗, 舜舞干羽而苗民格, 可謂善陳者不戰. 若齊桓南服强楚, 北服山戎, 可謂善戰者不敗. 若楚昭遭禍, 奔秦求救, 卒能返國, 可謂善敗者不亡矣.

🏃 옛날에 나라를 잘 다스리는 자는 군대를 쓰지 않았고, 잘 통솔하는 자는 진을 치지 않았으며, 진을 잘 치는 자는 싸우지 않았고, 작전에 능한 자는 패하지 않았으며, 패배에 잘 대처하는 자는 멸망하지 않았다. 옛날에 성인이 다스릴 때는 백성들이 안거하며

생업을 즐기도록 했으며 늙도록 서로 싸우지 않았다. 이는 나라를 잘 다스리는 자는 군대를 쓰지 않았음을 이르는 것이다. 순임금이 형법을 제정하고[2] 고요[3]가 사법관이 되자 각 수령들은 정령政令을 위반할 엄두를 내지 못해서 형법을 적용한 적이 없었다. 이는 잘 통솔하는 자는 진을 치지 않음을 이르는 것이다. 우임금이 유묘[4]를 정벌할 때 병사들이 방패와 우[5]를 들고 일제히 춤을 추자 묘민苗民들이 일제히 귀순했다. 이는 진을 잘 치는 자는 싸우지 않음을 이르는 것이다. 제 환공[6]은 남쪽으로는 강대한 초나라를 정복하고 북쪽으로는 산융[7]을 정복했다. 이는 작전에 능한 자는 패하지 않음을 이르는 것이다. 초 소왕[8]은 전쟁의 재화를 입고 진秦나라로 달려가 구원을 청했으며 마침내 나라로 돌아올 수 있었다. 이는 패배에 잘 대처하는 자는 멸망하지 않음을 이르는 것이다.

1 **부진不陳** : 진을 치지 않는다는 뜻으로 나라를 잘 다스리는 자는 전쟁을 하지 않는다는 의미이다.
2 **순임금이…제정하고** : 『상서』「우하서虞夏書」'순전舜典'과 『사기』「오제본기」에는 순임금이 일상적인 형벌로 사람들을 다스렸다는 기록이 있다. 추방으로 다섯 가지 형벌을 범한 사람을 용서해주었고, 채찍으로 때리는 것을 관가의 형벌로 삼았고, 몽둥이로 때리는 것을 학교의 형벌로 삼았으며, 청동을 바치는 것을 속죄하는 형벌로 삼았고, 과실이라면 사면해주었으며 계속 죄를 범하면 형벌을 더 중하게 했다.
3 **고요皐陶** : '고요皐陶'라고도 하며, 성은 언偃이다. 전하는 바에 따르면 동이東夷족의 수령으로, 순임금으로부터 형법을 주관하는 관직에 임명되었는데 법을 공정하게 집행하여 백성들이 감복했다 한다. 치수하는 대우를 도와 공을 세웠기 때문에 대우가 후계자로 삼으려 했으나 제위를 계승하지 못하고 먼저 죽었다 한다.

4 **유묘**有苗 : 고대 종족으로 삼묘三苗, 묘민苗民이라고도 한다. 『사기』「오제본기」에 따르면 장강, 회하, 형주(하남성 남부로부터 호남성 동정호, 강서성 파양호 일대)에 거주했으며, 전하는 바에 따르면 순임금 때 삼위三危(감숙성 돈황 일대)로 천이했다고 한다.

5 **우**羽 : 춤출 때 사용하는 도구이다. 『상서』「우하서」'대우모大禹謨'에 따르면 순임금이 대우에게 명해 유묘를 토벌하도록 했는데 30일 후에도 유묘가 저항하자, 순임금은 덕이 있으면 하늘도 감동시킬 수 있고 변방의 사람도 와서 귀순할 수 있는데 하물며 유묘야 더 말할 것이 있느냐고 말했다. 대우는 권고를 듣고 군사를 철수시켰다. 그후 순임금은 널리 문명덕치를 실시하여 병사들이 병기를 내려놓고 방패와 새의 깃을 가지고 춤을 추게 했다. 70일 후에 유묘는 귀순했다.

6 **제 환공**(?~기원전 643) : 춘추시대 제나라의 군주이다. 성은 강姜이고 이름은 소백小白이며 양공襄公의 동생이다. 양공이 피살되자 공자 규糾와 왕위를 다투다가 포숙아의 기지로 왕위에 오른다. 관중을 재상으로 임명했으며 안으로는 개혁을 실시하여 나라를 부유하게 하고 군사를 강하게 만들었으며, 밖으로는 '존왕양이'의 구호를 내걸고 북벌하여 산융을 치고 남정하여 초나라를 억눌렀다. 주왕을 받들어 난을 평정했으며 위나라를 구원하고 형나라를 살려주어 그 위망이 모든 제후들의 으뜸이었다.

7 **산융**山戎 : 고대 민족으로, 북융北戎이라고도 한다. 춘추시대에 지금의 하북성 북부에서 살고 있었다. 기원전 7세기에 세력이 강성했으며 자주 정鄭, 제齊, 연燕 등을 침범하거나 교란했다.

8 **초 소왕**昭王(?~기원전 489) : 성은 미羋이고 이름은 웅진熊珍이다. 주 경왕敬王 14년(기원전 506년)에 오나라 합려가 당唐, 채蔡와 연합해 초나라를 공격하여 결국 수도인 영에까지 이르자, 신포서申包胥를 진秦나라로 보내어 구원을 청했다. 다음해에 진나라의 구원병이 도착해서 오나라를 무찌르자 비로소 영으로 돌아왔다. 얼마 지나지 않아 도읍을 약(호북성 의성현 동남쪽)으로 옮겼다. 31년(기원전 489년)에 오나라가 진陳나라를 토벌하자 군사를 거느리고 구원하러 나섰다가 성보(하남성 양성 서남부)에서 병사했다.

장계[1]

 이 글에서 제갈량은 장수로서 군사를 다스리고 용병하는 요령을 논했다.

『書』曰:"狎侮君子, 罔以盡人心 ; 狎侮小人, 罔以盡人力." 故行兵之要, 務攬英雄之心, 嚴賞罰之科, 總文武之道, 操剛柔之術, 說『禮』·『樂』而敦『詩』·『書』, 先仁義而後智勇 ; 靜如潛魚, 動若奔獺, 喪其所連, 折其實所强, 耀以旌旗, 戒以金鼓, 退若山移, 進如風雨, 擊崩若摧, 合戰如虎 ; 迫而容之, 利而誘之, 亂而取之, 卑而驕之, 親而離之, 强而弱之 ; 有危者安之, 有懼者悅之, 有叛者懷之, 有冤者申之, 有强者抑之, 有弱者扶之, 有謀者親之, 有讒者覆之, 獲財者與之 ; 不倍兵以功弱, 不恃衆以輕敵, 不傲才以驕人, 不以寵而作威, 先計而後動, 知勝而始戰, 得其財帛不自寶, 得其子女不自使. 將能如此, 嚴號申令, 而人願斗, 則兵合刃接而人樂死矣.

『상서』에서는 "군자[2]를 경시하면 마음을 다 바쳐 일하지 않으며, 소인[3]을 경시하면 힘을 다 바쳐 일하지 않는다."라고 했다. 그러므로 군사를 거느리고 싸우는 관건은 반드시 병사들의 마음을 사로잡고 상벌을 공정하게 집행하며 문무의 도를 결합시키고 강유剛柔의 전술을 장악하며 『의례儀禮』와 『악경樂經』을 좋아하고 『시경』과 『상서』를 가까이하며 인의를 앞세우고 지용智勇을 뒤에 쓰는 것이다. 평상시에는 깊은 못 속에 숨어 있는 물고기 같고, 전투시에는 수달처럼 재빨리 튀어올라 적들의 연계를 파괴하고 정예를 꺾어야 하며, 정기旌旗로 군사 위용을 떨쳐야 하고 징과 북으로 군대를 호령해야 한다. 퇴각할 때는 산악이 움직이듯이 하고, 전진할 때는 폭풍우와 같아야 하며, 퇴각하는 적들은 마른 가지를 꺾듯이 하고, 적들과 싸우기는 맹호와 같이 하여야 한다. 적을 겹겹이 포위하면서도 핍박하지는 말고, 이득을 탐하는 적은 이득으로 유인하며, 혼란한 군사는 공격하여 소멸하고, 조심하는 적은 교만하게 만들며, 적이 단결하면 이간시키고 적이 강대하면 쇠약하게 해야 한다. 자신의 부하가 위험하면 안전하게 해주고, 두려워하면 안심하게 해주며, 배신하려 하면 안무해주고, 억울해하면 풀어준다. 횡포한 자는 억제하고 약소한 자는 북돋아주며, 지모가 있는 자는 가까이하고 비방하는 자는 내쫓으며, 재물을 얻으면 나누어주어야 한다. 장수로서는 병사를 거들어 약한 자를 공격할 필요가 없으며, 사람이 많은 것을 믿고 적을 경시하지 말아야 하고, 자기의 재능이 뛰어나다 하여 남을 깔보지 말아야 하며, 중용을 받았다 하여 교만하지 말아야 한다. 먼저 계획을 세운 다음에 행동하며, 승리할 자신이 있으면 싸움을 시작한다. 적의 재물이나 여자를 자신이 차지하거나 부리지 말아야 한다. 이렇게 할 수 있고 엄정하게 명령을 내린다면 부하들은 기꺼이 싸울 것이며 백병전을 벌인다 해도 용감히 뛰어들 것이다.

1 **장계**將誡 : 장수가 지켜야 할 계명을 말한다.
2 **군자** : 여기서는 신하를 가리킨다.
3 **소인** : 여기서는 백성들을 가리킨다.

계비[1]

 제갈량은 편안할 때에도 위험을 생각해야 하며, 자그마한 실수가 전군의 멸망을 초래할 수 있다고 경고했다.

夫國之大務, 莫先于戒備. 若夫失之毫厘, 則差若千里, 覆軍將殺, 勢不逾息, 可不懼哉! 故有患難, 君臣旰食而謀之, 擇賢而任之. 若乃居安而不思危, 寇至不知懼, 此謂燕巢而幕, 魚游于鼎, 亡不俟夕矣!『傳』曰: "不備不虞, 不可以師." 又曰: "豫備無虞, 古之善政." 又曰: "蜂蠆尙有毒, 而況國乎?" 無備, 雖衆不可恃也. 故曰, 有備無患. 故三軍之行, 不可無備也.

국가의 대사에서 전쟁에 대처하는 것만큼 중요한 것은 없다. 자그마한 실수가 크나큰 잘못을 빚어낼 뿐만 아니라 심지어 전군의 멸망을 초래할 수도 있으며 장병 또한 살해당할 것이다. 형세가 순식간에 변할 수 있는데 어찌 두렵지 않겠는가. 그러므로 환란에 처했을 때 군주와 신하들은 식사도 잊고 대책을 논의하며 유능한 장수를 골라 통수로 임명한다. 편안할 때에 위험을 생각하지 않고 적이 쳐들어와도 두려움을 모르는 것은 제비가 천막 위에 둥지를 트는 것과 같고, 물고기가 냄비 안에서 헤엄을 치는 것과 같으니 나라의 멸망이 눈앞에 닥친 것이 아닌가.『좌전左傳』에서는 "방비와 경계를 하지 않으면 군사를 통솔하여 싸울 줄도 모른다."라고 했다. 또한 말하기를 "벌과 전갈도 독침이 있어 자신을 방어하거늘 하물며 나라임에랴?"라고 했다. 방비가 없으면 아무리 군사 수가 많다고 해도 믿을 방법이 없다. 그러므로 유비무환이라고 하는 것이다. 그런 연고로 군사의 행동에 있어 준비가 없어서는 안 된다.

1 **계비**戒備 : 전쟁에 대한 사전 준비를 말한다.

습련[1]

제갈량은 도덕, 법제, 군사 등 세 방면의 훈련을 거쳐야만 적을 이길 수 있다고 했다.

夫軍無習練, 百不當一；習而用之, 一可當百. 故仲尼曰：“不教而戰, 是謂棄之.” 又曰：“善人教民七年, 亦可以卽戎矣.” 然則卽戎之不可不教, 教之以禮義, 誨之以忠信, 誠之以典刑, 威之以賞罰, 故人知勸. 然後習之：或陳而分之, 坐而起之, 行而止之, 走而却之, 別而合之, 散而聚之. 一人可教十人, 十人可教百人, 百人可教千人, 千人可教萬人, 可教三軍, 然後教練而敵可勝矣.

군사를 훈련시키지 않는다면 백 명으로도 한 명을 당해내지 못하며, 훈련하여 쓴다면 한 명으로도 백 명을 이길 수 있다. 그래서 공자는 "훈련받지 못한 백성을 전쟁터로 내모는 것은 그들을 버리는 것과 같다."라고 했고 또한 "경험자가 백성을 7년 동안 훈련시킨 뒤에야 백성들은 전쟁터에 나갈 수 있다."라고 했다.² 그러므로 군사는 훈련을 받을 수밖에 없으며, 예의로 가르치고 충신으로 깨우치며 형법으로 경고하고 상벌로 위엄을 보여야 사람마다 힘쓸 바를 알게 된다. 그런 다음에 정렬과 해산, 앉기와 일어나기, 행진과 정지, 전진과 후퇴, 흩어지기와 모이기 등을 반복적으로 조련해야 한다. 한 명이 열 명을 가르칠 수 있고 열 명이 백 명을 가르칠 수 있으며 백 명이 천 명을 가르칠 수 있고 천 명이 만 명을 가르칠 수 있으니 전군을 가르칠 수 있다. 이렇게 반복적으로 조련해야 적을 이길 수 있다.

1 습련習練 : 훈련을 말한다.
2 공자…했다 : 『논어』「자로子路」에 나오는 말이다.

군두[1]

제갈량은 패배를 부르는 아홉 가지 행위를 하는 자는 마치 해충이 나무를 해치듯 군대를 해치므로 그런 자를 제거하지 않으면 어김없이 실패하게 된다고 했다.

夫三軍之行, 有探候不審, 烽火失度; 後期犯令, 不應時机, 阻亂師徒; 乍前乍後, 不合金鼓; 上不恤下, 削斂無度; 營私徇己, 不恤飢寒; 非言妖辭, 妄陳禍福, 無事喧雜, 惊惑將吏; 勇不受制, 專而陵上; 侵竭府庫, 擅給其財. 此九者, 三軍之蠹, 有之必敗也.

삼군의 대오 중에서 적정을 주의해 살피지 않고 봉화 경보를 규정대로 올리지 않는 것, 명령을 제때에 시행하지 못하여 작전 시기를 놓치고 전군의 혼란을 조성하는 것, 연고 없이 앞뒤로 뛰어다니며 징과 북의 호령을 듣지 않는 것, 윗사람으로서 부하를 돌보지 않고 무턱대고 혹사를 시키는 것, 자신의 사사로운 이득을 꾀하고 병사의 굶주림과 추위를 보살피지 않는 것, 거짓말과 망설을 늘어놓고 화복을 논하는 것, 아무 이유 없는 소리를 지껄여 장수와 관리를 당황하게 하는 것, 자만하여 명령을 따르지 않고 윗사람을 무시하는 것, 부고²의 재물을 탕진하고 제 마음대로 쓰는 것 등 이 아홉 가지는 군대의 해충으로서 이런 자들이 있다면 반드시 패하고 만다.

1 **군두**軍蠹 : 군대를 좀먹는 해충을 말한다.
2 **부고**府庫 : 국가의 재물을 보관하는 곳을 부府, 병기를 보관하는 곳을 고庫라고 했다.

복심[1]

제갈량은 장수에게는 심복 같은 부하, 눈과 귀가 되어줄 부하, 손톱과 이빨이 되어줄 부하가 필요하다고 했다.

夫爲將者, 必有腹心, 耳目, 爪牙. 無腹心者, 如人夜行, 無所措手足 ; 無手足者, 如冥然而居, 不知運動 ; 無爪牙者, 如飢人食毒物, 無不死矣. 故善將者, 必有博聞多智者爲腹心, 沈審謹密者爲耳目, 勇悍善敵者爲爪牙.

장수에게는 반드시 복심, 이목[2], 조아[3]가 있어야 한다. 복심이 없으면 밤길에서 수족을 쓰지 못하는 것과 같으며 이목이 없으면[4] 암흑 속에 처한 것처럼 주위 정황의 변화를 모르게 되며, 조아가 없으면 마치 굶주린 사람이 독을 먹은 것처럼 죽지 않을 수 없다. 그러므로 뛰어난 장수는 박학다식하고 지모가 많은 사람을 복심으로 삼아야 하며, 침착하고 주도면밀하며 신중한 사람을 이목으로 삼아야 하며, 용감하고 날래며 전투에 능한 사람을 조아로 삼아야 한다.

1 **복심**腹心 : 배와 심장이란 뜻으로, 지혜롭고 지략이 뛰어난 심복을 비유하는 말이다.
2 **이목**耳目 : 귀와 눈이란 뜻으로, 정찰에 능한 부하를 비유하는 말이다.
3 **조아**爪牙 : 손톱과 이빨이란 뜻으로, 용맹한 사람을 비유하는 말이다.
4 **이목이 없으면** : 원문은 '무수족자無手足者'이다. 앞에서 '무복심자無腹心者'라고 했고 뒤에서 '무조아자無爪牙者'라고 했으므로 '무이목자無耳目者'가 되어야 할 것이다. 제갈희, 제갈탁이 집록한 『제갈공명전집』에도 '무이목자'로 되어 있어 이를 따랐다.

근후[1]

제갈량은 장수들에게 자신과 남, 적을 대하는 세 가지 면에서의 열다섯 가지 준칙을 제기했다.

夫敗軍喪師, 未有不因輕敵而致禍者. 故師出以律, 失律則凶. 律有十五焉:一曰慮, 間諜明也;二曰詰, 譯候謹也;三曰勇, 敵衆不撓也;四曰謙, 見利思義也;五曰平, 賞罰均也;六曰忍, 善含恥也;七曰寬, 能容衆也;八曰信, 重然諾也;九曰敬, 禮賢能也;十曰明, 不納讒也;十一曰謹, 不違禮也;十二曰仁, 善養士卒也;十三曰忠, 以身徇國也;十四曰分, 知止足也;十五曰謀, 自料知他也.

패전하여 전군이 멸망한 것을 살펴보면 적을 얕보아 화를 부른 경우가 아닌 것이 없다. 그러므로 군사를 출동시킬 때는 준칙에 따라야 하며 준칙에 따르지 않으면 위태롭게 된다. 그 준칙에는 열다섯 가지가 있다. 첫 번째는 려慮로, 적정을 똑똑히 아는 것이다.

두 번째는 힐詰로, 은밀히 수집한 정보를 분석하는 것이다. 세 번째는 용勇으로 적이 많아도 굴복하지 않는 것이다. 네 번째는 염廉으로, 이득 앞에서 의를 생각하는 것이다. 다섯 번째는 평平으로, 상벌을 공평하게 내리는 것이다. 여섯 번째는 인忍으로, 치욕을 잘 참아내는 것이다. 일곱 번째는 관寬으로, 대중을 잘 포용하는 것이다. 여덟 번째는 신信으로, 약속을 굳게 지키는 것이다. 아홉 번째는 공恭으로, 유능한 인재를 예로 대우하는 것이다. 열 번째는 명明으로, 비방에 귀기울이지 않는 것이다. 열한 번째는 근謹으로 조심하여 예법을 어기지 않는 것이다. 열두 번째는 인仁으로, 병사들을 아끼는 마음으로 양육하는 것이다. 열세 번째는 충忠으로, 나라를 위해 자신을 바치는 것이다. 열네 번째는 분分으로, 만족할 줄 아는 것이다. 열다섯 번째는 모謀로, 자신을 알고 적을 아는 것이다.

1 근후謹候 : 후候는 기다린다는 뜻이며, 근후는 신중하게 전투를 기다린다는 뜻이다.

기형[1]

 제갈량은 장수들에게 사건의 변화, 형세의 변화, 사기의 변화 중에서 작전의 기회를 포착하고 충분히 이용하여 승리를 쟁취해야 한다고 했다.

夫以愚克智, 逆也 ; 以智克愚, 順也 ; 以智克智, 機也. 其道有三 : 一曰事, 二曰勢, 三曰情. 事機作而不能應, 非智也 ; 勢機動而不能制, 非賢也 ; 情機發而不能行, 非勇也. 善將者, 必因機而立勝.

어리석은 자가 총명한 자를 이기면 역逆이고, 총명한 자가 어리석은 자를 이기면 순順이다. 총명한 자가 총명한 자를 이기면 기機라 한다. 그 도리에는 세 가지가 있다. 첫째는 사건의 변화이고 둘째는 형세의 변화이며 셋째는 사기의 변화이다. 사건이 변하여 작전의 기회가 나타났는데도 대책을 취하지 않는 것은 현명하지 못한 것이며, 형세가 변하여 작전의 기회가 생겼는데도 그것을 포착하지

못하는 것도 현명하지 못한 것이다. 사기가 변하여 작전의 기회가
훤히 드러나도 신속히 행동하지 않는 것은 용감하지 못한 것이다.
유능한 장수는 작전의 기회에 근거하여 승리를 쟁취한다.

1 기형機形 : '기機'는 기회이며 '형形'은 형성된다는 뜻이다.

중형[1]

전쟁터에서 북과 징을 치고 깃발을 흔들면 병사들의 눈과 귀를 밝게 할 수 있고, 형벌이 엄하면 병사들이 복종하여 "장수가 어디를 가리키든 병사들의 마음이 따르게 됨"으로써 승리할 수 있다.

제갈량은 『오자』「논장論將」의 글로 중형의 중요성을 강조했는데, 원래의 글과 약간 차이가 있다. 즉, "장수가 어디를 가리키든 가지 않는 자가 없다(將之所麾, 莫不從移)"를 "장수가 어디를 가리키든 병사들의 마음이 따르지 않는 것이 없다(將之所麾, 莫不心移)"로 고친 것이다. 한 글자를 고친 것에서 제갈량이 병사들의 능동성을 중시했다는 것을 알 수 있다.

吳起曰 : 鼓鼙金鐸, 所以威耳 ; 旌幟, 所以威目 ; 禁令刑罰, 所以威心. 耳威以聲, 不可不淸 ; 目威以容, 不可不明 ; 心威以刑, 不可不嚴. 三者不立, 士可怠也. 故曰, 將之所麾, 莫不心移 ; 將之所指, 莫不前死矣.

오기가 말하기를, 북과 징을 치는 것은 청각적인 위엄을 보이는 것이고, 깃발을 흔드는 것은 시각적인 위엄을 보이는 것이며, 금령과 형벌은 심적인 위엄을 보이는 것이라고 했다. 소리는 귀로 하여금 위엄을 느끼게 하는 것이기에 맑지 않으면 안 되고, 의용儀容은 눈으로 하여금 위엄을 느끼게 하는 것이기에 선명하지 않으면 안 되며, 형벌은 마음으로 하여금 위엄을 느끼게 하는 것이기에 엄하지 않으면 안 된다. 이 세 가지가 없으면 병사들은 태만해진다. 그러므로 이 세 가지가 있으면 장수가 어디를 가리키든 병사들의 마음이 따르지 않는 것이 없으며 죽음을 불사하지 않는 자가 없게 된다고 하는 것이다.

1　중형重刑 : 위엄 있는 형벌을 말한다.

선장[1]

 이 글에서 제갈량은 전쟁에서 승리하는 네 가지 원칙을 제시했다. 즉, 금禁, 예禮, 권勸, 신信을 잘 운용하면 반드시 승리하고 그렇지 않으면 반드시 패전한다고 했다.

古之善將者有四：示之以進退, 故人知禁；誘之以仁義, 故人知禮；重之以是非, 故人知勸；決之以賞罰, 故人知信. 禁, 禮, 勸, 信, 師之大經也, 未有綱直而目不舒也. 故能戰必勝, 攻必取. 庸將不然, 退則不能止, 進則不能禁, 故與軍同亡；無勸戒則賞罰失度, 人不知信, 而賢良退伏, 諂頑登用；是以戰必敗散也.

옛날에 유능한 장수는 다음의 네 원칙을 준수했다. 전진과 후퇴의 규정을 알려줌으로써 병사들로 하여금 금령을 알게 하고, 인의仁義로 이끌어주어 병사들로 하여금 예법을 알게 하며, 시비를 가려 병사들로 하여금 권장하는 바를 알게 하고, 상벌로 판단하여 병사들로 하여금 신임을 알게 했다. 금禁, 예禮, 권勸, 신信은 군사를 다스리는 중요한 원칙이다. 핵심을 잡으면 그밖의 것은 저절로 해결된다. 그러므로 싸우면 반드시 승리할 수 있으며 공격하면 반드시 함락시킬 수 있다. 평범한 장수는 그렇게 하지 못하여 퇴각할 때 제지하지 못하고 공격할 때 절제하지 못하며 군사와 함께 멸망하고 만다. 고무와 경고가 없으면 상벌이 표준을 잃게 되고 사람들이 신임하고 복종할 바를 모른다. 그러면 유능한 인재들은 떠나버리고 탐욕스러운 아첨꾼들이 등용된다. 그로 인해 전쟁이 일어나면 반드시 패하고 만다.

1 　선장善將 : 유능한 장수를 말한다.

심인[1]

제갈량은 백성들의 마음과 힘이 전쟁의 승패를 결정하는 중요한 요소라고 했다.

夫因人之勢以伐惡；則黃帝不能與爭威矣. 因人之力以決勝, 則湯, 武不能與爭功矣. 若能審因而加之威勝, 則萬夫之雄將可圖, 四海之英豪受制矣.

백성들의 마음에 의거하여 악을 정벌한다면 비록 황제[2]라 해도 그대와 권세를 다투지 못할 것이다. 백성들의 힘에 의거하여 승부를 결판낸다면 비록 탕왕과 무왕이라 해도 그대와 공훈을 다투지 못할 것이다. 만약 백성들의 마음과 힘에 의거할 줄 알고 거기에다 권세가 있어 승리한다면 천군만마를 통솔하는 장수를 찾을 수 있을 것이며 천하의 영웅호걸들이 그대의 지휘를 받을 것이다.

1 **심인**審因 : 심審은 명백하다, 똑똑하다는 뜻이고 인因은 빌리다, 의거한다는 뜻이다. 심인은 무엇에 의거할 것인가를 명백히 안다는 뜻이다. 이 글의 뜻은 민심, 민력에 의거할 줄 알아야 한다는 것이다.
2 **황제** : 『사기』「오제본기」에 따르면 성은 공손이고 호는 헌원씨인데 중원 여러 민족들의 선조라고 한다. '정의'의 주석을 참조하라.

병세[1]

제갈량은 천시天時, 지세地勢, 인리人利를 승리의 3대 요소로 꼽았다.

夫行兵之勢有三焉 : 一曰天, 二曰地, 三曰人. 天勢者, 日月淸明, 五星合度, 彗孛不殃, 風氣調和. 地勢者, 城峻重崖, 洪波千里, 石門幽洞, 羊腸曲沃. 人勢者, 主聖將賢, 三軍由禮, 士卒用命, 粮甲堅備. 善將者, 因天之時, 就地之勢, 依人之利, 則所向者無敵, 所擊者萬全矣.

용병에 유리한 형세에는 세 가지 요소가 있다. 첫째는 하늘이고, 둘째는 땅이며, 셋째는 사람이다. 하늘의 형세란 해와 달이 밝고, 오성[2]의 위치가 정상적이며, 패성[3]이 나타나지 않고 기후가 조화로운 것이다. 땅의 형세란 성벽이 높고 험하며, 거세한 물결이 천리에 흐르고, 석문[4]이 깊숙하고 드러나지 않으며, 좁은 길이 구절양장 같은 것이다. 사람의 형세란 군주와 장수가 현명하고, 전군이 예법을 따르며, 병사들이 필사적으로 싸우고, 식량과 무기가 풍부한 것이다. 유능한 장수가 하늘의 형세에 의거하고 땅의 형세를 빌리며 사람의 형세에 의지할 줄 안다면 가는 곳마다 당해낼 자가 없을 것이며, 만 번을 공격해도 한 번의 실수가 없을 것이다.

1 **병세兵勢** : 용병에 유리한 형세를 말한다.
2 **오성** : 금성, 목성, 수성, 화성, 토성이다.
3 **패성** : 고대에 혜성을 가리키던 말이다. 옛날 사람들은 혜성을 재화와 전쟁이 일어날 불길한 징조라고 여겼다.
4 **석문石門** : 요충지의 입구를 통제하기 위해 돌로 쌓은 방어시설이다.

승패

제갈량은 군대의 기풍과 규율을 보면 승패를 짐작할 수 있다고 했다.

賢才居上, 不肖居下, 三軍悅樂, 士卒畏服, 相議以勇斗, 相望以威武, 相勸以刑賞, 此必勝之征也. 士兵惰慢, 三軍數惊, 下無禮信, 人不畏法, 相恐以敵, 相語以利, 相囑以禍福, 相惑以妖言, 此必敗之征也.

유능한 자가 위에 있고 무능한 자가 아래에 있으면, 전군이 화목하고 병사들이 복종하며, 용감하게 싸우고 서로 위풍과 건장함을 비기며, 서로 상과 벌로 권면한다. 이것은 반드시 승리할 징조이다. 전군이 게으르고 산만하며, 병사들이 예의와 신의가 없고 법령을 두려워하지 않으며, 서로 적을 무서워하고 이득을 꾀할 의논만 하고, 서로 개인의 화복禍福을 거론하며 요사한 말에 미혹된다. 이것은 반드시 패할 징조이다.

가권¹

이 글에서 제갈량은 장수가 출병해서는 "군주의 명령도 받지 않을 수 있어야" 하고 군권을 장악해야 한다고 강조했다.

夫將者, 人命之所縣也, 成敗之所系也, 禍福之所倚也, 而上不假之以賞罰, 是猶束猿猱之手, 而責之以騰捷, 膠離婁之目, 而使之辯靑黃, 不可得也. 若賞移在權臣, 罰不由主將, 人苟自利, 誰懷斗心? 雖伊, 呂之謀, 韓, 白之功, 而不能自衛也. 故孫武曰: "將之出, 君命有所不受." 亞夫曰: "軍中聞將軍之命, 不聞有天子之詔."

장수에게는 부하들의 생명과 군대의 승패, 나라의 화복이 달려 있다. 만약 군주가 그에게 상벌의 대권을 부여하지 않는다면 이는 원숭이의 손발을 묶어놓고 민첩하게 뛰어오르라고 하는 것과 같으며, 이루²의 눈을 붙여놓고 색깔을 구별하라고 하는 것과 같아서 가능하지 않은 일이다. 만약 상벌의 대권이 권신³의 수중에 넘어가 있고 장수에게 없다면 부하들은 저마다 사사로운 이익만을 탐낼 것이니 어찌 투지가 있을 수 있겠는가? 설사 이윤과 여상[4]의 계략이 있고 한신과 백기[5]의 재능이 있다 하더라도 자신을 방어하지도 못할 것이다. 그러므로 손무[6]는 "장수는 출병하면 군주의 명령을 받지 않을 수 있다."고 말했고 주아부[7]는 "군중軍中에서는 장수의 명령만 들을 수 있고 천자의 조서를 들을 수 없다."고 말했다.

1 **가권假權** : 권력을 주다, 권력을 위임한다는 뜻이다.
2 **이루離婁** : '이주離朱'라고도 한다. 전설에 따르면 황제 때의 사람으로 눈이 밝아 1백 보 밖에서도 가는 털을 볼 수 있었다고 한다.
3 **권신** : 권력을 장악하고 전횡하는 대신을 가리킨다.
4 **이윤과 여상** : 이윤李尹은 상商나라 초기의 대신으로, '이'는 이름이고 '윤'은 관직명이다. 일설에는 이름이 지摯라고도 한다. 전하는 바에 따르면 노예 출신이었는데 탕왕의 '소신小臣'이었다가 이후 국정을 맡았으며 탕왕을 도와 하나라를 멸망시켰다고 한다. 여상呂尙은 본래 성이 강姜이며, 이후 봉지의 성으로 삼아 여씨가 되었다. 이름은 망望이며, 일설에는 자아子牙라고도 한다. 서주 초기에 태사를 지냈는데 무왕을 보필하여 상나라를 멸망시켰으며 제나라 왕에 봉해졌다. 태공으로 불리며 민간에서는 강태공이라 한다.
5 **한신과 백기** : 한신은 전한 초기의 명장으로 여후呂后에게 살해되었다. '광무제를 논함'의 주석을 참조하라. 백기는 전국시대 진秦나라의 명장으로 압박을 받아 자결했다. '제자를 논함'의 주석을 참조하라.
6 **손무** : 춘추시대 오나라의 대장이며 유명한 병법가이다. '마속의 참수에 대해 논함'의 주석을 참조하라. 위의 문장은 『사기』「손자오기열전」에 있다.
7 **주아부周亞夫(?~기원전 143)** : 전한의 명장으로 패현 사람이며 주발의 아들이다. 문제 때에 흉노족이 한나라를 공격하자 하내태수였던 주아부는 장군이 되어 세류細柳(섬서성 함양시 서남쪽)를 지켰는데 군령이 엄했다. 경제 때에 태위가 되어 7국의 난을 평정하고 승상으로 승진했다. 후에 아들이

주아부(?~기원전 143) 전한의 명장. 7국의 난을 평정하고 승상이 되었다. 이후 누명을 쓰고 옥에 갇혔으며 억울한 나머지 닷새 동안 아무것도 먹지 않다가 결국 굶어 죽었다.

나라의 물건을 팔았다는 죄목으로 옥에 갇혔으며, 단식하다 굶어 죽었다. 위의 문장은 『한서』「장진왕주전張陳王周傳」 '주발·아부'에 있다.

애사[1]

제갈량은 장수가 병사들을 자기 자식처럼 보살피고 앞장서서 실천하면 병사들의 지지를 받으며 전쟁에서 승리할 수 있다고 했다.

古之善將者, 養人如養己子, 有難, 則以身先之 ; 有功, 則以身後之 ; 傷者, 泣而撫之 ; 死者, 哀而葬之 ; 飢者, 舍食而食之 ; 寒者, 解衣而衣 ; 智者, 禮而祿之 ; 勇者, 賞而勸之. 將能如此, 所向必捷矣.

옛날에 우수한 장수는 병사를 자기 자식처럼 보살폈으며 위험을 만나면 자신이 먼저 나섰고 공로가 있으면 자신이 뒤로 물러났다. 병사가 부상을 당하면 눈물로 위로해주었고 병사가 죽음을 당하면 비통해하며 장사를 지내주었다. 병사가 굶주리면 자신의 음식을 주고 병사가 추위에 떨면 자신의 옷을 입혀주었다. 총명한 자에게는 예로 대우하며 높은 녹봉을 주었고 용맹한 자에게는 상을 내려 고무해주었다. 장수가 이렇게 할 수 있다면 어떤 적과 싸우든지 반드시 승리할 것이다.

1 **애사**哀死 : 죽음을 애도한다는 뜻이다.

삼빈[1]

 제갈량은 장수는 참모를 두어 일의 득실을 논의하게 하고 이를 참고 자료로 삼아야 한다고 했다.

夫三軍之行也, 必有賓客, 群議得失, 以資將用. 有詞若懸流, 奇謀不測, 博聞廣見, 多藝多才, 此萬夫之望, 可引爲上賓. 有猛若熊虎, 捷若騰猿, 剛如鐵石, 利若龍泉, 此一時之雄, 可以爲中賓. 有多言或中, 薄技小才, 常人之能, 此可引爲下賓.

군대의 행동에 있어서는 반드시 참모들이 그 득실을 논의하여 장수에게 참고 자료를 제공해주어야 한다. 말이 청산유수와 같고 지략이 기묘하며 박학다식하고 견문이 넓어 만인이 우러러보는 사람은 상급 참모가 될 수 있다. 범과 곰처럼 용맹하고 원숭이처럼 민첩하며 무쇠와 반석처럼 굳세고 용천검[2]처럼 날카로운 사람은 한 시대의 걸출한 인재이므로 중급 참모가 될 수 있다. 많은 말을 하여 간혹 옳게 말하고 별다른 재능이 없으나 약간 기이한 점이 있는 사람은 일반적인 능력을 가졌으므로 하급 참모가 될 수 있다.

1 **삼빈三賓** : 세 등급의 참모를 말한다.
2 **용천검龍泉劍** : 보검의 이름이다. 용연검龍淵劍이라고도 한다. 『전국책』 「한책韓策」에 "등사鄧師, 완풍宛馮, 용연龍淵, 태하太河는 말과 소를 베어 동강냈고, 물에서는 고니와 기러기를 베었으며 적을 만나서는 견갑堅甲도 베었다."라는 기록이 있다.

후응[1]

 제갈량은 장수가 작전을 지휘함에 있어 지모로 싸우는 것이 상책이고, 재능으로 싸우는 것이 그 다음이며, 있는 힘을 다해 필사적으로 싸우는 것이 하책이라고 했다.

若乃圖難于易, 爲大于細, 先動後用, 刑于無刑, 此用兵之智也. 師徒已列, 戎馬交馳, 强弩才臨, 短兵又接, 乘威布信, 敵人告急, 此用兵之能也. 身衝矢石, 爭勝一時, 成敗未分, 我傷彼死, 此用兵之下也.

쉬울 때에 처리하고 어려울 때 처리해서 안 되며, 작은 일일 때 먼저 준비를 충분히 한 다음 군사를 출동해야 한다. 또한 형벌의 목적은 이를 사용하지 않는 것이다. 이것이 용병의 지모이다. 먼저 포진하고 말을 휘몰아 접전한다. 강궁을 쏘고 이어서 백병전을 벌인다. 승세를 타서 진실한 역량을 보여주어 적들을 위급하게 만든다. 이것이 용병의 재능이다. 몸소 비 오듯 쏟아지는 화살과 돌멩이를 무릅쓰고 잠시의 강약을 다툰다. 그 결과 승부를 가르지 못하고 피차 많은 사상자만 낸다. 이것이 용병의 하책이다.

1 **후응**後應 : 다음에 대처한다는 뜻이다. 여기서는 승리할 것을 예견한 후에 싸운다는 뜻이다.

편리[1]

이 글에서 제갈량은 어떻게 천시, 지리, 무기를 이용하여 작전의 시기를 선택할 것인가에 대해 논했다.

夫草木叢集, 利以游逸 ; 重塞山林, 利以不意 ; 前林無隱, 利以潛伏 ; 以少擊衆, 利以日莫 ; 以衆擊寡, 利以淸晨 ; 强弩長兵, 利以捷次 ; 逾淵隔水, 風大暗昧, 利以搏前擊後.

초목이 무성하면 숨기에 이롭고, 첩첩이 겹쳐 있는 산림은 기습에 이롭다. 숲 앞에 은폐물이 없으면 매복에 이롭다. 적은 군사로 많은 적을 공격할 때는 해질 무렵이 좋고, 많은 군사로 적은 적을 공격할 때는 이른 새벽이 좋다. 강궁과 장병기는 속전속결에 이롭고, 강을 사이에 두고 대치해 있을 때 바람이 세차고 어두우면 적의 선두와 후미를 공격하기에 이롭다.

1 **편리便利** : '편便'은 능하다는 뜻이며 '이利'는 좋은 점이란 뜻으로 여기서는 유리한 조건이란 뜻이다. 편리는 유리한 조건을 능히 이용한다는 뜻이다.

응기[1]

제갈량은 필승의 방법은 전승의 시기를 잡는 데 있으며 적의 허를 기습하는 데 있다고 했다.

夫必勝之術, 合變之形, 在于機也. 非智者孰能見機而作乎? 見機之道, 莫先于不意. 故猛獸失險, 童子持戟以追之 ; 蜂蠆發毒, 壯夫徬徨而失色. 以其禍出不圖, 變速非慮也.

필승의 전술 방법과 군대가 흩어지고 모이는 것의 변화는 시기를 잡는 데 있다. 지모가 뛰어난 사람이 아니라면 그 누가 전승의 시기를 알아차리고 이를 이용할 수 있겠는가? 전승의 시기를 알아차리고 이를 이용할 때는 그 무엇보다도 적의 허를 기습하는 것이 가장 좋다. 그러므로 맹수가 곤경에 빠지면 어린애도 창을 잡고 뒤쫓을 수 있으며, 벌이나 전갈의 독에 쏘이면 장사일지라도 놀라서 허둥대며 어쩔 줄을 모른다. 뜻밖에 재화가 들이닥치고 변화가 너무 빨라 예견할 수가 없기 때문이다.

1   **응기**應機 : 기회를 포착하는 것을 말한다.

췌능[1]

🧘 제갈량은 장수가 전쟁 전에 12개 방면을 정확하게 분석하고 대비한다면 전쟁의 승패를 알 수 있다고 했다.

古之善用兵者, 揣其能而料其勝負. 主孰聖也? 將孰賢也? 吏孰能也? 粮餉孰豊也? 士卒孰練也? 軍容孰整也? 戎馬孰逸也? 形勢孰險也? 賓客孰智也? 隣國孰懼也? 財貨孰多也? 百姓孰安也? 由此觀之, 强弱之形, 可以決矣.

🤺 옛날에 유능한 장수는 적군과 아군의 역량을 가늠하고 전쟁의 승패를 예측할 수 있었다. 예컨대 어느 쪽 군주가 덕이 있는가? 어느 쪽 장수가 현명한가? 어느 쪽 관리가 유능한가? 어느 쪽 군량이 풍부한가? 어느 쪽 병사들이 잘 훈련되었는가? 어느 쪽 진영이 정연한가? 어느 쪽 군마가 잘 달리는가? 어느 쪽 지세가 유리한가? 어느 쪽 모사가 총명한가? 인접국이 어느 쪽을 두려워하는가? 어느

쪽 재정이 풍족한가? 어느 쪽 백성이 안정되었는가? 이러한 면을 통해 강약과 승부의 형세를 단정할 수 있다.

1 **췌능**揣能 : '췌'는 가늠한다, 추측한다는 뜻이고, '능'은 쌍방의 역량을 말한다. 그러므로 췌능은 쌍방의 역량을 가늠하고 짐작한다는 뜻이다.

경전[1]

제갈량은 무기·장수·정찰과 사기와의 관계를 논했다. 그는 갑옷이 견고하지 못하고, 정찰이 신중하지 못하며, 장수가 용감하지 못하면 사기에 직접적인 영향을 줄 수 있다고 했다.

螯蟲之觸, 負其毒也 ; 戰士能勇, 恃其備也. 所以鋒銳甲堅, 則人輕戰. 故甲不堅密, 與肉袒同 ; 射不能中, 與無矢同 ; 中不能入, 與無鏃同 ; 探候不謹, 與無目同 ; 將帥不勇, 與無將同.

독충이 사람을 쏘는 것은 독침에 의거하기 때문이고, 병사들이 용감한 것은 무기에 의거하기 때문이다. 그러므로 무기가 예리하고 갑옷이 견고하면 병사들은 기꺼이 싸운다. 갑옷이 견고하지 못하면 맨몸으로 싸우는 것과 마찬가지이며, 화살로 명중시키지 못하면 화살이 없는 것과 마찬가지이며, 명중시켜도 적을 사상하지 못하면 화살촉이 없는 것과 마찬가지이다. 정찰이 신중하지 못하면 눈이 없는 것과 마찬가지이며, 장수가 용감하지 못하면 장수가 없는 것과 마찬가지이다.

1 **경전**輕戰 : 기꺼이 싸운다, 용감하게 싸운다는 뜻이다.

지세

이 글에서 제갈량은 장수는 지리적 우세를 충분히 이용하여 전투를 벌여야 한다고 했다.

夫地勢者, 兵之助也, 不知戰地而求勝者, 未之有也. 山林土陵, 丘阜大川, 此步兵之地. 土高山狹, 蔓衍相屬, 此車騎之地. 依山附澗, 高林深谷, 此弓弩之地. 草淺土平, 可前可後, 此長戟之地. 芦葦相參, 竹樹交映, 此槍矛之地也.

지세는 작전을 도와주는 것이며, 예로부터 전쟁터의 지세를 모르고 승리한 자는 없었다. 산림, 높은 비탈, 언덕, 큰 강가 등은 보병을 쓰기에 적합한 곳이다. 평원과 작은 언덕이 연이어 있는 곳은 기병을 쓰기에 적합한 곳이다. 산을 등지고 강이 가까우며, 빽빽한 수림과 깊은 계곡이 있는 곳은 활과 노를 쓰기에 적합한 곳이다. 수풀이 낮게 자란 평지는 전진과 후퇴가 자유로우므로 극을 쓰기에

노 여러 발의 화살을 동시에 발사하는 큰 활을 말한다. 제갈량이 발명했다고 알려져 있는 연노는 화살을 더 빨리 장전할 수 있게 만든 것이었다.

적합한 곳이다. 갈대가 무성하고 대나무가 얽혀 자란 곳은 창을 쓰기에 적합한 곳이다.

정세

제갈량은 적장의 특성을 토대로 대책을 세움으로써 적장을 위험에 빠뜨리고 승리를 쟁취할 수 있다고 했다.

夫將有勇而輕死者, 有急而心速者, 有貪而喜利者, 有仁而不忍者, 有智而心怯者, 有謀而情緩者. 是故勇而輕死者, 可暴也 ; 急而心速者, 可久也 ; 貪而喜利者, 可遺也 ; 仁而不忍者, 可勞也 ; 智而心怯者, 可窘也 ; 謀而情緩者, 可襲也.

장수 중에는 용감하여 죽음을 가벼이 여기는 자가 있고 성급하여 속전속결하려 하는 자도 있으며 재물을 탐하고 이득을 좋아하는 자도 있고 마음이 어질어 잔인하지 못한 자도 있으며 지략은 있으나 담이 작은 자, 지략은 있으나 느린 자도 있다. 용감하여 죽음을 가벼이 여기는 자는 격분시키면 되고, 성급하여 속전속결하려 하는 자에게는 지구전을 쓰면 되며, 재물을 탐하고 이득을 좋아하는 자에게는 뇌물을 쓰면 된다. 마음이 어질어 잔인하지 못한 자는 지치게 만들며, 지략은 있으나 담이 작은 자는 강하게 몰아붙여 곤궁에 빠뜨리면 되고, 지략은 있으나 느린 자는 기습을 하면 된다.

격세[1]

제갈량은 공격해야 할 상황과 대치한 상태로 시기를 기다려야 할 상황에 대해 논했다.

古之善鬪者, 必先探敵情而後圖之. 凡師老糧絶, 百姓愁怨, 軍令小習, 器械不修, 計不先設, 外救不至, 將吏刻剝, 賞罰輕懈, 營伍失次, 戰勝而驕, 可以攻之. 若用賢授能, 糧食美餘, 甲兵堅利, 四鄰和睦, 大國應援, 敵有此者, 引而計之.

옛날에 유능한 장수는 반드시 먼저 적정을 탐색한 후에 공격을 감행했다. 대체로 군사가 지치고 군량이 부족하며, 백성들이 근심하고 원망하며, 군령이 지켜지지 않고, 무기가 정비되어 있지 않으며, 사전에 계략이 세워지지 않고, 외부로부터의 지원이 없으며, 장수와 관리들이 병사를 괴롭히고, 상벌을 되는 대로 내리며, 진영이 혼란하고, 싸움에서 이겨 들떠 있다면 즉시 공격해야 한다. 만약 현명하고 유능한 자를 등용하며, 군량이 충분하고, 병장기가 견고하고 예리하며, 인접국과 화목하고, 큰 나라의 도움을 받고 있다면 피해야 한다.

1 **격세**擊勢 : 여기서 '세勢'는 시기를 가리킨다. 즉, 공격의 시기를 말한다.

정사[1]

 군사의 기강이 중요하다는 사실을 제기했다.

夫出師行軍, 以整爲勝, 若賞罰不明, 法令不信, 金之不止, 鼓之不進, 雖有百萬之師, 無益于用. 所謂整師者, 居則有禮, 動則有威, 進不可當, 退不可逼, 前後應接, 左右應接, 而不與之危, 其衆可合而不可離, 可用而不可疲矣.

출병하여 행군할 때 기강이 있으면 승리한다. 만약 상벌이 엄명하지 못하고 법령에 위엄이 없어 징을 울려도 멈추지 않고, 북을 쳐도 전진하지 않는다면 비록 백만 대군이 있다 해도 쓸모가 없다. 기강이 있는 군대는 평상시에는 예법을 지키고 전투시에는 위세를 갖추고 있으며, 공격할 때는 막을 수 없고 퇴각할 때는 쫓을 수 없다. 앞뒤가 서로 호응하고 지원하여 난관에 빠지지 않으며, 전군이 하나가 되어 흩어지지 않는다. 싸우면 싸울수록 더욱 용감해지며 지치지 않는다.

1   **정사**整師 : 기강이 있는 군대를 말한다.

여사[1]

 병사들을 격려하고 사기를 고양시키는 것에 대해 논했다.

夫用兵之道, 尊之以爵, 瞻之以財, 則士無不至矣 ; 接之以禮, 勵之以信, 則士無不死矣 ; 畜恩不倦, 法若畫一, 則士無不服矣 ; 先之以身, 後之以人, 則士無不勇矣 ; 小善必錄, 小功必賞, 則士無不勸矣.

용병의 근본은 이러하다. 작위로 현귀顯貴하게 해주고 재물로 부유하게 해준다면 인재가 저절로 찾아올 것이며, 예의로 대하고 신의로 격려한다면 필사적으로 싸울 것이다. 꾸준히 은혜를 베풀며 법령을 한결같이 집행한다면 진심으로 복종할 것이며, 먼저 솔선수범한다면 용감하게 싸울 것이다. 선한 일은 아무리 작다 해도 기록해주고 작은 공에도 상을 내린다면 스스로 알아서 행할 것이다.

1 **여사勵士**: 사기를 독려하는 것을 말한다.

자면[1]

장수는 정면과 반면에서 스스로 힘써야 한다고 했다. 정면은 성인, 현인, 지자智者의 도리로 스스로를 다그쳐야 하고, 반면은 나쁜 생각과 행위를 스스로 경계해야 한다고 했다.

聖人則天, 賢者法地, 智者則古. 驕者招毁, 妄者稔禍, 多語者寡信, 自奉者少恩, 賞于無功者離, 罰加無罪者怨, 喜怒不當者滅.

성인은 하늘을 준칙으로 삼고 현인은 땅을 준칙으로 삼으며 지자는 옛일을 준칙으로 삼는다. 교만한 자는 비방을 받고, 경거망동한 자는 재화를 빚어내며, 말이 많은 자는 신의가 적고, 자신만을 위하는 자는 은혜를 받지 못하며, 공이 없는 자에게 상을 주는 자는 사람들이 떠나가고, 죄 없는 사람을 벌하는 자는 원망을 사며, 기쁨과 노함이 부당한 자는 멸망한다.

1 **자면**自勉 : 스스로 노력하는 것을 말한다.

전도

 숲 속, 골짜기, 수상 등에서의 전투 방법을 개괄했으며 이점과 폐단을 열거하여 부동不同한 지형과 천기 조건에서 작전하는 원칙을 지적했다.

夫林戰之道：晝廣旌旗, 夜多金鼓, 利用短兵, 巧在設伏, 或攻于前, 或發于後.
叢戰之道：利用劍楯, 將欲圖之, 先度其路, 十里一場, 五里一應, 偃戢旌旗, 特嚴金鼓, 令賊無措手足.
谷戰之道：巧于設伏, 利以勇斗, 輕足之士凌其高, 必死之士殿其後, 列强弩而衝之, 持短兵而継之, 彼不得前, 我不得住.
水戰之道：利在舟楫, 練習士卒以乘之, 多張旗幟以惑之, 嚴弓弩以中之, 持短兵以捍之, 設堅柵以衛之, 順其流而擊之.
夜戰之道；利在機密, 或潛師以衝之, 以出其不意, 或多火鼓, 以亂其耳目, 馳而攻之, 可以勝矣.

숲 속의 전투에서는 낮에는 깃발을 넓게 세우고 밤에는 징과 북을 많이 친다. 짧은 병기를 쓰며, 매복을 하거나 정면 또는 배후에서 적을 공격한다.

수풀이 빼곡한 곳에서의 전투에서는 칼과 방패를 사용한다. 진격을 하려면 먼저 적의 행군 노선을 정확히 알아낸 후에 십 리마다 언덕을 쌓고 오 리마다 흙을 쌓으며, 깃발을 거두고 북과 징만 요란하게 울려서 적들이 어찌할 바를 모르게 한다.

골짜기에서의 전투는 교묘하게 복병을 배치하고 용감하게 싸워야 한다. 걸음이 날랜 병사는 높은 곳에 오르게 하고 죽음을 각오한 병사는 후방에 배치한다. 활로 적을 공격한 후 육박전을 벌여 적이 전진하지 못하게 하고 아군이 후퇴하지 못하게 한다.

수상 전투에서는 전선戰船에 우세가 달려 있으므로 잘 훈련된 병사들을 태우고, 깃발을 가득 세워 적들을 미혹시킨다. 활로 집중 사격을 하면서 짧은 병기로 전선을 보위하도록 하며 동시에 나무 울타리를 쳐서 방어하고 물길을 따라 공격해야 한다.

야간 전투에서는 숨김에 우세가 달려 있으므로 군사를 숨겼다가 불시에 공격해야 한다. 횃불을 많이 동원하고 북을 울려 적들의 눈과 귀를 교란시킨 후에 맹공격하면 승리를 쟁취할 수 있다.

1 **전도**戰道 : 전투의 방법을 말한다.

화인

 군대의 단결과 화목이 중요하다는 사실을 지적했다.

夫用兵之道, 在于人和, 人和則不勸而自戰矣. 若將吏相猜, 士卒不服, 忠謀不用, 群下謗議, 讒慝互生, 雖有湯, 武之智, 而不能取勝于匹夫, 況衆人乎!

용병의 근본은 인화人和에 있다. 인화가 이루어지면 독려하지 않아도 병사들은 스스로 열심히 싸운다. 그러나 관리들이 서로 시기하고 병사들이 명령을 따르지 않으며, 충성스럽고 지략 있는 사람이 쓰이지 않고, 부하들이 뒷공론을 하며, 참언과 사악한 생각들이 횡행할 경우에는 설령 탕왕과 무왕의 지모가 있다 하더라도 필부 한 명을 이기지 못할 것이다. 그러므로 다수의 적군이야 더 말할 것이 있으랴!

찰정[1]

장수는 전쟁터의 정황을 통해 적정을 판단해야 한다고 했다.

夫兵起而靜者, 恃其險也 ; 迫而挑戰者, 欲人之進也 ; 衆樹動者, 車來也 ; 塵土卑而廣者, 徒來也 ; 辭强而進驅者, 退也 ; 半進而半退者, 誘也 ; 杖而行者, 飢也 ; 見利而不進者, 勞也 ; 鳥集者, 虛也 ; 夜呼者, 恐也 ; 軍扰者, 將不重也 ; 旌旗動者, 亂也 ; 吏怒者, 倦也 ; 數賞者, 窘也 ; 數罰者, 困也 ; 來委謝者, 欲休息也 ; 幣重而言甘者, 誘也.

군사가 이미 출동했으나 적이 조용한 것은 험한 지세를 믿고 있기 때문이다. 적이 가까이 다가와 싸움을 거는 것은 아군의 공격을 유도하는 것이다. 나무가 흔들리면 전차가 오는 것이며, 흙먼지가 낮고 넓게 일어나는 것은 보병이 오는 것이다. 적들이 언사가 강경하고 공격하겠다고 떠들어대는 것은 퇴군하려는 것이고, 전진했다 후퇴했다 하는 것은 유인을 하려는 것이다. 적들이 지팡이를 짚고 행군하는 것은 굶주렸다는 것이고, 이득이 있어도 전진하지 않는 것은 지쳐 있다는 것이다. 적의 영채에 새들이 있으면 텅 비었다는 것이고 밤중에 큰소리가 나는 것은 두려움을 느낀다는 것이다. 적의 내부가 소란스러운 것은 장수에게 위신이 없다는 것이고, 깃발이 흔들리는 것은 내부에 혼란이 일어난 것이다. 군관이 쉽사리 격노하는 것은 부대가 지쳐 있다는 것이고, 상을 자주 내리는 것은 처지가 궁핍한 것이다. 벌을 자주 주는 것은 곤경에 처한 것이고, 사신을 보내와 사죄를 하는 것은 휴식하고 싶다는 것이다. 많은 선물을 가져와 달콤한 말을 하는 것은 유혹하고자 하는 것이다.

1   **찰정**察情 : 정황을 살핀다는 뜻이다.

장정[1]

 장수로서 지켜야 할 원칙은 몸소 실천하고 병사들과 고락을 같이하며 정情으로 병사들을 거느리는 것이라고 했다.

夫爲將之道：軍井未汲, 將不言渴；軍食未熟, 將不言飢；軍火未然, 將不言寒；軍幕未施, 將不言困；夏不操扇, 冬不服裘；雨不張盖, 與衆同也.

장수로서 지켜야 할 원칙은 군중에서 아직 우물을 파지 못했으면 목마르다는 말을 하지 말고, 군중에서 아직 밥을 다 짓지 않았으면 배고프다는 말을 하지 말며, 군중에서 아직 불을 피우지 못했으면 춥다는 말을 하지 말고, 군중에서 아직 천막을 치지 못했으면 피곤하다는 말을 하지 말며, 여름에 부채질하지 않고 겨울에는 가죽옷을 입지 않으며 비가 올 때는 병사들과 함께 우산을 쓰지 말아야 한다는 것이다.

군대에서 사용하던 취사도구 군량 보급은 전쟁의 승패를 결정짓는 중요한 요소 중 하나였다. 군사 5만 명의 한 달 쌀 소비량이 4만 석에 달했으므로 이를 조달하는 일은 그리 간단한 문제가 아니었을 것이다.

1   장정將情 : 장수의 정, 마음을 말한다.

위령[1]

군사를 다스림에 있어 법령의 위엄을 강화해야 하며, 장수의 위엄과 권세를 확립해야 한다고 했다.

夫一人之身, 百萬之衆, 束肩斂息, 重足俯聽, 莫敢仰視者, 法制使然也. 若乃上無刑罰, 下無禮義, 雖貴有天下, 富有四海, 而不能自免者, 桀, 紂之類也. 夫以匹夫之刑令以賞罰, 而人不能逆其命者, 孫武, 穰苴之類也. 故令不可輕, 勢不可通.

장수 하나가 백만 군사로 하여금 어깨를 움츠려 숨을 죽이고, 두 발을 한데 모으고, 고개를 수그리며, 영을 듣게 하는 것이 법령의 위력이다. 만약 위에서 형벌을 실시하지 않고, 아래에서 예를 지키지 않는다면 설사 천하에 군림하고, 사해의 부를 다 갖고 있다 하더라도 걸왕과 주왕처럼 그 화를 모면하지 못할 것이다. 비록 필부이더라도 법령과 형벌로 위엄을 세우고, 사람들이 그 명을 거역할 엄두를 내지 못한다면 손무와 양저²와도 같다. 그러므로 법령은 경시할 수 없고 위엄은 거역할 수가 없다.

1 **위령**威令 : 법령의 위엄을 말한다.
2 **손무와 양저** : 손무는 춘추시대의 병법가이다. '마속의 참수에 대해 논함'의 주석을 참조하라. 양저穰苴는 춘추시대 제나라의 장수로서 전씨田氏의 후손이며 이름이 양저이다. 제 경공 때 장군으로 임명되었으며 군법으로 경공의 총신인 장가莊賈를 참했다. 또한 이를 만류하기 위해 경공이 보낸 자를 참해 삼군의 사기를 높였다. 일찍이 경공의 명을 받고 진晉, 연燕의 군사를 물리치고 빼앗겼던 땅을 수복하여 대사마로 제수되었다. 후에 모함을 받았으며 울분 끝에 병이 나서 죽고 말았다.

동이[1]

 동방 민족의 정황을 분석하고 정치 책략을 제시했다.

東夷之性, 薄禮少義, 捍急能鬥, 依山塹海, 凭險自固, 上下和睦, 百姓安樂, 未可圖也. 若上亂下離, 則可以行間, 間起則隙生, 隙生則修德以來之, 固甲兵而擊之, 其勢必克也.

동이는 예의가 없고 성격이 급하며 싸우기를 좋아한다. 산을 의지하고 바다를 끼고 살아 천험(天險)에 의거하여 굳게 지키며, 상하가 화목하여 백성들이 안락하니 감히 공격할 수가 없다. 만약 상하의 질서가 깨진다면 이간시킬 수 있을 것이다. 이간시켜 분열이 생기면 은혜를 베풀어 귀순시키거나 공격할 수가 있다. 그러면 반드시 승리할 수 있을 것이다.

1 **동이**東夷: 고대 중국의 동쪽 지역에 거주하던 민족들에 대한 통칭이다.

남만¹

 남방 민족의 정황을 분석하고 정치 책략을 제시했다.

南蠻多種, 性不能敎, 連合朋黨, 失意則相攻. 居洞依山, 或聚或散, 西至昆侖, 東至洋海, 海産奇貨, 故人貪而勇戰. 春夏多疾疫, 利在疾戰, 不可久師也.

남만은 종족이 많아 교화시키기가 쉽지 않다. 이득이 있으면 연합하여 작당하고 뜻대로 되지 않으면 서로 공격한다. 동굴에서 살며 산에 의지한다. 서쪽으로는 곤륜², 동쪽으로는 바다에 이르며 진귀한 물건들이 생산되어 사람들이 이득을 탐하고 싸움에서는 용맹하다. 봄과 여름에는 전염병이 도니 속전속결이 이로우며 군사를 오랫동안 머물게 해서는 안 된다.

1 **남만**南蠻: 고대 중국의 남쪽 지역에 거주하던 민족들에 대한 통칭이다.

2 **곤륜** : 곤륜산崑崙山. 서쪽의 파미르 고원 동부로부터 신강, 서장을 가로질러 동쪽의 청해 경내에까지 뻗어 있다.

서융[1]

 서방 민족의 정황을 분석하고 정치 책략을 제시했다.

西戎之性, 勇悍好利, 或城居, 或野處, 米粮少, 金貝多, 故人勇戰斗, 難敗. 自磧石以西, 諸戎種繁, 地廣形險, 俗負强很, 故人多不臣, 當候之以外釁, 伺之以內亂, 則可破矣.

서융은 용감하며 이익을 좋아한다. 성 안에서 살기도 하고 들판에서 살기도 한다. 곡식은 적지만 돈이 많으며, 용감하게 싸우므로 싸워 이기기 어렵다. 적석산 서쪽에는 융족이 많이 사는데 땅이 넓고 지형이 험해서, 쉽게 굴복하려 하지 않는다. 그러므로 외부의 마찰과 내부의 난이 일어나기를 기다린다면 격파할 수 있다.

1 **서융**: 고대 중국의 서쪽 지역에 거주하던 민족들에 대한 통칭이다.

북적[1]

북방 민족의 특징 및 그들과의 전투시에 불리한 점 세 가지를 분석했으며, 변방을 지키는 전략을 제시했다.

北狄居無城郭, 隨逐水草, 勢利則南侵, 勢失則北遁, 長山廣磧, 足以自衛, 飢則捕獸飮乳, 寒則寢皮服裘, 奔走射獵, 以殺爲務, 未可以道德懷之, 未可以兵戎服之. 漢不與戰, 其略有三 : 漢卒且耕且戰, 故疲而怯, 虜但牧獵, 故逸而勇, 以疲敵逸, 以怯敵勇, 不相當也, 此不可戰一也. 漢長于步, 日馳百里, 虜長于騎, 日乃倍之, 漢逐虜則賫粮負甲而隨之, 虜逐漢則驅疾騎而運之, 運負之勢已殊, 走逐之形不等, 此不可戰二也. 漢戰多步, 虜戰多騎, 爭地形之勢, 則騎疾于步, 遲疾勢縣, 此不可戰三也. 不得已, 則莫若守邊. 守邊之道 : 揀良將而任之, 訓銳士而御之, 廣營田而實之, 設烽堠而待之, 候其虛而乘之, 因其衰而取之, 所謂資不費而寇自除矣, 人不疲而虜自寬矣.

북적은 성을 쌓지 않고 살며 물과 풀밭을 따라 이동하다가 형세가 유리하면 남쪽을 침략하고 형세가 불리하면 북쪽으로 달아난다. 연연히 이어진 산맥과 광활한 사막은 그들을 보호해주는 천연 요새이다. 배가 고프면 짐승을 잡아 젖을 마시며, 가죽을 덮고 자고 가죽옷을 입고 사냥을 하고 전투를 하니, 도리나 은혜로 안무할 수도 없고 무력으로 정복할 수도 없다. 한족은 그들과 전투를 벌이지 않으니 그 이유는 대개 세 가지이다. 한나라군은 농사도 짓고 전투도 하니 지치기 쉽고 투지가 없다. 그러나 북적은 사냥과 수렵을 하니 유유자적하며 투지가 높다. 지친 사람들로 유유자적한 사람들과 싸우고, 투지가 없는 사람들로 투지가 높은 사람들과 싸우려 하니 당해낼 수 없었다. 이것이 전쟁을 벌일 수 없는 첫 번째 이유이다. 한나라군은 걸어서 하루에 백 리를 행군할 수 있으나 북적은 말을 타고 하루에 그 배가 되는 거리를 달린다. 한나라군이 북적을 추격할 때는 식량을 싣고 갑옷을 입고 뒤를 쫓는다. 그러나 북적은 한나라군을 추격할 때 말을 타고 뒤를 쫓는다. 말에 싣는 것과 등에 지는 것은 우열이 현저하며, 사람이 두 다리로 달리는 것과 말을 타고 달리는 것은 그 형태가 다르다. 이것이 전쟁을 벌일 수 없는 두 번째 이유이다. 한나라군은 보병이 많고 북적은 기병이 많다. 유리한 지형을 쟁탈함에 있어 기병은 보병보다 훨씬 빠르며 그 속도 차이는 현저했다. 이것이 전쟁을 벌일 수 없는 세 번째 이유이다. 공격할 수 없다면 변방을 굳게 지킬 수밖에 없다. 변방을 굳게 지키는 방법은 우수한 장수를 골라서 중임을 맡기고 정예병을 훈련시켜 방어를 강화하는 것이다. 공전을 넓혀 견실하게 하고 봉화대와 초소를 설치하여 경계하면서 그들의 허를 기다려 공격하고 그들이 쇠약해졌을 때 공격한다. 이러면 물자를 허비하지 않고도 적은 스스로 물러서고, 아군이 지치지 않고도 적은 스스로 사라진다.

1 **북적**北狄 : 고대 중국의 북쪽 지역에 거주하던 민족들에 대한 통칭이다.

● 완역 제갈량문집

문집 일문

中國饒士大夫, 遨游何必故鄉邪?

중원 국가의 유능하고 덕이 많은 대부가 자유로이 유력游歷하면서 고향을 그릴 것이 그 무엇이랴? (『삼국지』「촉서」'제갈량전' 권35의 배송지 주)

初至宿時, 所便遣四出時候望, 訖, 乃遣樵采, 皆當在百幡里. 若去營數里, 草足供人馬, 幡在數里之表, 隨樵采爲遠近之宜.

숙영지에 도착하자마자 사방에 정찰병을 보내 정황을 똑똑히 안 다음에 사람들로 하여금 나무를 해오도록 해야 한다. 그러나 그 누구도 번기幡旗 밖으로 나가서는 안 된다. 만약 영채에서 몇 리나 떨어진 곳에 가서 나무를 해와야 할 경우에는 번기를 몇 리 밖의 합당한 거리에 세워 나무를 하도록 해야 한다. (『북당서초』「무공부·8」'번' 권120)

水軍發, 輒遣人持幡于前, 竪所當營火之處, 水邊岸上. 船若夜到者, 又然炬火, 船至見幡火, 以次泊也.

수군이 출발할 때엔 먼저 번기를 든 사람들을 파견하여 영채를 세우고 밥을 지을 곳과 강기슭에 번기를 꽂게 해야 한다. 만약 배가 밤에 도착하게 되면 횃불을 밝혀 번기와 횃불을 보고 순차적으로 정박하게 해야 한다. (『북당서초』「무공부·8」'번' 권120)

爲六鼓音, 擧文鼓, 兩半幅合旗, 兵稱一通, 徐也.

여섯 차례의 북소리가 울리고 문양이 있는 북과 두 폭의 번기를 합친 깃발을 들면 부대는 한 번 외치고 행동을 침착하고 느릿느릿하게 한다. (『북당서초』「무공부·8」'기' 권120)

聞九鼓音, 擧帛二半幅旗, 爲從衣之.

아홉 차례의 북소리가 들리고 흰색의 두 폭 번기가 합쳐진 것이 보이면 추격하는 부대가 그의 지휘를 들으라는 것이다. (『북당서초』「무공부·8」'기' 권120)

聞金音, 擧靑旗, 船皆止. 不止者, 斬.

징을 치고 청색 깃발을 들면 배는 일제히 정지해야 한다. 정지하

지 않는 자는 참한다. (『태평어람』「병부·71」'기' 권340, 『북당서초』「무공부·8」'기' 권120)

金鼓幢麾隆衡皆以立秋日祠. 先時一日, 主者請祠. 其主者奉祠. 若出征有所克獲, 還亦祠. 向敵祠, 血于鐘鼓. 秋祠及有所克獲還, 但祠, 不血鐘鼓. 祝文：某官使主者某, 敢告隆衡金鼓幢麾. 夫軍武之器者, 所以正不義, 爲民除害也. 謹以立秋日, 洁牲, 黍稷, 旨酒而敬荐之.

징, 북, 깃발, 임거, 충거[1]는 입추立秋에 제사를 지낸다. 하루 전에 주장은 제사 올릴 것을 청하고 제사장은 이를 따른다. 만약 출정하여 전리품을 얻으면 돌아와서 제사를 올려야 한다. 적과의 전투를 위한 제사에서는 종과 북에 피를 발라야 한다. 입추의 제사와 전리품을 얻었을 때의 제사에서는 종과 북에 피를 바르지 말고 제사만을 올린다. 제문은 이러하다. 아무개 주장이 아무개 제사장으로 하여금 외람되게도 임거, 충거, 징, 북, 깃발을 받들어 고합니다. 군사 무관의 작전 기물은 불의를 바로잡고 백성을 위해 해를 제거하는 데 쓰는 것입니다. 삼가 입추에 정결한 가축과 곡식과 좋은 술을 받들어 올립니다. (『태평어람』「예의부·5」'제례하' 권526)

1 임거臨車와 충거衝車는 공격용으로 쓰던 수레이다.

常以己丑日祠牛馬先. 祝文曰 : 某月己丑, 某甲敢告馬牛先. 馬者, 兵之道 ; 牛者, 軍農之用. 謹潔牲, 黍稷, 旨酒, 敬而荐之.

일반적으로 기축일에 말과 소의 조상에게 제를 지낸다. 축문은 이러하다. 모월 기축일에 아무개 제사장이 외람되게도 말과 소의 조상께 고합니다. 말은 작전의 선도이며 소는 전쟁과 농사에 사용합니다. 삼가 정결한 가축과 곡식과 좋은 술을 받들어 올립니다. (『태평어람』「예의부 · 5」'제례하' 권526)

軍行濟河, 主者常先白沈璧, 文曰 : 某王使者某甲敢告于河, 賤臣某甲作亂, 天子使某帥衆濟河, 征討丑類, 故以璧沈, 惟爾有神裁之.

부대가 행군하다 강을 건너게 되면 통수는 흰 옥을 강물에 던진다. 축문은 이러하다. 아무개 통수[1]가 아무개 제사장을 통해 강의 신께 아룁니다. 천신[2] 아무개가 난을 일으키니 천자께서 아무개에게 명해 강을 건너가서 흉악한 자를 토벌하라 하셨습니다. 이에 흰 옥을 강물에 던지오니 신령께서 살펴주시기를 바라옵니다. (『태평어람』「예의부 · 5」'제례하' 권526)

1 **아무개 통수** : 원문은 '왕王'인데 '주主'의 오자인 듯하다.
2 **천신** : 정벌하는 대상을 멸시하는 칭호이다.

軍行, 人將一斗干飯, 不得持烏肎及幔, 餘大車乘帳幔. 什光耀日, 往就與會矣.

부대가 행군할 때 사람마다 건량乾粮 한 말씩을 지녀야 하며 솥이나 천막은 갖고 다니지 않는다. 큰 수레를 남겼다가 천막 등을 실어 나르는 데 써야 한다. 여러 병기를 번쩍번쩍 빛내면서 나아가 다른 부대와 합쳐야 한다. (『북당서초』「복식부‧1」'만' 권132)

凡軍行營壘, 先使腹心及鄕導前覘審知, 各令候吏先行, 定得營地, 壁立軍分數, 立四表候視, 然后移營. 又先使候騎前行, 持五色旗, 見溝坑揭黃, 衢路揭白, 水澗揭黑, 林藪揭靑, 野火揭赤, 以本鼓應之. 立旗鼓, 令相聞見. 若渡水逾山, 深邃林藪, 精驍勇騎搜索, 數里無聲, 四周絶迹. 高山樹頂, 令人遠視, 精兵四向要處防御. 然後分兵前後, 以爲鎭拓, 乃令輜重老小, 次步後馬, 切在整肅, 防敵至, 人馬無聲, 不失行列. 險地狹徑, 亦以部曲鱗次 ; 或須环回旋轉, 以後爲前, 以左爲右, 行則魚貫 ; 立則雁行. 到前止處, 游騎精銳, 四向散列而立, 各依本方下營. 一人一步, 隨師多少. 咸表十二辰, 竪六旌, 長二丈八尺, 審子午卯酉地, 勿令邪僻, 以朱雀旌竪午地, 白獸旌竪酉地, 玄武旌竪子地, 靑龍旌竪卯地, 招搖旌竪中央. 其樵牧飮, 不得出表外也.

무릇 부대가 군영을 옮길 때는 먼저 심복 부하와 향도向導를 보내어 정황을 자세히 정찰한 다음에 하급 정찰 군관을 먼저 보내서 영채를 세울 곳을 확정한다. 그후 부대별로 나누고 사방에 표시를 하며 보초를 세운 뒤에야 군영을 옮긴다. 옮길 때는 정찰 기병이 앞장서게 하며 오색 깃발을 들고 가다가 도랑이나 웅덩이를 보면 황색 깃발, 갈림길을 보면 흰색 깃발, 강을 만나면 흑색 깃발, 숲이나 초지를 보면 청색 깃발, 불을 만나면 적색 깃발을 높이 들게 한다. 뒤에 따르는 부대는 미리 정한 북소리를 반복해서 냄으로써 이에 응답한다. 깃발을 들고 북을 치는 규정은 앞뒤 부대가 서로 보고 들었다는 것을 알리기 위한 것이다. 강을 건너고 숲 속을 지날 때는 정예 보병과 기병을 보내어 인근 몇 리를 소리도, 인기척도 없이 수색하게 해야 한다. 높은 산이나 나무꼭대기에 올라가 멀리 바라보게 하고 정예병을 각 요충지에 파견하여 방어하도록 해야 한다. 그런 다음 군사를 전부, 후부로 나누어 선봉과 후위로 삼아 치중輜重 부대와 늙은이, 어린아이들을 출발시키고 그 다음에 보병, 마지막으로 기병이 출발한다. 질서가 정연하여 적의 기습을 방어해야 하며, 사람과 말이 소리를 내지 못하게 하고 대오를 떠나지 못하게 해야 한다. 지세가 험하고 도로가 좁아도 편성한 대오대로 순서 있게 전진해야 하며, 때로는 방향을 바꾸어야 하고 후위를 선봉으로 삼기도 하고 좌익을 우익으로 삼기도 하지만 행동은 연속되어야 하며, 멈춰 설 때는 기러기처럼 줄을 지어야 한다. 앞쪽의 영채에 이르면 정찰 기병과 정예병을 사방으로 세우고 각 부대는 정해진 자리에 영채를 세우게 한다. 한 사람이 일보[1]의 면적을 차지하며 부대 인원수에 따라 영채 구역을 확정한다. 12진[2]으로 방향 표식을 삼고 6폭의 깃발[3]을 세우는데 깃발의 크기는 2장 8척[4]이고 동서남북을 분별해야 하며 비뚤어서는 안 된다. 주작의 깃발은 남쪽, 백호의 깃발은 서쪽, 현무의 깃발은 북쪽, 청룡의 깃발은 동쪽에 세우고 초요[5]의 깃발은 중앙에 세운다. 나무를 하거나 말에게 물을 먹일 때도 표식 밖으로 나가서는 안 된다. (『태평어람』「병부·62」'척후' 권331)

1 **일보-步** : 발을 두 번 들었다 놓는 것을 1보라 한다. 길이의 단위로 썼는데 역대마다 서로 달랐다. 보통 5척을 1보로 했다.
2 **12진** : 자, 축, 인, 묘, 진, 사, 오, 미, 신, 유, 술, 해의 12지이다. 고대에는 12지로 시간, 별자리, 방위를 표시했다.
3 **6폭의 깃발** : 6폭의 군기이다. 『오자』「치병治兵」에서는 "반드시 왼쪽에 청룡, 오른쪽에 백호, 앞에 주작朱雀, 뒤에 현무玄武여야 하고, 초요招搖는 위에 있고 종사는 아래에 있어야 한다."고 했다.
4 **2장 8척** : 삼국시대의 경우 1장은 대략 242센티미터이고 1척은 대략 24.2센티미터이다.
5 **초요招搖** : 북두칠성의 일곱 번째 별이다.

兵以奇勝, 制敵以智也.

　작전에서는 기병奇兵으로 승전하고 지혜에 의거하여 적을 억제해야 한다.[1] (『북당서초』「무공부·3」'장수將帥' 권115)

1 공광도는 "『촉지·5』를 살펴보면 '제갈량전'의 주석에 인용된 장엄의 『묵기』에 이 글이 있다."라고 했는데 중화서국본『삼국지』「촉서」'제갈량전'

의 주석 인용문에는 이 글이 없다.

若能力兼三人, 身與馬如膠漆, 手與箭如飛蝨, 誠宜寵异.

만약 능력이 있어 동시에 세 사람을 대적한다면 사람과 말은 아교로 붙여놓은 듯하고, 손과 화살은 무리를 지어 날아다니는 듯에 같아서 확실히 특별한 총애를 받아야 한다. (『태평어람』「병부」'전하箭下' 권350)

今上縣之戰, 更在賊門, 戰地平如案也.

지금 상현[1]에서 치르려던 전투를 적의 영채 문 앞에서 하기로 했는데 전쟁터는 탁자면처럼 평탄하다. (『북당서초』「지부地部·1」'지편地篇' 권157)

1 **상현**上縣: 지명인데 상세한 것은 알 수 없다. 잘못 씌어진 것이 아닌가 한다.

碑卽僕, 蠻爲漢奴.

비석이 넘어진다 할지라도 남만은 분명 한漢의 노예이다. (『신당서』「남만열전·상」'남조상南詔上' 권222)

萬歲之後, 勝我者過此.

만년 후에 나를 능가하는 사람이 이곳을 지나갈 것이다. (『수서』「사만세열전史萬歲列傳」권53)

所謂命者, 性也. 性能命通, 故聖人尊之以天命, 愚其人而智其聖, 故曰, 天機張而不死, 地機弛而不生. 觀乎『陰符』, 造化在乎手, 生死在乎人, 故聖人藏之于心, 所以陶甄天地, 聚散天下, 而不見其迹者, 天機也. 故黃帝得之以登云天, 湯, 武得之以王天下, 五霸得之以統諸候. 夫臣易而主難, 不可以輕用. 太公九十非不遇, 蓋審其主焉. 若使哲士執而用之, 立石爲主, 刻木爲君, 亦可以享天下. 夫臣盡其心, 而主反怖有之, 不亦難乎? 嗚呼! 無賢君, 則義士自死而不仕, 莫若散志岩石, 以養其命, 待生于泰階. 世人以夫子爲不遇, 以秦, 儀爲得時. 不然, 志在立宇宙, 安能馳心下走哉? 文夫所恥. 嗚呼! 後世莫哲, 審而用之. 范蠡重而長, 丈種輕而亡, 豈不爲泄天機? 天機泄者沈三劫, 宜然. 故聖人藏諸名山, 傳之同好, 隱之金匱, 恐小人竊而弄之.

강태공 주나라의 정치가. 무왕을 도와 은나라를 멸망시키고 천하를 평정했으며 그 공으로 제나라를 분봉받았다.

이른바 운명이란 천성天性이다. 천성은 운명과 통할 수 있으며 성인은 천명으로 그것을 존중하여 받든다. 그것은 일반 사람을 우매하게 하지만 성인은 총명하게 한다. 그러므로 "타고난 총명을 베풀면 죽지 않고 후천적인 총명을 잃으면 살지 못한다."라고 했다. 『음부경』[1]을 보면 모든 창조와 변화는 손에 달려 있으며, 살고 죽는 것도 사람에 의해 결정된다. 그래서 성인은 그것을 마음속에 감추어 두고 천지를 다스리며, 천하의 민중을 모으고 흩어지게 하면서도 흔적을 나타내지 않으며 타고난 총명에 의거한다. 황제[2]는 그것에 의거하여 하늘에 올랐고, 상탕과 무왕은 그것에 의거하여 천하의 왕이 되었으며, 춘추 오패는 그것에 의거하여 제후들을 통솔했다. 현명한 신하를 얻기는 쉽지만 영명한 임금을 만나기는 어려운 바 함부로 운용해서는 안 된다. 강태공[3]은 아흔 살에도 알아봐주는 사람이 없어 중용되지 못했는데 그것은 영명한 임금을 참답게 고른 탓이리라. 만약 재능과 견식이 출중한 사람이 그것을 장악하고 운용한다면 돌멩이를 세워놓고 임금으로 삼거나 나무를 깎아서 임금으로 삼아도 앉아서 천하를 누릴 수 있을 것이다. 신하가 심혈을 다 바쳐 충성하면 임금은 도리어 그를 두려워하니 이는 재난이 아닌가? 아, 현명한 임금이 없다면 충의지사는 죽을 때까지 벼슬하지 않고 산림 속에서 은거하고 안락하면서 성정과 마음을 섭양하여 태평성세까지 살기를 기다리는 것만 못하리라. 세상 사람들은 모두 공자가 알아봐주는 사람을 만나지 못해 중용되지 못했다고 여기고, 소진과 장의[4]는 때를 잘 맞춰서 태어났다고 한다. 결코 이는 사실이 아니다. 공자의 뜻은 천하를 성취시키려는 것이었으니 어찌 그가 분방한 마음의 속도를 늦추려 했겠는가? 이것은 대장부의 치욕이다. 후세의 재능과 학식이 탁월한 사람은 그것을 신중하게 운용해야 한다. 범려[5]는 그것을 중시하여 수명이 길었고, 문종[6]은 그것을 얕보아서 단명했으니 이것이 천기를 누설한 것이 아닌가? 천기를 누설하면 여러 차례 재앙을 당한다는데 확실히 그러하다. 그러므로 성인은 그것을 명산에 감추어두었다가 지향과 의지가 맞는 자에게 전해주며, 그것을 구리궤 속에 보관했다가 소인이 훔쳐다 그것으로 장난칠까 봐 두려워한다. (명나라 정통도장본『음부경주서』)

1 『음부경』: '음부경주'의 주석을 참조하라.
2 황제: 성은 희姬이고 호는 헌원씨이다. 전설에 따르면 중원 여러 민족들의 선조라고 한다. '정의'의 주석을 참조하라.
3 강태공: '음부경주'의 주석을 참조하라.

4 **소진과 장의** : 전국시대의 저명한 종횡가들이다. '정의'의 주석을 참조하라.
5 **범려** : 춘추시대 월나라의 대부이다. '선양과 찬탈에 대해 논함'의 주석을 참조하라.
6 **문종** : 원문은 '장종丈種'인데 '문종文種'의 오자인 듯하다. 문종은 춘추 말기의 월나라 대부이다. 자는 소금小禽(또는 자금子禽이라고도 한다)이고 초나라 영 사람이다. 오왕 부차 2년(기원전 494년)에 회계에서 월나라가 오나라에게 패하자, 오나라 태재 백비에게 뇌물을 바쳐서 나라를 구했다. 고국으로 돌아온 월왕 구천이 국정을 맡기자 나라를 강성하게 만들었으며 결국 오나라를 멸망시켰다. 후에 구천의 의심을 받아 스스로 목숨을 끊었다.

제갈량 연보 및 삼국 연대표

181년(1세)	아버지 제갈규와 어머니 장씨 사이에서 둘째 아들로 태어남. 한나라 때 사례교위를 지냈으며 청렴하고 강직하기로 유명했던 제갈풍의 후손임.
184년(4세)	조조, 유비가 각각 황건적 토벌에 참여하여 공을 세움.
188년(8세)	**아버지가 죽자 온 가족이 숙부 제갈현에게 의탁함.**
189년(9세)	4월에 후한의 영제가 죽고 소제가 즉위함. 9월에 동탁이 소제를 폐하고 헌제를 세움.
190년(10세)	동탁이 헌제를 데리고 장안으로 가면서 낙양에 불을 지름.
192년(12세)	동탁이 왕윤과 여포 등에게 살해당함.
194년(14세)	유비가 서주목이 됨.
195년(15세)	**원술이 숙부 제갈현을 예장태수로 임명하자 동생 제갈균과 함께 부임지로 따라감. 그러나 후한 조정에서**

주호를 예장태수로 파견하자 숙부 제갈현은 형주의 유표에게 의탁함.

196년(16세) 7월에 헌제가 낙양으로 돌아옴. 9월에 조조가 헌제를 허창으로 데리고 감. 여포에게 패한 유비가 조조에게 투항하여 예주목이 됨.

197년(17세) **숙부 제갈현이 병사하자 형주의 외곽에 있는 융중에서 농사를 지으며 책을 읽음. 이후 형주의 명사 황승언의 딸과 혼인함.**

198년(18세) 조조가 서주를 공격하여 여포를 죽이고 유비를 좌장군으로 삼음.

199년(19세) 유비가 조조로부터 도망침.

200년(20세) **형 제갈근이 손권을 섬김.** 조조에게 패한 유비가 원소에게 의지함. 10월 원소가 조조와의 싸움에서 대패함.

201년(21세) 여남에서 조조에게 패한 유비가 유표에게 의지함.

204년(24세) 조조가 기주목이 됨.

207년(27세) **유비의 삼고초려에 감동하여 유비를 섬기기 시작함.**

208년(28세) 유표가 죽은 뒤에 아들 유종이 조조에게 항복함. **장판에서 유비가 조조한테 패하자, 10월에 제갈량이 손권을 찾아가 원조를 청함.** 11월에 유비·손권의 연합군이 적벽에서 조조군을 대패시킴. 12월에 유비가 남하하여 형주의 무릉, 장사, 계양, 영릉 등 네

	군을 점령함. **제갈량은 군사중랑장이 되어 영릉, 계양, 장사 세 군을 다스리게 됨.**
209년(29세)	유비가 손권의 여동생을 아내로 맞이하고 형주목이 됨.
211년(31세)	조조가 관중을 점령하고, 유비는 촉으로 들어감.
214년(34세)	유비가 성도로 들어가 익주목이 됨. **제갈량을 군사장군으로 임명함.**
215년(35세)	**제갈량, 제갈근 형제의 교섭 끝에 유비와 손권이 형주를 나누어 가짐.**
216년(36세)	조조가 위왕이 됨.
219년(39세)	유비가 한중을 점령하고 한중왕이 됨. 관우가 암살당하고 오·촉의 동맹이 깨짐.
220년(40세)	조조가 병으로 죽음. 조비가 즉위하여 위나라를 세우고 낙양으로 천도함.
221년(41세)	유비가 즉위하여 촉을 세움. **제갈량을 승상으로 임명함.** 장비가 부하에게 살해당함. 손권이 오왕이 됨.
222년(42세)	유비가 오나라를 치기 위해 출병했다가 효정에서 대패함. 오나라가 위나라에서 독립하여 실질적으로 삼국이 정립됨.
223년(43세)	유비가 백제성에서 죽음. **유선이 즉위하자 제갈량은 익주목, 무향후로 임명됨.** 등지를 오나라로 보내어 다시 동맹을 맺음.

225년(45세)	제갈량이 남정에 성공함.
226년(46세)	조비가 죽고 조예가 즉위함.
227년(47세)	북벌 채비를 마치고 '출사표'를 올림. 아들 제갈첨이 태어남.
228년(48세)	제갈량이 미를 공격하는 척하며 기산으로 나아가 남안, 천수, 안정을 평정함. 선봉장 마속이 군율을 어겨 가정에서 대패하자, 그 책임을 물어 마속을 참함. 겨울에 다시 진창을 포위했으나 학소에게 저지당하고 군량이 떨어져 철수함. 제갈량의 양자이자 형 제갈근의 둘째 아들인 제갈교가 죽음.
229년(49세)	진식을 보내어 무도와 음평을 평정함. 손권이 황제를 자칭함.
230년(50세)	위나라에서 촉나라를 공격했으나, 장마로 인해 철수함.
231년(51세)	다시 기산으로 출병했으나 이엄의 거짓 보고로 인해 철수함.
232년(52세)	한중에서 목우와 유마를 제작함.
233년(53세)	목우와 유마를 이용해 야곡에 군량을 비축해둠.
234년(54세)	봄에 다시 북벌을 감행함. 오장원에서 위나라군과 대치하였으나 사마의가 응전하지 않음. 1백여 일이 경과한 8월에 오장원에서 병사함. 장완이 뒤를 이음.
245년	장완이 죽음. 비위가 뒤를 이음.

249년	사마의가 반란을 일으켜 정권을 잡음.
251년	사마의가 죽자 사마사가 뒤를 이음.
252년	손권이 죽고 손량이 즉위함.
255년	사마사가 죽자 사마소가 뒤를 이음.
263년	위나라가 촉한을 멸망시킴.